BARROW OF SPEED
MUSCLE BEACH

GUINNESS WORLD RECORDS 2022

Bienvenue dans le *GWR 2022* ! Cette année, nous mettons un coup de projecteur sur l'un des sujets les plus importants de notre époque : l'environnement. Les records révèlent bien tous les aspects de la problématique : il y a du bon, du mauvais et du franchement très mauvais.

Dans cette édition, nous plongeons avec l'éco-artiste britannique Jason deCaires Taylor, qui a créé **le plus grand nombre d'installations artistiques sous l'eau** (voir p. 43). En photo, son œuvre la plus récente : une série de têtes sculptées qui constituent l'Écomusée sous-marin de Cannes, dans le sud de la France, ouvert en février 2021. Comme toutes les autres sculptures immergées de Jason, elles sont fabriquées dans des matériaux neutres et conçues pour offrir un habitat à la flore et à la faune locales. Il s'agit aussi de favoriser l'écotourisme dans les communes côtières et d'inciter les habitants à s'impliquer dans la préservation de la Méditerranée.

Les têtes géantes représentent 6 habitants, dont un pêcheur de 80 ans et un écolier de 9 ans.

Sommaire

Bienvenue dans l'édition 2022 du livre annuel le plus vendu au monde, avec ses milliers de records nouveaux ou mis à jour. Nous célébrons tous les exploits dans 9 chapitres étonnants. Dans chaque chapitre, retrouvez un détenteur ou une détentrice de record figurant au Hall of Fame du GWR et, entre chaque chapitre, nous vous invitons à un tour du monde qui vous fera découvrir des lieux emblématiques.

Le chapitre Pop culture – dont la mise en page s'inspire des bandes dessinées et des romans graphiques – présente une sélection de franchises parmi les plus fortes de tous les temps. Coup de projecteur sur des marques et des stars qui valent des milliards : films, émissions de télé, jeux vidéo et BD, que vous adorez.

Jeunes talents
Qu'ils éditent leur propre magazine, maîtrisent le freestyle au foot ou battent des records en X-games, de jeunes talents (âgés de moins de 16 ans) se sont déjà fait un nom dans leur spécialité. Nous en interviewons 8 qui n'ont pas attendu le nombre des années pour établir un record.

Des dinos en réalité augmentée
Nous nous sommes à nouveau associés au studio Peapodicity, reconnu et primé en édTech, pour faire vivre nos pages grâce à la réalité augmentée (RA). Avec l'appli gratuite AugmentifyIt®, les dinosaures sont plus vrais que nature. Voir p. 40–41.

Visites virtuelles

Si vous ne pouvez pas aller voir les musées, les attractions, les parcs et les galeries d'art les plus connues du monde, pas d'inquiétude : nous vous les offrons sur un plateau ! Avec nos pages Visites virtuelles, nous vous conduisons vers 9 lieux culturels, comme Le Louvre, la Smithsonian Institution, le zoo d'Australie et les Jardins de Kew, et nous vous révélons leurs facettes les plus incroyables.

100 % Grand comment ? Découvrez nos plus grands et nos plus petits détenteurs de record à taille réelle. Ils sont signalés par ce logo.

SOMMAIRE

Les photos légendées et les infographies apportent encore plus d'infos et des anecdotes sur les records.

Hall of Fame

Rencontrez les nouveaux entrants au Hall of Fame du Guinness World Records. Chaque candidat a été choisi pour sa contribution originale et significative au monde des records. Cette année, sont au rendez-vous des personnalités comme Sultan Kösen (**la personne la plus grande**), l'astronaute Peggy Whitson (**le plus de sorties dans l'espace par une femme**) et Sir David Attenborough (**la carrière de présentateur TV la plus longue**).

L'année dernière, GWR a reçu et traité plus de 33 000 candidatures à un record !

SCIENCES ET TECHNOLOGIE

SOCIÉTÉ

JEUNES TALENTS

POP CULTURE

Rendez-vous en ligne pour poursuivre l'aventure sur guinnessworldrecords.com
Ce symbole vous invite à vous rendre sur **guinnessworldrecords.com/2022** pour accéder à du contenu bonus. Notre équipe vous propose une série de vidéos montrant les exploits des détenteurs de records les plus incroyables du monde. Il ne faut pas rater ça !

SPORTS

Le mot de l'éditeur

Notre planète vient de passer une année entière isolée et confinée en raison de la COVID-19, mais les records n'ont pas cessé. Un déferlement de tentatives avec distanciation physique ou en ligne a occupé nos juges…

Entre le 1er avr. 2020 et le 31 mars 2021, Guinness World Records a reçu 41 959 candidatures provenant du monde entier – plus de 800 par semaine. Ce chiffre pourrait paraître légèrement inférieur à celui d'une année normale, mais nous n'avons vraiment pas eu une année "normale". De nombreux pays son restés confinés durant cette période et tandis que certains émergent de l'épidémie de coronavirus, d'autres sont encore en pleine crise.

En France, malgré les restrictions dues à la COVID – ou peut-être grâce à elles ! –, une candidature a été enregistrée toutes les 16 h, chaque jour. Une sélection de records figure dans ces 4 pages. Vous en trouverez bien sûr davantage dans le corps de l'ouvrage. Les candidatures sont allées du "marathon le plus rapide déguisé en cupcake" à "la plus grande collection d'étiquettes de vin et de champagne" ou des "chevilles les plus flexibles" jusqu'au "plus grand nombre de pop-corns projetés et attrapés avec la bouche en 1 min". Bien sûr, toutes n'ont pas été approuvées, mais un certain nombre ont passé avec succès nos vérifications rigoureuses. Félicitations à toutes celles et à tous ceux qui ont obtenu le certificat officiel GWR – vous pouvez en être fiers !

L'avantage du Guinness World Records, c'est qu'il est ouvert à tous. Inutile d'être une star de la télévision, du cinéma ou du sport pour établir un record : la plupart des candidatures reçues cette année proviennent du grand public – des gens ordinaires qui se sont entraînés pour accomplir une performance extraordinaire. Grâce à ces candidatures spontanées et aux records mis à notre disposition par notre équipe de consultants et de chercheurs (voir p. 250-251), le *GWR 2022* se révèle aussi fourni que d'habitude en records inédits ou actualisés dans les domaines les plus variés.

Le lauréat le plus âgé d'un Oscar du meilleur acteur
À la 93e cérémonie des Oscars, le 25 avr. 2021, Anthony Hopkins (GBR, né le 31 déc. 1937) a remporté le trophée du Meilleur acteur à 83 ans et 116 jours pour son rôle dans *The Father* (FRA/GBR). Ce soir-là, Florian Zeller (à droite), auteur et réalisateur, a décroché l'Oscar du Meilleur scénario adapté.

Le 1er chronographe
Le "Compteur de tierces" est inventé par l'horloger Louis Moinet (FRA) en 1816. Conçu pour les observations astronomiques, il peut fonctionner plus de 24 h et affiche les 60e de seconde. Ce chronographe a été redécouvert en 2012 par l'homme d'affaires Jean-Marie Schaller (CHE). Son entreprise, Les Ateliers Louis Moinet, travaille à faire renaître la réputation de l'horloger.

Le tour du monde le plus rapide en monocoque en solitaire (femme)
Le 3 févr. 2021, Clarisse Crémer, femme la plus rapide ayant bouclé le Vendée Globe, arrive aux Sables-d'Olonne (FRA). Il lui aura fallu 87 jours, 2 h, 24 min et 25 s pour faire le tour du monde en solitaire à bord de son voilier de course IMOCA 60 *Banque Populaire X*. Crémer a battu le précédent record – établi par Ellen MacArthur (GBR) en 2001 – de 7 jours.

Crémer finit la course épuisante de plus de 39 000 km à la 12e place du classement général.

La plus ancienne roche magmatique
Erg Chech 002 est une météorite âgée de 4,565 milliards d'années, retrouvée dans le sud-ouest de l'Algérie en mai 2020. Elle est constituée d'un type de roche volcanique nommée andésite et provient probablement de la croûte d'une protoplanète formée avant la Terre. Une analyse détaillée d'Erg Chech 002 a été publiée par une équipe franco-nipponne le 16 mars 2021.

Le joueur le plus âgé ayant réalisé le coup du chapeau lors de la ligue des champions UEFA
Le 2 déc. 2020, Olivier Giroud, vétéran qui évolue au poste d'attaquant, a percé par 3 fois la défense du gardien Alfonso Pastor lors d'un match de poule de la ligue des champions opposant Chelsea à Séville. Giroud, âgé de 34 ans et 63 jours le jour de la rencontre, a marqué les 4 buts de Chelsea (le coup du chapeau plus 1 penalty).

Nous avons décerné des titres à des personnalités comme Éric Lejeune (voir p. 6) – dont les divers records de fitness lui ont permis de rejoindre les rangs de nos multi-recordmen –, ou à Jonas Livet qui a amélioré son record du **plus de zoos visités** (voir p. 49) et, en même temps, a acquis une telle connaissance de ces institutions et de leurs missions que nous lui avons demandé de se joindre à notre équipe de consultants experts !

Malgré l'arrêt de nombreux sports durant une grande partie de l'année, des athlètes professionnels ont également réussi à battre des records dans des disciplines auxquelles on ne les attendait pas. Lorsque la saison de F1 a été suspendue en mars 2020, le pilote Ferrari Charles Leclerc a retrouvé son quota d'adrénaline dans les e-sports et il est devenu **le 1er pilote de F1 victorieux d'un tournoi de e-sports** (voir p. 209). Nos consultants ont aussi suivi l'actualité pour retenir, par exemple, l'histoire émouvante de **la personne la plus âgée ayant survécu à la COVID-19** (voir p. 64), sœur André, une religieuse de 117 ans (née Lucile Randon) ou encore **la 1re équipe uniquement féminine ayant remporté un prix Nobel** (voir p. 151), au sein de laquelle Emmanuelle Charpentier partage le Nobel de chimie avec la chercheuse Jennifer Doudna (USA).

Enfin, nous avons consulté nos archives (env. 40 000 records actifs), afin de retrouver des détenteurs de records historiques. Nous évoquons ainsi des personnalités inspirantes, comme Jean-Louis Étienne, dont les records remontant aux années 1980 pour **la 1re expédition à ski au pôle Nord** et **la 1re traversée non motorisée de l'Antarctique** apparaissent p. 116 et 118.

La 1re arbitre féminine lors d'une rencontre de la ligue des champions UEFA
Le 2 déc. 2020, l'arbitre Stéphanie Frappart (FRA) a officié lors de la victoire de la Juventus 3-0 en match de poule contre le Dynamo Kiev, à Turin (ITA). Frappart, arbitre internationale FIFA depuis plus de 10 ans, a également œuvré pendant la finale de la coupe du monde FIFA 2019. En avr. 2019, elle est devenue **la 1re arbitre féminine de Ligue 1**.

Le plus haut saut d'un cheval miniature
Zephyr Woods Storming Treasure, qui appartient à Célia Limon (FRA), a sauté une barre à 117 cm sur son terrain d'entraînement de Bargemon, le 2 mai 2020. Zephyr est triple champion de France de saut. Lorsque les championnats nationaux ont été annulés en raison de la COVID-19, Célia a choisi d'entraîner son poulain pour cet ambitieux record GWR.

Renard a remporté 14 fois la Division 1 féminine avec l'Olympique lyonnais féminin : un record !

Le plus de sélections en ligue des champions féminine UEFA
Entre le 9 août 2007 et le 30 août 2020, la défenseure centrale Wendie Renard (à droite) a été sélectionnée 88 fois en ligue des champions avec l'Olympique lyonnais. Renard peut également se targuer du **plus de succès en ligue des champions féminine pour une joueuse** (7), un record qu'elle partage avec ses coéquipières Sarah Bouhaddi et Eugénie Le Sommer. d'entraîner son poulain pour cet ambitieux record GWR.

Le mot de l'éditeur

Le 10 km le plus rapide en poussant un landau (femme)
La coureuse chevronnée Sally Onn (née GBR) et sa passagère ont couvert 10 km en 41 min et 33 s lors d'une journée pluvieuse à Villefranche-de-Rouergue le 4 oct. 2020. Sally a décidé de tenter de battre ce record en se remettant à la course après la naissance de son 3e enfant. Sa fille, Élodie, a dormi durant toute la course sous la housse la protégeant de la pluie.

Même dans cette époque troublée, battre un record peut contribuer à rendre ce monde meilleur. Le thème de cette année reflète le plus grand défi imposé à notre planète : le changement climatique. Dans les 10 chapitres, vous comprendrez comment ce problème affecte tous les aspects de notre vie. Le 1er chapitre est spécifiquement consacré à ce sujet (Environnement, p. 14-31) et rend compte d'initiatives et de records établis pour contrer les effets du changement climatique. Ils nous incitent à réfléchir sur le chemin qu'il nous reste à parcourir. Nous sommes également partenaires de l'association Earthwatch (voir ci-contre), qui partage ses idées d'actions concrètes à entreprendre.

Certaines personnes en font déjà beaucoup : ce sont les 8 Jeunes talents (p. 176-183) qui ont réalisé des découvertes scientifiques, se sont attaqués au changement climatique, ont écrit des livres, impressionné le public à la télévision ou remporté des trophées sportifs professionnels avant l'âge de 16 ans !

La plus longue immersion dans la glace du corps entier
Romain Vandendorpe (FRA), professionnel de santé, a battu le précédent record de 42 min en s'immergeant jusqu'au cou dans la glace pendant 2 h, 35 min et 33 s, le 19 déc. 2020. La tentative de record de Romain a été organisée afin de lever des fonds pour Wonder Augustine, association caritative qui lutte contre les cancers pédiatriques, basée à Wattrelos.

Le plus de pompes sur les poings en portant un sac de 45 kg en 1 min (sur une jambe)
Le sportif Éric Lejeune (FRA) a accompli 29 de ces pompes extrêmement difficiles – en soulevant le poids de son corps ainsi qu'un sac de 45 kg –, au Tréport, le 22 déc. 2020. Éric a réalisé ses 1res pompes à 9 ans et détient 2 autres titres Guinness World Records pour ses exploits sportifs.

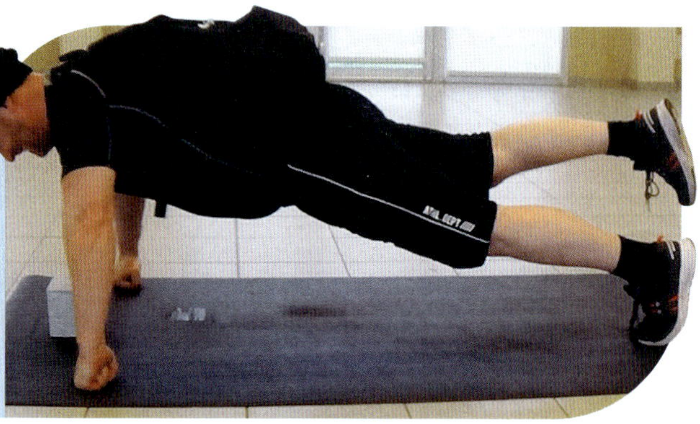

Guetta est monté sur scène pour les événements *United at Home* à New York, Paris et Dubaï.

Le plus de spectateurs pour un set de DJ en livestream sur Facebook
Le 18 avr. 2020, David Guetta (FRA) a livré un DJ set au crépuscule à Miami (Floride, USA). Son public comprenait près de 8 000 habitants qui le regardaient depuis leur balcon ainsi que 161 823 personnes connectées sur Facebook. Cette performance a permis de lever 690 392 € pour diverses associations et a inspiré la série de concerts en livestream *United at Home* de Guetta.

La plus longue distance en poussant une Joëlette en 24 h
La Joëlette (qui tire son nom de son inventeur Joël Claudin) est un fauteuil roulant tout-terrain conçu pour permettre aux personnes à mobilité réduite de partir en randonnée avec leur famille ou des amis valides. Les 13-14 sept. 2020, Lames de joie, association luttant contre le handicap, a organisé un relais à Berck-sur-Mer (FRA) qui a vu 13 athlètes pousser 10 coureurs sur 264,55 km dans une Joëlette Twin.

Vous découvrirez d'autres mentors potentiels parmi les personnalités intronisées cette année dans le Hall of Fame GWR. Inspirez-vous des messages du vétéran des naturalistes, sir David Attenborough, et de la jeune militante Mya-Rose Craig. Nous avons aussi voulu mettre en valeur des femmes qui se sont distinguées dans des secteurs dominés par les hommes, telles que l'astronaute Peggy Whitson, l'alpiniste Viridiana Álvarez Chávez ou la militante des droits humains Malala Yousafzai.

En cette année encore particulière, il a été compliqué de visiter des lieux touristiques... Qu'à cela ne tienne ! Dans nos pages "Visites virtuelles" nous vous emmenons dans les lieux touristiques les plus emblématiques, les plus réputés et détenant le plus de records. Sans quitter votre fauteuil, vous pouvez admirer les merveilles du Louvre (p. 132-133), qui est à la fois **le musée le plus grand** et **le plus visité** ; vous déterrerez d'extraordinaires fossiles de dinosaures au Royal Tyrrell Museum (CAN) (p. 156-157) et vous découvrirez les résidents exceptionnels de l'Australia Zoo (p. 32-33).

Ce monde incroyable nous inspire le respect et le *Guinness World Records 2022* est votre guide pour le découvrir sans cesse, quelles que soient les circonstances. Rien n'arrête l'envie d'établir des records... C'est bon signe !

Craig Glenday
Éditeur

La nage la plus longue dans le vortex de déchets du Pacifique
Entre le 14 juin et le 31 août 2019, le nageur Ben Lecomte (FRA) a parcouru 338 miles nautiques (626 km) au cœur du vortex de déchets du Pacifique qui s'étend entre Hawaï et la Californie (USA). Le vortex du Pacifique est la plus grande accumulation marine de déchets du monde avec environ 1,8 millier de milliards de morceaux de plastique. (Vous trouverez plus d'informations dans notre entretien avec Lecomte p. 43.)

FABRIQUER UN HÔTEL À INSECTES

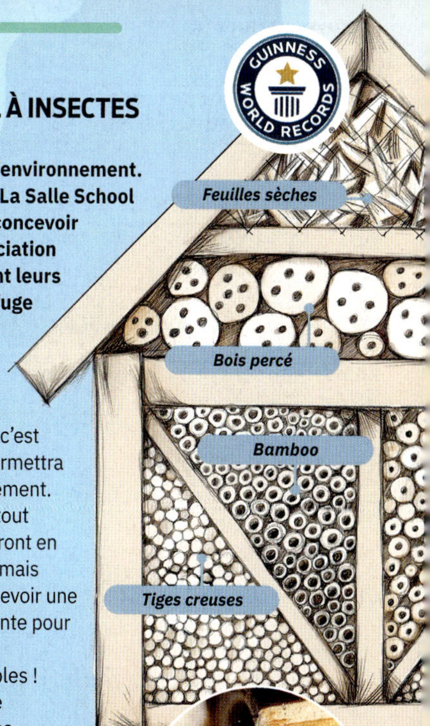

Le thème du *GWR 2022* est l'environnement. Si l'hôtel à insectes de la De La Salle School vous plaît, pourquoi ne pas concevoir le vôtre ? Nos amis de l'association Earthwatch Europe partagent leurs astuces pour fabriquer le refuge parfait pour vos petites bestioles.

Vous ne créerez peut-être pas un hôtel plus grand que l'abri de la De Le Salle School, mais c'est un projet amusant qui vous permettra de protéger les insectes localement. Et en les aidant, vous aiderez tout l'écosystème ! Vos hôtes varieront en fonction de votre localisation, mais l'objectif reste universel : concevoir une nouvelle maison très accueillante pour vos minuscules copains.

"Les insectes sont incroyables ! proclame Earthwatch. Plus de 75 % des cultures alimentaires mondiales dépendent des espèces pollinisatrices. Si tous les jardins, ne serait-ce qu'au Royaume-Uni, se transformaient en espace respectueux de la nature, ils créeraient un paradis pour la biodiversité de plus de 430 000 ha. Imaginez qu'on le fasse partout !"

L'astuce consiste à remplir l'hôtel de matériaux naturels qui sèchent facilement – surtout du bois. Assurez-vous d'avoir des trous de tailles différentes afin que diverses espèces d'insectes y élisent domicile : les trous doivent être lisses, sans échardes. Les insectes pourront s'y abriter durant l'hiver et y pondre leurs œufs.

Enfin, positionnez votre hôtel dans un endroit calme et ensoleillé et fixez-le afin qu'il ne soit pas renversé par le vent. Et pendant que vous y êtes, pourquoi ne pas planter quelques fleurs locales pour aider vos visiteurs à trouver du pollen ?

earthwatch
EUROPE

La science est au cœur de l'association environnementale Earthwatch Europe. Elle anticipe les changements nécessaires pour vivre selon nos moyens en harmonie avec la nature. Elle relie les personnes au milieu naturel, surveille la santé de nos ressources naturelles et coordonne les actions qui auront l'impact le plus bénéfique. En travaillant avec élèves et professeurs, Earthwatch œuvre à responsabiliser et sensibiliser la prochaine génération afin qu'elle passe à l'action pour notre planète. Si vous voulez en savoir plus et si vous souhaitez participer, visitez le site **earthwatch.org.uk**

Pour plus d'infos sur les hôtels à insectes et d'autres projets respectueux de l'environnement, rendez-vous sur la page **kids.guinnessworldrecords.com**

Le plus grand hôtel à insectes
Kieran Foster et l'école De La Salle (tous 2 GBR) ont construit un véritable manoir à bestioles de 81,26 m³ à St Helens (GBR). Il a été achevé le 20 mai 2020, après 9 mois de planification et de construction. Cet hôtel à insectes abrite désormais une communauté prospère de coléoptères xylophages, de mille-pattes, de fourmis, d'abeilles et de cloportes.

Visites virtuelles

Les confinements destinés à combattre la pandémie de COVID-19 dans le monde nous ont privés de culture et de distractions. En 2020, le nombre de visiteurs des parcs à thème, des galeries d'art et des musées habituellement très fréquentés a diminué de 70 % à l'échelle mondiale. Comme vous ne pouvez visiter certains lieux, nous les faisons venir à vous !

Suivez-nous dans une “visite virtuelle” de 9 grands sites mondiaux. Vous déterrerez des dinosaures au Royal Tyrrell Museum (CAN), admirerez le parc de Yellowstone (USA) et rencontrerez des aviateurs légendaires au musée national de l'Air et de l'Espace du Smithsonian Institute (USA). Profitez des splendeurs des jardins de Kew (GBR), émerveillez-vous devant les maquettes du Miniatur Wunderland de Hambourg (DEU) et profitez des richesses du Louvre à Paris (FRA) et du musée V&A de Londres (GBR). Enfin, faites halte à l'Australia Zoo (AUS) et au Guangdong Science Center (CHN), un musée des sciences.

Cette carte permet de situer ces sites prestigieux, ainsi que des records emblématiques et les 20 sites les plus visités au monde. Tournez les pages pour vous plonger dans une aventure culturelle virtuelle.

Légendes :

VISITES VIRTUELLES

Lieux “record” à visiter

Musées et sites les plus visités

Les musées et sites les plus visités

La liste suivante recense les 20 destinations culturelles les plus prisées au monde, selon un rapport de 2019 de l'AECOM et de la Themed Entertainment Association. (“G” indique que l'entrée du musée ou de la galerie est gratuite ; “P” indique qu'elle est payante). Le Louvre (voir p. 132) est en tête de liste depuis plusieurs années. Au total, ces 20 sites ont accueilli près de 105,5 millions de visiteurs en 2019. Chaque destination est numérotée sur la carte ci-dessus.

	Musée	Œuvres phares	Lieu	Visiteurs	Entrée
1	Louvre (voir p. 132)	*La Joconde, Vénus de Milo, La Liberté guidant le peuple*	Paris (FRA)	9 600 000	P
2	Musée national de Chine	Céramiques de l'âge de pierre, chaudron (ding) de Houmuwu	Pékin (CHN)	7 390 000	F
3	Musées du Vatican	Chapelle Sixtine, chambres de Raphaël, galerie des Cartes, Musée grégorien égyptien, escalier de Bramante	Vatican (VAT)	6 883 000	P
4	Metropolitan Museum of Art	Temple d'Isis, Sphinx d'Hatshepsout, *La Mort de Socrate, Washington traversant le Delaware*	New York (USA)	6 770 000	P
5	British Museum	Pierre de Rosette, serpent aztèque à deux têtes, bateau funéraire de Sutton Hoo	Londres (GBR)	6 208 000	G
6	Tate Modern	*Diptyque de Marilyn, Seagram Murals, L'Incertitude du poète*	Londres (GBR)	6 098 000	G
7	National Gallery	*Les Tournesols, Les Ambassadeurs, Les Époux Arnolfini, La Charrette de foin*	Londres (GBR)	6 011 000	G

	Musée	Œuvres phares	Lieu	Visiteurs	Entrée
8	Muséum d'histoire naturelle	Moulages de Pompéi, squelette de baleine bleue, simulateur de séisme	Londres (GBR)	5 424 000	G
9	Muséum américain d'histoire naturelle	Météorite de Ahnighito, saphir Star of India, moulage de statue moaï	New York (USA)	5 000 000	P
10	Musée de l'Ermitage	Salle Léonard de Vinci, salle Malachite, salle des Chevaliers, Vase de Kolyvan, Pendule du Paon	Saint-Pétersbourg (RUS)	4 957 000	P
11	Musée des Sciences et de la Technologie de Shanghai	Expositions : *World of Robots, Light of Wisdom, Earth's Crust Exploration, Light of Exploration*	Shanghai (CHN)	4 824 000	P
12	Reina Sofía	*Guernica, Homme à la pipe, La Table du musicien, Femme en bleu*	Madrid (ESP)	4 426 000	G
13	Muséum national d'histoire naturelle	Diamant Hope, pavillon des papillons, momies égyptiennes	Washington, DC (USA)	4 200 000	G

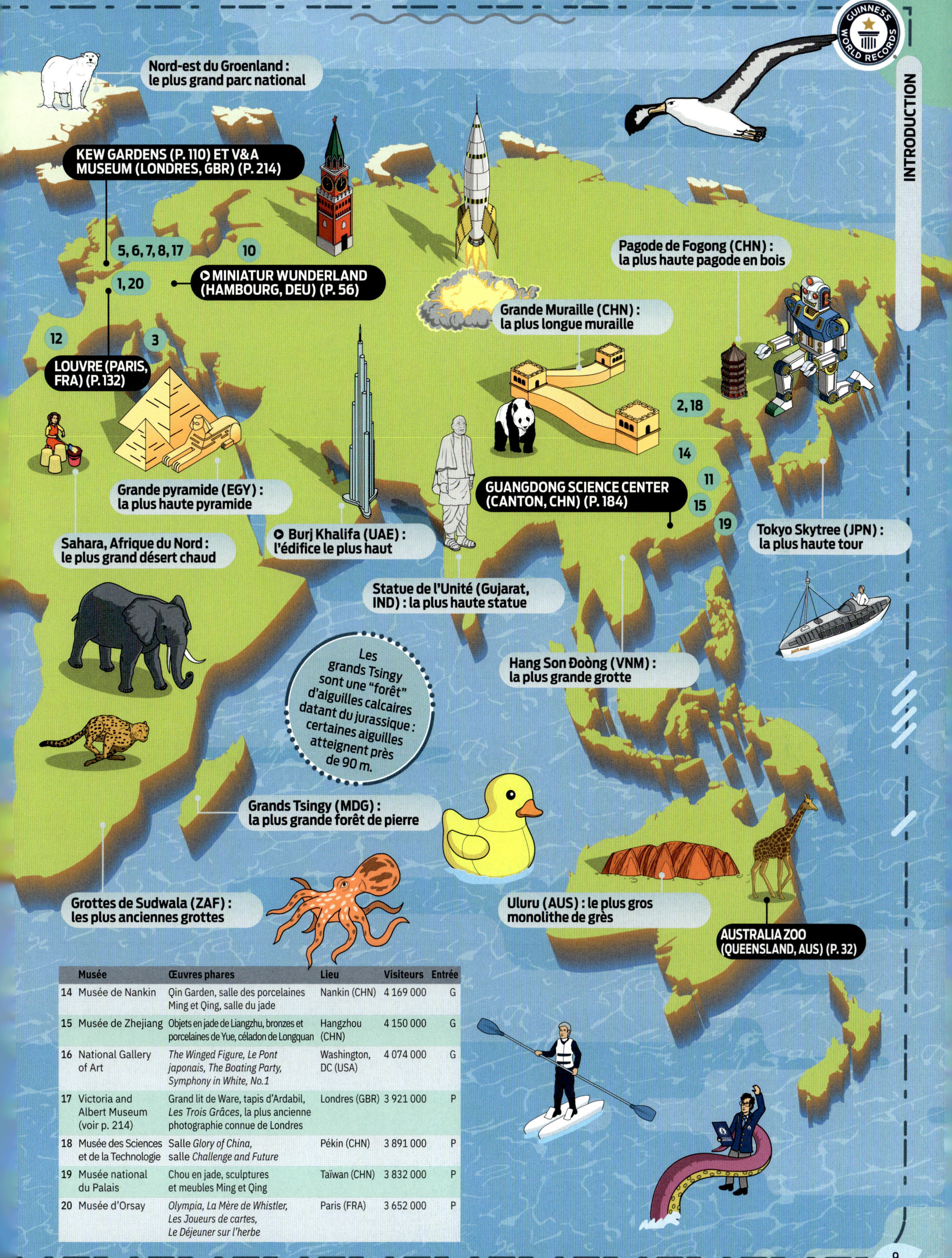

	Musée	Œuvres phares	Lieu	Visiteurs	Entrée
14	Musée de Nankin	Qin Garden, salle des porcelaines Ming et Qing, salle du jade	Nankin (CHN)	4 169 000	G
15	Musée de Zhejiang	Objets en jade de Liangzhu, bronzes et porcelaines de Yue, céladon de Longquan	Hangzhou (CHN)	4 150 000	G
16	National Gallery of Art	*The Winged Figure*, *Le Pont japonais*, *The Boating Party*, *Symphony in White, No.1*	Washington, DC (USA)	4 074 000	G
17	Victoria and Albert Museum (voir p. 214)	Grand lit de Ware, tapis d'Ardabil, *Les Trois Grâces*, la plus ancienne photographie connue de Londres	Londres (GBR)	3 921 000	P
18	Musée des Sciences et de la Technologie	Salle *Glory of China*, salle *Challenge and Future*	Pékin (CHN)	3 891 000	P
19	Musée national du Palais	Chou en jade, sculptures et meubles Ming et Qing	Taïwan (CHN)	3 832 000	P
20	Musée d'Orsay	*Olympia*, *La Mère de Whistler*, *Les Joueurs de cartes*, *Le Déjeuner sur l'herbe*	Paris (FRA)	3 652 000	P

1. Zaila Avant-garde
2. Chad McLean
3. André Ortolf
4. Ren Keyu
5. Andrea M
6. Andrey Maslov
7. Alexander Marchand
8. Thomas BVT
9. Cristian Sabba
10. Prabhakar Reddy P
11. R Sarangapani
12. Christian Rodríguez
13. David & Christian
14. Ashrita Furman
15. María & Christian
16. Silvio Sabba
17. KY Lim
18. Joel Strasser
19. M S Hasinie
20. R S Tharun
21. "Dragon" Taylor
22. S Kanishka
23. David Rush
24. Anthony Kelly
25. K Gokulnath

GWR DAY

Chaque année, des milliers de personnes du monde entier relèvent une multitude de défis pour célébrer la Journée du Guinness World Records. Pour 2020 – une année comme aucune autre dans notre histoire –, nous avons eu recours à un arbitrage à distance pour évaluer le plus de records possible en 24 h. Voici une sélection des résultats de notre "24 HEURES DE NOUVEAUX RECORDS".

* aujourd'hui Olivier Rioux (CAN), à 226,9 cm (voir p. 66-67)

† aujourd'hui 215, par David Rush et Jonathan Hannon (tous 2 USA)

#	TITRE	RECORD	DÉTENTEUR
1.	Le plus de rebonds de balle en jonglant en 1 min (4 ballons de basket)	255	Zaila Avant-garde (USA)
2.	Le plus de boules de bowling tenues en même temps	16	Chad McLean (USA)
3.	Le plus rapide pour boire 1 l de jus de citron avec une paille	16 s	André Ortolf (DEU)
4.	Le plus grand adolescent du monde*	221,03 cm	Ren Keyu (CHN)
5.	Le plus de rotations de hula-hoop autour du derrière en 3 min	400	Andrea M. (GBR, né USA)
6.	Le 100 m le plus rapide en résolvant un Rubik's Cube	20,91 s	Andrey Maslov (RUS)
7.	Le plus de burpees avec saut arrière et vrille complète en 1 min	9	Alexander Marchand (CAN)
8.	Le 50 m de grimper de corde le plus rapide	3 min et 19,68 s	Thomas Butler Van Tonder (ZAF)
9.	Le plus de croisements de corde en sautant sur une jambe en 30 s	49	Cristian Sabba (ITA)
10.	Le plus de capsules de bouteille enlevées avec la tête en 1 min	68	Prabhakar Reddy P. (IND)
11.	Le plus petit jeu de cartes	7 x 5 x 4,86 mm	Ramkumar Sarangapani (IND)
12.	Le 100 m de course en sac le plus rapide	25,96 s	Christian López Rodríguez (ESP)
13.	Le plus de passes derrière le dos en basket-ball en 1 min	65	David et Christian López Rodríguez (tous 2 ESP)

#	TITRE	RECORD	DÉTENTEUR
14.	Le plus de flèches brisées avec le cou en 1 min	31	Ashrita Furman (USA)
15.	Le plus de dés attrapés en 30 s les yeux bandés (équipe de 2)†	45	María Rodríguez Cedillo et Christian López Rodríguez (tous 2 ESP)
16.	Le plus rapide à construire une pyramide de 10 rouleaux de papier toilette	3,60 s	Silvio Sabba (ITA)
17.	Le plus de cannes disparues dans un tour de magie en 1 min	26	KY Lim (MYS)
18.	Le plus de pinces à linge dans une barbe	359	Joel Strasser (USA)
19.	Le plus de logos de véhicule identifiés en 1 min	99	M. S. Hasinie (IND)
20.	Le plus de temps sur des rollers en ligne en faisant tourner 3 hula-hoops	6 min et 7 s	R. S. Tharun (IND)
21.	Le plus haut lancer et reprise d'un ballon de basket-ball en rotation	6,12 m	DeAndre "Dragon" Taylor (USA)
22.	Le plus de rotations de hula-hoop autour du pied en position couchée en 30 s	136	S. Kanishka (IND)
23.	Le plus de balles jonglées sur un monocycle (les yeux bandés)	463	David Rush (USA)
24.	Le plus de cibles atteintes avec une sarbacane les yeux bandés en 1 min	11	Anthony Kelly (AUS)
25.	Le plus de poi air wraps en 1 min	77	K. Gokulnath (IND)

26. Pavel Trusov
27. K Nagaraj
28. R Sarangapani
29. Rishabh Jain
30. Rianna & friends
31. Rocco Mercurio
32. Dariusz Slowik
33. AM Mendieta
34. Dariusz Slowik
35. Shunichi Kanno
36. Muhammad Rashid
37. Omeir Saeed
38. Mr Cherry
39. Ryoji Watanabe
40. Martin Rees
41. LA Beast
42. James Rawlings
43. Leah Shutkever
44. Hijiki & Angora
45. Tinuke Oyediran
46. Stefanie Millinger
47. Deena Shipwright
48. "Wham" Middleton
49. Yu Te-Hsin
Juge

#	TITRE	RECORD	DÉTENTEUR
26.	**Le plus de coups de poing avec extension complète en 3 min**	919	Pavel Trusov (RUS)
27.	**Le plus de hula-hoops avec un cerceau de 2 kg en 1 min**	144	K. Nagaraj (IND)
28.	**La plus longue phrase avec des magnets**	50 102 magnets	Ramkumar Sarangapani (IND)
29.	**Le plus de rebonds d'une balle de tennis de table les yeux bandés en 1 min**	146	Rishabh Jain (IND)
30.	**Le plus de rotations avec un hula-hoop par une équipe de 3 en 1 min**	66	S. Rianna Andrea, Andriya Varghese et A. S. Ishwarya (tous IND)
31.	**Le plus de boules de billard tenues dans une main**	16	Rocco Mercurio (ITA)
32.	**Le poids le plus lourd soulevé avec les petits doigts**	105,67 kg	Dariusz Slowik (CAN)
33.	**Le plus long service de tennis de table**	14,86 m	Alvaro Martin Mendieta (ESP)
34.	**Le lancer de fer à cheval le plus lointain**	53,34 m	Dariusz Slowik (CAN)
35.	**Le plus de canettes de boisson placées sur le corps par aspiration d'air**	20	Shunichi Kanno (JPN)
36.	**Le plus de coups de pied d'arts martiaux en 3 min en portant des poids de 5 kg à la cheville (une jambe)‡**	131	Muhammad Rashid (PAK)
37.	**Le plus long saut d'une rampe sur un wakeboard (homme)**	21 m	Omeir Saeed Omeir Yousef Almheiri (UAE)

#	TITRE	RECORD	DÉTENTEUR
38.	**Le plus de noix écrasées avec les fesses en 1 min**	122	"Mr Cherry" Yoshitake (JPN)
39.	**Le mile vertical le plus rapide en grimpant des escaliers**	1 h, 6 min et 58 s	Ryoji Watanabe (JPN)
40.	**Le plus de tours de magie sous l'eau en 3 min**	20	Martin Rees (GBR)
41.	**La plus longue distance pieds nus sur des briques de LEGO® §**	3 886 m	Kevin "LA Beast" Strahle (USA)
42.	**Le plus de rouleaux de papier toilette en équilibre sur la tête**	56	James Rawlings (GBR)
43.	**Le plus rapide pour manger 15 Ferrero Rocher®**	2 min et 1,7 s	Leah Shutkever (GBR)
44.	**Le plus de sauts alternés en couple en 30 s (une seule corde)**	71	Hijiki Ikuyama et Angora Soncho (tous 2 JPN)
45.	**Le plus de roulades sur des patins à roulettes en 1 min**	30	Tinuke Oyediran (GBR)
46.	**Le plus de handstands en équerre consécutifs**	402	Stefanie Millinger (AUT)
47.	**Le plus de penalties en football tirés en 24 h (individuel)**	7 876	Deena Shipwright (GBR)
48.	**Le plus long lancer de dos en basket-ball**	13,86 m	Rochelle "Wham" Middleton (USA)
49.	**La personne la plus âgée à réaliser un vol en parapente en tandem**	105 ans et 58 jours	Yu Te-Hsin (CHN)

50

Les drapeaux indiquent le lieu des tentatives de record

‡ aujourd'hui 143, par Ujjwal Sharma Thakuri (USA)

§ aujourd'hui 5 082 m, par Salacnib "Sonny" Molina (USA)

WASHINGTON, DC (USA)

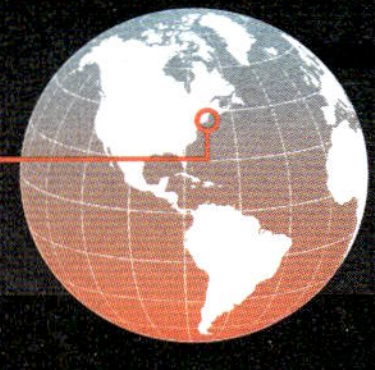

National Air and Space Museum

Lieu : National Mall, Washington, DC, USA (site principal, en photo ci-dessous) ; Chantilly, Virginie, USA (Steven F Udvar-Hazy Center)
Création : 1946
Galeries : 23
Objets exposés : env. 68 378
Superficie totale (les 2 sites) : 54 140 m²
Visiteurs annuels : 4,5 millions (2019)

Réparti sur 2 vastes sites à Washington, DC et en Virginie, c'est le plus grand musée de l'Air et de l'Espace au monde : un vibrant hommage à l'aviation rendu par la Smithsonian Institution. Ce qui rend cette collection si unique est que presque tous les objets et véhicules – des montgolfières et biplans aux avions de chasse et aux atterrisseurs lunaires – sont les originaux ou leur réplique. Il va sans dire que l'on peut y découvrir nombre de pièces ayant fait l'objet de records.

Ce musée est créé en 1946 sous le nom de National Air Museum en vue de témoigner du rôle majeur des États-Unis dans l'histoire de l'aviation. Sa collection ne cesse de s'étoffer au fil des grandes avancées du pays dans ce domaine. En 1966, son nom est devenu National Air and Space Museum et, 10 ans plus tard, sous la direction de l'ancien astronaute d'*Apollo II*, Michael Collins, la collection a été transférée vers un lieu de la taille d'un hangar sur National Mall, où les énormes fusées et aéronefs issus de la course à l'espace sont également exposés.

Un autre site – le Steven F. Udvar-Hazy Center – a été inauguré en 2003 en vue d'abriter de plus grands engins, tels que la navette spatiale américaine. Les visiteurs peuvent admirer plus de 68 000 objets sur les 2 sites.

Embarquez pour une découverte "de haut vol" de certains des spécimens aux records historiques – un voyage à travers le temps, du 1er vol des frères Wright en 1903 au tout dernier atterrissage de la navette américaine *Discovery* en 2011.

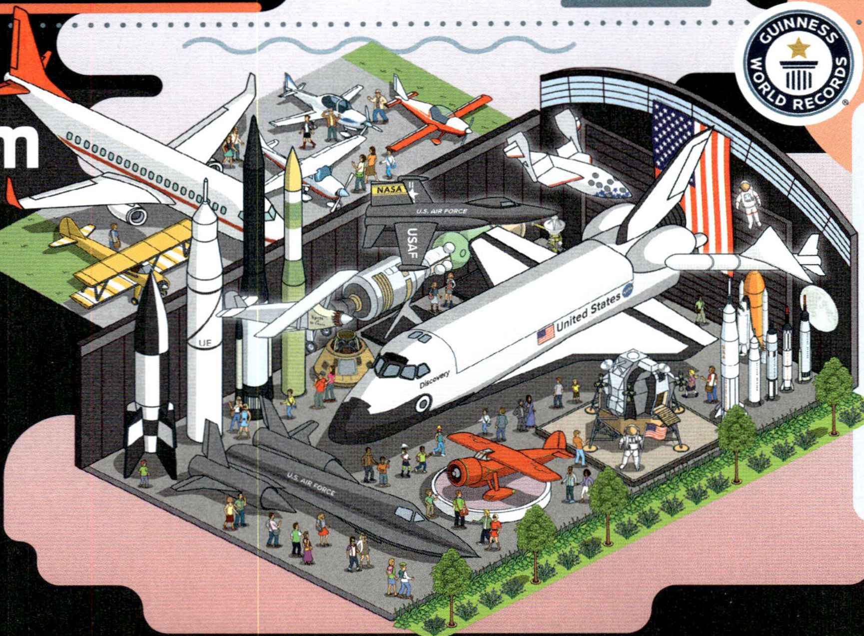

Le SR-71 détient aussi le record de **la traversée la plus rapide de l'Atlantique** : de New York à Londres en 1 h et 54 min !

Lockheed SR-71 "Blackbird"
Avec une pointe de vitesse de Mach 3,3 (3 580 km/h), cet avion espion aux lignes épurées de l'US Air Force est **l'avion à réaction piloté le plus rapide**. Il a effectué son 1er vol le 22 déc. 1964, avant de réaliser des missions top-secret pendant 25 ans. Il a été conçu pour voler à une altitude de 25 908 m – plus de 2 fois plus haut qu'un avion de ligne.

Lockheed Vega 5B
Les 20-21 mai 1932, Amelia Earhart, originaire du Kansas (USA), est devenue **la 1re femme à traverser l'Atlantique en solitaire**. L'aviatrice a effectué ce vol de 14 h et 46 min, de Terre-Neuve (CAN) à un champ de fermier en Irlande du Nord (GBR), à bord d'un Lockheed Vega, avion monomoteur rouge vif. Léger et aérodynamique, le Vega avait la faveur des as du ciel dans les années 1920 et 1930.

Spirit of St. Louis
Il s'agit du véritable monoplan Ryan de 8,41 m de long dans lequel Charles Lindbergh (USA) a réalisé **le 1er vol transatlantique en solo**. L'aviateur a quitté New York le 20 mai 1927 et a parcouru 5 810 km avant d'atterrir 33 h et 30 min plus tard à l'aéroport du Bourget près de Paris (FRA).

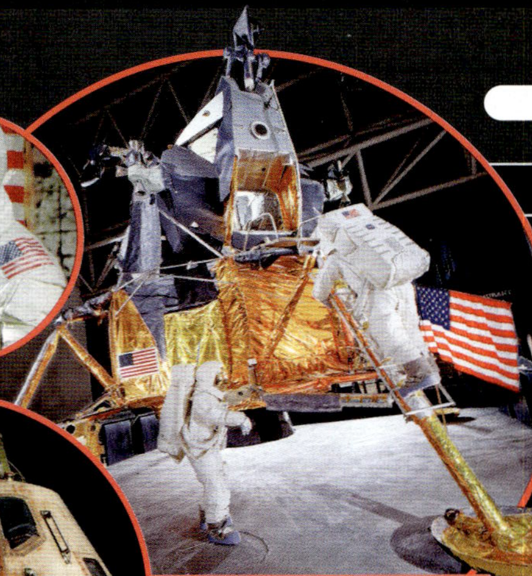

Apollo LM-2 et CM-107 _Columbia_
Le module lunaire *Eagle* (LM) a transporté (et ramené) Neil Armstrong et Buzz Aldrin (tous 2 USA) du module de commande *Columbia* (CM) à la surface de la Lune, dans le cadre de **la 1re mission habitée sur la Lune** en juill. 1969.
Le module de descente, LM-2 (ci-dessus), est exposé au NASM, tout comme l'authentique module *Columbia* (à gauche).

Wright Flyer
Le 1er vol contrôlé avec moteur plus lourd que l'air a été réalisé le 17 déc. 1903 près de Kitty Hawk (Caroline du Nord, USA), à bord d'un biplan construit par Orville et Wilbur Wright (USA). Cet envol – avec Orville aux commandes – de 12 s et 37 m, marque le début du vol à moteur.

Navette spatiale américaine _Discovery_
La navette spatiale de la NASA est **le 1er et** – encore aujourd'hui – **le plus grand vaisseau spatial réutilisable**. Six orbiteurs ont été construits, pesant chacun 78 t à vide, capables de transporter 8 personnes plus une charge utile pouvant atteindre 24 310 kg.
La 1re, *Columbia*, a réalisé son vol inaugural le 12 avr. 1981, se propulsant dans l'espace à l'aide de 2 boosters d'appoint. Le Udvar-Hazy Center expose *Discovery*, **la navette ayant servi le plus longtemps** (39 vols).

Environnement

Noor I et II réunissent des rangées de miroirs courbes de 12 m de haut qui chauffent à 393 °C un réseau de conduites d'eau.

SOMMAIRE

La plus grande centrale solaire thermique
Le complexe Noor Ouarzazate (MAR) utilise l'énergie du Soleil pour produire 510 mégawatts d'énergie grâce à la technologie solaire thermique. Les centrales solaires de ce type fonctionnent différemment des centrales solaires photovoltaïques (voir p. 25). Les panneaux solaires PV convertissent la lumière en électricité, alors que les centrales thermiques stockent la chaleur du soleil, générant une vapeur qui entraîne des turbines électriques. Le site inclut 3 centrales thermiques – Noor I, II et III – et Noor IV, plus petite, dotée de panneaux PV. Noor I et II emploient des miroirs creux paraboliques (voir photo ci-contre), et Noor III (photo principale) emploie des héliostats, miroirs mobiles orientant la lumière sur une tour centrale. L'énergie est stockée dans des réservoirs de sel fondu ; la chaleur est ensuite puisée pour produire de l'électricité la nuit ou par temps couvert.
La centrale peut produire assez d'électricité pour approvisionner 2 villes comme Marrakech (MAR) en économisant 760 000 t d'émissions carbone. Le site a été aménagé par un consortium réunissant ACWA Power (SAU), SENER (ESP) et SEPCO (CHN).

Mégawatt : une unité de mesure
Le mégawatt (MW) – 1 million de watts – est l'unité utilisée par le secteur énergétique pour évaluer la production et la demande d'électricité. Il s'agit aussi d'un indicateur utile, car il permet de comparer la capacité de centrales et même de pays entiers. Une production électrique de l'ordre de centaines de mégawatts suffit à approvisionner des centaines, voire des milliers de foyers. Il faut ainsi 18 400 MW pour alimenter l'État de New York pendant 1 h.

Changement climatique

Presque tous les scientifiques affirment que l'activité humaine entraîne un réchauffement mondial provoquant des perturbations climatiques et une dégradation de l'environnement. Depuis quelques décennies, la température s'élève et la glace fond dans les régions polaires. La montée du niveau des mers a provoqué des tempêtes plus violentes, et les étés plus secs des incendies plus destructeurs. Les conséquences humaines et écologiques pourraient être dévastatrices.

La température moyenne de surface des océans la plus élevée
En 2019, la chaleur des océans entre 0 et 2 000 m de profondeur s'est élevée de 228 zettajoules – 228 milliards de billions de joules – par rapport à la moyenne de 1981-2010. Cela correspond à une augmentation de 0,075 °C, qui peut sembler infime, mais dont les effets sur les écosystèmes marins ont déjà provoqué des dommages, notamment dans les eaux côtières (voir p. 42).

La température la plus élevée sur Terre
Le 10 juill. 1913, une température de 56,7 °C a été mesurée à Greenland Ranch (vallée de la Mort, Californie, USA). Un doute subsiste toutefois sur l'exactitude de cette donnée ancienne. Le 16 août 2020, une température de 54,4 °C a été mesurée de façon fiable à Furnace Creek (vallée de la Mort).

En 2020, d'autres températures extrêmes ont été relevées ailleurs. **Le plus grand écart local de température** est de 105 °C pour Verkhoïansk (RUS), passée de -68 °C en 1892 à 37 °C en 1982. Le 20 juin 2020, cet écart s'est peut-être accentué pour la ville, où il aurait fait 38 °C – ce qui correspondrait aussi à **la température la plus élevée en Arctique** (voir ci-dessous). Les 2 mesures effectuées en 2020 doivent encore être confirmées par l'Organisation météorologique mondiale (OMM).

Le point de rosée le plus élevé
Le "point de rosée" est la température à laquelle l'air doit être refroidi pour être saturé de vapeur d'eau, et permet de déterminer son humidité. À 15 h, le 8 juill. 2003, à Dhahran (SAU), le point de rosée était de 35 °C et la température de l'air de 42 °C. De ce fait, la température apparente ("ressentie") était de 81,1 °C.

La plus haute température "minimale" durant 24 h
Le 26 juin 2018, durant 24 h, la température minimale de la ville côtière de Qurayyat (OMN) était de 42,6 °C. Le précédent record de température minimale était de 41,7 °C, à l'aéroport de Khasab (OMN), le 27 juin 2011, et également dans la vallée de la Mort, le 7 juill. 2012.

La plus grosse élévation de la mer
2019 a connu la plus forte hausse du niveau de la mer depuis le début des observations altimétriques par satellite en 1993 – avec en moyenne 87,61 mm de plus qu'en 1993, selon la NOAA (National Oceanic and Atmospheric Administration) – une augmentation de 6,1 mm par rapport à 2018. Kiribati (en photo) est un atoll du Pacifique particulièrement menacé ; sa population de plus de 100 000 habitants pourrait être contrainte à migrer.

Le 1er usage du terme "climigration"
Le sort des habitations humaines est lié au changement climatique, mais ce n'est qu'à la fin du xxe siècle que nous avons pris conscience de notre responsabilité. En 2009, l'avocate Robin Bronen (USA) a créé le terme "climigration" pour décrire le déplacement de populations dû au changement climatique. Elle l'a fait figurer dans un rapport sur les villages indigènes d'Alaska (comme Shishmaref ci-dessus) dont les habitants ont dû fuir en raison de la fonte des glaces et du dégel du permafrost.

La plus grosse fonte des glaces en 1 jour
Selon des observations et modélisations, l'inlandsis du Groenland (GIS) a généré 24 milliards de t d'eau fondue en 24 h, le 31 juill. 2019 – soit l'équivalent de 10 millions de piscines olympiques. Une partie de l'eau a de nouveau gelé sur la couche de glace, mais plus de la moitié – 15,3 milliards de t – aurait rejoint l'océan. Le GIS étant la 2e plus grande masse de glace terrestre (après l'inlandsis de l'Antarctique), les répercussions sur le niveau de la mer sont importantes (voir ci-dessus).

Les ours polaires mangent surtout des phoques, mais la fonte des glaces fait s'éloigner leurs proies, menaçant leur survie.

La plus petite étendue de banquise
En hiver, l'océan Arctique gèle et forme la banquise, qui fond l'été suivant. En 2012, il ne restait que 3,41 millions de km^2 de banquise à la fin de l'été Arctique en 2012, comme cela a été constaté le 16 sept. La 2e fonte la plus importante – avec 3,74 millions de km^2 – a été observée en 2020, l'Arctique ayant peut-être connu son record de température (en cours de validation par l'OMM). La carte de la NASA ci-contre montre un printemps anormalement chaud en 2020, notamment au nord de la Russie et en Alaska (USA).

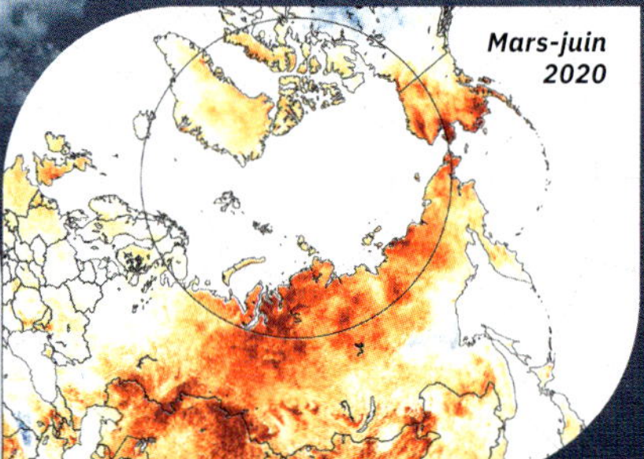

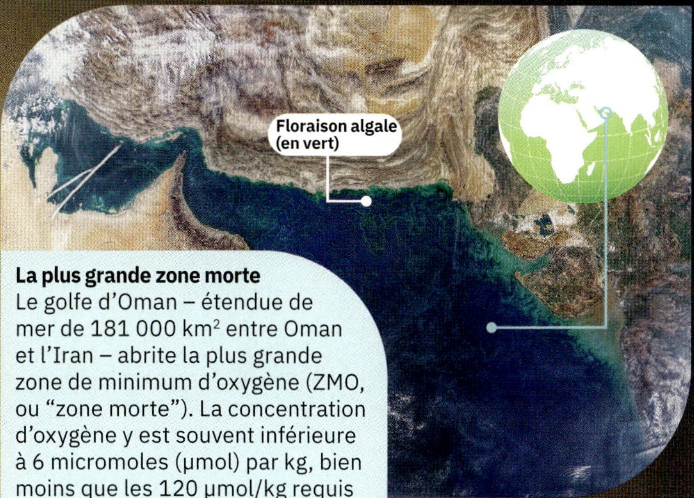

La plus grande zone morte
Le golfe d'Oman – étendue de mer de 181 000 km² entre Oman et l'Iran – abrite la plus grande zone de minimum d'oxygène (ZMO, ou "zone morte"). La concentration d'oxygène y est souvent inférieure à 6 micromoles (µmol) par kg, bien moins que les 120 µmol/kg requis pour rendre la vie possible. La ZMO a toujours existé, mais depuis les années 1990, elle s'est étendue du fait du réchauffement des mers, provoquant un déclin de la biodiversité et la formation de vastes floraisons algales (ci-dessus).

La plus grande manifestation climatique
La grève mondiale de sept. 2019 était une mobilisation d'une semaine pour une meilleure gestion de la crise climatique. Elle était organisée par Fridays For Future et School Strike 4 Climate – avec le soutien de Greta Thunberg – ainsi que par des militants, des ONG et des associations. 7,22 millions de personnes ont participé aux 2 grèves des 20 et 27 sept. dans plus de 160 pays (ci-dessus, à Londres, le 20 sept.) – et même en Antarctique, lieu de **la manifestation la plus australe pour le climat** (voir p. 28).

Le plus gros iceberg
Selon le Centre de données sur la glace de la NOAA, qui surveille les gros icebergs par satellite, l'iceberg A23A mesurait 40 milles nautiques de long sur 34 de large le 8 janv. 2021. Situé dans la mer de Weddell au large de l'Antarctique, il occupe une surface d'env. 4 000 km², équivalente à l'État de Rhode Island (USA). Le précédent iceberg le plus gros, le A68A, s'est fragmenté en approchant de l'île de Géorgie du Sud fin 2020.

Le plus de cyclones tropicaux baptisés en 1 an
Les tempêtes sont classées en catégories selon la vitesse du vent ; elles sont baptisées lorsqu'elles ont le statut de "cyclone tropical", avec des vents constants supérieurs à 33 nœuds (61 km/h). Le record absolu remonte à 1964, quand 38 cyclones baptisés ont été localisés dans le Pacifique Ouest, dont 26 typhons. L'Atlantique a connu sa plus forte saison de tempêtes en 2020. Au total, 30 ont été baptisées, et 13 étaient des ouragans (les typhons sont ainsi appelés en Atlantique et en Pacifique Nord-Est). Cette année agitée a pris fin avec l'ouragan Iota (la photo représente l'île colombienne de Providencia, après Iota). Il s'agissait du 2e ouragan connu de catégorie 5 survenu en novembre ; le 1er avait frappé Cuba en 1932.

Le plus gros trou d'ozone
La couche d'ozone est une mince couche de l'atmosphère terrestre qui absorbe la plupart des rayons UV nocifs du Soleil. Certains polluants détruisent les molécules d'ozone, causant une réduction ou une disparition de cette couche. Le 9 sept. 2000, un trou de 29,9 millions de km² – près de 3 fois la taille des États-Unis – s'est formé au-dessus de l'Antarctique. S'il avait diminué de plus de la moitié en oct. 2019, il s'est de nouveau élargi à 24,8 millions de km² en 2020.

La plus grosse injection de fumée dans la stratosphère par un feu
Entre déc. 2019 et janv. 2020, des feux de brousse ont ravagé 5,8 millions d'ha en Australie – une zone plus grande que la Croatie. Ils ont aussi produit d'immenses pyrocumulonimbus. Env. 400 000 t d'aérosols (mélanges de particules de carbone, de fumée et d'eau condensée) – presque la quantité générée par une éruption volcanique modérée – se sont élevés dans les airs à 35 km. Des millions d'animaux ont péri et la qualité de l'air a été affectée jusqu'en Amérique du Sud. Le réchauffement accentue les feux de brousse : la diminution des précipitations rend les forêts et prairies plus sèches, donc plus susceptibles de s'enflammer.

Terre brûlée : incendies en 2020
L'Australie n'est pas l'unique pays touché par davantage d'incendies en 2020. Sécheresse et chaleur se propagent, créant des conditions propices.
- **Californie (USA)** (ci-dessous) : 1,77 million d'ha brûlés
- **Brésil** : env. 25 % du Pantanal (**plus vaste zone humide**) ont brûlé, ainsi que près de 2,2 millions d'ha en Amazonie (**plus grande forêt tropicale**)
- **Sibérie (RUS)** : des incendies ont émis 250 mégatonnes de CO_2

Déchets et recyclage

La 1re galerie marchande d'objets recyclés
La galerie ReTuna Återbruksgalleria d'Eskilstuna (SWE) a ouvert ses portes le 28 août 2015 et propose des objets réparés, recyclés ou transformés. Les objets déposés (meubles, ordinateurs, matériel audio, vélos, etc.) sont rénovés dans des ateliers puis revendus. Géré par la municipalité, le lieu a créé 50 emplois de réparateurs ou vendeurs et abrite des start-up et des artisans.

La plus grande décharge
Créée en 1993, la décharge Apex Regional située dans le désert du Nevada près de Las Vegas (USA) occupe une surface de 890 ha – soit près de 1 250 terrains de foot – selon *D-Waste*. En 2006, au maximum de son activité, elle recevait 13 600 t de déchets municipaux solides par jour. Aujourd'hui, elle n'en reçoit plus que 8 160 t. Elle est gérée par Republic Services (USA).

Les 1ers exemples de recyclage
Les humains réutilisent des objets depuis des millénaires, ce que l'on peut considérer comme du "recyclage". Nos ancêtres de l'âge de pierre du Paléolithique inférieur (qui débute il y a 2,5 millions d'années) transformaient de vieilles haches en outils, tels ceux en silex vieux de 400 000 à 500 000 ans découverts dans la grotte de Tabun (ISR). D'autres spécialistes considèrent l'âge du bronze comme l'aube du recyclage moderne : l'alliage pouvant être fondu et remoulé, il peut être recyclé en un objet identique ou différent.

Les 1res décharges
La ville de Knossos en Crète (GRC) possédait déjà des décharges v. 3000 av. J.-C. Dans cette civilisation minoenne antique, les déchets solides (dont des coupes de vin en céramique sans doute à usage unique) étaient jetés dans de grandes fosses, remblayées ensuite sur plusieurs niveaux.

Le 1er livre imprimé sur papier recyclé
Le papetier Matthias Koops (GBR) publia en 1800 *Historical Account of the Substances which Have Been Used to Describe Events, and to Convey Ideas from the Earliest Date to the Invention of Paper*. La seconde édition de 1801 mentionnait : "Imprimé sur papier issu d'anciens papiers imprimés et manuscrits."

Le taux de recyclage le plus élevé
Le Liechtenstein recycle 64,6 % de ses déchets – plus qu'aucun autre État souverain – selon le rapport *What a Waste 2.0* de la Banque mondiale et de la Banque internationale pour la reconstruction et le développement. La Macédoine du Nord est **le pays ayant le taux de recyclage le plus bas** (0,2 %).

Le 1er éditeur de livres en carton recyclé
La coopérative d'édition Eloísa Cartonera (ARG) a été créée début 2003 et se trouve à la Boca (Buenos Aires, ARG). Après la crise économique de 2001, des écrivains, des éditeurs et des collecteurs de déchets baptisés *cartoneros* ("cartonneurs") se sont associés pour créer des *libros cartoneros* (ou livres en carton recyclé) abordables. Il existe aujourd'hui près de 250 éditeurs de *cartonera* dans le monde.

Le plus de débris flottants récupérés par une machine
Entre mai 2014 et déc. 2020, "Mr Trash Wheel" a recueilli 1 277,37 t de déchets à l'embouchure de la rivière Jones Falls à Baltimore (Maryland, USA). Il est exploité par le Waterfront Partnership de la ville. Parmi les déchets récoltés figuraient 830 000 bouteilles en plastique, 5 100 ballons et assez de mégots pour former une ligne de plus de 240 km. L'encart montre la machine en train de récolter des déchets en surface, même si une jupe de 0,6 m fixée au barrage flottant permet aussi d'en récupérer sous l'eau.

Le plus grand logo humain de recyclage
3 373 personnes ont reconstitué le symbole à 3 flèches lors d'un événement mené par le Central Institute of Petrochemicals Engineering & Technology (CIPET) en Inde. Organisé à Chennai (IND) le 23 janv. 2019, l'événement soulignait l'importance des plastiques biodégradables et du recyclage du plastique. Il célébrait aussi le 50e anniversaire du CIPET.

Le plus de bouteilles collectées en 1 h pour être recyclées
Le maire Alberto Rojo Blas et le conseil municipal de Guadalajara (ESP) ont organisé la collecte de 2 485 kg de bouteilles en verre en 60 min, le 16 déc. 2019. L'événement a eu lieu sur la place principale de la ville et a été suivi massivement par les écoliers. Il devait promouvoir le recyclage et montrer que nous devons tous prendre soin de la planète.

La plus grosse production de déchets plastiques
Selon des données de la Banque mondiale, 242 millions de t de déchets plastiques ont été produites en 2016. En 2020, une étude de *Science Advances* a montré que les États-Unis représentent 42 millions de déchets sur ce volume global.

La Micronésie (photo) génère **le plus de déchets plastiques par habitant** (308,25 kg par an). Bien qu'elle soit très peu peuplée (elle est le 164e pays générateur de déchets plastiques), la gestion inadaptée des déchets et la forte densité de population côtière favorisent les rejets de déchets plastiques dans la mer..

Le plus long pont permanent composé de matériaux recyclés
Achevé en 2011, le pont Easter Dawyck surplombant la rivière Tweed dans le Peeblesshire (GBR) mesure 27,4 m de long et se compose de plus de 50 t de déchets plastiques. Il est l'œuvre de Vertech Composites et d'ingénieurs de l'université de Cardiff (GBR). Le pont est fait d'un matériau thermoplastique baptisé "bois d'œuvre synthétique" (constitué de bouteilles en plastique et d'autres déchets) et est lui aussi 100 % recyclable. Pouvant supporter une charge de 44 t, il peut être emprunté par les piétons, les voitures et même des poids lourds.

Le plus de déchets solides municipaux produits par un pays
Selon les dernières données du rapport de *What a Waste 2.0*, les États-Unis produisent env. 258 millions de t de déchets solides municipaux (DSM) – issus des poubelles des ménages – chaque année. C'est 1 260 fois le poids de la statue de la Liberté.

La quantité annuelle de DSM la plus faible est de 3 989 t, pour l'archipel des Tuvalu dans le Pacifique.

Le taux le plus élevé de compostage
Selon *What a Waste 2.0*, l'Autriche, dont 31,2 % des déchets organiques sont compostés, est en tête dans ce domaine.

Antigua-et-Barbuda, la Macédoine du Nord, Sainte-Lucie et Saint-Vincent-et-les-Grenadines ont **le taux de compostage le plus bas** (0,1 %).

Par le biais de son réseau mondial, Novelis a recyclé plus de 74 milliards de canettes usagées en 2020.

La plus grande usine de recyclage d'aluminium (capacité)
Le centre de recyclage de Nachterstedt en Saxe-Anhalt (DEU) – géré par Novelis (USA) – peut traiter chaque année 400 000 t d'aluminium. Cela correspond à 26,6 milliards de canettes. L'usine traite par ailleurs 18 types de déchets différents. Par jour, elle peut produire 55 lingots de métal de 12 m de long et de 25 t chacun à partir de rebuts métalliques.

- **Ouverture** : oct. 2014
- **Coût** : 258 m $ (205 m €)
- **Surface** : 60 000 m²
- **Employés** : env. 200
- **Émissions de CO_2 évitées** : 3,7 millions de t par an

Plastique

100 %

649,648 µm

La 1re nouvelle espèce contaminée par le plastique

Eurythenes plasticus est un amphipode des abysses découvert dans l'océan Pacifique en 2014. Ce crustacé proche de la crevette porte ce nom car son système digestif contenait un fragment de microplastique de 0,649 mm de long, proche à 83,74 % du polytéréphtalate d'éthylène (PET). Plus alarmant encore, *E. plasticus* vit dans la zone hadale, à plus de 6 000 m de profondeur, qui est donc également touchée par la pollution par le plastique. Le nouvel amphipode a été décrit dans la revue *Zootaxa* le 5 mars 2020.

Le 1er plastique

Alexander Parkes (GBR) a mis au point le 1er plastique en 1856. Constituée de cellulose, la Parkesine pouvait être moulée à chaud et conservait sa forme une fois refroidie. Parkes a présenté son invention à l'Exposition universelle de Londres en 1862. Conçue par le chimiste Leo Baekeland (BEL) aux États-Unis en 1907, la Bakélite est **le 1er plastique entièrement de synthèse**.

Le 1er sac en plastique d'une pièce

Le polythène (ou polyéthylène) a été découvert accidentellement en 1898 lors d'expériences sur les hydrocarbures effectuées par le chimiste Hans von Pechmann (DEU), mais n'a été synthétisé industriellement qu'à partir des années 1950. En 1959, ce matériau a servi à fabriquer un sac d'une seule pièce avec poignées intégrées conçu par l'ingénieur Sten Gustaf Thulin (SWE) pour lutter contre la déforestation liée à l'usage de sacs en papier. Le concept a été breveté en 1965 par la société Celloplast.

Le 1er pays à...

taxer les sacs en plastique : en 1994, le Danemark a imposé une taxe sur les sacs aux commerçants, incités à promouvoir l'usage de sacs réutilisables. Le 1er ministre danois a annoncé l'interdiction des sacs en plastique en 2019.

Interdire les sacs en plastique à usage unique : le Bangladesh a interdit l'usage de sacs en polyéthylène dès 2002, afin de remédier aux problèmes des inondations aggravées par les sacs bouchant les canalisations et les cours d'eau.

En 2018, env. 6 000 élèves de plus de 60 écoles du Royaume-Uni ont fabriqué un bateau avec des bouteilles.

La plus grande flottille de bateaux faits en bouteilles en plastique

Une flottille de 300 bateaux a été mise à l'eau le 6 oct. 2017 sur un bassin à Poole (Dorset, GBR) par des élèves de l'école primaire St James' Church of England (GBR). Tous les bateaux ont été récupérés et recyclés. L'événement était destiné à alerter sur la pollution par le plastique et l'importance de réutiliser les matériaux.

ROI D'UN CHÂTEAU EN PLASTIQUE : ROBERT BEZEAU

En 2017, Robert Bezeau (CAN) a ajouté à son village en bouteilles en plastique au Panama une imposante forteresse de 14 m de haut constituée de 40 000 bouteilles – le plus grand château en plastique.

Quel est votre parcours ?

Je fabriquais des composants électriques. Ma passion pour le recyclage est née lorsque je me suis installé dans l'île Colón à Bocas del Toro [au Panama], car le plastique à usage unique y était répandu.

Comment avez-vous eu l'idée de créer un village en bouteilles ?

J'ai réuni près d'un million de bouteilles en PET en un an et demi et je ne savais pas quoi en faire. Le village compte 200 000 bouteilles.

Parlez-nous du château.

Le château est composé de 40 000 bouteilles en PET. La difficulté était que nous n'avions pas de plan – nous avons improvisé. L'armature est en béton et en acier. Les murs sont des grilles remplies de bouteilles. La construction a progressé jusqu'à atteindre 4 étages !

Quelles réactions ont provoqué vos édifices ?

Au début, les habitants et les personnalités de l'île pensaient que j'étais fou – tout comme ma femme et mon fils ! Leur curiosité l'a emporté et ils m'ont laissé continuer. Plus j'avançais, plus ils étaient intrigués. En 2017, j'ai reçu un Energy Globe Award – ce qui m'a comblé de joie.

Un conseil pour ceux qui voudraient recycler leurs bouteilles ?

Il faudrait légiférer sur les emballages. Est-ce correct de vider le contenu d'une bouteille en PET en 8 min, puis de la laisser dans la nature pendant 800 ans ? Si les bouteilles sont conçues de manière à s'imbriquer, nous pouvons les réutiliser pour construire toutes sortes d'objets, comme des bancs, des tables, des fontaines, des boîtes de rangement, des niches pour chiens... les possibilités sont infinies.

L'électricité est produite grâce à des panneaux solaires, couplés à des mini-turbines éoliennes et à 2 vélos statiques permettant à l'équipage de faire de l'exercice.

Conçue pour abriter 6 personnes, la cabine est faite de plastique à autorenforcement (une trame faite de fibres de PET). Elle recueille l'eau de pluie et possède des toilettes sèches.

La plus grande sculpture en plastique recyclé (avec structure)

Le 26 nov. 2018, une statue de baleine grandeur nature de 25,9 m de long et 4,2 m de haut a été inaugurée à l'aquarium de Monterey Bay (San Francisco, USA). Dotée d'une structure en acier, elle est revêtue de déchets en plastique tels que des bouteilles de détergents ou des jouets provenant de la baie de San Francisco ou des environs.

Le plus gros producteur de plastique (secteur)

Tous secteurs confondus, 407 millions de t de plastique de base (faits de matériaux purs) ont été produites dans le monde en 2015. Le secteur de l'emballage à lui seul en fabrique 146 millions de t, selon un article de *Science Advances* paru en juill. 2017.

La profondeur record pour du plastique

Un sac en plastique a été découvert à 10 898 m de fond dans la fosse des Mariannes (Pacifique) par le Centre de données océanographiques mondiales (GODAC) de l'Agence japonaise pour la science et la technologie marine et terrestre (JAMSTEC). *Marine Policy* a mentionné la découverte en oct. 2018. L'endroit est très proche du **point le plus profond de l'océan**, de nouvelles explorations en submersible ayant établi un nouveau palier absolu (voir p. 128-129).

Le plus petit microplastique en mer

Les microplastiques sont de petits morceaux de plastique de moins de 5 mm de diamètre. Ils sont de plus en plus préoccupants. Nous savons qu'ils se désintègrent en minuscules morceaux (les nanoplastiques). Le plus petit morceau découvert mesurait 1,6 micromètre (µm) – un cheveu mesure 100 µm env.

L'objet de consommation le plus courant

Des milliers de milliards de sacs en plastique seraient fabriqués dans le monde. Il s'agit du bien de consommation le plus répandu sur la planète. Aux États-Unis, 100 000 milliards de sacs en plastique sont jetés chaque année. Comme ils sont constitués de pétrole, cela équivaut à gaspiller près de 12 millions de barils par an.

La plus longue chaîne de bouchons

Des élèves de l'école BISJ de Jeddah (SAU) ont formé une chaîne de 2 738,5 m avec 323 103 bouchons de bouteilles en plastique, un fait vérifié le 4 déc. 2019. L'objectif était d'alerter sur la pollution des océans.

Les mâts du *Plastiki* sont faits en tuyaux d'irrigation en aluminium et ses voiles en bouteilles en plastique transformées.

Les coques sont garnies de 12 000 bouteilles en plastique remplies de 12 g de neige carbonique. La neige carbonique se transforme en CO_2, favorisant la flottabilité.

Le plus grand catamaran en plastique

En 2009, David de Rothschild (GBR) est parti de Californie (USA) pour une odyssée à bord du *Plastiki* (un clin d'œil au *Kon-Tiki*) jusqu'à Sydney (AUS). Son bateau à 2 coques de 18,3 m se composait de bouteilles en plastique, de plastiques transformés et de déchets recyclés. L'objectif du voyage était de montrer que les déchets pouvaient être réutilisés et d'attirer l'attention sur le "continent de plastique" – une vaste surface de l'océan jonchée de débris (voir p. 43 pour en savoir plus).

Pollution

La pollution sonore industrielle la plus élevée
Les secteurs du pétrole et du gaz emploient des fusils à air comprimé "sismiques" pour étudier le fond marin. Le souffle d'un ensemble de fusils (remorqués derrière un bateau – voir schéma) peut atteindre une pression acoustique de 260 décibels (dB) – 1 micropascal (μPa) étant l'unité de référence utilisée sous l'eau. Le souffle est perçu à des milliers de kilomètres et cause des pertes auditives chez certaines espèces.

La pollution sonore de l'océan la plus bruyante
Si l'usage fréquent de fusils à air comprimé sismiques (voir ci-dessus) cause le plus de dommages écologiques, il ne s'agit pas de la pollution sonore humaine sous-marine la plus bruyante. C'est l'opération *Wigwam* de 1955, un essai atomique sous-marin, qui a le record. L'armée américaine fit exploser une ogive de 30 kilotonnes à une profondeur de 610 m au large de la Californie. Le volume de l'explosion aurait été de 328 dB (réf. 1 μPa) au point d'origine et le son aurait résonné plusieurs heures à travers le Pacifique. Selon des témoins, la surface de l'océan était jonchée de cadavres d'animaux marins à perte de vue, du fait de l'onde de choc ou des radiations.

Le plus grave accident causé par des déchets nucléaires
Le 29 sept. 1957, la panne du système de refroidissement d'un conteneur de déchets radioactifs du complexe nucléaire Maïak (voir ci-dessous) a entraîné une explosion de boues radioactives équivalente à 100 t de TNT. Un nuage de poussière radioactive de 740 pétabecquerels a été propagé par le vent dans la région. Depuis, les pannes de réacteurs de Fukushima et Tchernobyl ont causé des fuites radioactives plus importantes, mais cet incident est la plus grosse irradiation causée par des déchets nucléaires.

Aujourd'hui, la zone exposée au vent autour de la centrale est fermée au public (photo du panneau ci-dessous) sous le nom de Réserve naturelle de l'Oural oriental. Durant de nombreuses années, elle fut **la plus grande zone d'exclusion nucléaire**, avant celle de Tchernobyl (1986), qui couvre 2 600 km² dans l'oblast de Kiev (UKR).

L'Indice de santé de l'océan le plus bas
En 2019, le Nicaragua, pays d'Amérique centrale, a obtenu un score de 44 sur 100 concernant son Indice global de santé de l'océan. Cette information est fournie par l'association Conservation International et le Centre national d'analyse et synthèse écologique de l'université de Californie (Santa Barbara, USA). Elle considère divers facteurs tels que la pollution, la biodiversité et l'ampleur de l'activité en zone côtière.

Le pays ayant eu **le score le plus élevé** en 2019 est l'Allemagne, avec 86 sur 100, et **le meilleur score pour la propreté des eaux** (qui ne considère que la pollution) a été obtenu par le Canada en 1994.

Le lac le plus radioactif
Le lac Karatchaï est proche du complexe nucléaire Maïak, centrale située dans l'oblast de Tcheliabinsk (RUS). Durant l'ère soviétique, les déchets radioactifs de l'usine étaient régulièrement déversés dans le lac. Une étude de 1993 a montré qu'une personne se tenant sur le rivage serait exposée à une dose de radiations de 5,6 sieverts/h – assez pour causer la mort en 50 min. Le lac a été rempli de béton dans les années 2000 par des camions revêtus de plomb.

La plus grande efflorescence d'algues bleu-vert en eau douce
En 2011, le lac Érié (USA) a été touché par une prolifération d'algues. À son maximum début oct., l'étendue de l'"efflorescence" (essentiellement d'une cyanobactérie toxique, *Microcystis*) couvrait plus de 5 000 km² – près de 1/5e du lac. Ce type d'efflorescence résulte d'un ruissellement de produits agricoles. De l'engrais se répand dans les cours d'eau, favorisant la prolifération incontrôlée des algues.

Le pays dont l'air est le plus pollué
Le Bangladesh est le dernier pays du classement de l'*IQAIR 2020 (Rapport mondial sur la qualité de l'air)*, avec un niveau de pollution moyen en $PM_{2,5}$ (particules en suspension de moins de 2,5 micromètres de diamètre) de 77,1 microgrammes par m³. L'air y est de mauvaise qualité en raison de la densité du trafic, d'industries lourdes peu réglementées

La plus vaste zone blanche radio
Les rayonnements non ionisants – tels que ceux des émissions radio et des téléphones mobiles – sont sans danger pour les êtres vivants, mais perturbants selon les astronomes. Pour que les bruits humains ne couvrent pas les signaux spatiaux, beaucoup de radiotélescopes opèrent dans des "zones de silence radio", dans lesquelles les émissions sont réglementées. La plus vaste est la "réserve radio-astronomique", d'une surface de 106,306 km² – supérieure à l'Islande – entourant le projet inachevé Square Kilometre Array (ZAF).

La plus forte pollution lumineuse en ville
Selon un rapport de 2018 du Center for Biological Diversity, Saint-Pétersbourg (RUS) est 8,1 fois plus lumineuse la nuit que les autres villes de la Terre. L'éclat nocturne des villes modernes — causé par les éclairages industriels, les lampadaires et autres lumières artificielles – s'avère néfaste pour la santé des humains et des animaux.

La pollution lumineuse est telle que certains groupes environnementaux ont appelé à restreindre légalement les zones de lumière artificielle. **La plus grande réserve de ciel étoilé** est le Wood Buffalo National Park (Alberta, CAN), qui occupe 44 807 km².

Le plus gros système de surveillance du bruit urbain
La pollution sonore affecte négativement les humains et les animaux, mais les scientifiques ont peu de données sur ce sujet. Pour y remédier, des réseaux de surveillance sonore ont été mis en place dans plusieurs villes. Le plus important est celui de Bruitparif (FRA), qui comptait 150 microphones Méduse à Paris en févr. 2021. Les cartes ci-dessous indiquent le niveau sonore (du vert, calme, au rouge, bruyant) avant et pendant le confinement du printemps 2020 lié à la COVID-19.

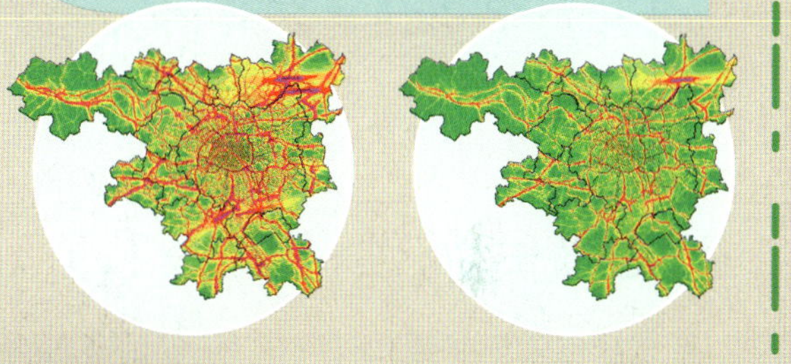

et de l'usage répandu de combustibles polluants pour le chauffage et la cuisine. Cependant, récemment, la situation s'est améliorée, les $PM_{2,5}$ atteignant 97,1 µg/m³ en 2018.

La plus grosse fuite d'une nappe de pétrole
Le 14 mars 1910, des ouvriers creusant un puits dans le champ pétrolifère de Midway-Sunset (Californie, USA) ont perforé un gisement sous pression. L'éruption consécutive, baptisée "Lakeview Gusher", a brisé l'équipement de forage et formé un geyser de près de 146 m de haut. Durant 545 jours, 1,37 million t de pétrole a jailli du sol, créant des lacs et rivières du précieux or noir. Le flux s'est arrêté le 10 sept. 1911, lorsque le puits s'est effondré sur lui-même.

Le plus gros "fatberg"
En sept. 2017, des inspecteurs de la société Thames Water (GBR) ont découvert qu'une conduite d'égout située sous Whitechapel (est de Londres) était obstruée. Cela était dû à un amas de graisse de cuisson congelée, de lingettes et d'autres déchets. Le "fatberg" mesurait 250 m de long et pesait 130 t. Des morceaux en sont exposés au musée de Londres.

Le fleuve le plus pollué
Des analyses effectuées en 2013 ont montré que le fleuve Citarum, qui traverse les quartiers industriels de l'est de la capitale indonésienne Djakarta, contient 1 000 fois plus de plomb que le plafond recommandé, des eaux usées, des déchets et des produits chimiques.

Le niveau mondial de CO_2 le plus élevé
Selon des chiffres publiés en nov. 2020 par l'Organisation météorologique mondiale, le niveau moyen de dioxyde de carbone atmosphérique était de 410,5 ppm (parties par million) en 2019, soit une augmentation de 2,6 ppm par rapport à 2018. Malgré le ralentissement de l'industrie mondiale durant la pandémie de COVID-19, il semblerait que la hausse du niveau de CO_2 mondial ait peu ralenti en 2020.

La ville dont l'air est le plus pollué
Selon le rapport mondial 2020 de l'*IQ Air sur la qualité de l'air*, Hotan (Xinjiang, CHN) souffre de la teneur de particules en suspension la plus élevée. La pollution moyenne en $PM_{2,5}$ était de 110,2 µg/m³ en 2020, plus de 10 fois le niveau acceptable, et le double du niveau considéré comme dangereux.

La ville a détrôné la place de Ghaziabad (IND), dont l'atmosphère s'est nettement améliorée.

La pollution de la ville est aggravée par les fréquentes tempêtes de poussière soufflant du désert du Taklamakan.

Énergies renouvelables

La 1re éolienne d'une puissance de 1,25 MW
L'éolienne Smith-Putnam de 1,25 MW a été la 1re à produire plus de 1 MW d'électricité. Conçue par l'ingénieur Palmer Cosslett Putnam, elle était installée sur une colline baptisée Grandpa's Knob (Vermont, USA) et a été synchronisée au réseau électrique le 19 oct. 1941. Elle a fonctionné par intermittence jusqu'au 26 mars 1945, jusqu'à la chute d'une pale qui n'a pas été remplacée en raison des restrictions dues à la guerre.

La 1re centrale marémotrice
La centrale marémotrice de La Rance a ouvert ses portes le 26 nov. 1966 en Bretagne (FRA). Elle est toujours en activité, plus de 50 ans plus tard. Elle est dotée d'un barrage de 750 m de long et de 24 turbines.

En 2011, elle a cessé d'être **la centrale marémotrice la plus puissante** au profit d'une usine située sur le lac Sihwa (KOR). Le barrage de celle-ci compte 10 turbines immergées qui lui donnent une capacité de production de 254 mégawatts (MW).

La centrale hydroélectrique la plus puissante
Achevé le 4 juill. 2012, le barrage des Trois-Gorges situé dans le district de Yiling (Hubei, CHN) a une capacité de production totale de 22 500 MW. Ses turbines sont actionnées par le Yangzi Jiang (le 6e fleuve au monde par son débit) et produisent théoriquement assez d'électricité pour alimenter la Belgique ou l'État du New Jersey (USA).

La centrale de pompage la plus puissante
La centrale de pompage de Bath (Virginie, USA) est constituée de 2 réservoirs placés à des altitudes espacées de 380 m. Lorsque la demande du réseau électrique est faible, le surplus d'énergie permet de pomper de l'eau du petit vers le grand réservoir. Lorsque la demande est forte, l'eau est renvoyée dans le réservoir inférieur via des turbines. La centrale produit 3 003 MW à plein régime (851 m^3 par seconde).

La ferme éolienne la plus puissante
La ferme éolienne de Gansu – ou de Jiuquan – est située en bordure du désert de Gobi (Gansu, CHN), sur un plateau à 1 650 m d'altitude. Alimentée par des vents puissants, elle a une capacité de 7 965 MW.

L'éolienne la plus en altitude
Le petit village de Catac (PER) possède une éolienne – installée par WindAid (PER) le 19 juin 2013, à 4 877 m d'altitude –, à proximité du glacier de Pastoruri, qui se rétracte.

La centrale géothermique la plus puissante
Situé dans les monts Mayacamas (Californie, USA), le centre The Geysers se compose de 22 centrales géothermiques et a une capacité installée globale de 1 517 MW. Le site s'étend sur 117 km^2 et compte plus de 350 puits de production de vapeur, percés pour capter la vapeur naturelle piégée au-dessous et la stocker dans un vaste réservoir souterrain.

Le plus de maisons solaires bâties en 1 année calendaire
En 2019 (du 1er janv. au 31 déc.), Ichijo Co. (JPN) a construit 9 957 maisons dotées de grands panneaux solaires – un chiffre vérifié de manière indépendante le 7 déc. 2020. Ichijo est **le constructeur de maisons sur mesure (actuel) réalisant les meilleures ventes** (13 896 maisons en 2019).

La plus grande ferme éolienne offshore
Hornsea One, parc éolien de 1 218 MW construit par Ørsted (DNK), est situé à 120 km au large du Yorkshire (GBR), en mer du Nord. Il est relié au réseau électrique national britannique par un câble sous-marin. Chaque éolienne Siemens-Gamesa 174 mesure 115 m jusqu'au moyeu du rotor, atteignant ainsi 190 m de haut en incluant la longueur des pales. Une seule rotation produit assez d'électricité pour alimenter une maison plus de 24 h.

La plus grande centrale hydroélectrique au fil de l'eau
Les centrales au fil de l'eau fonctionnent sans retenue d'eau (ou seulement partielle), car elles sont alimentées par le courant. Le barrage Chief Joseph (inauguré en 1979) sur le fleuve Columbia (État de Washington, USA) est un ouvrage en béton de 71 m de haut et 1 800 m de long. Ses 27 turbines Francis ont une capacité de 2,62 gigawatts – suffisante pour alimenter la ville voisine de Seattle.

La 1re maison alimentée par l'hydroélectricité

Bâtie en 1863, Cragside (Northumberland, GBR) tirait son électricité d'une turbine placée sur une dénivellation de 103 m entre 2 lacs. Propriété de l'ingénieur et industriel William Armstrong, la maison a été l'une des 1res à posséder l'eau courante (chaude et froide), le chauffage central, le téléphone, des alarmes à incendie et des bains turcs.

Le plus d'électricité produite par une hydrolienne flottante

Le prototype SR2000 a produit 3 250 mégawatts-heure d'août 2017 à sept. 2018 sur le site d'essai marémoteur du European Marine Energy Centre sur les îles Orcades (GBR). Fabriqué par Orbital Marine Power (GBR), il est constitué d'une coque flottante de 64 m de long reliée à 2 rotors de 16 m de diamètre qui absorbent l'énergie marémotrice lorsque la plate-forme est fixée sur le fond marin.

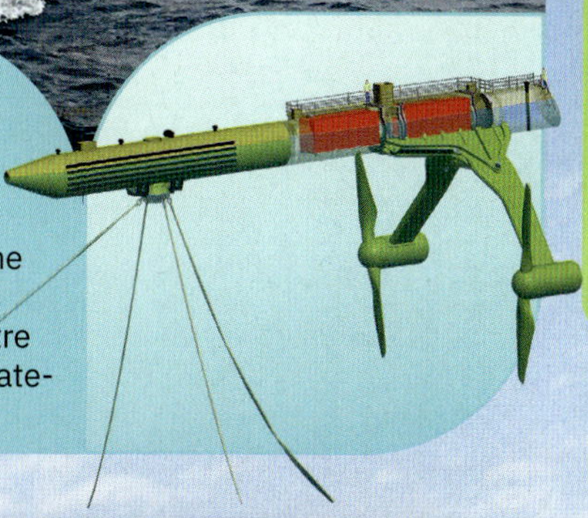

La centrale solaire la plus septentrionale

La centrale solaire de Batagay se situe dans le cercle Arctique à 67,66° N dans la république de Sakha (Yakoutie, RUS). Conçue par RAO Energy Systems of the East, elle compte 3 360 panneaux solaires et peut produire 1 MW.

La cheminée solaire la plus puissante

Un prototype de cheminée solaire situé à Manzanares (ESP) a produit 50 kW d'électricité de 1982 à 1989. La cheminée était conçue pour un usage temporaire, qui devait être en service 7 ans. Elle a été renversée par une tempête. Elle était alimentée par une vaste étendue de serres dont l'air était chauffé par le soleil avant de s'élever au sein d'une tour de 200 m à courant ascendant, puis d'alimenter des turbines en s'échappant.

La chaudière biomasse la plus efficace (sans condensation)

Les chaudières biomasse produisent de l'énergie à partir de déchets organiques. La Sommerauer ECOS 70-120 kW a une efficacité de 98 %, contrôlée le 3 avr. 2020.

Le plus gros producteur d'électricité avec...

- **La géothermie** : les États-Unis, avec 18 773 GWh (gigawatt-heure) générés avec 2 540 MW de capacité installée.
- **L'hydroélectricité** : la Chine, avec 1 199 200 GWh issus de 322 271 MW de capacité installée.
- **L'énergie marémotrice (issue de la marée et des vagues)** : Corée du Sud, avec 485 GWh issus de 255 MW de capacité installée.
- **L'éolien offshore** : la GBR, avec 26 687 GWh issus de 8 216 MW de capacité installée.
- **L'énergie photovoltaïque** : la Chine, avec 178 070 GWh issus de 175 286 MW de capacité installée.
- **L'énergie éolienne** : la Chine, avec 366 452 GWh issus de 184 665 MW de capacité installée.

(Chiffres de 2018, Agence internationale des énergies renouvelables.)

La plus grande éolienne

L'éolienne Haliade-X de General Electric mesure 135 m jusqu'au moyeu, et le diamètre de son rotor mesure 220 m. L'édifice est donc plus haut que le Washington Monument. Le prototype a été fabriqué à Rotterdam (NLD) le 17 oct. 2019. Doté d'une capacité de 14 MW, l'Haliade-X est aussi **l'éolienne la plus puissante**. Une seule rotation du rotor produit assez d'électricité pour alimenter une maison moyenne durant 2 jours.

La centrale solaire la plus puissante

Le parc solaire de Bhadla au Rajasthan (IND) possède une capacité de production globale de 2 245 MW. Il couvre une surface de 57 km² – env. la taille de l'État de Saint-Marin. Sa construction a débuté en juill. 2015 et il a été totalement achevé en mars 2020. Les parcs solaires sont issus de partenariats publics-privés destinant une zone à la production d'énergie photovoltaïque. La zone est équipée de câbles et autres équipements avant d'être ouverte aux promoteurs privés, qui construisent et gèrent les centrales.

2018

2020

Réparer la Terre

Des siècles d'industrialisation, la croissance de la population, le réchauffement climatique et leurs effets sur l'environnement ont mis à mal notre planète. Heureusement, il existe aujourd'hui une volonté de remédier à ces erreurs, tant pour préserver l'environnement que pour les générations futures. Voici différentes alternatives et innovations permettant d'atténuer ou d'inverser notre impact sur la Terre, telles que des lois et des infrastructures innovantes ou des technologies et une ingénierie plus écologiques.

Le 1er programme d'économie circulaire
La Fondation Ellen MacArthur définit l'"économie circulaire" comme un système générant un minimum de déchets et de pollution tout en maximisant la durée de vie des produits et des matériaux et la régénération des systèmes naturels. En 2016, la Finlande est le 1er pays à avoir adopté un plan d'action en faveur d'une économie circulaire, afin de sortir d'une économie linéaire d'ici 2015.

Le plus fort taux d'usage des transports publics
À Hong Kong (CHN), selon des chiffres de 2019, env. 81 % des trajets sont effectués via les transports publics – avec 12,4 millions d'usagers chaque jour. La ville est l'une des plus densément peuplées du monde : plus de 7,5 millions d'habitants y occupent 1 110 km², ce qui représente plus du double de la densité de Manhattan à New York (USA).

Le plus gros projet de reboisement
Lancée en 2007, la grande muraille verte, initiative de l'Onu, consiste à aménager une ceinture de terre "reverdie" à travers l'Afrique subsaharienne, du Sénégal à Djibouti. Il s'agit d'un programme à long terme, certaines régions ayant progressé plus que d'autres. L'objectif est unique : combattre l'avancée du désert, créer des terres cultivables et améliorer l'accès à l'eau.

La plus grande surface protégée (pays)
Dès 2018, 54,1 % de la surface du Venezuela a fait l'objet d'une protection légale partielle, selon des données du Centre de surveillance de la conservation de la nature du programme des Nations unies pour l'environnement. Ce pays d'Amérique du Sud possède **la plus haute chute d'eau** – Salto Ángel (ou chutes de l'Ange), haute de 979 m – et **la plus haute montagne tabulaire**, le mont Roraima, avec 2 810 m d'altitude. Ces 2 sites naturels sont situés dans le parc national de Canaima, le 2e plus grand parc national du pays.

La Nouvelle-Calédonie, territoire d'outre-mer français du Pacifique Sud, est quant à elle protégée à 54,4 %, mais ce n'est pas un État souverain.

La plus grande forêt boréale protégée
En mai 2018, le gouvernement de l'Alberta (CAN) a annoncé la création de 4 parcs provinciaux – Kazan, Dillon River, Richardson et Birch Park –, ainsi que l'extension d'un autre parc, Birch Mountains Wildland. Cette mesure protège une étendue de forêt boréale (taïga) de plus de 67 700 km² – soit plus de 2 fois la surface de la Belgique. Cette forêt des climats froids constitue un refuge pour une faune variée.

La peinture la plus blanche
Des ingénieurs de l'université de Purdue en Indiana (USA) ont développé une peinture ultra-blanche avec des particules de sulfate de baryum, réfléchissante à 98,1 %. De telles peintures réfléchissantes pourraient changer la donne en rafraîchissant la planète et en réduisant l'air conditionné énergivore, surtout dans les villes. Les scientifiques estiment qu'il suffirait que 0,5-1 % de la surface de la Terre (par ex. les toits des immeubles) en soient recouverts pour que le processus de réchauffement climatique, tel que nous le connaissons au 15 avr. 2021, soit renversé.

La plus grande ville bas carbone en construction
Masdar City à Abu Dhabi (UAE) sera un site autosuffisant ayant un impact environnemental minime – signe d'un engagement écologique du pays. Les travaux ont débuté en 2008 sur une surface de 560 000 m². La progression est lente, mais 50 000 personnes devraient à terme vivre et travailler sur place, au sein d'édifices bas carbone, ayant une consommation d'énergie et d'eau réduite de 40 % et constitués de matériaux locaux et recyclés.

Le plus grand jardin vertical
Végétaliser la surface d'un bâtiment réduit sa température interne et sa consommation d'énergie, tout en luttant contre la pollution urbaine. Cleanaway Company et Shine Green Energy Enterprise Co. (tous 2 CHN) ont ainsi aménagé un "mur vert" de 2 593,77 m² à Kaohsiung (Taïwan, CHN), un fait vérifié le 29 juin 2015.

En 2011, plusieurs murs végétaux pouvant atteindre 35 m de haut et couvrant une surface de 5 324 m² ont été aménagés sur divers édifices de l'Institut d'éducation technique de Singapour. Cependant, se trouvant sur 8 édifices différents, ils ne peuvent être pris en compte pour ce record.

La 1re "ville parc national"
La capitale du Royaume-Uni est devenue la 1re "ville parc national" le 22 juill. 2019. Ce concept est lié à un projet à long terme destiné à rendre les villes plus vertes et plus saines. Londres compte 9 millions d'habitants et presque autant d'arbres. Ses divers habitats – parcs, canaux, bois et environnements urbains denses – sont un refuge pour plus de 15 000 espèces.

Le 1er projet d'arcologie moderne
L'arcologie (mot-valise réunissant "architecture" et "écologie") a été conçue par l'architecte Paolo Soleri (ITA) dans les années 1960, pour remédier à l'étalement urbain. En 1970, une ville prototype – Arcosanti – a ainsi vu le jour dans le désert d'Arizona (USA), au nord de Phoenix. Le travail d'aménagement et de recherche mené se traduit par un usage optimal de l'espace, des habitats tout confort et la préservation de l'énergie et des ressources. La cafétéria (encart) est dépourvue de cloisons, ce qui est typique de la ville.

La plus grande ferme verticale
Inaugurée en nov. 2016, une ferme gérée par AeroFarms (USA) à Newark (New Jersey, USA) peut fournir 907 000 kg de légumes verts par an aux épiceries du New Jersey et de New York. 250 sortes de légumes et d'herbes y sont cultivées, telles que le chou (encart), la roquette et le mizuna, dans des bacs empilés sur des étagères de 12 étages sur près de 9 m de haut. L'aéroponie permet de consommer 95 % d'eau en moins que la culture plein champ.

Les 1ers coraux imprimés en 3D
En 2012, des experts de Reef Arabia – soutenus par l'association Sustainable Oceans International, l'imprimante DShape et James Gardiner (AUS), spécialiste 3D – ont immergé 2 récifs imprimés en 3D au large du Bahreïn. Chacun pèse 500 kg et se compose de grès non toxique conçu pour attirer les larves de corail et la faune marine. Voici l'un d'eux le 1er jour (à gauche) et plusieurs mois après (à droite).

Le plus grand récif en céramique imprimé en 3D
En juill. 2018, Alex Goad et le Reef Design Lab (tous 2 AUS) ont installé un récif de 8,7 m^3 sur une pépinière de corail au large de Summer Island (MDV). Il se composait d'un entrelacs pyramidal 3D d'éléments imprimés – conçus par Goad – baptisé MARS (*Modular Artificial Reef Structures*). Des boutures de corail y ont été implantées. Cela ne résout pas le problème de la dégradation des récifs, mais permet de reconstituer les coraux endommagés et d'accueillir d'autres créatures marines (encart).

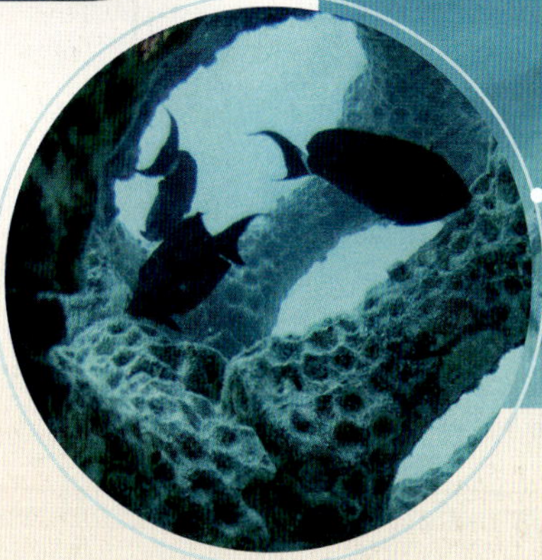

La ville la plus durable
Dans le *Sustainable Cities Index* d'Arcadis, Stockholm (SWE) arrive en tête des modèles de la planète, du fait de la qualité de son environnement. La capitale suédoise se distingue notamment par ses "investissements dans des infrastructures durables, ses faibles émissions et la qualité de son air". Francfort (DEU) arrive en 2e position, suivie de Zurich (CHE), en tête dans l'enquête précédente.

Normalement achevé dans les années 2030, Freshkills Park sera près de 3 fois plus grand que Central Park (New York).

Le plus gros projet de réhabilitation d'une décharge
L'ancien site de Fresh Kills était une décharge temporaire aménagée sur Staten Island (New York, USA) en 1948. Celle-ci a été officiellement fermée en 2001, alors que ses déchets atteignaient jusqu'à 70 m de haut – près de 2 fois la hauteur du pont de Brooklyn ! Un projet sur 30 ans destiné à la transformer en parc a été lancé en 2008, avec la durabilité pour objectif. L'aménagement paysager et les plantations ont favorisé le retour d'une flore et d'une faune locales.

En revue

Science et écologie au sommet du monde
En 2019, une équipe de scientifiques et d'alpinistes a gravi l'Everest (ou Sagarmatha ou Chomolungma) au cours de la Perpetual Planet Expedition fondée par National Geographic et Rolex. Elle a battu 3 records, dont celui de **l'altitude la plus élevée pour**...
Une station météorologique (ci-dessus) : installée sur le "Balcon", une arête située à 8 430 m au-dessus du niveau de la mer, cette station terrestre est la 1re située dans la "zone de la mort"(hypoxique), au-delà de 8 000 m.
Une carotte de glace (ci-dessous) : à 8 020 m, extraite du glacier du col Sud. L'opération a nécessité une équipe de plus de 30 scientifiques et sherpas et l'usage d'un système de forage spécifique.
Des microplastiques terrestres : plusieurs fibres polymères – issues de vêtements ou de tentes – se trouvaient à 8 440 m, pour une densité de 12 fibres par litre de neige.

Le 1er succès dans un procès concernant les droits de la Nature
Des activistes équatoriens se sont appuyés sur l'article 71 de la Constitution du pays pour attaquer le gouvernement de la province de Loja au nom de la rivière Vilcabamba afin d'arrêter la construction d'une route. Le 30 mars 2011, le tribunal leur a donné raison.

Le plus gros nettoyage de l'Everest
Du 14 avr. au 29 mai 2019, 10 386 kg de déchets – l'équivalent de 6 voitures moyennes – ont été collectés sur **le plus haut le sommet du monde**. Le gouvernement du Népal a embauché 12 sherpas pour récupérer les déchets, composés pour l'essentiel d'emballages, de tessons de verre et de tissus d'isolation thermique.

Le plus de participants à un nettoyage sous-marin en 12 h
Le 15 août 2020, Discovery Taiwan (CHN) a recruté 588 personnes pour collecter des déchets sous-marins au large de Keelung (Taiwan, CHN).

La plus faible empreinte écologique (par tête)
Le groupe de réflexion Global Footprint Network compare la consommation de ressources naturelles par l'humanité à la capacité de régénération de la Terre. La consommation actuelle des ressources est de 1,6 fois la capacité de la Terre. L'impact d'un seul pays est estimé via la mesure des "hectares globaux" – la surface de terre biologiquement productive nécessaire à la consommation de sa population et à l'absorption de ses déchets. Deux pays ont l'empreinte la plus faible : le Timor oriental en Asie du Sud-Est et l'Érythrée en Afrique de l'Est, avec 0,5 ha globaux par habitant. Le Qatar au Moyen-Orient possède **la plus forte empreinte écologique par tête**, soit 14,4 ha globaux par habitant.

Le plus de promesses pour une campagne de protection de l'environnement
Le ministère turc de l'Agriculture et des Forêts a incité 789 522 personnes à réduire le gaspillage alimentaire, un fait vérifié le 11 mars 2021.

MANIFESTATION POLAIRE : GRÈVE EN ANTARCTIQUE

Dans le cadre de la Grève mondiale pour le climat en sept. 2019 (voir p. 17), Benjamin Eberhardt (DEU, en vert clair) et ses collègues ont organisé au pôle Sud la manifestation la plus méridionale (90° S).

Que faisiez-vous en Antarctique ?
À la tête d'une expérience, j'ai géré le fonctionnement en continu du télescope à neutrinos IceCube d'oct. 2018 à nov. 2019. En tant qu'hivernant, je faisais partie d'une équipe de 42 personnes vivant et travaillant au pôle Sud dans un isolement total durant le long hiver antarctique.

Comment s'est passée la grève ?
Il était fascinant d'observer l'apparition de manifestations depuis le pôle. Un jour, nous avons appris que chaque continent participait [à la Grève mondiale pour le climat], sauf l'Antarctique. Des membres de plusieurs stations ont alors manifesté le soutien a ainsi été international.

L'indice IPE le plus élevé (pays)
L'Indice de Performance Environnementale – calculé par les universités de Yale et Columbia (toutes 2 USA) depuis 2002 – évalue notamment la qualité de l'air, la collecte des déchets, l'agriculture et la biodiversité. En 2020, le Danemark était en tête des pays avec 82,5 points, devant le Luxembourg (82,3) et la Suisse (81,5). **Le score IPE le plus faible** en 2020 était de 22,6 pour le Liberia (Afrique de l'Ouest).

La 1re station de recherche polaire zéro émission
Propriété du gouvernement belge inaugurée le 15 févr. 2009, la base Princesse Élisabeth (terre de la Reine-Maud, Antarctique) est alimentée en énergie par des sources renouvelables – dont 380 m² de panneaux solaires photovoltaïques, 22 m² de panneaux solaires thermiques et 9 turbines éoliennes. Elle a été construite et est gérée par l'International Polar Foundation.

Quel temps faisait-il ?
C'était le lever du soleil, qui n'a lieu qu'une fois par an au pôle Sud, et il faisait beau. La température extérieure était d'env. - 60 °C. Avec un tel froid, il est difficile de prendre des photographies – et c'est un peu douloureux s'il y a du vent – mais nous y sommes parvenus.

Le monde prend-il conscience du changement climatique ?
Absolument. Ces appels à écouter la science sont formidables. Les mécanismes fondamentaux du changement climatique anthropogénique sont connus depuis des décennies. Aujourd'hui, il importe de prendre conscience et de convaincre que la science permet d'agir, tant que nous avons encore une petite longueur d'avance.

La plus grosse sculpture en pailles à boire (avec support)
L'artiste Von Wong (CAN) a créé en équipe *The Parting of the Plastic Sea*, dénonçant la présence de plastique à usage unique dans les océans. L'œuvre de 3,3 m de haut a été inaugurée le 22 janv. 2019, à Hô Chi Minh-Ville (VNM). L'artiste a travaillé avec Zero Waste Saigon (VNM), utilisant 168 037 pailles réunies par des équipes de nettoyage et des Starbucks du pays.

La plus jeune personnalité de l'année du magazine *TIME*
L'activiste du climat Greta Thunberg (SWE, née le 3 janv. 2003) a été désignée personne la plus influente de 2019 par le *TIME*. Elle avait 16 ans et 354 jours lors de la sortie du dernier numéro de l'année. Elle a rallié beaucoup de monde pour la Grève mondiale pour le climat (voir p. 17). Des millions de personnes dans le monde (voir interview à gauche) ont défilé pour cette cause.

Le plus de centrales Waste-to-Energy (WtE) (pays)
Selon une étude de 2019 de l'Agence internationale de l'Énergie, la Chine possédait 339 centrales WtE en 2017. Leur capacité annuelle combinée était de 7,3 gigawattheures d'électricité grâce à l'incinération de 100 millions de t de déchets. Au total, la Chine avait prévu de posséder 400 de ces centrales en 2020.

Le plus de e-déchets produits en 1 an
Les déchets électroniques sont des appareils électriques dotés d'une batterie ou d'une prise tels que les PC, les télévisions et les téléphones. Difficiles à recycler, ils sont de plus en plus préoccupants. Le *Global E-Waste Monitor 2020* estime que 53,6 millions de t de ces déchets auraient été jetés en 2019.

La plus grande distance couverte par une étude marine
L'étude Continuous Plankton Recorder (CPR) est l'un des projets scientifiques marins les plus anciens. Lancée en 1931, elle était initialement destinée à évaluer le nombre de harengs, mais ses objectifs ont été élargis. Conduite par la Marine Biological Association basée à Plymouth (Devon, GBR), l'étude s'appuie sur des échantillonneurs marins remorqués collectant le plancton, afin d'obtenir des données sur le changement climatique, les déchets (tels que les microplastiques) et l'acidification des océans. Le 31 déc. 2020, 7 063 622 milles nautiques (13 millions de km) d'océan avaient été étudiés – soit 326 tours de la Terre – sur 9 décennies.

La 1re fois que la masse anthropique dépasse la biomasse
Les spécialistes de l'environnement du *Weizmann Institute of Science* (ISR) ont constaté que la masse totale des matériaux artificiels de type béton, asphalte et métal – ou "masse anthropique", c'est-à-dire générée par l'homme – dépassait celle des êtres vivants (à savoir les plantes et les animaux). Ils avaient estimé que la masse anthropique excéderait, avec, 1,1 billion de t, la biomasse fin 2020.

Voici une photo de Hong Kong (CHN), **la ville comptant le plus de gratte-ciel**, avec 2 580 édifices de plus de 100 m en 2019.

Mya-Rose Craig

Les oiseaux ont toujours été la passion du Dr Mya-Rose Craig (GBR), alias Birdgirl. À 13 ans, elle avait déjà visité les 7 continents dans sa quête pour observer chaque espèce aviaire ; à 17 ans, avec plus de 5 000 espèces consignées, elle avait parcouru la moitié du chemin.

Son amour de la nature et sa conviction que chacun devrait pouvoir profiter de ses bienfaits ont entraîné Mya-Rose à passer à l'action. Elle n'avait que 14 ans lorsqu'elle a créé Black2Nature, association promouvant l'égalité dans le domaine du naturalisme. Elle travaille en étroite collaboration avec les minorités ethniques visibles qui ont souvent moins accès à la nature. Ses initiatives de terrain consistent à organiser des camps nature pour les enfants vivant en ville ou à fonder un forum consacré à la question de la faible représentation des minorités visibles dans ce secteur.

Passionnée par la conservation de la planète au profit des générations futures, Mya-Rose prête également sa voix à des causes environnementales. Ainsi, le 20 sept. 2020, elle a participé à un rassemblement sur un fragment de banquise (à droite). Avec Greenpeace, elle s'est rendue dans l'Arctique afin de prendre part à **la manifestation pour le climat la plus septentrionale**, à 82,4° N. Dans cet endroit frappé par le changement climatique – le niveau de la banquise en 2020 est le 2e plus bas enregistré (voir p. 16) –, son message ne pouvait être plus saisissant.

1

2

STATISTIQUES ESSENTIELLES
Nom : Mya-Rose Craig (alias, Birdgirl)
Date de naissance : 7 mai 2002
Lieu de naissance : Bristol (GBR)
Activités : Ornithologue, militante, conférencière, blogueuse
Distinctions et fonctions : Doctorat de sciences *honoris causa* ; présidente et fondatrice de Black2Nature ; membre de la Burns Price Foundation
Espèces aviaires observées dans la nature :
5 410 (au 1er avr. 2021)

En tête des priorités de Mya-Rose, un voyage en Papouasie–Nouvelle-Guinée pour observer les oiseaux de paradis.

3

1. . Mya-Rose a voyagé partout pour observer les oiseaux. Elle est **la personne la plus jeune ayant observé des oiseaux sur chaque continent** – elle avait 13 ans et 234 jours quand elle est arrivée à Brown Bluff en Antarctique (son dernier continent), le 27 déc. 2015. Lors de ce séjour, elle a observé pétrels des neiges, cormorans antarctiques et manchots empereurs (**le plus grand manchot**), parmi d'autres espèces.

2. En reconnaissance de sa promotion d'une plus grande égalité et diversité pour la conservation de la nature, l'université de Bristol a décerné un doctorat de sciences *honoris causa* à Mya-Rose, début 2020. À 17 ans, elle est la plus jeune personne à recevoir ce titre au Royaume-Uni. "C'est incroyable d'avoir obtenu ce doctorat *honoris causa*. Quand j'ai vu l'e-mail, j'ai cru que mes amis m'avaient fait une blague !" nous a-t-elle confié.

3. En févr. 2015, Mya-Rose a fait partie d'une étude sur le bécasseau spatule, en danger critique d'extinction au Bangladesh. Lors du même voyage, elle a fait une conférence sur la conservation à Dhaka.

4. Avant d'embarquer pour sa manifestation en Arctique, Mya-Rose a participé à de nombreux événements et notamment à la marche pour le climat de Bristol en févr. 2020 avec Greta Thunberg (à droite) ; Mya-Rose a pris la parole lors de ce rassemblement.

4

Pourquoi avoir créé ton propre blog ?
À partir de 11 ans, mes parents m'ont montré des blogs où apparaissaient des photos d'oiseaux. Comme j'avais déjà passé pas mal de temps à observer les oiseaux à l'étranger, je voulais juste écrire sur l'ornithologie. À 8 ans, j'avais trouvé "Birdgirl" : j'étais allée observer des oiseaux en Équateur et j'avais besoin d'une adresse mail ! Après, le surnom est resté !

Qui t'a inspiré en grandissant ?
Je trouve très important d'avoir des exemples. Ma sœur aînée, Ayesha, ornithologue passionnée, a été mon 1er modèle. J'ai grandi devant *Redoutables créatures* de Steve Backshall, qui m'a fait comprendre qu'il était normal d'aimer les animaux. Je regardais plusieurs fois ses documentaires et je voulais tant lui ressembler ! Adolescente, Liz Bonnin, fantastique naturaliste et présentatrice télé, m'a beaucoup inspiré.

Pourquoi as-tu créé Black2Nature ?
À 13 ans, j'ai souhaité organiser un week-end d'observation des oiseaux pour les jeunes. De nombreuses personnes se sont inscrites, des garçons tous blancs, originaires pour la plupart de la campagne. J'ai eu une révélation : il n'y avait pas de représentants des minorités visibles. J'ai réussi à amener 5 garçons appartenant à des minorités et ils se sont investis. C'est alors que j'ai compris que les minorités pouvaient s'intéresser à la nature si on leur en donnait l'occasion.

Comment la grève pour le climat s'est-elle organisée ?
En 2020, Greenpeace m'a demandé de me rendre dans l'Arctique pour une campagne. L'invitation m'a surprise, mais j'ai immédiatement accepté et j'ai adoré chaque minute. Je suis restée assise plusieurs heures… j'avais un peu froid ! J'entendais les craquements de la glace en train de fondre et j'ai eu peur en imaginant qu'un ours blanc allait surgir !

Comment le changement climatique t'affecte-t-il ?
Nous vivons dans la vallée de la Chew au sud de Bristol, et – après un orage – les terres ont été inondées. Ma famille maternelle vient du nord du Bangladesh, l'un des pays les plus ébranlés par le changement climatique. En 2018, des crues éclair hors saison dans le village de mon grand-père ont balayé les cultures et détruit les semences pour les prochaines récoltes. Il y a déjà 4 millions de réfugiés climatiques à Dhaka, la capitale.

Découvrez plus d'informations sur Mya-Rose dans la section Hall of Fame sur www.guinnessworldrecords.com/2022

Australia Zoo

Lieu : Steve Irwin Way, Beerwah (Queensland, AUS)
Création : 1970 (sous le nom Beerwah Reptile and Fauna Park)
Attractions clés : Mount Franklin Crocoseum, Tiger Temple, Elephantasia, Africa
Superficie : 300 ha
Animaux : > 1 200
Personnel : > 400
Visiteurs : 12 millions (depuis 2001)

Ce paradis pour la faune sauvage est né d'un engagement profond des défenseurs de la nature Steve Irwin et son épouse Terri. Malgré le décès tragique de Steve en 2006, la famille a continué sur ses traces et Terri est désormais assistée de ses enfants, Robert et Bindi, et de son gendre Chandler (tous en photo, ci-dessous à gauche).

L'aventure débute en 1970. Steve travaille pour ses parents au Reptile and Fauna Park de 0,8 ha à Beerwah. C'est là que naît sa passion pour le bien-être animal. Le parc s'est depuis transformé en un complexe de 300 ha employant des centaines de personnes. Il compte 7 univers représentatifs de la faune sauvage, notamment le Crocoseum (voir ci-dessous). "Nos visiteurs considèrent l'Australia Zoo comme un sanctuaire pour la faune sauvage, explique Terri. Nous sommes aussi le zoo le plus interactif, en donnant à nos animaux la possibilité de rencontrer nos visiteurs."

Steve est devenu célèbre avec la série télé *Crocodile Hunter* et les crocos restent l'une des attractions phare du zoo. "Nous voulons que les gens comprennent que la conservation ne concerne pas que les jolies boules de poils, mais aussi des animaux tels que les crocodiles, les serpents et les requins", souligne Bindi. Robert ajoute que le projet de recherche sur les crocodiles mené par l'Australia Zoo "a un impact considérable sur la protection de ces dinosaures des temps modernes".

L'influence du zoo s'étend au-delà de Beerwah. Le documentaire de téléréalité *Crikey ! It's the Irwins* propose au public du monde entier un aperçu des coulisses du zoo. Le zoo contribue aussi à la préservation de la faune sauvage. L'association Wildlife Warriors soutient les espèces menacées du monde entier, des rhinocéros noirs d'Afrique de l'Est aux tigres de Sumatra, ainsi que de multiples projets de conservation dans leur pays.

Nous mettons ici en lumière quelques résidents détenteurs de record de l'Australia Zoo.

Australia Zoo Wildlife Hospital

Un centre médical de 1 300 m² situé près du zoo a ouvert en 2004 en hommage à la mère de Steve, Lyn, fervente militante en faveur de la préservation de la faune sauvage. L'établissement comprend des blocs opératoires et des unités de soins intensifs. Cet hôpital a permis de sauver de nombreux animaux, notamment des koalas, lors des feux de brousse de 2019-2020, et de soigner plus de 100 000 patients.

Casoar à casque

On peut découvrir en toute sécurité les casoars (Casuariidae), **les oiseaux les plus dangereux**. Dans la nature, on les rencontre en Nouvelle-Guinée, en Indonésie et en Australie. Ces cousins de l'autruche atteignent 2 m de haut et sont pourvus de 2 pattes à 3 doigts, l'interne étant prolongé d'une griffe de 12 cm ! S'ils sont effrayés, ils peuvent sauter et donner des coups de patte occasionnant des blessures graves, même s'ils préfèrent éviter les gens. La dernière attaque mortelle chez l'homme par un casoar en captivité a eu lieu en Floride en 2019.

Kangourou roux

Chez *Macropus (=Osphranter) rufus*, le mâle peut atteindre debout la taille d'un homme, ce qui en fait non seulement le plus grand mammifère d'Australie, mais aussi à ce jour **le plus grand marsupial**. Sa queue puissante lui sert de balancier et lui permet de se propulser lors de ses sauts. Le kangourou est l'un des 2 seuls animaux connus à ne pouvoir se déplacer que vers l'avant ; l'autre est l'émeu d'Australie (*Dromaius novaehollandiae*).

Crocoseum
Sur cette photo, Bindi nourrit un crocodile marin (*Crocodylus porosus*) au Mount Franklin Crocoseum du zoo. Cette espèce est toujours **le plus grand crocodilien** et **le reptile le plus lourd** : le mâle adulte mesure en moyenne 4,9 m, mais peut atteindre 7 m pour 1 200 kg. Il détient le record de **la morsure la plus puissante pour un crocodilien** : 11 216 N (1 143 kg/cm²), c'est un peu comme se faire écraser par une voiture de taille moyenne !

Bindi a **le plus d'abonnés Instagram pour un naturaliste télé** : 4 217 080, le 14 janv. 2021.

Forest
La zone de savane africaine du zoo abrite **la plus grande girafe en captivité** : Forest. Ce mâle mesurait 5,7 m au sommet des ossicônes (les appendices osseux surmontant sa tête) le 4 déc. 2019. Dans la nature, les girafes (*Giraffa camelopardalis*) sont classées espèce "vulnérable" par l'UICN. Forest joue un rôle clé dans le programme de reproduction du zoo puisqu'il a donné naissance à 13 girafons depuis son arrivée de Nouvelle-Zélande en 2009.

Monstre de Gila
Originaire des régions désertiques situées à la frontière entre les États-Unis et le Mexique, le monstre de Gila (*Heloderma suspectum*) est **le lézard le plus venimeux**. Sa toxicité est mesurée par l'indicateur DL_{50} (dose létale, 50 %), ce qui équivaut à la quantité de venin requise pour causer la mort de la moitié des sujets testés. Pour les monstres de Gila, il suffit de 0,4 mg/kg de venin pour tuer des souris, soit env. 0,5 ml (moins de 1/10e d'une cuillère à café) pour tuer un humain. Ces lézards sont craintifs, il est donc peu probable qu'ils injectent autant de venin en une morsure.

Vous souhaitez en savoir plus sur les Irwin ? Découvrez notre interview sur **www.guinnessworldrecords.com/2022**

Rhino
Le zoo abrite également **le plus vieil iguane rhinocéros en captivité**. Rhino, comme il a été baptisé, est né au Taronga Zoo de Sydney le 23 févr. 1980. Il a rejoint l'Australia Zoo en 1993 et fêtera ses 41 ans en 2021. L'iguane rhinocéros (*Cyclura cornuta*) doit son nom aux protubérances cornues situées sur son museau.

Nature

La déforestation la plus étendue
Selon Global Forest Watch, le Brésil a perdu quelque 24,5 millions ha de forêt primaire entre 2002 et 2019, soit 7,1 % de la superficie que comptait ce pays en 2001. Les politiques d'exploitation forestière mais aussi de déforestation en lien avec l'agriculture sur brûlis (voir encart) se sont en effet fortement renforcées ces dernières années. Or, ces pratiques entraînent souvent des départs de feu susceptibles de détruire des pans entiers de forêt, comme ce fut le cas au Brésil en 2020.

La forêt amazonienne, située pour 60 % au Brésil, est l'une des plus touchées. Avec 6,24 millions km² et plus de 10 % des espèces animales et végétales de la planète, c'est **la forêt tropicale la plus vaste au monde**. Les arbres d'Amazonie absorbent chaque année des millions de t de gaz à effet de serre, mais une partie est rejetée dans l'atmosphère lors des incendies. D'après une étude menée sur une dizaine d'années par l'Institut national de recherches spatiales du Brésil et publiée en 2020, 1/5e de la forêt n'est ainsi plus un “poumon vert”, mais une source d'émission de carbone.

Parmi les animaux menacés par la déforestation de l'Amazonie, citons la loutre géante et l'ouakari chauve.

SOMMAIRE

Ingénieurs des écosystèmes

Créé par Clive Jones, John Lawton et Moshe Shachak, le terme "ingénieur des écosystèmes" désigne un organisme qui agit sur un environnement pour créer, modifier ou entretenir un habitat. Certains, *allogéniques*, construisent des structures (ex. barrages des castors) à partir de matériaux trouvés, tandis que d'autres, *autogéniques*, créent leur habitat par leur simple présence (ex. récifs coralliens). Prolifique ingénieur allogénique, l'homme est exclu de cette double page.

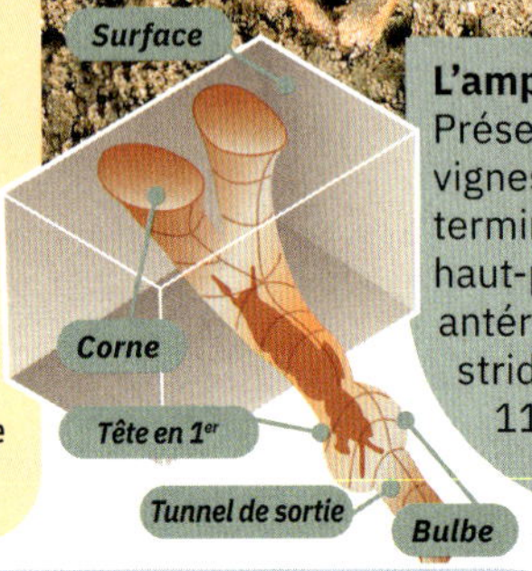

L'amplificateur animal le plus puissant
Présente dans toute l'Eurasie, la courtilière des vignes (*Gryllotalpa vineae*) creuse des galeries terminées par 2 ouvertures en cornes qui font office de haut-parleurs. Une fois enfoui, le mâle frotte ses 2 ailes antérieures afin d'attirer les femelles par le biais des stridulations obtenues. Amplifiées, celles-ci atteignent 115 dB en surface (l'équivalent d'une tondeuse !) et sont audibles jusqu'à 600 m.

Le plus grand brise-lames naturel
Un récif corallien est avant tout constitué de coraux durs dont le squelette de carbonate de calcium est formé par des colonies de polypes. Or, ces récifs, dont la formation prend des centaines d'années, absorbent jusqu'à 97 % de l'énergie des vagues, protégeant ainsi la centaine de millions d'habitants des zones côtières tropicales.

Les plus gros filets de pêche du règne animal
Les baleines à bosse (*Megaptera novaeangliae*) ont élaboré une technique de pêche très ingénieuse. Travaillant en équipe, elles expulsent de l'air par leurs évents pour piéger poissons ou krill à l'intérieur d'un filet éphémère (jusqu'à 30 m de diamètre) avant de s'élancer gueule ouverte à travers ce rideau de bulles pour gober leurs proies.

Les prémisses de l'ingénierie des écosystèmes
Les 1res cyanobactéries, émettrices d'oxygène par photosynthèse, ont émergé il y a env. 2,4 milliards d'années. La Grande Oxydation qui a suivi a permis à d'autres espèces productrices d'oxygène de se développer, transformant tous les processus géochimiques et atmosphériques de la planète. Microbes et végétaux primitifs ont ainsi été **les 1ers ingénieurs des écosystèmes terrestres** il y a 400 à 500 millions d'années. Les végétaux continuent de façonner la Terre via des processus telles l'érosion ou la stabilisation des sols.

L'agent géomorphique le plus influent
L'homme (*Homo sapiens*) déplace réellement des montagnes ! Agriculture et construction remuent aujourd'hui env. 10 fois plus de roches et de sédiments à la surface de la planète que *l'ensemble* des processus géologiques cumulés depuis la nuit des temps, dont l'action du vent, des cours d'eau, vagues, glaciers, etc. Ces derniers 500 millions d'années, la surface de la Terre se serait ainsi abaissée de quelques dizaines de mètres par million d'années du fait des processus physiques et chimiques naturels, un chiffre qui atteint 360 m/million d'années en raison de l'activité humaine et des 40-45 Gt de matériaux manipulés par an.

Le plus gros bioturbateur animal
Le remaniement de sédiments ou de sols par un organisme vivant, ou bioturbation, permet à d'innombrables espèces de se nourrir et de se mettre à l'abri. La baleine grise (*Eschrichtius robustus*), qui mesure 15 m de long et pèse 41 t, l'illustre à grande échelle. À la différence des autres cétacés à fanons qui pêchent en surface, cette baleine préfère fouiller la vase à la recherche de crustacés. Pour cela, elle creuse avec sa langue des fosses mesurant jusqu'à 20 m de long dans le fond des océans. Selon une étude, ces "bulldozers benthiques" remuent plus de 5,7 % du fond de la mer de Bering (22 000 km²) en un été (mai à oct.).

Les plus grosses structures aménagées par des animaux terrestres
L'éco-ingénieur le plus connu, le castor d'Eurasie et d'Amérique du Nord (*Castor*) construit avec de la boue, des pierres, des branchages et autres végétaux des barrages qui lui permettent d'inonder une zone et d'y aménager ses abris. **Le plus long barrage** se trouve dans le parc national Wood Buffalo (Alberta, CAN). Avec 850 m, il dépasse le barrage de Serre-Ponçon, **le plus long de France** (630 m).

Les castors ont un rôle clé dans les zones humides
- Lutte contre les inondations
- Recharge de la nappe phréatique
- Amélioration de la filtration de l'eau
- Points d'eau pour le bétail et la faune sauvage
- Création d'habitats (diversité végétale accrue de 33 %)

Les castors luttent aussi contre le feu. Sans leurs barrages, les incendies détruiraient jusqu'à 3 fois plus de végétation.

La plus grande quantité de boue "aéroportée" par un animal

Les hirondelles *Petrochelidon pyrrhonota* et *P. fulva* prélèvent une becquée de boue à la fois pour édifier leurs abris communautaires – env. 1 000 allers-retours sont nécessaires à un couple pour bâtir son nid. Selon une étude réalisée au Texas (USA), 16 colonies ont ainsi transporté quelque 560 kg de sédiments en un été. Les nids grossissant avec le temps, la colonie la plus importante rassemble plus de 950 kg de boue séchée.

La plus grande quantité d'humus ratissée par un animal terrestre

Selon un article publié en 2020, le ménure superbe (*Menura novaehollandiae*) transforme radicalement les forêts du sud-est australien. En 1 an, l'oiseau retourne 155 t de terre et de feuilles mortes par ha pour chercher sa nourriture (vers de terre). À raison d'un oiseau pour 2,3 ha, un seul ménure pourrait déplacer en 1 an l'équivalent du chargement de 11 pelleteuses moyennes.

Le plus gros ingénieur terrestre des écosystèmes

Pesant jusqu'à 7 t, l'éléphant d'Afrique (*Loxodonta africana*) est **le plus gros animal terrestre** contemporain. Il est aussi le "paysagiste" le plus imposant : il abat des arbres, empêchant la savane de se reboiser, creuse le sol et la vase, forant et entretenant des points d'eau, et aménage des kilomètres de pistes empruntées par nombre d'espèces.

La plus grande quantité de roche ingérée par un animal terrestre

2 escargots, *Euchondrus albulus* et *E. desertorum*, râpent de leur langue abrasive les roches sédimentaires qui renferment le lichen dont ils se nourrissent. Selon une étude réalisée dans le désert du Negev (ISR) publiée en 1987, un seul de ces petits mollusques ingère env. 5 g de roche par an. Ils éliminent ainsi collectivement 1,1 t/ha/an, soit la quantité apportée sous forme de poussière par le vent. Sans leur action et leurs rejets azotés, le désert serait encore moins fertile.

L'ingénieur des écosystèmes le plus suicidaire

En 1890, 250 000 couples de macareux Moine (*Fratercula arctica*) nichaient sur l'île de Grassholm (9 ha) au large du pays de Galles (GBR). Ils n'étaient plus que 25 en 1940 et ont quasiment disparu. En aménageant leurs profonds terriers, ces perroquets de mer ont éliminé la végétation, laissant la roche nue s'effriter et creusant ainsi leur propre tombe.

100%

La plupart des termites ouvriers ne mesurent que 1 cm.

Les plus hautes constructions animales

Outre les hommes, les termites (ordre des Isoptères) construisent les édifices les plus hauts. Leurs nids sont constitués de terre mâchée, de débris végétaux, de salive et d'excréments. *Nasutitermes triodiae* érige même en Australie de véritables cathédrales de 8 m de haut. Les prouesses architecturales des termites ne sont pas seulement aériennes. Pour édifier **la plus vaste cité animale souterraine**, *Syntermes dirus* a ainsi dégagé 10 km^3 de terre au Brésil en 4 000 ans env., soit l'équivalent de 4 000 pyramides de Gizeh (EGY).

Grâce à leur conception architecturale, les termitières restent fraîches le jour et chaudes la nuit : une vraie climatisation naturelle !

Avec ses 230 000 km^2, l'immense termitière brésilienne, plus grande que la Grande-Bretagne, est visible de l'espace !

Extrêmophiles

Les organismes présentés ici sont capables de survivre dans des conditions extrêmes. Certains prospèrent dans une véritable fournaise, d'autres sous un climat glacial dont aucune autre forme de vie ne s'accommode. D'autres encore vivent à une altitude vertigineuse, où l'oxygène se fait rare, ou dans un habitat qui, tel le fond des océans, ne reçoit jamais la lumière du jour. Sans oublier le minuscule tardigrade aux multiples superpouvoirs !

Les 1res graines à avoir germé sur la Lune
Le 3 janv. 2019, *Chang'e-4* (CHN) a été **le 1er engin spatial à se poser sur la face cachée de la Lune**. Il transportait dans une biosphère artificielle des graines de coton (genre *Gossypium*) en vue de préparer une éventuelle colonisation humaine du satellite. Les graines ont germé 4 jours plus tard, avant de succomber au froid la nuit du 13 janv., la température ayant chuté à – 52 °C.

Les organismes les moins énergivores
Selon un article publié dans *Science Advances* le 5 août 2020, certains microbes (des bactéries réduisant les sulfates et produisant du méthane notamment) peuvent survivre dans les sédiments du sous-sol marin en mobilisant moins de 1 zeptowatt, soit 1 x 10^{-21} watts. C'est 50 milliards de milliards de fois moins d'énergie que ce dont un humain a besoin, et 100 fois moins que ce que l'on estimait nécessaire à toute forme de vie.

100%

L'insecte qui tolère le mieux le froid
Le scolyte rouge ci-dessus (*Cucujus clavipes puniceus*) est natif de l'Alaska (USA). Si à l'état sauvage ses larves (ci-contre, pas à l'échelle) résistent jusqu'à –80 °C sans geler, elles supportent en laboratoire des températures atteignant –150 °C. Pour y parvenir, elles se déshydratent et produisent des protéines "antigel", augmentant ainsi leur taux de glycérol et la viscosité de leurs tissus et fluides corporels.

Le canidé qui supporte le mieux la chaleur
Natif du Sahara, le fennec (*Vulpes zerda*) survit à des températures supérieures à 38 °C. Pour dissiper l'excès de chaleur, il peut haleter jusqu'à 690 fois par min après avoir pourchassé une proie (contre 23 fois par min au repos). Le fennec est tellement accoutumé à la chaleur qu'il se met à trembler dès que la température de l'air descend en dessous de 20 °C. Sa température corporelle peut atteindre 40,9 °C avant qu'il se mette à transpirer, ce qui limite le risque de déshydratation. Long de 40 cm à peine sans la queue, le fennec est aussi **le plus petit renard**.

L'animal qui résiste le mieux au méthane
Hesiocaeca methanicola est un ver de glace originaire du golfe du Mexique, présent en grande quantité sur des accumulations de clathrate de méthane qui se trouvent à 700-800 m de profondeur sur le fond marin. *H. methanicola* est le seul animal connu capable de survivre dans cet habitat de "glace de méthane" d'origine organique où il se nourrit de bactéries méthanotrophes.

L'insecte qui tolère le mieux le sel
Les larves d'*Ephydrella marshalli* vivent dans les eaux marines côtières. Dans des conditions expérimentales, ces larves supportent une salinité de 5 848 mOsm (milliosmoles) par litre, près de 5 fois supérieure à celle de l'eau de mer habituelle.

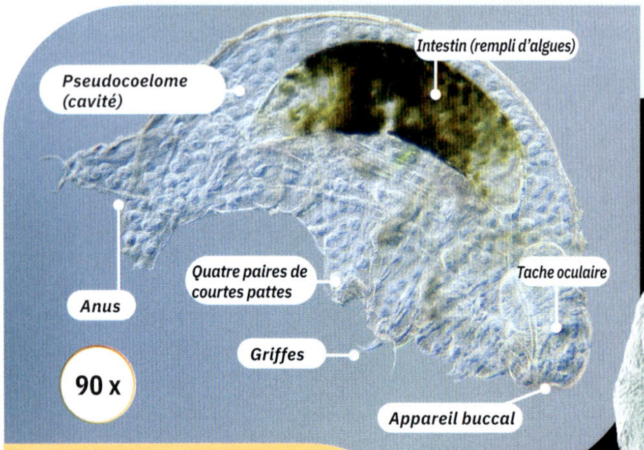

Les animaux les plus résistants dans l'espace
En 2007, des chercheurs ont envoyé 2 espèces de tardigrades en orbite, où ces microscopiques "oursons d'eau" ont subi le vide spatial et des niveaux de radiation qu'un humain ne pourrait tolérer. Un tiers était encore en vie à leur retour sur Terre.

Le tardigrade est aussi **l'animal qui supporte le mieux les températures extrêmes**. S'il tolère une chaleur de plus de 150 °C, 2 spécimens ont pu être ranimés après avoir été congelés de nov. 1983 à mars 2014. Il s'agit du **plus long séjour dans la glace d'un tardigrade**.

Grâce à ses pigments fluorescents, un nouveau tardigrade découvert en oct. 2020 supporte des UV qui seraient fatals à ses congénères.

L'oiseau qui supporte le mieux la chaleur
Le bec-en-ciseaux d'Afrique (*Rynchops flavirostris*) est natif des zones humides subsahariennes. Sur certaines plages où il se reproduit, comme les rives du lac Turkana (KEN), la température au sol atteint parfois 60 °C. Pour garder ses œufs et oisillons au frais lorsqu'il regagne son nid, l'oiseau descend par moments en piqué au point de frôler l'eau de ses pattes et d'éclabousser son ventre.

Le canidé qui supporte le mieux le froid
Originaire des régions arctiques d'Europe, d'Asie et d'Amérique du Nord, le renard polaire (*Vulpes lagopus*) tolère jusqu'à – 70 °C. Sa fourrure très dense, ses petites pattes et son museau lui permettent de lutter contre les déperditions thermiques, tandis qu'il limite le risque d'engelures en réduisant l'afflux de sang vers ses membres.

Le papillon migrateur qui vit le plus haut
Comme le rapporte l'entomologiste C. B. Williams (GBR) dans un ouvrage publié en 1958, un vol de petites tortues (*Aglais urticae*) a été observé à une altitude 5 800 m dans le glacier du Zemu, au Sikkim, État indien de l'est de l'Himalaya.

Le poisson capable de jeûner le plus longtemps
Protopterus annectens peut survivre 4 ans (voire 5) sans manger pendant les périodes de grande sécheresse. Pour cela, ce dipneuste africain s'enfouit dans la vase qui tapisse le fond des lacs et rivières où il vit. Il s'y enveloppe d'un cocon de mucus et entre en état d'estivation. Il cesse alors de s'alimenter, de boire et d'excréter jusqu'à ce que de nouvelles pluies fassent remonter le niveau d'eau, lui permettant d'émerger de son cocon.

Le record d'altitude pour un oiseau
L'aire de répartition du chocard à bec jaune (*Pyrrhocorax graculus*) s'étend des falaises et alpages d'Espagne aux montagnes d'Asie centrale. Si ce corvidé évolue et se reproduit jusqu'à 6 500 m d'altitude, certains spécimens ont été repérés en train de dépecer une charogne jusqu'à 8 235 m.

Les champions des eaux profondes
Anguille : le 14 mai 2014, un spécimen d'*Ilyophis robinsae* a été photographié à 6 068 m de profondeur dans la tranchée de Kermadec au nord-est de la Nouvelle-Zélande. **Poisson** : une limace de mer des Mariannes (*Pseudoliparis swirei*) a été pêchée à 7 966 m de profondeur, le 23 nov. 2014. Ce poisson serait endémique du Challenger Deep, **le point le plus profond de la planète**, situé dans la fosse des Mariannes, dans l'océan Pacifique. Un autre de ces Liparidae a été filmé à 8 143 m de profondeur en 2014, toujours dans la fosse des Mariannes.

Le mammifère qui vit le plus haut
En févr. 2020, une souris (*Phyllotis xanthopygus rupestris*) a été repérée à 6 739 m d'altitude, au sommet du volcan Llullaillaco, à la frontière entre l'Argentine et le Chili. Cette observation a eu lieu dans le cadre d'une étude documentée dans un article publié le 16 juil. 2020 et motivée par l'observation, 7 ans plus tôt, de *Phyllotis* à 6 205 m, alors un record. Le Llullaillaco est le volcan actif le plus haut du monde après l'Ojos del Salado, également dans la cordillère des Andes, qui, lui, atteint 6 893 m

DES SOMMETS AUX ABYSSES

6 700 m
L'araignée des sommets
Euophrys omnisuperstes

5 800 m
Les mammifères prédateurs des sommets
panthère des neiges (*Panthera uncia*) et le puma (*Puma concolor*)

5 200 m
Le poisson qui vit le plus haut Une loche (*Triplophysa stolickai*)

4 900 m
Le serpent qui vit le plus haut
Un crotale (*Gloydius himalayanus*)

4 700 m
Le primate qui vit le plus haut
Un rhinopithèque (*Rhinopithecus bieti*)

– 6 957 m
Une pieuvre abyssale
La pieuvre Dumbo (*Grimpoteuthis*)

– 7 584 m
L'étoile de mer des abysses
Porcellanaster ivanovi

– 7 703 m
Le décapode des plus grandes profondeurs
Benthesicymus crenatus

– 8 840 m
L'éponge des abysses
Cladorhizidae

– 9 066 m
L'hydrozoaire le plus abyssal
Rhopalonematid trachymedusa (*Crossota*)

Pas à l'échelle

DINOSAURES

Bien qu'ils aient disparu il y a 66 millions d'années (MA), les dinosaures continuent de nous captiver. Aussi nous sommes-nous associés aux experts en réalité augmentée (RA) de Peapodicity afin de ressusciter quelques espèces hors du commun. Alors à vos smartphones ou tablettes et :

- Téléchargez AugmentifyIt® disponible gratuitement sur App Store (iOS), Google Play (Android) ou Amazon Appstore.
- Ouvrez l'application, puis placez l'objectif de l'appareil photo au-dessus du symbole d'AR suivant : >>>

- Au bout de quelques secondes, vous verrez surgir le dinosaure en 3D. N'oubliez pas d'allumer aussi le son !
- Envie d'en savoir plus ? Découvrez d'autres animaux préhistoriques en achetant des cartes quiz en AR sur **augmentifyit.com** (voir ci-dessous).

Spinosaurus

• Vivait il y a 95-70 MA

Repérable à la “voile” osseuse que forment ses longues épines dorsales. Avec ses quelque 17 m de long et 7-9 t, c'est **le plus grand dinosaure carnivore** (4 m env. de plus que T. rex, ci-contre) ! Peut-être était-ce le plus gros prédateur terrestre, mais un mode de vie semi-aquatique est plus probable. A priori piscivore, il évoluait dans les cours d'eau et sur les rivages d'Afrique du Nord, à l'emplacement du Sahara actuel.

Sa “voile” osseuse lui servait-elle à attirer des partenaires ? À protéger son cou ? Ou à réguler sa température ?

Tricératops

• Vivait il y a 68-66 MA

Son énorme tête porte 3 cornes, **les plus longues cornes de dinosaures** (jusqu'à 1,2 m, un record partagé avec Torosaurus et Coahuilaceratops, 2 autres Ceratopsidae), dont l'utilité reste mystérieuse (Séduction ? Combat ?). Avec plus de 14 t, Triceratops horridus était **le cératopsien le plus lourd** (3 fois plus qu'un éléphant de savane d'Afrique !).

AUGMENTIFY IT®

LA RÉALITÉ AUGMENTÉE FAIT REVIVRE LES DINOSAURES !

Le GWR a interrogé Brett Haase et Ahrani Logan, fondateurs de Peapodicity, à propos d'*AugmentifyIt®* et de la création de leur propre Jurassic pARk...

En quoi consiste *AugmentifyIt®* ?
L'idée est d'apprendre en s'amusant. Nous utilisons la RA pour créer des expériences d'apprentissage qui mêlent les univers physique et numérique.

Comment créez-vous un dinosaure en RA ?
En faisant des recherches très poussées. Nous ne savons pas précisément de quelle couleur ils étaient, ni quels sons ils produisaient, alors on est obligé d'imaginer sur la base de nos connaissances. Nous devons aussi tenir compte de leur taille pour que l'expérience RA soit réussie. Pour que l'utilisateur profite pleinement de l'effet RA, le dino doit en effet occuper l'écran sans l'envahir complètement.

Quel dinosaure a été le plus difficile à “augmenter” ?
Le *Diplodocus* nous a donné du fil à retordre, du fait de sa longueur.

Comment expliquez-vous la popularité des dinosaures encore aujourd'hui ?
Ils ne ressemblent à aucun animal vivant aujourd'hui : ils sont énormes, un peu effrayants... Et puis c'est ce qui se rapproche le plus d'un dragon !

Quelle sera la prochaine avancée spectaculaire en RA ?
Très probablement de vraies lunettes de RA. Selon nous, un produit grande consommation devrait bientôt être commercialisé.

Tyrannosaurus rex

• Vivait il y a 68-66 MA

Le 1er squelette partiel de T. rex a été découvert en 1902 par Barnum Brown. Carnivore féroce, le "roi des lézards tyrans" était **l'animal terrestre à la mâchoire la plus redoutable**. La puissance maximale exercée par ses dents arrière aurait atteint 57 000 N, soit 3 fois plus qu'une morsure de lion. Sa mâchoire était dotée d'env. 60 dents de plus ou moins 20 cm de long, spécialisée pour la plupart dans le broyage des os.

Ankylosaure

• Vivait il y a 70-65 MA

Cet herbivore mesurant jusqu'à 10,7 m de long (soit près de 3 fois la longueur d'une 4L Renault) et 2,4 m de large est **le plus gros dinosaure à armure**. Appelé "lézard rigide" en raison de ses nombreux os fusionnés en plaques épaisses, il portait une double rangée d'épines dorsales. Il était reconnaissable à sa lourde queue massue, redoutable arme de défense au fonctionnement encore mal connu. Peut-être un mouvement de balancier dans les tibias de ses attaquants ? Ouille !

Stégosaure

• Vivait il y a 155-145 MA

Ce grand herbivore au dos hérissé de plaques osseuses a été baptisé "reptile à toit" par le paléontologue O. C. Marsh. S'il atteignait 9 m de long, c'était en revanche **le dinosaure au plus petit cerveau**. En effet, son minuscule organe ne pesait que 70 g, soit 0,002 % de son poids corporel moyen (3,2 t).

Diplodocus

• Vivait il y a 155-145 MA

Herbivore au long cou, ce léviathan à "double faisceau" (en référence à la structure en double poutre de ses os caudaux à chevrons) avait **la plus longue queue de tous les dinosaures** (13-14 m, env. la moitié de sa longueur corporelle !). Déplaçait-il ce fouet géant assez vite pour créer un bang supersonique ? Hmmm... Pas sûr... Des recherches plus approfondies s'avèrent nécessaires !

SOS Océans

La plus grande marée noire accidentelle
Quelque 779 millions de l de pétrole brut (soit à peu près à 4 fois la consommation journalière du Royaume-Uni) se sont déversés dans le golfe du Mexique le 20 avr. 2010, suite à l'explosion survenue sur la plate-forme de forage *Deepwater Horizon*. Selon une étude du NOAA, des milliers de tortues et mammifères marins ont péri dans cette zone et la population de grands dauphins a diminué de moitié.

La 1re directrice scientifique de la NOAA
Pionnière dans le développement de submersibles de recherche évoluant en eaux profondes, la biologiste marine Sylvia Earle (USA) est en 1990 la 1re femme à diriger l'équipe scientifique de l'Agence américaine d'observation océanique et atmosphérique (NOAA). Le 19 sept. 1979, elle établit **un record de profondeur en plongeant en apnée** à 381 m au large d'Hawaï (USA), revêtue de la combinaison *JIM* (encart). Au fil d'une carrière de plus de 50 ans, elle est devenue l'un des grands noms de la protection des océans.

La plus grande aire marine protégée
Si les critères définissant une "aire marine protégée" (AMP) varient d'un pays à l'autre, l'objectif consiste à y limiter, voire y interdire, certaines activités comme la pêche commerciale et l'extraction minière. Selon le Marine Protection Atlas, la plus grande AMP "no take" (où toute extraction de ressource est illégale) répertoriée dans la base de données mondiale s'étend sur 1 603 826 km² dans la mer de Ross en Antarctique. Enfin, la plus vaste AMP conforme aux critères de l'Union internationale pour la Conservation de la Nature est le Papahānaumokuākea Marine National Monument d'Hawaï (USA), avec 1 508 847 km².

Les eaux marines les plus acides (région du monde)
Le pH de la mer de Bering, dans le Pacifique Nord, dépasse rarement 7,7 en hiver, le froid maintenant une teneur élevée en dioxyde de carbone (CO_2) dans l'eau. Bien que cette valeur corresponde à une eau encore alcaline, elle est nettement inférieure au pH de 8,1 observé en moyenne dans les eaux océaniques de la planète, d'où cette réputation d'"eaux les plus acides". La mer de Bering est en effet sujette à l'acidification en raison de son climat et d'un brassage limité.

Selon des travaux de modélisation, **le record d'acidité des eaux océaniques** remonterait, avec un pH de 6,6 env., à l'archéen. Il y a 4 milliards d'années, les taux atmosphériques de CO_2 étaient en effet nettement plus élevés qu'aujourd'hui.

Le plus grand plancher rhodolithique
Algues corallines rouges calcifiées, les rhodolithes constituent un habitat benthique qui, comme les récifs coralliens, joue un rôle majeur en écologie marine.

Le banc Abrolhos au large du Brésil est, avec 20 902 km², le plus grand plancher rhodolithique contigu. Ce havre de biodiversité est menacé par le réchauffement climatique et l'acidification des océans.

La plus grande "décharge" des mers
Le vortex de déchets du Pacifique Nord est un vaste tourbillon assez lent d'eaux océaniques situé entre l'Amérique du Nord et le littoral est-asiatique. Naturellement poussés vers le centre de l'océan, Les déchets flottants forment une décharge à peu près aussi grande que le Texas, avec plus de 5 t de plastique au km².

L'un des risques majeurs réside dans la propension des animaux marins à se faire prendre dans ces nasses. **Le 1er cas répertorié d'animal piégé par des déchets plastiques** remonte à 1947. Le goéland argenté cité par M. A. Jacobson a été piégé par un lien dont la matière n'a toutefois pas été identifiée. Le 1er cas sans équivoque a été rapporté en 1957 par les chercheurs travaillant sur l'enregistreur britannique de plancton en continu (*Continuous Plankton Recorder*, voir p. 29).

Le plus grand déclin de posidonie
Les posidonies sont des plantes aquatiques à fleurs présentes dans les eaux littorales peu profondes. En 2010-2011, une vague de chaleur sans précédent réduisit de 1 310 km² le plus grand herbier du monde, situé à Shark Bay, au large de l'Australie-Occidentale. La température de l'eau était de 2 à 5 °C plus élevée que d'ordinaire.

Le plus fort dépérissement corallien
Lorsque l'eau est trop chaude, les coraux expulsent les algues vivant dans leurs tissus, ce qui entraîne leur blanchiment et parfois leur disparition. Un tiers des coraux de la planète ont ainsi péri lors de l'épisode de 2014-2017, et jusqu'à 75 % des récifs mondiaux ont alors subi une forme de stress thermique entraînant leur dépérissement. Cet épisode mondial de blanchiment corallien, le 3e depuis 1998, est le plus long jamais enregistré. C'est la conséquence de l'enchaînement d'années particulièrement chaudes et du phénomène El Niño, très marqué en 2015-2016.

LA PLUS LONGUE TRAVERSÉE À LA NAGE DU VORTEX DE DÉCHETS DU PACIFIQUE NORD

Du 14 juin au 31 août 2019, Ben Lecomte (FRA) a parcouru 338 milles nautiques (626 km), au milieu du vortex de déchets de l'Atlantique Nord, la plus importante concentration de déchets marins (voir ci-contre).

Qu'est-ce qui vous a amené à nager en mer ?
Je n'ai jamais aimé nager en piscine. Rien n'est comparable avec ce que je ressens quand je nage au milieu de l'océan. C'est une activité authentique, en contact direct avec l'environnement. Et puis j'adore l'aventure !

Qu'est-ce qui vous a poussé à vous lancer dans le projet "Vortex Swim" ?
J'avais prévu de traverser le nord du vortex en 2018 [dans le cadre d'une traversée du Pacifique à la nage qui n'a finalement pas eu lieu]. C'est un haut-lieu de la pollution plastique des océans, si bien que nous avons décidé d'y consacrer une expédition en 2019.

Pourquoi la situation est-elle si terrible dans le Pacifique Nord ?
Le vortex se trouve dans le plus grand océan du monde, parcouru de courants qui concentrent tous ces déchets dans une zone assez vaste. Pas un jour sans que je voie du plastique ! Au bout d'un moment, j'y suis devenu insensible.

La population est-elle consciente du niveau de pollution des océans ?
Non, je ne crois pas. On rejette 8 millions de t de plastique dans la mer chaque année. Il faut prendre le problème à la racine, parce qu'une fois que le plastique est dans l'océan, c'est trop tard.

Avez-vous de bons souvenirs ?
Bien sûr ! J'ai vécu des moments incroyables avec les animaux que j'ai croisés. Ils étaient curieux et n'avaient pas du tout peur de moi.

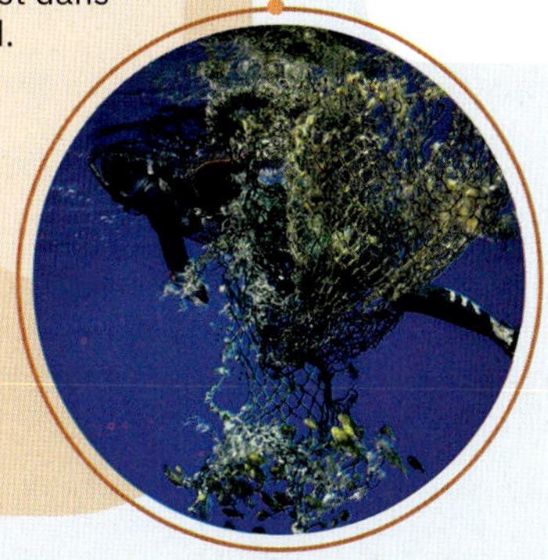

Le nom de navire de recherche le plus populaire
En oct. 2020, le RRS *Sir David Attenborough* a levé l'ancre pour effectuer des essais en mer avant de mettre le cap sur l'Arctique puis l'Antarctique et d'y étudier les effets du changement climatique. Bien que le vote lancé en 2016 pour choisir le nom de ce navire ait donné gagnant *Boaty McBoatface* avec 124 109 voix, il a été décidé de rendre hommage au naturaliste vedette de la BBC (voir p. 54-55).

Les déchets microplastiques marins les plus courants
Un microplastique est un élément de moins de 5 mm de diamètre ; au-delà, il s'agit de macroplastiques. 35 % des microplastiques présents dans l'océan sont des microfibres textiles (ci-dessus, en blanc), issues pour la plupart de nos lessives. Ils sont ingérés par les animaux marins dont ils obstruent l'appareil digestif. Ils augmentent par ailleurs le risque de contamination chimique.

Le plus grand nombre d'œuvres artistiques sous-marines réalisées
Certains écologistes utilisent l'art pour sensibiliser le public à la situation alarmante des récifs coralliens. Le sculpteur Jason deCaires Taylor (GBR) a ainsi supervisé 12 installations immergées dans le monde, avec des centaines de sculptures. Parmi ses projets les plus récents, citons *The Coral Greenhouse* (ci-dessous), terminé en avr. 2020 au large du Queensland (AUS). D'une hauteur de 9,3 m, la structure principale en acier inoxydable, zinc et ciment au pH neutre a été ensemencée de quelque 2 000 fragments de corail vivants. Cet artiste a également réalisé en 2014 **la plus grande sculpture figurative sous-marine,** *Ocean Atlas* (ci-contre, 5 m de haut), au large de Nassau (BHS). Toutes ses œuvres aquatiques sont conçues pour se fondre progressivement dans leur environnement naturel.

The Coral Greenhouse abrite également les sculptures de 17 enfants : des pots de fleurs, des arbres et des établis.

Arbres

Le plus grand palmier
Les palmiers grandissent au fur et à mesure que des feuilles poussent au sommet de leur tronc, sans que leur diamètre augmente. Ainsi, sur quelque 2 500 espèces, rares sont celles qui dépassent 40 m. Le palmier à cire du Quindío (*Ceroxylon quindiuense*) est l'une des rares exceptions. À La Carbonera (COL), un spécimen atteignait 59,2 m en 2017.

L'organisme vivant le plus lourd
On estime à 6 000 t le poids de "Pando", une colonie de peupliers faux-tremble (*Populus tremuloides*) qui couvre 43 ha dans les monts Wasatch (Utah, USA). Cette colonie clonale qui partage un même système racinaire agit comme une seule entité, ses quelque 47 000 éléments changeant de couleur ou perdant leurs feuilles à l'unisson.

La canopée la plus étendue
Les figuiers des Banians ont la particularité d'émettre depuis leurs branches des racines aériennes qui donnent de nouvelles tiges dès qu'elles touchent le sol, formant des arbres géants. Ainsi, la canopée de Thimmamma Marrimanu, un *Ficus benghalensis* d'Anantapur (Andhra Pradesh, IND) s'étend sur 2,19 ha, soit l'équivalent de 3 terrains de football.

ENTRETIEN AU SOMMET AVEC ROBERT VAN PELT

"Big Tree Bob" est l'un des spécialistes mondiaux des grands arbres. Cet illustrateur très connu est également professeur associé à l'université de l'État de Washington (USA).

À quand remonte votre passion pour les grands arbres ?
Les données chiffrées m'ont toujours fasciné. Le *GWR* était mon livre de chevet ! Ma passion pour les grands arbres est venue plus tard.

Quelles sont les compétences clés pour "chasser les arbres" ?
Ma réussite repose sur 3 éléments : j'ai les données en tête, j'évalue très bien les dimensions et je connais les arbres. Identifier une espèce d'arbre de loin est devenu un jeu d'enfant.

Quelle a été votre excursion la plus mémorable ?
Mon ami et moi avons mis 4 jours à mesurer un sapin des Rocheuses [*Abies lasiocarpa*] dans le Parc national olympique situé dans l'État de Washington (USA). Nous avons dû passer la nuit près de l'arbre, sans sac de couchage ni vêtements chauds, puis escalader un sommet pour regagner notre camp de base.

Les arbres les plus anciens
Selon les dendrochronologues, l'espèce d'arbre la plus ancienne est le pin Bristlecone (*Pinus longaeva*) de Californie (USA). En 2020, l'âge de l'un de ces spécimens a été estimé à 5 070 ans. Parmi les individus affublés d'un nom, le plus vieux de ces pins est Methuselah, qui affiche 4 852 ans.

L'espèce d'arbre qui pousse le plus haut
C'est dans l'Altiplano, au cœur de la cordillère des Andes en Amérique du Sud, que l'on trouve *Polylepis tomentella*. Ce petit arbuste de la famille des Rosaceae pousse jusqu'à 5 200 m d'altitude.

L'arbre le plus isolé
Un épicéa de Sitka (*Picea sitchensis*), ou arbre de Ranfurly du nom de l'ancien gouverneur de Nouvelle-Zélande qui l'aurait planté en 1901, pousse sur l'île subantarctique de Campbell, à 222 km (119,8 miles nautiques) de l'arbre le plus proche.

Le plus gros baobab
Les baobabs (*Adansonia*) sont connus pour leurs troncs renflés capables de stocker une grande quantité d'eau. Ainsi, Sagole Big Tree, un *A. digitata* qui se trouve à Masisi, Vhembe (ZAF), couvre 60,6 m² à sa base pour 19,8 m de haut. Malgré leur taille imposante, les baobabs sont très légers : la partie aérienne de Sagole Big Tree pèse « seulement » 54 t ; 2 spécimens encore plus gros sont morts ces 10 dernières années.

Le plus grand houppier (tronc unique)
Situé sur la commune de Kanchanaburi (THA), qui est connue pour le pont sur la rivière Kwai, Chamchuri est un arbre de pluie (*Albizia saman*) doté d'un houppier de 60,4 m de diamètre. En 2018, l'arbre de 17,6 m de haut avait un tronc de 9,15 m de circonférence. Endémiques du Mexique au Pérou, les arbres de pluie ont été largement introduits dans les régions tropicales et subtropicales.

Avez-vous déjà eu des frayeurs en grimpant dans un arbre ?
Très souvent ! Je suis tombé en portant du matériel et me suis coupé des centaines de fois en essayant d'apercevoir la cime d'un arbre, sans parler des innombrables piqûres de frelon, d'ortie ou de ronce.

Est-il facile de garder secret l'emplacement des grands arbres ?
C'est presque impossible.
De nombreux arbres ont été victimes de leur popularité, en particulier dans les forêts vierges et sur les versants abrupts. Il faut donc les protéger des hommes.

Que peuvent faire les gouvernements ?
Les arbres font partie d'un écosystème dont les divers éléments sont interdépendants. Protéger seulement quelques arbres ne suffit pas, c'est l'ensemble qui doit être préservé.

Les géants des forêts

L'arbre le plus haut du monde est actuellement un séquoia à feuilles d'if (*Sequoia sempervirens*) découvert le 25 août 2006 dans le Parc national de Sequoia (Californie, USA). Baptisé Hyperion, ce sequoia atteignait 116,07 m en 2019. Une série d'illustrations réalisées par Robert Van Pelt (voir interview ci-contre) représente Hyperion, à droite, flanqué à sa gauche de Centurion, un gommier royal (*Eucalyptus regnans*). Mesuré en 2014 en Tasmanie (AUS), il est, avec 99,82 m, **le plus grand arbre feuillu**. À la gauche de Centurion se trouve le General Sherman, un Sequoia géant (*Sequoiadendron giganteum*) du Parc national de Sequoia. D'une hauteur de 83,6 m, il demeure, avec 1 591 m³, **l'arbre le plus volumineux**.

Les plus grands arbres du monde

Continent	Hauteur	Espèces
Amérique du Nord	116,07 m	Séquoia à feuilles d'if (*Sequoia sempervirens*)
Océanie	99,82 m	Gommier royal (*Eucalyptus regnans*)
Asie	98,53 m	*Shorea faguetiana*
Amérique du Sud	88,50 m	*Dinizia excelsa*
Afrique	81,50 m	*Entandrophragma excelsum*
Europe	72,90 m	Karri (*Eucalyptus diversicolor*)

Le plus gros arbre jamais abattu
Le General Noble, séquoia géant (*S. giganteum*) du Converse Basin Grove (Californie, USA), a été abattu en août 1892. Selon Wendell Flint, "chasseur d'arbres géants", ce séquoia représentait un volume de 1 250 m³, ce qui le placerait parmi les 10 plus grands arbres de la planète s'il était encore là. Une maison à un étage construite dans une partie de son tronc a été présentée à l'Exposition universelle de Chicago en 1893, puis à Washington DC (encart).

Plantes carnivores

Certaines plantes ont développé une stratégie incroyable : elles capturent des animaux vivants qu'elles digèrent lentement. Ainsi, le rossolis piège ses proies dans un mucus sucré, la sarracénie pourpre, dans un cône rempli de sucs digestifs, et d'autres espèces replient leurs feuilles en un éclair. Ce régime particulier permet aux plantes carnivores de pousser en des lieux hostiles.

Les principaux genres de plantes carnivores
Depuis sept. 2020, les 2 genres *Drosera* (rossolis) et *Utricularia* (utriculaires) comptent quelque 248 espèces sur les 860 espèces de plantes carnivores réparties en 18 genres. Présents sur tous les continents excepté l'Antarctique, ils couvrent aussi **la plus vaste aire de répartition pour des plantes carnivores**. Si les rossolis capturent leurs insectes avec le mucilage collant sécrété par leurs feuilles, les utriculaires les piègent dans des réceptacles à clapets tactiles (ci-dessus).

Le record de **la plus petite famille de plantes carnivores (1 seule espèce)** est détenu par les Cephalotaceae, avec la cruche à eau d'Albany (*Cephalotus follicularis*), qui pousse en Australie, et par les Drosophyllaceae, avec la dionée attrape-mouche (*Drosophyllum lusitanicum*), originaire de l'ouest du Bassin méditerranéen.

Le prédateur végétal le plus rapide
Les utriculaires aquatiques (*Utricularia*) capturent petits crustacés et larves d'insectes en les aspirant dans de minuscules feuilles en forme d'outres, munies de clapets à poils sensitifs. Si l'utriculaire citrine (*U. australis*) piège ses proies en 5,2 millisecondes, aspirant l'eau avec une accélération atteignant 600 g. La dionée attrape-mouches (ci-contre) met 20 fois plus de temps.

Le plus vieux fossile de plante carnivore
On sait depuis 2015 que les fragments découverts fossilisés dans l'ambre baltique de Yantarny près de Kaliningrad (RUS) remontent à l'éocène, il y a 35 à 47 millions d'années. Armée d'organes piégeurs ressemblant à ceux des buissons attrape-mouche (*Roridula*) d'Afrique du Sud, cette plante carnivore capturait ses proies avec l'exsudat collant sécrété par les tentacules pédonculés de ses feuilles (voir flèches ci-dessus). En revanche, la découverte de fossiles plus anciens, datant peut-être de 125 ma, reste sujette à débat chez les paléobotanistes.

La plante à fleurs au plus petit génome
Avec 61 millions de paires de base (unités de base de l'ADN, ou nucléotides) contre 3 milliards env. pour le génome humain, le génome (ensemble du matériel génétique) de *Genlisea tuberosa* est le plus petit de toutes les angiospermes. Cette plante carnivore brésilienne capture ses proies dans la boue ou les eaux peu profondes à l'aide de feuilles souterraines transformées. De minuscules organismes pénètrent dans ces feuilles tubulaires spiralées où ils sont ensuite piégés par une pilosité à rebrousse-poil.

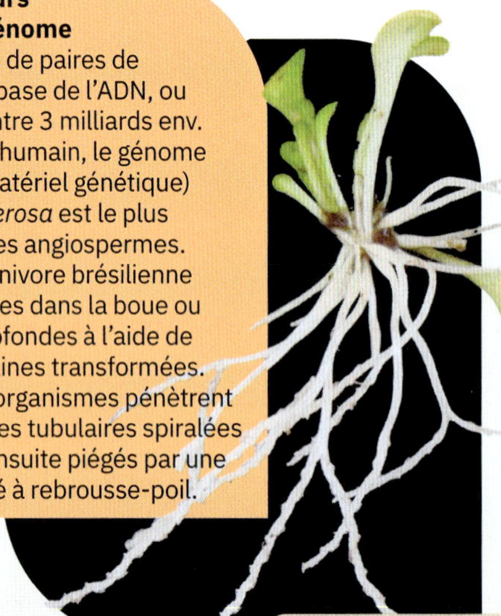

Les plus grosses plantes carnivores
Plusieurs espèces se disputent ce titre, selon le critère retenu. Si l'on considère la plante dans son ensemble, c'est le genre *Nepenthes* qui détient ce record. Ces plantes tropicales vivent essentiellement en Asie du Sud-Est, notamment en Indonésie, en Malaisie et aux Philippines. Elles grimpent parfois jusqu'à 25 m de haut dans les forêts tropicales où elles forment d'énormes masses touffues.

De toutes les plantes carnivores, c'est encore la famille des Nepenthaceae et son unique genre *Nepenthes* qui digèrent **les plus grosses proies** (voir encart plus bas à gauche).

Décoder la nomenclature botanique
- **Genre/espèce :** *Sarracenia flava* (ou *S. flava*)
- **Hybride :** croisement entre 2 espèces ou plus par ex., *Sarracenia leucophylla x flava*
- **Cultivar :** variété de plante répertoriée, obtenue en culture (généralement par sélection), par ex. *Sarracenia* 'Leah Wilkerson'
- **Sélection non répertoriée :** hybride non reconnu par la communauté scientifique botanique, par ex. *Nepenthes* "Leviathan"

Les plus gros pièges de plantes carnivores (en volume)
Les *Nepenthes* capturent de grosses proies (grenouilles, petits oiseaux et rongeurs) dans leurs feuilles en forme de vases ou de cornets (pièges en urnes ou ascidies) remplies de sucs digestifs. Les ascidies de *Nepenthes rajah* de Bornéo (MYS) atteignent ainsi 41 cm et contiennent jusqu'à 3,5 l d'eau, des proportions comparables à celles de *N. insignis*, *N. merrilliana* et certaines variétés de *N. rafflesiana*.

La plante carnivore qui pousse le plus haut
Pinguicula calyptrata, une grassette originaire de la chaîne sud-américaine des Andes, pousse jusqu'à 4 200 m. La grassette des Alpes (*P. alpina*, ci-contre) a été observée à des hauteurs comparables, mais dans l'Himalaya (jusqu'à 4 100 m). N'oublions pas que *P. calyptrata* pousse plus près de l'équateur, où même en haute altitude les températures sont moins basses.

Les plus hauts pièges de plantes carnivores

Essentiellement présentes dans les zones humides d'Amérique du Nord, les sarracénies (*Sarracenia*) se distinguent par les longues urnes fines que constituent leurs feuilles. Les cornets jaunes de *S. flava* comme les rouge et blanc de *S. leucophylla* atteignent 120 cm. Des cultivars encore plus imposants ont été produits : des urnes de 130 cm ont ainsi été observées sur 'Leah Wilkerson', sélection de l'hybride *S. leucophylla* x *flava* (= *S.* x *moorei*).

La 1re plante carnivore hybride

Exposé pour la 1re fois en juin 1862 par la Société royale d'horticulture de Londres (GBR), l'ancêtre des plantes carnivores hybrides, *N.* x *dominii*, serait toujours cultivé. Ce croisement entre *N. rafflesiana* et (vraisemblablement) *N. gracilis* a été réalisé par l'horticulteur John Dominy (GBR) à la fin des années 1850. De nombreux hybrides de *Nepenthes* ont en effet été créés à l'époque victorienne, lorsque les plantes tropicales cultivées sous serre ont connu un essor.

La 1re espèce végétale découverte sur Facebook

D. magnifica a été identifié par des experts en juill. 2015, à partir d'une photo postée sur ce réseau social par un chercheur amateur, Reginaldo Vasconcelos, qui avait observé ce rossolis 3 ans plus tôt au sommet d'une montagne dans le sud-est du Brésil. *D. magnifica* atteint 1,5 m de hauteur, feuilles comprises.

La plante carnivore la plus onéreuse

En juill. 2019, un spécimen à fleurs mâles du *Nepenthes* "Leviathan" (hybride de *N. rajah* x *peltata*) s'est vendu 4 500 $ à un inconnu aux États-Unis. Ce Leviathan est l'un des hybrides mis au point par Jeremiah Harris (USA), passionné de plantes carnivores (voir ci-dessous).

Le rossolis le plus imposant

Le majestueux rossolis royal (*D. regia*, ci-dessus), originaire d'Afrique du Sud, arbore les plus longues feuilles de la famille, chacune pouvant atteindre 40 cm de long pour 1,2 cm de large. Quant à *D. erythrogyne*, espèce grimpante du Sud-Ouest australien, elle se distingue par sa longue tige qui atteint 3 m de long.

La plante carnivore terrestre la plus rapide

Originaire du sud de l'Australie, *D. glanduligera* possède des tentacules qui, lorsqu'ils sont stimulés, se replient en un clin d'œil. Il lui suffit de 75 millisecondes pour capturer de petits insectes (fourmis par ex.), catapultés ensuite vers de plus petits tentacules, enduits de la colle caractéristique des Drosera, qui les poussent vers le cœur où ils seront digérés.

La plante carnivore la plus australe

Le rossolis *D. uniflora* et la grassette *P. antarctica* ont été observés à 55,9°S en Terre de Feu, une région que se partagent le Chili et l'Argentine, à l'extrémité sud de l'Amérique du Sud.

La plante carnivore la plus septentrionale est la grassette des Alpes (ci-contre), observée à 79,3°N sur l'archipel norvégien du Svalbard, au-delà du cercle polaire. Outre les grassettes, la seule espèce qui pousse à des latitudes voisines est le drosera à feuilles rondes (*D. rotundifolia*).

Le plus gros piège d'une dionée attrape-mouche

Avec ses feuilles-pièges de 2-3 cm (sans compter la bordure denticulée), la dionée attrape-mouche (*Dionaea muscipula*) est la plus emblématique des plantes carnivores. Le plus gros piège de dionée jamais observé (5 cm attesté le 13 sept. 2020) est celui d'un spécimen du cultivar 'Alien' (encart ci-dessous), propriété de Jeremiah Harris (USA, à droite). Ce collectionneur de Colorado Spings (USA) a fondé la Colorado Carnivorous Plant Society en 2003.

Insectes, méfiez-vous ! Jeremiah possède l'une des plus grosses collections privées de plantes carnivores aux États-Unis.

Zoos et aquariums

La plus grande volière
Immense volière d'un seul tenant de 2,3 ha (plus de 4 terrains de football !) située en Afrique du Sud, Birds of Eden a été inauguré le 15 déc. 2005. Protégé par un grillage métallique de 80 t, ce parc abrite env. 3 500 oiseaux répartis en quelque 220 espèces, dont l'ibis rouge (ci-contre).

Le plus grand désert intérieur aménagé dans un zoo
Un désert de 7 500 m² a été aménagé au Burgers' Zoo d'Arnhem (NLD, ci-dessous). Inspiré du désert de Sonora à la frontière entre les États-Unis et le Mexique, il abrite plus de 1 100 animaux, dont des lynx (encart), et 145 espèces de cactus.

Ce zoo abrite aussi **la plus grande zone humide intérieure** (ci-contre). Un dôme de 17 m de haut couvre 2 800 m² dont 1 million de m³ d'eau env. Y vivent des animaux typiques de ces forêts tropicales humides, tels ces lamantins (encart de droite).

Le 1er zoo
En 2009, des fouilles archéologiques ont révélé l'existence d'une immense ménagerie sur le site de la ville antique de Nekhen (EGY, 3 500 ans av. J.-C.). Ce zoo abritait plus de 100 animaux (éléphants, chats sauvages, babouins, antilopes, hippopotames, etc.) appartenant sans doute à des particuliers. À leur mort, ils recevaient un traitement particulier, certains étant enveloppés dans un linge puis enterrés avec des poteries.

Le 1er aquarium public
Le 18 févr. 1852, la Zoological Society of London (GBR) initia la construction d'un vivarium aquatique dans le zoo de la ville. Inauguré en mai 1853, il fut d'abord baptisé "Fish House", jusqu'à ce que le naturaliste Philip Henry Gosse forge en 1854 le terme d'"aquarium".

Le 1er zoo nocturne
Inauguré en mai 1994, le Singapour Night Safari n'ouvre pas ses portes avant le coucher du soleil. Les 900 animaux qui y vivent [éléphants d'Asie, tapirs de Malaisie (ci-dessous), chauves-souris, pangolins et chats viverrins notamment] sont visibles grâce à un clair de lune artificiel, suffisamment pâle pour ne pas les déranger.

Le zoo le plus ancien
Créé en 1752 sur ordre de l'empereur François Ier du Saint-Empire, le Tiergarten de Schönbrunn à Vienne (AUT) était au départ une ménagerie royale. Il accueille le public depuis 1779, soit depuis plus de 240 ans ! Comme le château de Schönbrunn et son parc, le zoo, situé sur le domaine, a été inscrit au patrimoine mondial de l'Unesco en 1996.

Le zoo le plus populaire
Selon les dernières données de la Themed Entertainment Association (TEA), c'est le Disney's Animal Kingdom. Situé au sein du complexe de Disney World à Lake Buena Vista (Floride, USA), ce parc à thème zoologique a accueilli 13 888 000 visiteurs en 2019.

La plus grande exposition de récifs coralliens vivants
Situé à Townsville (Queensland, AUS), l'aquarium Reef HQ abrite un mésocosme marin (dispositif reproduisant un écosystème naturel) de quelque 2,8 millions m³ d'eau de mer, où vivent plus de 120 types de coraux et 150 espèces de poissons.

Le zoo abritant le plus d'espèces
Au 1er nov. 2020, le parc zoologique de Moscou (RUS) accueillait 1 226 espèces animales différentes, depuis les grands mammifères tel le panda géant jusqu'aux minuscules insectes. Outre des espaces fermés conçus sur mesure, ce zoo de 21,4 ha créé en 1864 abrite plusieurs enclos, un aquarium et une volière.

La plus grande forêt primaire intérieure
Inaugurée en mars 2016, la jungle Rimbula du zoo Wildlands d'Emmen (NLD) couvre 16 764 m^2. Protégée par une serre à hygrométrie régulée, cette forêt primaire compte plus de 16 000 plantes tropicales, 50 espèces animales (dont des éléphants d'Asie) et même une rivière sur laquelle des promenades en bateau sont proposées.

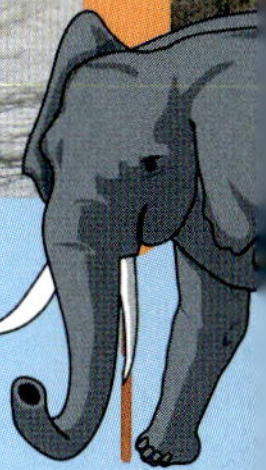

Le plus grand "collectionneur de zoos"
Lorsque Jonas Livet (FRA) s'est rendu au Natura Parc de Santa Eugenia sur l'île de Majorque (ESP) le 6 févr. 2020, c'était sa 1 215e visite de zoo. La passion de Jonas, consultant dans ce secteur, remonte à son 1er zoo, visité en 1987.

La plus grande collection de guides sur les zoos et aquariums
Au 15 oct. 2020, Leszek Solski (POL) possédait 6 770 guides sur les zoos et aquariums. Historien affilié au zoo de Varsovie, Leszek a débuté sa collection à 13 ans, en 1966, avec un guide sur le zoo de Calgary (CAN). Son exemplaire le plus ancien date de mai 1839 et porte sur les Surrey Zoological Gardens (GBR), disparus depuis longtemps.

L'aquarium le plus ancien
Situé à Brighton (GBR), SEA LIFE a ouvert ses portes en 1872 (encart : photo colorisée du milieu des années 1880), après 3 ans de travaux qui ont coûté 133 000 £ (5,5 m £ actuelles). Sous ses superbes arcades victoriennes en brique, l'aquarium abrite des installations à la pointe de la technologie, réunissant plus de 150 espèces aquatiques [raies, méduses, aiguilles et cistudes (ci-contre)].

Le zoo le plus septentrional
Le Polar Park Arctic Wildlife Centre de Troms (NOR) se trouve à 68,69°N. Inauguré le 18 juin 1994, ce zoo abrite des espèces du cercle polaire arctique, tels le renard des neiges ou le renne. Les amateurs de sensations fortes peuvent même passer une nuit dans un gîte situé dans l'enclos naturaliste où vit la meute de loups du parc.
Ouvert en 1976, l'Orana Wildlife Park, situé à 43,28°S près de Christchurch sur l'île du Sud en Nouvelle-Zélande, est **le zoo le plus méridional.**

La plus grande base de données sur les animaux sauvages en captivité
Depuis 1974, le Zoological Information Management System (ZIMS) rassemble les inventaires de centaines d'institutions accueillant, partout dans le monde, de la faune sauvage. Au 1er octobre 2020, cette base de données en ligne gérée par Species360 à Minneapolis, dans le Minnesota (US), recensait 12 235 951 spécimens et 24 023 espèces.

La plus grande réunion de professionnels des zoos
Le congrès annuel de l'Association des zoos et aquariums (US) réunit souvent plus de 2 500 délégués, mais en 2018, il a atteint son record de participation : 2 785 personnes, réunies à l'aquarium de Seattle.

L'aquarium le plus populaire
Selon la TEA, le Hengqin Ocean Kingdom (connu aussi sous le nom de Chimelong Ocean Kingdom) de Guangdong (CHN) a accueilli 11 736 000 visiteurs en 2019. Sa popularité n'a rien d'étonnant dans la mesure où c'est **le plus grand aquarium du monde,** avec un volume de 48,75 millions de m^3 d'eau. Il abrite en outre la plus grande fosse (22,7 millions de m^3 d'eau à tout moment) où évoluent des requins-baleines (ci-dessus). Véritable star de l'aquarium, cet animal est en effet **le plus gros poisson** du monde.

Conservation

Conservation et COVID-19
Le GWR est fier de son partenariat avec The Lion's Share (TLS), qui cherche à compenser l'utilisation massive d'images animalières par les marques et les médias. TLS a lancé en avr. 2020 "Resilience in Wildlife Communities Grants". En apportant une aide financière aux personnes dépendant de l'écotourisme, mises à mal par la pandémie de COVID-19, cette initiative aide à protéger les espèces sauvages menacées. Parmi les 9 bénéficiaires, citons notamment la région de Kunene (NAM), royaume du lion du désert, où les fonds ont permis d'organiser des "safaris virtuels", mais aussi le 1er sanctuaire de tortues marines (LKA) ou encore le parc Kruger (ZAF ; ci-dessus), que surveillent les Black Mambas, la 1re unité anti-braconnage composée exclusivement de femmes.

Le dodo le plus complet
S'il est une espèce que l'on s'est préoccupé bien trop tard de protéger, c'est bien le dodo (*Raphus cucullatus*), un colombiforme de l'île Maurice. Rares sont les vestiges de cet oiseau éteint vers la fin du XVIIe siècle. Exposé au Mauritius Institute de Port Louis (photo), le squelette le plus complet d'un dodo unique, qui compte presque tous ses os, a été découvert au début du XXe siècle par le naturaliste amateur Louis Étienne Thirioux. La plupart des autres squelettes sont composés d'os provenant de plusieurs spécimens.

Bien qu'il soit loin d'être complet, le dodo d'Oxford (GBR) comporte encore un morceau de peau et une plume.

Le 1er sanctuaire de belugas
Les associations de protection de la faune marine Marine Whale and Dolphin Conservation et SEA LIFE Trust (toutes 2 GBR) ont fait de la baie de Klettsvik sur l'île de Heimaey, au sud-ouest de l'Islande, la 1re réserve pour belugas (*Delphinapterus leucas*) en eaux libres. L'anse où se situe le sanctuaire couvre 32 000 m^2 avec une profondeur de 9,1 m env. Ses deux 1ers résidents, Petite Blanche et Petite Grise, sont arrivés d'un aquarium de Chine en août 2020 (voir encart).

L'espèce d'oiseau la plus abondante
Même les espèces les plus prolifiques ne sont pas à l'abri de l'extinction. Au début du XIXe siècle, on dénombrait près de 10 milliards de pigeons voyageurs (*Ectopistes migratorius*) en Amérique du Nord, un vol regroupant jusqu'à 2 milliards d'oiseaux. Chassés à des fins commerciales, ils ont été décimés. Le dernier spécimen connu, Martha, s'est éteint au zoo de Cincinnati (Ohio, USA).

La plus longue étude sur les primates sauvages
La primatologue Jane Goodall (GBR) a lancé le 14 juill. 1960 une étude portant sur la Gombe Stream Chimpanzee Reserve (TZA). Depuis 1977, ce projet, qui a fêté ses 60 ans en 2020, se poursuit sous les auspices du Jane Goodall Institute. Situé sur les rives du lac Tanganyika, le Parc national de Gombe Stream est avec 50 km^2 l'un des plus petits du pays. Cette réserve fournit néanmoins un habitat vital à 100-150 chimpanzés (*Pan troglodytes*) ainsi qu'à de nombreuses autres espèces.

L'extinction la plus récente d'une espèce de poisson
En mars 2020, l'Union internationale pour la Conservation de la Nature (IUCN) a déclaré *Sympterichthys unipennis* officiellement éteint. Il n'existerait qu'un seul spécimen connu de cette espèce, collecté vers 1802 au large de l'Australie par le naturaliste François Péron (FRA). C'est le 1er poisson osseux marin déclaré éteint à l'ère moderne. La pollution, la destruction de son habitat et la prédation par des espèces invasives ont précipité son déclin.

Cet événement a suivi de près **l'extinction la plus récente d'une espèce de poisson d'eau douce**, *Psephurus gladius*, annoncée en janv. 2020. Classé en danger critique d'extinction depuis quelques années, l'espadon de Chine n'avait été vu depuis 2003 ni dans le bassin du Yangzi, ni dans l'estuaire de la mer de Chine orientale, ses derniers sites d'observation.

Le plus ancien sanctuaire de koalas
Créé en 1927 à Brisbane (Queensland, AUS) par Claude Reid (AUS), le Lone Pine Koala Sanctuary se proposait de lutter contre les menaces que le commerce des peaux faisait peser sur les marsupiaux. Aujourd'hui, il abrite plus de 130 koalas, soit le plus d'individus en captivité, ainsi que plus de 70 spécimens d'autres espèces endémiques.

Les 1ers chants d'oiseaux au hit-parade britannique
Produit par la Royal Society for the Protection of Birds (RSPB), *Let Nature Sing* reprend le chant de plusieurs oiseaux des jardins communs, tels le coucou (*Cuculus canorus*), le merle (*Turdus merula*) et le rouge-gorge (*Erithacus rubecula*), ainsi que d'autres espèces moins connues ou menacées. Le 9 mai 2019, ce CD, vendu à 23 500 exemplaires, a fait son entrée

Le 1er chien anti-braconnage parachutiste
Le 17 sept. 2016, le berger allemand Arrow et son maître, Henry Holshyzen (ZAF), ont sauté d'un hélicoptère à 1 828 m au-dessus de la base de Waterkloof, près de Pretoria (ZAF), dans le cadre d'un spectacle aérien. Si Arrow n'est pas le 1er chien à sauter en parachute (encart), il est le 1er à le faire dans le cadre d'un programme très novateur de lutte contre le braconnage.

re:wild

"The Search for Lost Species" est une campagne internationale lancée en avr. 2017 par l'association de protection de la nature Global Wildlife Conservation (rebaptisée Re:wild) dans le but de compiler dans une base de données toutes les espèces animales, végétales et fongiques "perdues pour la science" (c'est-à-dire qui n'ont plus été observées à l'état sauvage depuis au moins 10 ans). Elle proposait aussi, si jamais les espèces n'étaient pas éteintes, de faciliter leur récupération et leur protection. Au 30 nov. 2020, le projet avait identifié 2 127 entrées, **le plus d'espèces "perdues" et recherchées dans le cadre d'un projet de conservation**.

67 espèces ont ainsi refait surface en 2017-2020. Six figuraient parmi les 25 espèces les plus recherchées dont : **(1)** *Bolitoglossa jacksoni* (recherché depuis 42 ans) ; **(2)** *Furcifer voeltzkowi* (recherché depuis 106 ans) ; **(3)** le chevrotain à dos argenté (*Tragulus versicolor*, recherché depuis au moins 29 ans) ; et enfin un insecte, **(4)** **la plus grosse abeille** (voir ci-dessous).

La plus grosse abeille

Présentée ci-dessous aux côtés d'une abeille européenne (*Apis mellifera*), l'abeille de Wallace (*Megachile pluto*) atteint 4,5 cm de long et 6 cm d'envergure. Circonscrite aux îles indonésiennes des Moluques, elle a été décrite pour la 1re fois par le naturaliste britannique éponyme en 1858. Elle a été redécouverte en 2019 après être sortie pendant 38 ans des radars scientifiques.

100 %

à la 18e place du hit-parade britannique. La RSPB britannique entend dénoncer ainsi la disparition de 40 millions d'oiseaux natifs au cours des 50 dernières années et le déclin de 56 % des espèces.

Le plus gros trafic d'animaux

Selon l'IUCN, plus de 1 million de pangolins (famille des Manidae) ont fait l'objet de transactions illégales entre 2000 et 2013.

Les pangolins sont prisés depuis longtemps par certaines cultures pour leur chair mais aussi pour leurs écailles, utilisées en médecine traditionnelle. Le World Wide Fund for Nature (WWF) et les experts du réseau de surveillance TRAFFIC s'efforcent de réduire la demande et d'accompagner les gouvernements dans la répression du braconnage. Depuis 2017, tout commerce des 8 espèces de pangolin est illégal.

Le plus vaste décompte d'espèces sauvages par piège photographique

Tous les 4 ans, l'Inde compte ses tigres (*Panthera tigris tigris*). Pour le 4e recensement, mené en 2018-2019, des pièges photographiques équipés de détecteurs de mouvements ont été placés en 26 838 points répartis sur 141 sites, couvrant 121 337 km². 34 858 623 photos d'animaux sauvages ont ainsi été prises, dont 76 651 de tigres. Ces images ont permis d'identifier 2 461 individus (sans compter les bébés). Cela représente certes un tiers de plus que lors du recensement de 2014, mais cette hausse s'explique peut-être par les avancées technologiques du comptage. Le National Tiger Conservation Authority, le Wildlife Institute of India, les ONG et les services forestiers du pays ont tous collaboré à ce vaste projet.

La récupération la plus incroyable d'une espèce d'oiseau

Endémique de ces îles néo-zélandaises du Pacifique sud, le Miro des Chatham (*Petroica traversi*) ne comptait plus que 5 individus en 1980, dont 1 seule femelle. Les équipes locales de protection de la nature ont adopté une technique novatrice de conservation. Il s'agit de l'adoption croisée, qui consiste à faire couver des œufs et élever des oisillons par des espèces voisines. Lors du comptage de nov. 2015, la population de miros était remontée à 289 adultes.

La récupération la plus spectaculaire d'un oiseau de proie

En 1974, il n'y avait plus que 2 crécerelles de Maurice (*Falco punctatus*) en captivité et 4 à l'état sauvage, dont 1 seule femelle reproductrice. Dès 2013, leur population était remontée à 350-500 oiseaux (170-200 adultes). Le baguage (voir ci-dessus), ainsi que la mise en place de nichoirs et mangeoires adaptés, ont contribué à ces résultats encourageants.

Le plus vaste habitat du grand panda

Les Sanctuaires du grand panda du Sichuan situés sur les monts Qionglai et Jiajin (CHN), constituent l'habitat continu le plus vaste du grand panda ou panda géant (*Ailuropoda melanoleuca*). Plus de 30 % des pandas de la planète vivent dans ce réseau de parcs et de réserves naturelles de 9 245 km², que l'Unesco a inscrit au patrimoine mondial de l'humanité en 2006. Le grand panda est l'emblème du WWF depuis sa création en 1961. Forte de 5,4 millions de donateurs depuis 2017, c'est **la plus grosse association de défense de l'environnement** au monde.

Les réserves de pandas sont aussi bénéfiques pour de nombreux autres animaux, dont 70 % des mammifères et oiseaux.

En revue

Le reptile le plus petit

Plusieurs espèces de caméléons nains (genre *Brookesia*) de Madagascar sont si petites que le mâle adulte tient sur le bout d'un doigt ! Selon le numéro du 28 janv. 2021 de la revue *Scientific Advances*, *B. nana* est l'espèce la plus minuscule, le mâle adulte ne dépassant pas 13,5 mm de la bouche à l'anus, et 21,9 mm queue comprise. Avec une longueur totale de 28,9 mm (19,2 mm de la bouche à l'anus), la femelle est légèrement plus grande.

100 %

L'éclair le plus long

Le 31 oct. 2018, un éclair a formé un arc de 709 km depuis le nord-est de l'Argentine jusqu'à l'océan Atlantique, parcourant le Brésil de part en part. La longueur de ce “mégaflash”, ratifiée par l'Organisation météorologique mondiale (OMM) le 25 juin 2020, était supérieure à la distance Paris-Marseille à vol d'oiseau !

L'OMM a également confirmé **la durée la plus longue pour un éclair** (16,73 s, alors que la durée moyenne est de 0,2 s !) survenu le 4 mars 2019 dans le nord de l'Argentine.

L'amplitude de température la plus faible (sur la durée)

Depuis que les relevés y ont été introduits en 1960, la température de Kwajalein (MHL) n'est jamais descendue en dessous de 20 °C, ni montée au-dessus de 33,3 °C, soit une amplitude thermique de 13,3 °C.

Une situation qui contraste avec celle de Loma (Montana, USA), où la température a gagné 57,2 °C en 24 h, les 14-15 janv. 1972, ce qui constitue **la plus grande amplitude de température en 1 jour.**

Le 1er amphibien à la morsure venimeuse

Siphonops annulatus est un amphibien vermiforme originaire d'Amérique du Sud, doté de glandes buccales sécrétant un liquide chargé en enzymes venimeuses. Si un grand nombre de grenouilles, dont les dendrobates, sont connues pour leur toxicité, ce siphonops serait selon une étude de 2020 le 1er amphibien à administrer son venin par morsure.

L'ADN le plus ancien jamais séquencé

Selon *Nature* (févr. 2021), les dents de mammouth retrouvées dans le pergélisol près de Krestovska en Sibérie datent d'il y a 1,1-1,65 million d'années. C'est la 1re fois qu'un matériau génétique remontant à plus de 1 million d'années a été séquencé. Bien que ces dents ressemblent à celles du mammouth des steppes (*Mammuthus trogontherii*), elles appartiendraient à une espèce plus ancienne qui n'a pas encore été identifiée.

Les 1res girafes naines

On sait depuis déc. 2020 que **le plus grand animal** en hauteur (genre *Giraffa*) peut être atteint de nanisme. En effet, 2 girafes sauvages mâles présentent des signes de dysplasie squelettique. Si Gimli, en Ouganda (photographié en 2017) n'avait que 14 mois lorsque sa taille a été estimée à 2,82 m, son congénère Nigel de Namibie avait déjà 4 ans lorsqu'il a été mesuré. Avec ses 2,54 m, il était env. 2 fois plus petit qu'une girafe adulte classique. Il s'agit dans ces 2 cas d'un nanisme disproportionné.

100 %

Le plus petit œuf de dinosaure non avien

Découvert dans la carrière de Kamitaki près de la ville de Tamba (JPN), un œuf fossilisé de *Himeoolithus murakamii* mesurant 45 x 20 mm et pesant 9,9 g a été identifié le 23 mai 2020. S'il est comparable à un œuf de caille par sa taille, l'œuf de ce théropode s'en distingue, en revanche, nettement par sa forme très allongée (ratio longueur-largeur = 2,25).

La plus grosse tanzanite

L'une des gemmes les plus rares au monde, la tanzanite, est une zoïsite bleu-violet présente uniquement dans le nord de la Tanzanie. Le 24 juin 2020, la presse a révélé que Saniniu Laizer (ci-dessus), propriétaire minier, en avait vendu 2 spécimens au gouvernement de son pays pour la modique somme de 7,7 milliards de shillings tanzaniens (2,8 m €). Le plus gros pesait 46 350 carats (9,27 kg).

Le plongeon le plus long pour un mammifère
Une baleine de Cuvier (*Ziphius cavirostris*) est restée en apnée pendant 3 h et 42 min. C'est ce qu'a révélé l'équipe qui a suivi, pendant 5 ans, 3 860 plongeons effectués par 23 baleines à bec équipées de balises satellites au large du cap Hatteras (Caroline du Nord, USA). La plus longue de ces immersions a dépassé de 1 h et 25 min le record précédent, également détenu par une baleine de Cuvier.

La plus longue migration aviaire d'une seule traite
Le 27 sept. 2020, une barge rousse mâle (*Limosa lapponica baueri*) est arrivée au Firth of Thames, près d'Auckland (NZL), après un vol non-stop de 11 jours et 12 200 km depuis l'Alaska (USA). L'oiseau bagué, surnommé "4BBRW" en raison des 4 anneaux bleu, bleu, rouge et blanc qu'il porte à la patte, a atteint la vitesse de 88,5 km/h.

Le plus de trèfles à 4 feuilles cueillis en 1 h (par un seul individu)
Gabriella Gerhardt (USA) a cueilli en 60 min 451 exemplaires de ce porte-bonheur le 21 sept. 2019, à Fitchburg (Wisconsin, USA). Cueilleuse de trèfles depuis 2010, elle avait localisé une zone très dense pour cette récolte.

Les sommets nuageux les plus froids
Selon une publication du 22 mars 2021, les capteurs infrarouges du satellite américain *NOAA-20* ont enregistré, à 13 h 38 UTC le 29 déc. 2018, une température de – 111,19 °C au sommet d'un système nuageux de tempête tropicale dans le Pacifique ouest. Des courants ascendants intenses avaient repoussé le sommet de ces nuages jusqu'à 20,5 km au-dessus du niveau de la mer.

L'île à la biodiversité la plus riche (flore)
Selon *Nature* (5 août 2020), la Nouvelle-Guinée abrite 13 634 espèces de plantes vasculaires (c'est-à-dire dotées de vaisseaux qui acheminent l'eau et les nutriments). Endémiques à 68 %, les végétaux de cette île du Pacifique, la 2e au monde par la taille après le Groenland, se répartissent en 1 742 genres et 264 familles. Les orchidées (encart) représentent 1/5e de cette flore.

Le cétacé découvert le plus récemment
La découverte d'une nouvelle espèce de baleine à fanons, dénommée *Balaenoptera ricei* en hommage au spécialiste Dale Rice, a été annoncée le 10 janv. 2021 à la suite d'une étude menée dans le golfe du Mexique. Cette baleine avait été identifiée comme une forme du rorqual de Bryde (*B. brydei*), mais des années d'analyse génétique et l'examen attentif du crâne d'un cétacé échoué en janv. 2019 ont démontré qu'il s'agissait d'une espèce différente.

Le plus vieux singe rhésus en captivité
Un macaque rhésus (*Macaca mulatta*) baptisé Isoko ("Rivage" en japonais) a fêté son 43e anniversaire le 15 avr. 2021, alors que ces primates de l'Ancien Monde vivent généralement 25 à 30 ans. Isoko n'a jamais quitté le zoo de Kyoto (JPN) où elle est née.

La plus grosse feuille de chêne
En se promenant dans les bois de la propriété familiale un lendemain de Thanksgiving, Claire Larkin (USA) a trouvé, le 29 nov. 2019, une feuille de 42 cm de long et 39,7 cm de large. La taille de cette feuille de chêne à écorce de cerisier (*Quercus pagoda*), une espèce nord-américaine dont les feuilles atteignent en général 13-25 cm de long, a été validée le 7 mars 2020 à Livingston (Alabama, USA).

Le hamster le plus rare
En juill. 2020, l'Union internationale pour la conservation de la nature (UICN) a déclaré que le grand hamster ou hamster commun (*Cricetus cricetus*) était désormais en danger critique d'extinction. Chassé autant pour sa fourrure que par crainte qu'il dévore les cultures, il a vu sa population chuter de plus de 90 % dans certaines régions au siècle dernier. La durée de vie de ce hamster sauvage et la taille de ses portées sont aussi en baisse.

Le plus vieux manchot en captivité
L'âge de Olde ("arrière-grand-mère" en danois) a été confirmé le 12 avr. 2021 : ce jour-là, ce manchot papou (*Pygoscelis papua*) avait 41 ans et 331 jours, soit plus du double de l'espérance de vie classique d'un Papou. Née au zoo d'Édimbourg (GBR) en 1979, Olde a vécu à Montréal (CAN) avant d'élire définitivement domicile au zoo d'Odense (DNK) le 1er mai 2003.

Sir David Attenborough

CARTE D'IDENTITÉ
Nom : Sir David Attenborough
Date de naissance : 8 mai 1926
Lieu de naissance : Isleworth (Middlesex, GBR)
Débuts à la télé : 2 sept. 1953 (*Animal Disguises*)
Documentaires les plus marquants : *The Life Collection* (1979-2020), *La Planète bleue I & II* (2001, 2017), *Planet Earth* (2006)
Documentaires présentés : (séries/unitaires) : plus de 100
Anobli en : 1985

Naturaliste et militant admiré, Sir David Attenborough (GBR) est devenu l'une des voix les plus importantes de la défense de l'environnement. Nonagénaire, il explore infatigablement de nouveaux moyens pour transmettre son message.

Le 24 sept. 2020, Sir David est devenu **la personnalité à atteindre le plus rapidement 1 million de followers sur Instagram**, en 4 h et 44 min (un record depuis battu, voir p. 204-205). Sir David a ouvert son compte en publiant une vidéo nous avertissant que "le monde est en danger" ; 6 semaines plus tard, il l'a fermé avec le message suivant : "La suite ne tient qu'à nous."

Le mois suivant, Sir David a été nommé membre du Earthshot Prize Council, aux côtés du prince William. Tous deux souhaitent récompenser des idées novatrices dans le domaine de l'environnement en attribuant 5 bourses de 1 million £ (1,3 million $) chaque année pendant 10 ans. Si leur ambition se concrétise, l'Earthshot Prize deviendra le plus grand trophée environnemental de l'histoire.

Alors qu'il se consacre aux questions écologiques, Sir David n'a pas ralenti sa production télévisuelle. Sa série documentaire la plus récente, *A Perfect Planet*, lancée sur la BBC le 3 janv. 2021, étend son record de **la plus longue carrière de présentateur télé** à 67 ans et 123 jours. Depuis ses débuts sur le petit écran le 2 sept. 1953 – pour la série documentaire de la BBC *Animal Disguises* –, Sir David a écrit et narré une multitude de productions télévisuelles marquantes telles que *Life on Earth* (1979), *The Blue Planet* (2001) et, plus récemment, *Extinction: The Facts* (2020). Il est le seul lauréat ayant remporté des BAFTA pour des séries en noir et blanc, couleur, Hd et 3D. En reconnaissance de son œuvre, on lui a décerné plus de 30 diplômes *honoris causa* et en 1985, il a été anobli.

En 2021, Sir David va sortir *The Green Planet*, film dans lequel il observe les plantes et explore leur lutte pour la survie. Débutée il y a près de 70 ans, sa croisade pour l'information ne montre aucun signe de faiblesse. En réalité, les défis environnementaux croissants que la Terre doit affronter rendent les appels au changement de cette légende de la télévision plus pressants que jamais.

Attenborosaurus conybeari, reptile marin du jurassique inférieur trouvé dans le Dorset (GBR)

Platysaurus attenboroughi, lézard plat namibien

Nepenthes attenboroughii, plante carnivore des Philippines

1

Pablo, alias "le gorille qui s'est assis sur David Attenborough", est devenu le chef d'une tribu de plus de 60 gorilles !

Plus d'informations sur Sir David dans la section Hall of Fame sur **www.guinnessworldrecords.com/2022**

1. Nombre de plantes et d'animaux ont été nommés en l'honneur de Sir David. On trouve un échidné rare de Nouvelle-Guinée, un arbre équatorien et une crevette décapode de Madagascar, en plus des espèces représentées ci-dessus.

2. L'une de ses 1res séries pour la BBC, *Zoo Quest*, a été diffusée entre 1954 et 1963. On le voit ici en compagnie des jeunes prince Charles et princesse Anne qui lui ont rendu visite au studio avant de rencontrer Cocky le cacatoès en 1958.

3. Sir David a gagné son 3e Emmy le 19 sept. 2020 – "Narrateur exceptionnel" – pour son travail sur *Seven Worlds, One Planet* (BBC America). Robert Riggle, comédien américain, lui a remis virtuellement son trophée (en bas, à gauche).

4. En oct. 2020, Sir David et le prince William ont lancé l'Earthshot Prize. Il vise à trouver 50 solutions aux problèmes environnementaux les plus graves d'ici 2030.

5. Dans sa série de 1979 pour la BBC *Life on Earth*, Sir David a captivé le public grâce à sa rencontre avec les gorilles du Rwanda. En 2016, un recensement a établi le nombre de gorilles des montagnes des Virunga, en Afrique de l'Est, à 604, soit le triple de la population présente 40 ans auparavant.

Pays des merveilles miniatures

Lieu : Kehrwieder 2/ Block D, 20457 Hambourg (DEU)

Création : 2000

Coût initial : 35 millions €

Univers à thème : 9 (en févr. 2021)

Superficie : 7 000 m² pour le lieu ; 1 499 m² pour les univers à thème

Visiteurs annuels : 1,4 million (en 2019)

L'entrepôt de Hambourg abrite un univers lilliputien fascinant et un réseau de chemin de fer hors norme.

En 2000, Frederik Braun découvre par hasard une boutique de modélisme ferroviaire à Zurich (CHE), qui lui rappelle un rêve de petit garçon : construire **le plus grand réseau de chemin de fer miniature** (ci-dessous). L'idée ayant fait son chemin, il ne tarde pas à convaincre son jumeau Gerrit et leur associé, Stephan Hertz (tous DEU). Ils font ensuite appel à l'expert en modélisme Gerhard Dauscher et embauchent une équipe d'artisans. En août 2001, ils ont construit 3 paysages miniatures au milieu desquels leurs trains peuvent circuler. Représentant le centre de l'Allemagne, l'Autriche et la ville imaginaire de Knuffingen, on les baptise les "Theme Worlds" ou "univers thématiques".

Les trains électriques du Miniature Wunderland ou "Pays des merveilles de la miniature" parcourent env. 1 500 m² de paysages à l'échelle 1/87e, parmi eux des reconstitutions de sites emblématiques d'Allemagne, d'Italie, des États-Unis, de Scandinavie et d'ailleurs. Cinquante ordinateurs assurent le fonctionnement des trains, des vols depuis et vers l'aéroport de Knuffingen et des trajets des véhicules routiers. Un aimant placé dans l'essieu avant des voitures réagit aux fils de contact intégrés dans les rues. Le logiciel "Carsystem" du Wunderland calcule les options de chaque voiture 20 fois par seconde, pour garantir leur autonomie et éviter les collisions. Tout est si réaliste que l'on y trouve même des radars !

Le 8 nov. 2015, le Miniature Wunderland s'est illustré dans le *GWR* – en passant à une échelle supérieure ! Il a organisé **la plus grande représentation humaine des anneaux olympiques**, avec 6 211 personnes, au Stadtpark de Hambourg. Les univers miniatures des frères Braun nous réservent d'autres surprises et continuent de battre des records.

Concert en plein air

La scène principale de ce festival est occupée par une réplique miniature de DJ BoBo. Plus de 20 000 fans remplissent l'espace, où l'on trouve un terrain de camping, des stands de nourriture et boissons, et même des toilettes mobiles. Il a fallu 3 mois pour le construire.

L'Italie en miniature

Les visiteurs peuvent approcher les décors de près, de manière à apprécier pleinement leur complexité et les détails. L'Italie couvre 190 m² – près de 3 fois la taille d'un court de squash – et a nécessité 3 ans et demi de travail. Elle comprend 138 bateaux, 450 bâtiments, 10 000 arbres et env. 50 000 ampoules LED !

Ce décor pittoresque est une réplique de Riomaggiore, village à flanc de falaise situé sur la côte ligurienne au nord-ouest de l'Italie.

Le plus grand aéroport miniature

Knuffingen est un aéroport miniature de 150 m² calqué sur l'aéroport de Hambourg. Il a nécessité 6 ans de travail et coûté 4 millions €. Les 52 avions sont les reproductions exactes des modèles originaux. Ils se déplacent de manière autonome, en décollant et en atterrissant au moyen de tiges rigides, à raison de 250 vols par jour. Près de 15 000 figurines restituent l'effervescence du site.

Le plus grand réseau de chemin de fer miniature
Les univers à thème du Miniature Wunderland sont reliés par le réseau de trains électriques que les frères Braun avaient imaginé. Il comprend 15 715 m de voies ferrées. Cela équivaut à 1 367,2 km – la distance entre Paris et Varsovie (POL)– ce qui en fait aussi **le plus grand réseau de chemin de fer miniature (longueur d'échelle)**. Ses 1 040 trains tractent près de 10 000 wagons. Dans la salle de contrôle (ci-dessus), des écrans suivent les innombrables trajets des trains et des autres véhicules.

Le Colisée
Cette réplique du Colisée de Rome est l'une des réalisations phare de la section de l'Italie. Elle comprend env. 3 000 éléments et sa conception a duré près de 2 ans. Le vrai Colisée, dont la construction s'est achevée en l'an 80, est aussi **le plus grand amphithéâtre**. D'une superficie de 2 ha, il mesure 187 m de long et 157 m de large, et peut accueillir 87 000 visiteurs. (Pour découvrir une autre réplique du Colisée, rendez-vous p. 100.)

Le 17 mars 2021, **la plus longue mélodie jouée par un petit train** a été produite en frappant 2 840 verres d'eau accordés.

Corps humain

La coupe afro la plus volumineuse (femmes)
Aevin Dugas (USA) arbore une impressionnante coupe afro de 24 cm de haut à partir du sommet du crâne et d'une circonférence de 157 cm. Les mesures ont été prises le 4 févr. 2021 à Gonzales (Louisiane, USA). Cette assistante sociale a ravi le record, qu'elle avait déjà détenu pendant 8 ans, à sa compatriote Simone Williams. Elle se fait régulièrement couper les cheveux pour leur donner du volume et porte des chignons, des tresses ou des nattes. "La 1re fois que je les ai laissés détachés, j'ai eu l'impression d'ôter un poids de ma tête, a-t-elle confié au GWR. On dit aux femmes que de beaux cheveux sont des cheveux lisses. C'est incroyable. Cette coupe est ma coiffure naturelle. Rien n'est plus beau."

SOMMAIRE

Aevin peut faire jusqu'à 5 soins démêlants quand elle se lave les cheveux.

Les 1ers humains

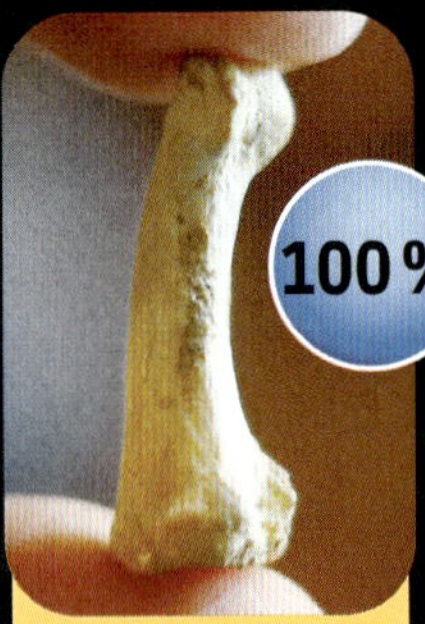

100 %

Les traces de pas les plus anciennes
En 1978, on a découvert à Laetoli, dans des plaines du nord de la Tanzanie, près de 70 traces de pas laissées par 2 ou 3 bipèdes. Datant de près de 3,6 millions d'années (Ma), elles formaient 2 lignes parallèles d'env. 30 m.

Les outils en pierre les plus anciens
Les éclats de pierre, nucleus et enclumes exhumés en 2011 sur le site de Lomekwi 3, près du lac Turkana (KEN), ont permis de prouver en 2015 qu'il existait déjà des outils en pierre il y a 3,3 Ma, env. 700 000 ans avant l'Oldowayen (2,6 à 1,7 Ma). L'industrie lithique serait donc apparue plusieurs milliers d'années avant l'émergence du genre *Homo*. Les 1ers homininés, comme les australopithèques, taillaient également la pierre pour façonner des outils.

Une nouvelle espèce humaine
Décrite en 2019, l'espèce *Homo luzonensis* vivait il y a env. 67 000 à 50 000 ans au pléistocène supérieur, comme l'attestent les fossiles (dents et phalanges de pieds) découverts sur l'île de Luçon aux Philippines (voir la chronologie ci-dessous). La courbure des phalanges suggère que cette espèce était arboricole, un trait plus souvent associé aux australopithèques, qui sont des homininés primitifs.

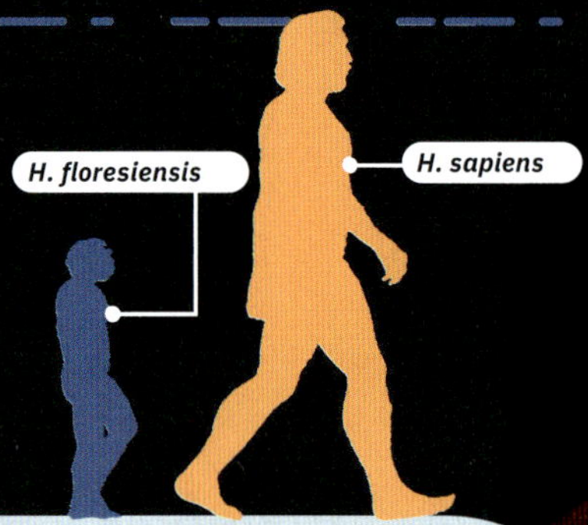

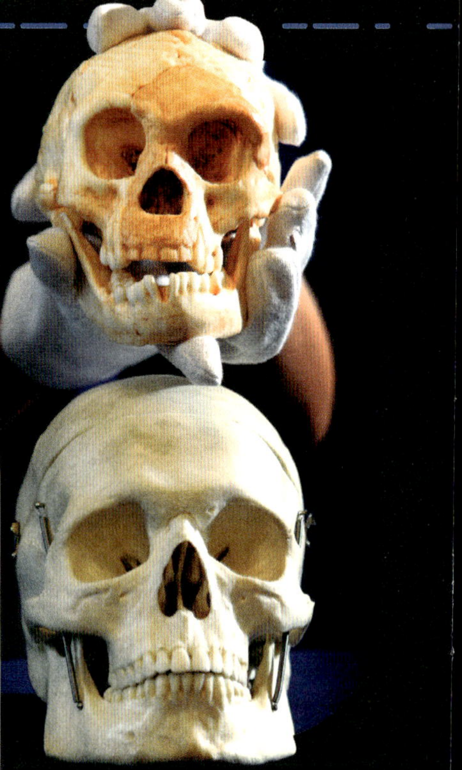

L'homininé le plus petit
En 2003, des scientifiques indonésiens et australiens ont découvert un spécimen femelle d'*Homo floresiensis* dans une grotte de l'île de Florès (IDN). Mesurant 1 m de haut, l'espèce vivait là il y a env. 50 000 ans. Surnommé le "Hobbit" par l'équipe de fouille, cet homininé a vécu à la même époque que l'homme moderne (*Homo sapiens*), qu'il a peut-être rencontré avant de disparaître. La photographie ci-contre montre qu'ils n'avaient pas le même crâne.

Le 1er homininé
En 2002, les restes d'un homininé, *Sahelanthropus tchadensis*, datant d'il y a près de 6 à 7 millions d'années, ont été mis au jour dans ce qui est maintenant une région désertique du Tchad. La forme de la base de son crâne laisse penser qu'il était bipède. Cependant, d'autres preuves sont nécessaires pour affirmer qu'il s'agit d'un ancêtre de l'homme.

Être humain : définitions
- **Humain :** primate bipède intelligent du genre *Homo*, notamment *Homo sapiens*
- **Hominidés :** grands singes actuels et leurs ancêtres
- **Homininés :** formes humaines présentes et passées, et nos plus proches cousins

La découverte du 1er *Homo erectus*
En 1891, le paléoanthropologue Eugene Dubois (NDL)a exhumé à Trinil sur l'île de Java (IDN) les fossiles d'un "homme dressé" (*Homo erectus*, ci-contre). Certains fossiles datent d'env. 1,3 Ma. *Homo erectus* serait donc un ancêtre direct de l'homme moderne.

Homo erectus est aussi **l'homininé qui a vécu le plus longtemps**. Les fossiles prouvent qu'il aurait existé pendant 1,9 million d'années, entre env. 2 millions et 110 000 années. Il aurait donc vécu 4 fois plus longtemps que notre espèce, si l'on admet que le 1er *Homo sapiens* est apparu il y a près de 500 000 ans (ci-contre). Les fossiles du 1er *Homo erectus* ont été mis au jour en Afrique, où l'espèce a évolué avant de migrer vers l'Asie et l'Europe.

Le site de fossiles humains le plus important
La grotte de Sima de los Huesos ("gouffre des ossements") dans les massifs d'Atapuerca, près de Burgos (ESP) (voir ci-dessous) recèle le plus de fossiles humains. Depuis 1975, on y a exhumé près de 7 000 os et dents qui appartiendraient à env. 28 squelettes.

Les os d'*Homo sapiens* les plus anciens
D'après des études génétiques, notre espèce serait apparue il y a près de 500 000 années. Mais les fossiles d'*Homo sapiens* les plus anciens ont env. 300 000 ans. Exhumés à Djebel Irhoud dans l'ouest du Maroc, ils montrent, selon un article de *Nature* publié en 2017, que les 1er humains avaient des traits similaires à ceux de l'homme moderne, mais un crâne allongé, plus archaïque. Les crânes fossilisés globulaires d'*Homo sapiens* les plus anciens, datant d'env. 195 000 ans, ont été trouvés à Omo Kibish (ETH) en 1967.

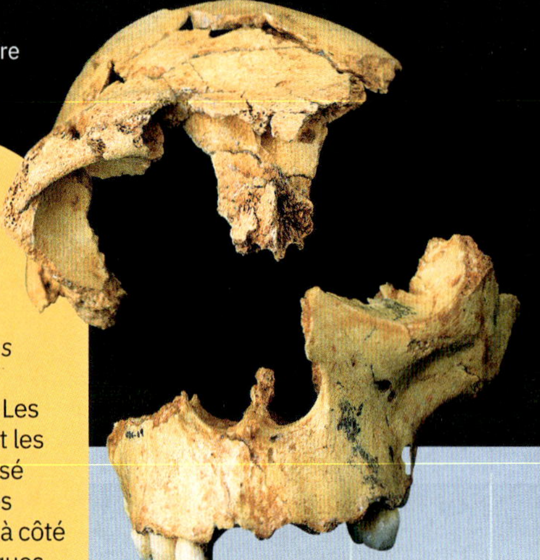

La 1re preuve de cannibalisme
Dans des grottes préhistoriques de la Sierra de Atapuerca, au nord de l'Espagne, des fossiles d'un possible ancêtre de l'homme, *Homosapiens antecessor*, ayant vécu il y a près de 850 000 ans ont été exhumés. Les trous et cicatrices sur les crânes et les os suggèrent qu'un outil a été utilisé pour ôter la chair et la moelle. Les ossements d'animaux trouvés à côté portaient les mêmes marques.

L'ÉVOLUTION HUMAINE Instantané de l'arbre généalogique du genre *Homo*

Il est complexe d'identifier avec précision les origines (et la disparition) des 1ers hommes. Les anthropologues se sont longtemps fiés à la datation des os et des roches pour donner la lignée de nos ancêtres. De plus en plus, l'étude de l'ADN et l'analyse génétique des populations humaines accroissent nos connaissances. Ici, la durée de vie approximative (barre bleue) de chaque espèce d'*Homo* a été estimée grâce à des fossiles.

- Extinction d'*Australopithecus*
- Présence d'homininés dans le nord-ouest de la Chine
- Apparition d'outils en pierre de l'acheuléen, comme des haches à main ovales
- << 2,8 Ma : découverte en Éthiopie de LD 350-1, os de la mâchoire du **plus ancien spécimen du genre *Homo***

Homo rudolfensis

Homo habilis

2400000 | 2300000 | 2200000 | 2100000 | 2000000 | 1900000 | 1800000 | 1700000 | 1600000 | 1500000 | 1400000 | 1300000

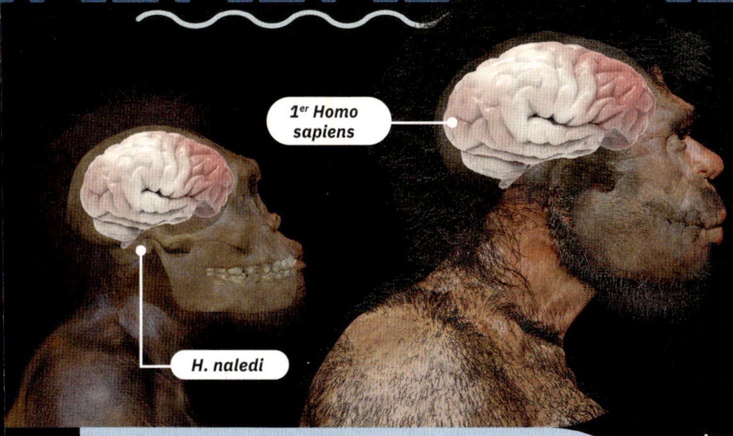

Les 1ers humains reconnaissables
Si par le terme "humains", on désigne les membres du genre *Homo*, il y en a eu au moins 3 espèces il y a 2 Ma : *Homo habilis*, *Homo rudolfensis* et *Homo erectus* (à droite). Certains experts affirment que les 2 1res étaient plus proches de l'homininé *Australopithecus*. Dans ce cas, *Homo erectus* devrait être considéré comme le 1er "véritable" humain.

Le cerveau humain le plus grand
L'homme est le représentant du genre humain ayant le plus grand cerveau. Le volume de celui-ci est compris entre 1 000 et 2 000 cm^3. Le fossile doté du plus gros volume endocrânien (1 800 cm^3) a été exhumé près de Xuchang (CHN). Appartenant à une espèce inconnue, il date d'env. 100 000 ans. Ci-dessus, on voit la capacité crânienne d'un *Homo sapiens* ayant vécu il y a 300 000 ans (ci-contre) et celle d'un homininé contemporain.

Les fèces humaines les plus anciennes
Des excréments humains fossilisés du site néandertalien d'El Salt, près d'Alicante (ESP), dateraient d'env. 50 000 ans. D'après une chromatographie en phase gazeuse réalisée par l'Institut de technologie du Massachussets, l'homme de Neandertal (*Homo neanderthalensis*) était omnivore. Il se nourrissait de végétaux et de viande.

Le 1er langage humain
La faculté d'articuler découlerait de l'évolution de notre larynx ("boîte vocale") qui, jusqu'à il y a 2 Ma, était proche de celui des primates. La découverte d'un os hyoïde (situé sous la base de la langue) fossile humain à Sima de los Huesos (ESP) indique qu'il y a 430 000 ans, l'homme de Neandertal était peut-être capable d'une forme de vocalisation. En revanche, il est plus difficile de vérifier qu'il possédait la capacité cognitive indispensable à l'acquisition du langage.

Homo erectus a des dents arrière plus petites, une mâchoire moins robuste et un squelette plus humain que ses 2 rivaux.

Le plus vieil homininé enfant
Selam ("paix"), un de nos possibles ancêtres, est morte il y a près de 3,3 Ma à env. 3 ans. Ses restes ont été exhumés le 10 déc. 2000 à Dikika (ETH). Il s'agit des fossiles (un crâne, un torse, des doigts et un pied) du spécimen le plus complet d'*Australopithecus afarensis*, la même espèce que la célèbre Lucy, un squelette de femme de 3,2 Ma exhumé à proximité en 1974. On qualifie parfois Selam de "bébé de Lucy".

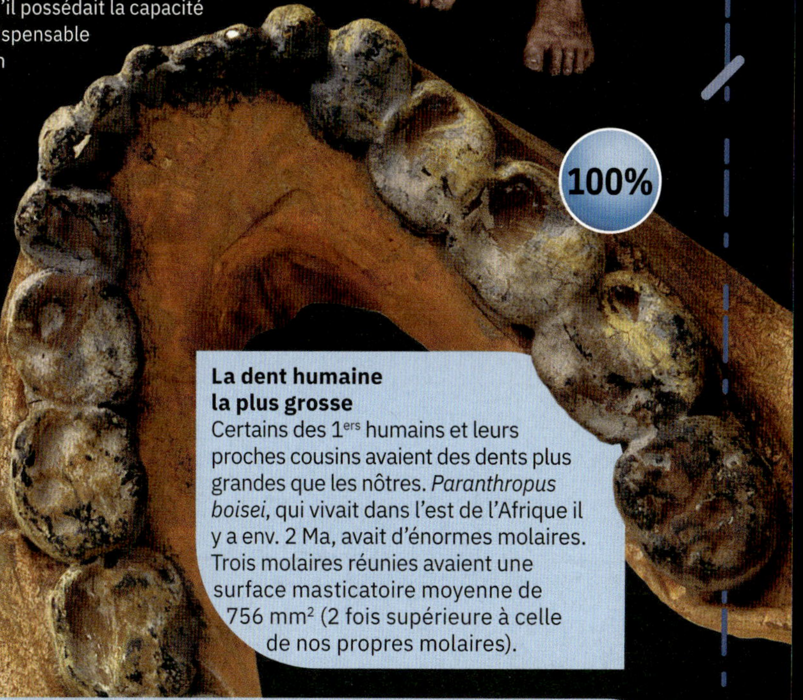

100%

La dent humaine la plus grosse
Certains des 1ers humains et leurs proches cousins avaient des dents plus grandes que les nôtres. *Paranthropus boisei*, qui vivait dans l'est de l'Afrique il y a env. 2 Ma, avait d'énormes molaires. Trois molaires réunies avaient une surface masticatoire moyenne de 756 mm^2 (2 fois supérieure à celle de nos propres molaires).

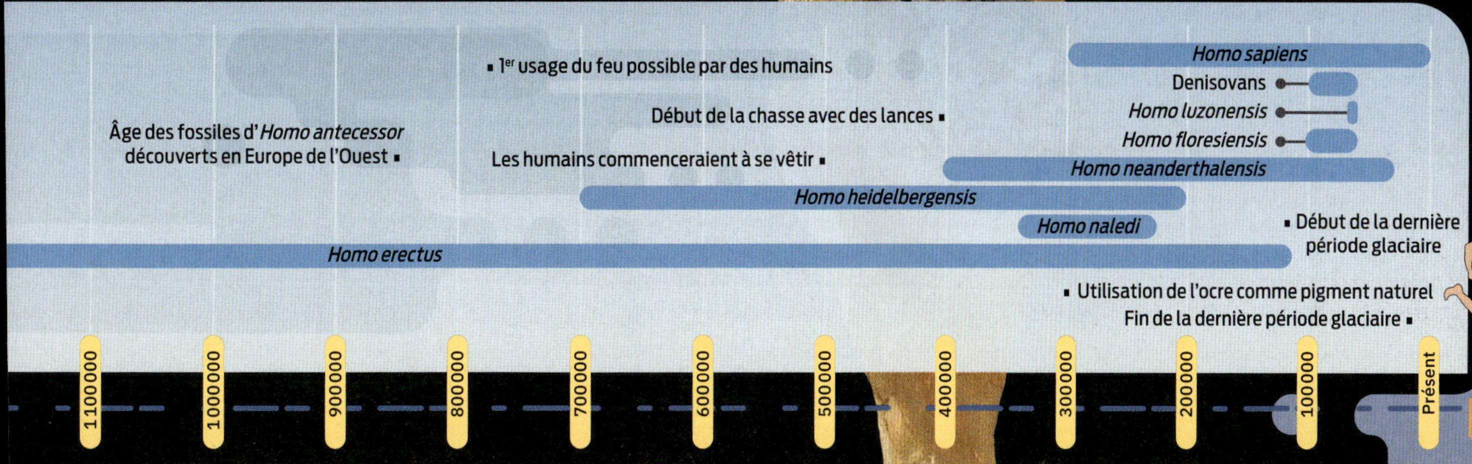

Naissances multiples

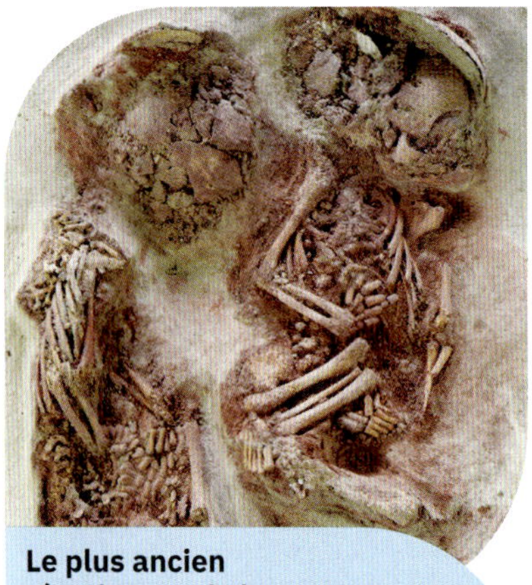

Le plus ancien témoignage de jumeaux
Deux bébés garçons placés dans la même tombe – sous l'omoplate d'un mammouth – ont été retrouvés lors des fouilles d'un site du Paléolithique supérieur à Krems Wachtberg (AUT) en 2005. En nov. 2020, des tests ADN ont révélé qu'ils étaient des jumeaux arrivés à terme et morts il y a env. 31 000 ans.

Les jumelles séparées le plus longtemps
Le 1er mai 2014, les jumelles Elizabeth Hamel (USA) et Ann Hunt (GBR), qui s'appelaient Elizabeth et Patricia Lamb à leur naissance, ont été réunies après 77 ans et 289 jours d'éloignement. Nées le 28 févr. 1936 à Hampshire (GBR), elles ont vite été séparées. Ann a été adoptée, puis Elizabeth est partie avec sa mère aux États-Unis. Ann, à la différence d'Elizabeth, a appris très tard qu'elle avait une jumelle.

Les jumelles les plus prématurées
Le 24 nov. 2018, les jumelles Kambry et Keeley Ewoldt (USA) n'avaient que 22 semaines et 1 jour quand elles sont venues au monde avec 125 jours d'avance, à l'University of Iowa Hospitals & Clinics (USA). Elles auraient dû naître le 29 mars 2019. Keeley pesait 490 g et Kambry 449 g. Les jumelles ont pu quitter l'hôpital en avr. 2019.

Les jumelles les plus légères
Le 19 sept. 2004, Mahajabeen Shaik (IND) a donné naissance à des jumelles dont le poids cumulé était de 840 g. Hiba pesait 580 g et Rumaisa 260 g. Elles sont nées par césarienne au bout de 25 semaines et 6 jours, à Maywood (Illinois, USA).

Le 20 févr. 1924, Mary Ann Haskin a accouché des **jumeaux les plus lourds**, à Fort Smith (Arkansas, USA). Ensemble, les bébés pesaient 12,58 kg.

Les plus vieux siamois
Le 23 mars 2021, Lori Lynn et George Schappell (USA) ont eu 59 ans et 186 jours. Nées le 18 sept. 1961, ces siamoises cranopiages (en partie reliées par le crâne) partagent des os, des vaisseaux sanguins essentiels et 30 % de leur cerveau. Depuis 2007, George (Dori à la naissance) se dit transgenre. Il s'agit donc **des 1ers siamois à ne pas avoir le même sexe.**

Les jumeaux les plus âgés
Le 23 janv. 2000, Glen et Dale Moyer (USA), nés le 20 juin 1895 (respectivement à droite et à gauche ci-dessus), étaient à 104 ans les jumeaux les plus âgés. Glen est mort le 16 avr. 2001 à 105 ans et 300 jours ; Dale le 17 juill. 2004 à 109 ans et 27 jours.

Chez **les femmes**, Kin Narita (à droite, en haut) et Gin Kanie (JPN), nées le 1er août 1892, détiennent le record. Kin est morte le 23 janv. 2000 à 107 ans et 175 jours, sa jumelle, 1 an plus tard, le 28 février.

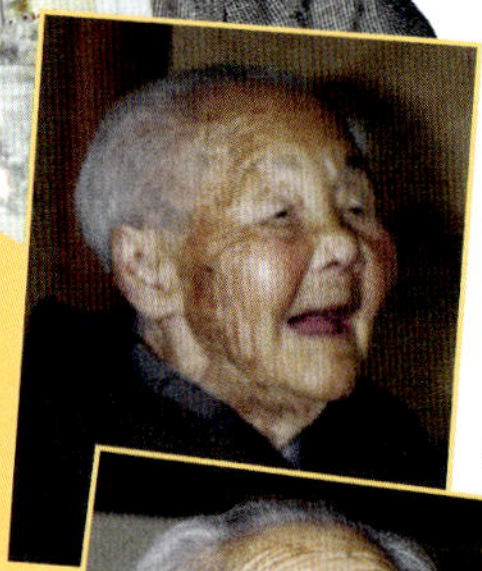

Les siamois les plus vieux
Le GWR a été triste d'apprendre la mort, le 4 juill. 2020, de Ronnie et Donnie Galyon (USA) à l'âge de 68 ans et 253 jours. Nés le 25 oct. 1951, ces siamois reliés par l'abdomen s'étaient produits dans des cirques et des fêtes foraines pendant plus de 30 ans.

L'intervalle le plus long entre des triplés
Les triplés DeShane de Norwood (Massachusetts, USA) sont nés à 5 jours, 12 h et 34 min d'intervalle. Cian est né le 28 déc. 2019 à 22 semaines ; son frère Declan et sa sœur Rowan, 5 jours plus tard, le 2 janv. 2020. Ils ne sont donc pas tous nés la même année.

Les triplés les plus âgés (de sexe différent)
Nés le 27 févr. 1927, Betty Woolf, Joseph Hocky et Minna Passman (USA) ont eu 93 ans et 174 jours le 19 août 2020, à Carlsbad (Californie, USA). Les triplés ne vivent pas sur la même côte, mais se réunissent pour fêter leur anniversaire.

Des jumelles de tailles différentes
Sienna "Sinny" Bernal (à gauche) est née avec une forme de nanisme primordial tellement rare qu'elle n'est pas classée. Fait encore plus rare, elle est la jumelle monozygotique de Sierra. Âgées de 22 ans, les 2 Américaines présentent la plus grande différence de taille pour des jumelles. La dernière fois qu'elles ont été mesurées, Sinny faisait 1,32 m et Sierra 1,70 m.

Le plus de jumeaux la même année dans une école
Les personnes s'étant rendues à la New Trier High School de Winnetka (Illinois, USA) en 2016-2017 sont tout excusées si elles ont cru voir double. Il y avait 44 paires de jumeaux en 1re année, parmi lesquelles 3 paires de vrais jumeaux (des filles) et 2 paires de jumeaux nés à des dates différentes. Il y avait plus de 1 000 élèves cette année-là. Le taux était donc 3 fois supérieur à la moyenne nationale.

L'intervalle le plus long entre des faux jumeaux
Molly et Benjamin, les jumeaux dizygotes de Lesa et David West (USA), sont nés à 90 jours d'intervalle, à Baltimore (Maryland, USA), les 1er janv. et 30 mars 1996. Molly, prématurée de 4 mois, n'avait que 1 chance sur 100 de survivre. Sur la photo, on voit les jumeaux fêter ensemble le 25e anniversaire de Molly.

Faith, Hope et Charity Cardwell (USA) étaient **les triplés les plus âgés**. Nées le 18 mai 1899, à Elm Mott (Texas, USA), elles ont survécu à 6 de leurs maris et 7 frères et sœurs. Faith est morte le 2 oct. 1994 à 95 ans et 137 jours.

La mère la plus prolifique
L'épouse de Fiodor Vassiliev (1707-*v.* 1782), un paysan de Chouïa (RUS), a eu 69 enfants. On pense qu'elle se prénommait Valentina. Elle aurait, au terme de 27 grossesses, mis au monde 16 fois des jumeaux, 7 fois des triplés et 4 fois des quadruplés. 67 des enfants auraient vécu, mais leurs noms, leurs dates de naissance et de décès n'ont pas été conservés. Fiodor se serait remarié et aurait eu 18 enfants avec sa 2e épouse.

Le taux de jumeaux le plus élevé
La Côte d'Ivoire a totalisé 24,9 jumeaux pour 1 000 naissances de 2010 à 2015 selon une étude de l'université d'Oxford publiée en 2020 et portant sur 135 pays. Le Ghana et le Soudan du Sud occupaient la 2e place, avec chacun 24,8 jumeaux pour 1 000 naissances. Il naît près de 1,6 million de jumeaux chaque année dans le monde.

Le plus de bébés en 1 seule naissance ayant survécu
Le 26 janv. 2009, Nadya Suleman (USA) a donné naissance à 6 garçons et 2 filles à Bellflower (Californie, USA). Conçus *in vitro*, les bébés étaient prématurés de 9 semaines quand ils sont nés par césarienne. Ce sont **les octuplés les plus vieux** : ils ont fêté leur 12 ans en 2021. Ils ont 6 aînés.

En mars 2021, Halima Cissé (MLI), qui attendait des septuplés, a été envoyée dans un hôpital marocain. Le 4 mai, elle a finalement accouché de nonuplés : 5 filles et 4 garçons. À l'heure de l'impression de ce livre, les bébés étaient encore en observation mais allaient bien.

Les doyens...

La femme la plus âgée en couverture de *Vogue*
Née le 9 déc. 1934, Judi Dench (GBR), l'une des comédiennes les plus célèbres de Grande-Bretagne, était en couverture de l'édition britannique de *Vogue* en juin 2020 à 85 ans et 150 jours. Elle est aussi **l'actrice ayant reçu le plus de Laurence Olivier Awards** (8), de 1977 à 2016.

La fratrie de 16 la plus âgée
Le 25 févr. 2021, les 16 enfants de Russell et Frances Anderson avaient l'âge cumulé de 1 251 ans et 295 jours. Nés entre 1930 et 1955 dans le Michigan (USA), Arlene, Virginia, Joyce, Gordon, Marvin, Ronald, Wayne, Keith, Nancy, Carol, Gary, Susan, Sally, Kenneth, Bonnie et Dean se réunissent régulièrement. Ces photographies datent de 1970 et 2019.

La personne la plus âgée connues
Jeanne Louise Calment (FRA) a été la doyenne de l'humanité. Née le 21 févr. 1875, elle s'est éteinte à 122 ans et 164 jours dans une maison de retraite d'Arles le 4 août 1997. À 114 ans, elle est devenue aussi **l'actrice la plus âgée,** dans *Vincent et moi* (CAN, 1990), et **la patiente la plus âgée à être opérée**. Chiyo Miyako (JPN), née le 2 mai 1901 et qui a été un temps la femme la plus âgée, lui a ravi ce dernier record : elle a été amputée des jambes à 116 ans.

L'homme le plus âgé à avoir jamais vécu est Jiroemon Kimura (JPN). Né le 19 avr. 1897, il est mort le 12 juin 2013, à 116 ans et 54 jours. Ce record de **l'homme le plus âgé** a été battu 2 fois l'année dernière. Dumitru Comănescu (ROM, 21 nov. 1908-27 juin 2020) est décédé à 111 ans et 249 jours au moment où l'édition de ce livre a débuté. Un nouveau prétendant est apparu : Emilio Flores Marquez (PRI), né le 8 août 1908, le 8e jour du 8e mois de la 8e année du XXe siècle. Le 20 avr. 2021, il a été confirmé qu'il avait 112 ans et 255 jours.

Compétitrice en force athlétique
Née le 8 août 1921, Edith Murway-Traina (USA) s'est initiée aux développés couchés et aux soulevés de terre à 91 ans pour faire plaisir à une amie qui l'avait entraînée dans une salle de sport. Devenue "accro", elle participe à des compétitions. Le 10 nov. 2019, à 98 ans et 94 jours, elle s'est classée 2e dans sa catégorie en soulevant 27,2 kg au développé couché !

Edith, ancienne professeur de danse en ligne, espère concourir en 2021 pour ses 100 ans !

Compétitrice de saut à la corde
Née le 23 nov. 1943, Annie Judis (USA) a participé au Southern California Open Jump Rope Championship le 29 févr. 2020, à 76 ans et 98 jours. Coiffée d'une perruque grise, la septuagénaire a fait son entrée en poussant un déambulateur. Elle a surpris les juges en se débarrassant de ses accessoires de vieille femme pour sauter à la corde pendant 2 min et 2 s sur le tube *Sexy and I Know It*.

Femme
Née le 2 janv. 1903, Kane Tanaka (JPN) avait 118 ans et 108 jours le 20 avr. 2021. C'est donc **la femme la plus âgée** et, pour l'Asie, la plus âgée de tous les temps. Elle a eu une fièvre paratyphoïde après 30 ans, un cancer du pancréas après 40 ans et une opération pour un cancer des intestins à 103 ans. Elle doit, selon elle, sa longévité à sa famille, son alimentation, son sommeil et à la résolution de casse-tête.

Rescapée du COVID-19
Née Lucile Randon le 11 févr. 1904, sœur André (FRA) – la 2e personne la plus âgée au monde (voir ci-dessous) – a été testée positive à la COVID-19 le 16 janv. 2021. La religieuse catholique, aveugle depuis plus de 75 ans, a été isolée dans sa maison de retraite de Toulon. Elle n'a pas développé de symptômes et était guérie pour fêter ses 117 ans.

Les 10 doyens de l'humanité

	Nom	Date de naissance	Âge
1	Kane Tanaka (JPN, à gauche)	2 janv. 1903	118 ans et 108 jours
2	Sœur André (FRA, ci-dessus)	11 févr. 1904	117 ans et 68 jours
3	Francisca Celsa dos Santos (BRA)	21 oct. 1904	116 ans et 181 jours
4	Jeanne Bot (FRA)	14 janv. 1905	116 ans et 96 jours
5	Antônia da Santa Cruz (BRA)	13 juin 1905	115 ans et 311 jours
6	Tekla Juniewicz (UKR/POL)	10 juin 1906	114 ans et 314 jours
7	Thelma Sutcliffe (USA)	1 oct. 1906	114 ans et 201 jours
8	Valentine Ligny (FRA)	22 oct. 1906	114 ans et 180 jours
9	Anonyme (JPN)	17 déc. 1906	114 ans et 124 jours
10	Hama Yasukawa (JPN)	19 janv. 1907	114 ans et 91 jours

Source : Gerontology Research Group ; données vérifiées le 20 avr. 2021

Footballeur
Né le 3 nov. 1945, Ezzeldin Bahader (EGY) a joué le 17 oct. 2020 au sein de l'équipe de 3e division égyptienne "6 octobre" à 74 ans et 349 jours. Pendant le match contre El Ayat Sports, l'ingénieur civil à la retraite a raté un pénalty. "Rien n'est simple, mais rien n'est impossible", a-t-il dit quand le GWR lui remettait son certificat.

Lauréat d'un Emmy Award
Lors de la cérémonie virtuelle des Creative Arts Emmys le 15 sept. 2020, le créateur de sitcom Norman Lear (USA), né le 27 juill. 1922, a reçu le prix de la "meilleure série télévisée en direct" à 98 ans et 50 jours. Il a eu son 6e Emmy pour le second volet de *Live in Front of a Studio Audience: "All in the Family" and "Good Times"* (ABC, 2019).

Joueur de footbag professionnel
Né le 14 juill. 1947, Ken Moller (USA) a pris part à l'Intermediate Freestyle Routine, au championnat du monde de footbag, le 2 juill. 2020, à l'âge de 72 ans et 354 jours. Il a effectué des figures sur *Stayin' Alive*, le tube des Bee Gees.

Détenteur de permis poids lourd
James Findlay Hamilton (né le 1er juin 1936), d'Airdrie (Écosse, GBR), conduisait toujours un poids lourd à l'âge de 84 ans et 245 jours, comme cela a été vérifié le 1er févr. 2021.

Pilote
Né le 30 oct. 1920, Harry Moyer (USA) fut un des "Tigres volants" de la Seconde Guerre mondiale. Il a fêté ses 100 ans en 2020 en survolant San Luis Obispo (Californie, USA), seul à bord de son Mooney Mk 21.

Parachutiste en tandem
Le 2 juill. 2020, à 103 ans et 181 jours, l'ancien constructeur d'avions Alfred "Al" Blaschke (USA), né le 4 janv. 1917, a sauté en parachute à San Marcos (Texas, USA).

Pilote de "tractor pulling"
Le "tractor pulling" consiste à tracter des charges importantes sur 100 m à l'aide d'un vieux tracteur ou d'un tracteur modifié. Le compétiteur le plus âgé est Otto Graep (USA). Né le 11 nov. 1919, il a participé au spectacle de la Puget Sound Antique Tractor & Machinery Association, à Lynden (Washington, USA), le 1er août 2019, à 99 ans et 263 jours.

Journaliste
Walter Bingham (né Wolfgang Billig le 5 janv. 1924 dans la république de Weimar), écrivain et animateur de radio israélo-britannique, a eu 97 ans et 90 jours le 5 avr. 2021, à Jérusalem. Il travaille régulièrement pour le *Jerusalem Post* et anime *The Walter Bingham File* sur Israel News Talk Radio. C'est donc **le plus vieil animateur d'une émission de radio.**

Chef de bureau
Comme cela a été vérifié le 5 nov. 2020, Yasuko Tamaki (JPN), née le 15 mai 1930, continue à travailler à la Sunco Industries Co., à Osaka (JPN), à 90 ans et 174 jours.

"Captain Tom" (1920-2021)
Né le 30 avr. 1920, sir Tom Moore, vétéran de la Seconde Guerre mondiale, est mort à 100 ans, le 2 févr. 2021. Il a été enterré en présence d'une garde d'honneur. Trois salves ont été tirées et un Douglas C-47 a survolé les lieux en hommage. Ce retraité avait marché dans son jardin durant la pandémie de COVID-19 et levé 32,7 millions £ pour le National Health Service, **la plus grosse somme collectée par un individu lors d'une marche caritative**. À 100 ans, il était devenu **la personne la plus âgée à figurer à la 1re place des charts britanniques** avec *You'll Never Walk Alone,* chanté avec Michael Ball et le NHS Voices of Care Choir. Sa devise "Demain sera un jour meilleur" a donné de l'espoir à de nombreuses personnes durant les confinements de 2020. On le voit ci-dessous anobli par Élisabeth II en juill. 2020.

Couple marié
Julio Cesar Mora Tapia (ECU, né le 10 mars 1910) et Waldramina Maclovia Quinteros Reyes (ECU, née le 16 oct. 1915) se sont mariés le 7 févr. 1941 en secret car leurs familles désapprouvaient leur union. À la mort de Julio, le 22 oct. 2020, après 79 ans de mariage, le couple atteignait l'âge cumulé de 215 ans et 232 jours.

Tailles extrêmes

Junrey Balawing (1993-2020)
Peu de temps après l'impression du *GWR 2021*, nous avons appris avec tristesse le décès de Junrey Balawing. **L'homme le plus petit (mais incapable de marcher)** mesurait 59,93 cm de haut quand il a été mesuré à Sindangan (PHL), le 12 juin 2011, pour ses 18 ans (ci-dessus).

1. La femme la plus petite
Jyoti Amge (IND) mesurait 62,8 cm à Nagpur (IND), le 16 déc. 2011. Grâce à son charisme, son dynamisme et sa volonté de réussir, elle est devenue **la plus petite actrice**. Elle était "Ma Petite" dans la série américaine *American Horror Story* encensée par la critique.

2. L'homme le plus petit
Quand il a été mesuré le 29 févr. 2020 à Bogota (COL), Edward Niño Hernández (COL) faisait 72,1 cm. Ce n'est qu'à 20 ans qu'il a appris qu'il souffrait d'une forte hypothyroïdie. "La taille a peu d'importance ! insiste-t-il. Je veux qu'on me voie comme je suis vraiment : petit mais avec un grand cœur !"

3. Les jumeaux les plus petits (adolescents)
Le 7 janv. 2021, à 17 ans et 100 jours, Zachary et Tristan Lelièvre (CAN) mesuraient 114,88 cm. Nés avec une achondroplasie – anomalie de la croissance de l'os –, ils jouent au badminton au Montreal International Club et souhaitent participer aux jeux Paralympiques de Paris en 2024. Ils sont sur la bonne voie pour décrocher le titre de **plus petits jumeaux (adultes)** le 19 sept. 2021.

4. Les jumelles les plus petites
Comme cela a été vérifié le 25 janv. 2021, Elisabeth et Katharina Lindinger (toutes 2 DEU) sont les jumelles les plus petites. Elles mesurent chacune 128 cm.

5. Les jumelles les plus grandes
Ann et Claire Recht (toutes 2 USA) sont de vraies jumelles nées le 9 févr. 1988. Mesurant 2,01 m, elles jouent au volley au sein de l'équipe des American University Eagles depuis 2006. Elles ont aidé cette équipe à remporter 3 championnats de la Patriot League.

6. Les jumeaux les plus grands
Le 1er janv. 2021, Robin et Brook Lopez (tous 2 USA) mesuraient chacun 2,13 m. Leur taille exceptionnelle est un atout au basket. En 2008, ils ont rejoint respectivement les Phoenix Suns et les New Jersey/Brooklyn Nets de la NBA. Brook fait actuellement partie des Milwaukee Bucks, tandis que Robin évolue dans l'équipe des Washington Wizards.

7. Le pompier le plus grand
Le 18 août 2020, le GWR a confirmé que Brandon Berridge (USA, photo de l'encart) était, avec ses 2,112 m, le pompier le plus grand. Il travaille pour le Tullahoma Fire Department (Tennessee, USA). Cependant, juste au moment où nous allions imprimer cette édition, nous avons reçu des photographies d'Allan Mulkey (photo principale) du Harris County (Texas, USA), qui revendique le titre. Il mesurerait 2,21 m. Nous attendons une vidéo pour authentifier ce record de façon formelle et l'homologuer.

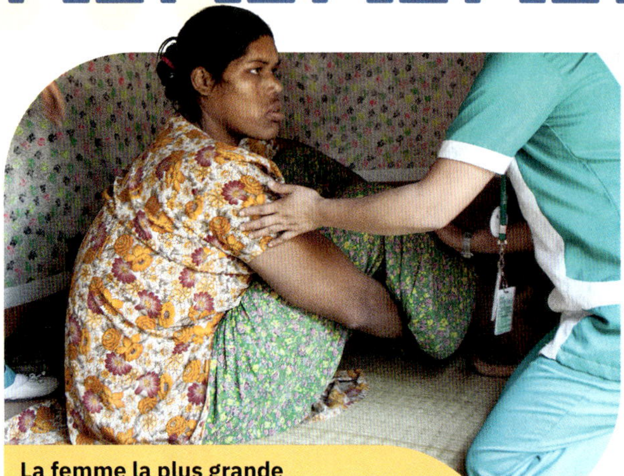

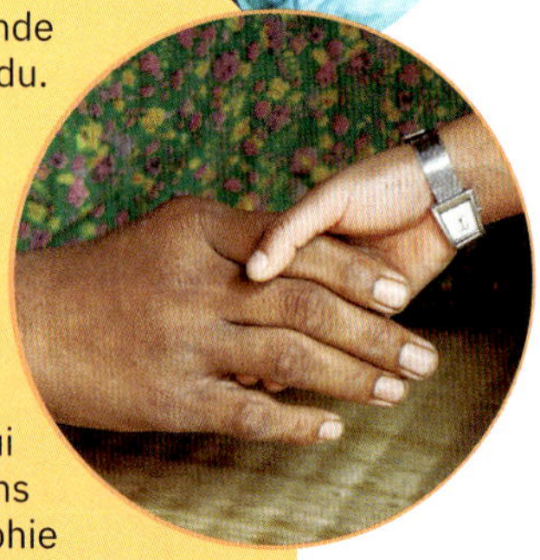

La femme la plus grande
Déterminer qui est la plus grande femme du monde se révèle ardu. Siddiqa Parveen (IND) faisait au moins 2,222 m allongée en déc. 2012. Cependant, en raison de son état de santé et du fait qu'elle ne peut se lever, les mesures ne peuvent être précises. Selon le docteur Debashish Saha, qui l'a mesurée, elle ferait au moins 2,336 m debout. La photographie de l'encart donne une idée de sa taille hors du commun.

La plus grande femme vivante mesurée debout par le GWR ces dernières années est Rumeysa Gelgi (TUR). Elle était **l'adolescente la plus grande** en 2014 : âgée de 17 ans, elle mesurait 2,136 m.

1 2 3 4

8. L'adolescent le plus grand

Olivier Rioux de Beloeil (Québec, CAN) faisait 2,269 m quand il a été mesuré le 19 déc. 2020 à l'âge de 14 ans et 321 jours. Comme dans le cas des Lopez (voir #6), sa stature impressionnante a attiré l'attention des équipes de basket universitaires. Il a été engagé par le Real Madrid (équipe "Los Blancos") en 2019 pour participer au Castelldefels Under-13 International Tournament. À titre de comparaison, il est déjà plus grand que Tacko Fall (USA) des Boston Celtics, qui, avec ses 2,26 m, est actuellement **le plus grand basketteur de la NBA**.

9. L'homme le plus grand

Reportez-vous à notre dossier spécial pages 76 et 77 pour en savoir plus sur Sultan Kösen (TUR) et ses 2,51 m.

En 2011, Sultan Kösen est devenu le 1er homme de plus de 2,43 m mesuré par le GWR en plus de 20 ans.

Art corporel

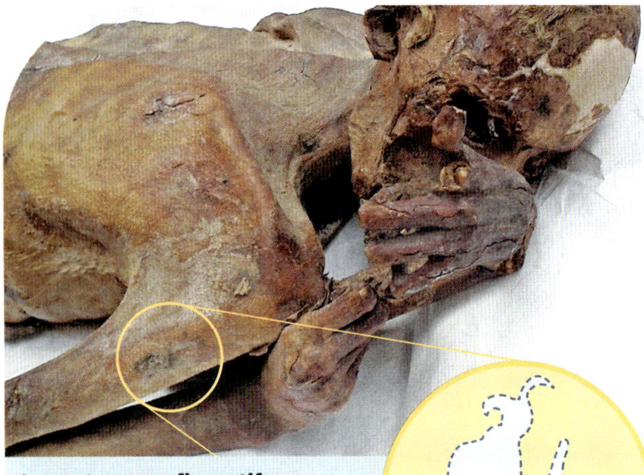

Les tatouages figuratifs les plus anciens
L'imagerie infrarouge a révélé des tatouages à l'encre sur deux momies datant de 3351-3017 av. J.-C., trouvées sur le site de Gebelein (EGY). Selon le British Museum, un mouton et un auroch (respectivement en haut et en bas dans l'encart) sont représentés sur "l'homme de Gebelein", et des motifs en forme de L et S sur le haut du bras et l'épaule de la "femme de Gebelein", **la momie de femme tatouée la plus ancienne**. Si ce ne sont pas les plus vieux tatouages (voir ci-dessous), ce sont les 1ers à ne pas être géométriques, mais figuratifs.

Les tatouages les plus anciens
Découvert en 1991 dans les Alpes italiennes, le corps momifié d'"Ötzi", un homme probablement tué par une flèche il y a près de 5 300 ans, présentait 61 tatouages. Ces marques géométriques simples étaient dues à des entailles qui avaient été frottées avec de la poussière de charbon.

L'homme le plus tatoué
Lucky Diamond Rich (AUS, né Gregory McLaren, NZ) est un artiste de rue qui a passé plus de 1 000 h à se faire tatouer par des centaines d'artistes. Il a d'abord opté pour des dessins colorés, puis pour un tatouage noir sur tout le corps, y compris les paupières, la peau entre les orteils et même les gencives. Aujourd'hui, il se fait tatouer des motifs blancs sur le noir et des motifs colorés sur le blanc. Son corps est tatoué à plus de 200 %.

Le plus de tatouages de...
nom : le 25 mai 2020, Diedra Vigil (USA) s'était fait tatouer 300 fois "Diedra".
personnage de BD : Nikolay Belyanskiy (RUS) arborait 52 Rick de *Rick et Morty* (Adult Swim, USA), le 31 août 2019.
personnages d'une série animée : Michael Baxter en totalisait 203 des *Simpson* (FOX, USA), le 3 déc. 2014.
crânes : Charles "Chuck" Helmke (USA) en avait 376, le 3 déc. 2016.
carrés : Matt Gone (USA) en comptait 848, le 7 juill. 2014.

Le plus de tatouages d'un musicien
Le 31 mars 2020, à Aberdeen (GBR), Nikki Patterson (GBR), grande fan d'Eminem, arborait 15 tatouages représentant le rappeur américain. Elle s'est fait faire le 1er à 19 ans. Certains sont inspirés par les couvertures des albums *Recovery* et *The Marshall Mathers LP*. Il y a aussi une image du rappeur avec la chanteuse Skylar Grey.

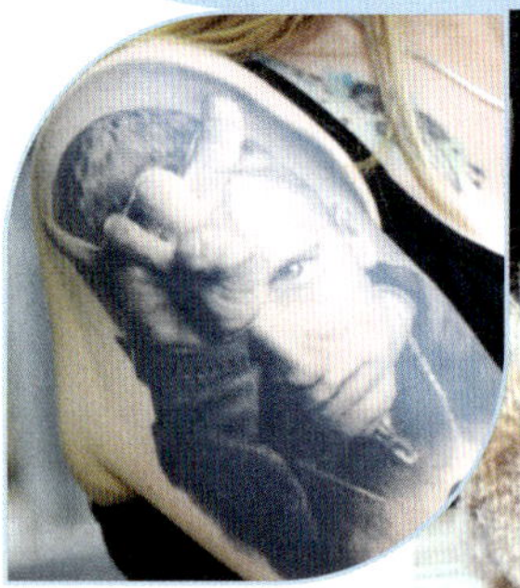

Le plus de modifications corporelles chez un couple marié
Le 7 juill. 2014, Victor Hugo Peralta (URY) et sa femme Gabriela (ARG) comptaient 84 modifications corporelles à eux 2 : 50 piercings, 8 implants microdermiques, 14 implants corporels, 5 implants dentaires, 4 extenseurs et 2 plugs d'oreille en forme de boulon, ainsi qu'une séparation en 2 de la langue. Le corps de Victor, qui se décrit comme un "superbe monstre", est tatoué à 95 %.

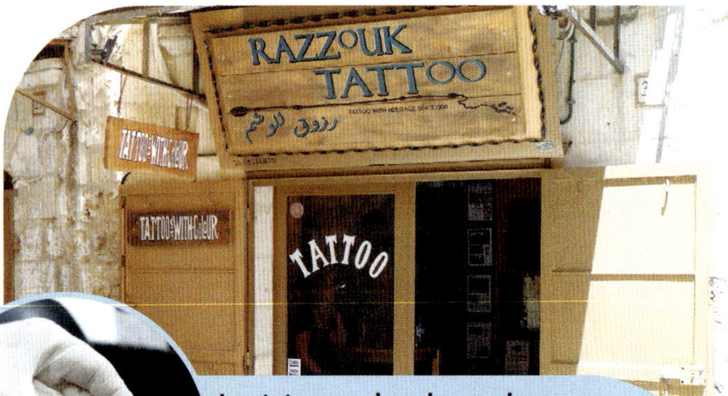

Les tatoueurs les plus anciens
La famille Razzouk de Jérusalem a une histoire de plus de 700 ans. Ses ancêtres, en Égypte, tatouaient déjà les chrétiens coptes. Il est d'ailleurs toujours d'usage de se faire tatouer en souvenir d'un pèlerinage en Terre sainte. Le magasin familial est aujourd'hui dirigé par Wassim Razzouk, tatoueur de la 27e génération qui utilise encore des modèles séculaires comme la croix de Jérusalem (encart).

La 1re prothèse de tatouage
J. C. Sheitan Tenet (FRA) utilise une prothèse légère munie d'un dermographe pour tatouer ses clients. Elle a été créée par Jean-Louis Gonzal, qui a eu recours aux pièces d'une ancienne machine à écrire et d'un phonographe pour lui donner un style proche du Steampunk. Le tatoueur s'en sert essentiellement pour ombrer ses dessins.

La 1re "langue de serpent"
Des photographies de la langue fourchue de Dustin Allor (USA) ont été publiées en 1997 dans *Body Play* (#16) et *Modern Primitives Quarterly*. C'était la 1re fois que l'on donnait le nom de la personne qui s'affichait avec cette modification controversée. Selon les chirurgiens, cette dernière n'est pas sans risques.

Le plus de "flesh tunnels" faciaux
James Goss (GBR) s'est fait faire des piercings afin de porter 14 ornements en forme de "tunnel" ou tube creux, ce qui fut vérifié le 5 déc. 2020, à Bedford (GBR). Il en possède donc 3 de plus que Joel Miggler (DEU), qui détenait le record depuis 2014.

Le plus de piercings (femmes)
Elaine Davidson (BRA/GBR) s'est fait faire 4 225 piercings entre janv. 1997 et le 8 juin 2006. Elle en arbore en permanence jusqu'à 460. En 2021, elle affirme s'en être fait faire plus de 11 000 dans sa vie. Le 16 sept. 2012, elle est devenue **la femme ayant tiré le poids le plus lourd avec la langue**. Avec un croc de boucher, elle a traîné un chariot avec quelqu'un dedans, soit 113 kg, à Londres (GBR).

Le plus de piercings sur la langue
Le 5 janv. 2017, Francesco Vacca (USA) avait 20 piercings sur la langue en sortant du salon de piercing l'Invisibleself de Lyndhurst (New Jersey, USA).

L'implant le plus onéreux
En févr. 2021, le rappeur Lil Uzi Vert (né Symere Bysil Woods, USA) s'est fait implanter un diamant rose de 24 millions $ sur le front. Il a posté des photos sur Instagram avec le commentaire : "Il faut souffrir pour être beau."

Le corps le plus modifié (hommes)
Le 16 déc. 2012, l'informaticien Rolf Buchholz (DEU) totalisait 516 modifications corporelles lors du dernier comptage officiel. Il arborait 481 piercings et 2 cornes subdermiques, mais avait aussi des implants magnétiques dans les doigts de la main droite.

Le record féminin est détenu par Maria José Cristerna (MEX) qui présente 49 modifications corporelles sous forme de tatouages, de multiples piercings ainsi que d'implants transdermiques sur le front, le torse et les bras.

Le tour de taille le plus fin
Cathie Jung (USA) a un tour de taille de 38,1 cm quand elle porte un corset et de 53,3 cm sans celui-ci. Passionnée par la mode victorienne, elle s'est mise à 38 ans à porter une ceinture de 15,2 cm de large pour réduire sa taille qui mesurait alors 66 cm. Elle n'a jamais recouru à la chirurgie esthétique à cette fin.

Le plus grand disque labial
Avant de se marier, les femmes du peuple Surma d'Éthiopie insèrent des disques de plus en plus grands dans une de leurs lèvres pour l'étirer. Elles les confectionnent avec de l'argile, les teintent à l'aide d'ocre et de charbon, puis les font cuire. En oct. 2014, le disque labial d'Ataye Eligidagne (ETH) avait un diamètre de 19,5 cm et une circonférence de 59,5 cm. Ci-dessous, Ataye montre sa lèvre, une fois le disque retiré.

Surhumains

Les personnes figurant sur ces pages sont "surhumaines" car elles ont survécu dans des circonstances exceptionnelles. C'est le cas de William Pace (Texas, USA) (ci-dessus). Blessé par un tir à l'âge de 8 ans, en 1917, il est mort 94 ans et 175 jours plus tard. C'est **la plus longue durée de vie en ayant une balle dans la tête.** Le projectile n'a jamais été retiré, mais malgré (ou grâce à) cela, William a eu une vie normale.

La plus forte hypothermie
Le 30 nov. 2014, Adam, un enfant de 2 ans et 3 mois, est sorti pieds nus par -7 °C de la maison de sa grand-mère à Racławice (POL), aux 1res lueurs de l'aube. Resté près de 3 h inconscient à côté d'un ruisseau avant d'être découvert par la police, il a été conduit à l'hôpital dans une ambulance chauffée et a pu être ranimé alors que sa température rectale était de 11,8 °C. 2 semaines plus tard, il était déjà debout et marchait. Le cardiologue Janusz Skalski était à la tête de l'équipe qui s'est occupée de lui. Il a précisé que l'enfant jouait, batifolait, courait et se montrait même turbulent.

La plus importante hypothermie volontaire est celle subie par une femme opérée d'un cancer de l'ovaire. Le 28 déc. 1955, son rythme cardiaque a été ralenti jusqu'à l'arrêt complet. Les médecins ont fait chuter sa température corporelle à 9 °C et l'ont maintenue à ce niveau pendant 1 h tandis qu'elle était sous respirateur. Elle a été ranimée et n'a pas eu de séquelles.

La température de l'air la plus élevée...
Habillé : en 1960, à l'occasion de tests, l'US Air Force a soumis des hommes chaudement vêtus à des températures toujours plus élevées, jusqu'à 260 °C. À titre de comparaison, il ne fait en général pas plus de 90 °C dans un sauna.
Nu : dans le cadre de ces mêmes tests, des personnes, nues cette fois, n'ont pas supporté une température supérieure à 205 °C.

La plus forte contamination par des substances radioactives
En 1976, Harold McCluskey (USA), qui travaillait sur un site de plutonium de l'État de Washington, a été exposé à une dose de substances radioactives 500 fois supérieure à la norme admise au cours d'une vie. Il extrayait de l'américium quand une explosion a déchiré son masque et constellé son visage de verre et d'acier radioactifs. À une époque, il était tellement radioactif qu'il déclenchait la sonnerie d'un compteur Geiger situé à 15 m.

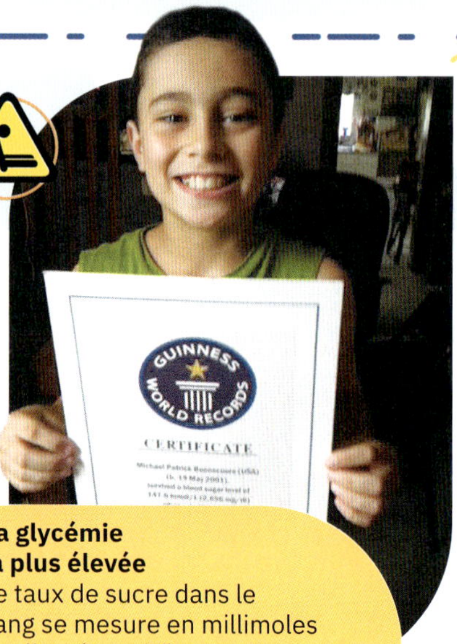

La glycémie la plus élevée
Le taux de sucre dans le sang se mesure en millimoles par litre (mmol/l) et se situe normalement entre 4 et 6 mmol/l. Le 23 mars 2008, Michael Patrick Buonocore (USA) a été admis à l'âge de 6 ans aux urgences d'East Stroudsburg, en Pennsylvanie (USA), avec une glycémie de 147,6 mmol/l, soit une concentration de glucose près de 30 fois supérieure à la moyenne.

Le poids le plus lourd sur le corps
Eduardo Armallo Lasaga (ESP), soudeur et champion de boxe thaïe, a supporté une charge de 1 483 kg sur le corps alors qu'il était allongé sur le dos sur le plateau de *Lo Show dei Record* à Rome (ITA), le 4 mars 2010. Ses assistants ont empilé rapidement les 70 blocs de béton – soit le poids de 23 hommes – et les ont laissés au moins 5 s.

La plus longue survie sans s'alimenter
Un homme bien nourri peut survivre à un régime composé de sucre et d'eau pendant 30 jours, voire plus, sans mettre en danger sa santé, bien que cela ne soit

Le régime le plus étonnant
En 1959, Michel Lotito (FRA), surnommé monsieur Mangetout, a découvert qu'il était capable d'avaler du verre et du métal. Après avoir fait des radios de son estomac, des gastro-entérologues ont dit que sa faculté d'ingurgiter 900 g de métal par jour était un phénomène unique. Il a absorbé 18 vélos, 15 caddies, 7 télévisions, 6 lustres, 2 lits, 1 paire de skis, 1 ordinateur, 1 cercueil et, en 2 ans, 1 avion léger Cessna.

pas recommandé. De juin 1965 à juill. 1966, Angus Barbieri (GBR) est resté 382 jours sans rien manger de solide, se nourrissant de thé, de café, d'eau et de vitamines, à l'hôpital Maryfield de Dundee. Il pesait 214 kg au début de ce régime et 80,74 kg à la fin.

La plus longue survie sans nourriture ni eau a duré 18 jours. Le 1er avr. 1979, Andreas Mihavecz (AUT), 18 ans, a eu un accident de voiture à Höchst (AUT). La police l'a enfermé par erreur dans une cellule en sous-sol et l'y a oublié. Le 18 avr., quand on l'a découvert, il avait perdu 18 kg et était sur le point de mourir. Les policiers ont fait 90 jours de prison... sans être privés de repas.

La respiration retenue le plus longtemps

Hommes : Budimir Šobat (HRV) a retenu sa respiration 24 min et 37,36 s, à Sisak (CRO), le 27 mars 2021.

Le temps le plus long dans l'espace

Le cosmonaute Gennady Padalka (RUS) est l'homme qui a passé le plus de temps loin de la Terre. Le 28 juin 2015, au 92e jour de sa mission de 168 jours à bord de la *Station spatiale internationale (ISS)*, il a battu le record de 803 jours détenu par le cosmonaute Sergueï Krikaliov. Quand il a atterri le 12 sept., il totalisait 879 jours (près de 2,5 ans) dans l'espace. "L'ostéopénie du vol spatial", qui cause chaque mois la perte de plus de 1 % de la masse osseuse, est l'un des effets d'un séjour prolongé en apesanteur.

Le plus long contact corps-glace

Romain Vandendorpe (FRA) a passé 2 h 35 min et 33 s jusqu'au cou dans des cubes de glace à Wattrelos (FRA), le 19 déc. 2020. Selon les règles de ce record glacial, le chronomètre se déclenche seulement lorsque le participant installé dans une cabine d'une superficie de 1 m² a de la glace jusqu'au cou.

Femmes : Karoline Mariechen Meyer (BRA) a retenu la sienne 18 min et 32,59 s, à la piscine Racer Academy de Florianópolis (BRA), le 10 juill. 2009.

La plus longue submersion

En 1986, Michelle Funk de Salt Lake City (Utah, USA), alors âgée de 2 ans, a passé 66 min sous l'eau après une chute dans une rivière en crue. Elle s'est remise et n'a pas eu de séquelles.

La plus grande force *g* encaissée (involontairement)

Le 12 oct. 2003, Kenny Bräck (SWE), pilote du circuit IndyCar, a eu le fémur droit, le sternum, une vertèbre lombaire et les chevilles fracturés lors d'un accident au 188e tour de la Chevy 500, sur le Texas Motor Speedway (USA). Après avoir heurté la roue d'un autre véhicule, sa Dallara-Honda a été catapultée dans les airs pour finir dans une grille de sécurité. "L'enregistreur de la violence du choc" a indiqué que la collision à 354 km/h avait causé une décélération de 214 *g* durant une fraction de seconde.

Le 7 févr. 1984, Bruce McCandless (USA) est le 1er astronaute à effectuer une sortie extra-véhiculaire sans être attaché.

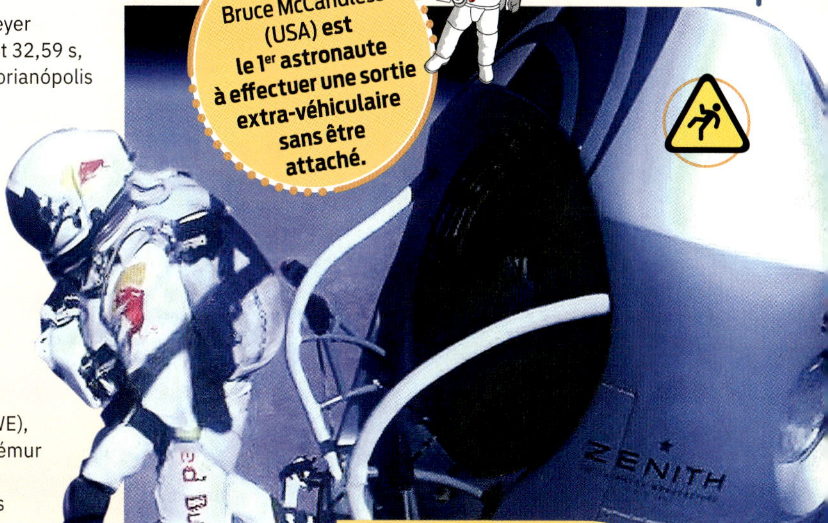

L'homme à la plus haute altitude en chute libre

Nous ne pouvons supporter une altitude extrême sans combinaison ni bouteille d'oxygène. Felix Baumgartner (AUT) est l'homme qui a atteint la plus haute altitude (39 068,5 m) sans être relié à un véhicule, le 14 oct. 2012, en sautant d'un ballon au-dessus du Nouveau-Mexique (USA). En chutant, il s'est mis à tourner très vite sur lui-même. Resté conscient, il a su rétablir son équilibre. Il a aussi atteint la vitesse maximale de 1 357,6 km/h (Mach 1,25), devenant **la 1re personne en chute libre à franchir le mur du son.**

La plus grande force *g* encaissée (volontairement)

La "force *g*" ou "l'équivalent de la force de gravité" est une unité mesurant l'accélération ou la décélération. Pour étudier les effets de cette force sur le corps, l'US Air Force a soumis Eli Beeding Jr à une décélération de 82,6 *g* pendant 0,04 s alors que ce dernier reculait sur un traîneau de fusée de la base Holloman au Nouveau-Mexique (USA), le 16 mai 1958.

Barbes

La plus longue barbe de tous les temps
Quand il est mort en 1927, à Kensett (Iowa, USA), Hans N. Langseth (NOR) avait une barbe de 5,33 m. Les barbes naturelles excèdent rarement 1 à 2 m de long. Il roulait la sienne à la façon de dreadlocks et avait demandé qu'on la coupe et la conserve pour la postérité après sa mort. Son fils a donc fait don de sa barbe gigantesque à la Smithsonian Institution de Washington, DC (ci-dessous, à partir de 1967).

Le poids le plus lourd soulevé avec une barbe
Antanas Kontrimas (LTU) a soulevé avec sa barbe 63,8 kg – en l'occurrence la présentatrice Gupse Özay –, sur le plateau de *Rekorlar Dünyası* à Istanbul (TUR), le 26 juin 2013. C'était la 10e fois qu'il améliorait le record qu'il avait établi en 2000 lorsqu'il avait soulevé une personne de 55,7 kg.

La plus longue barbe (femmes)
En 1884, Madame Devere (alias Mary Ann ou Jane Devere, USA) avait une barbe de 36 cm. Cette femme se produisait dans de nombreux cirques où elle était souvent présentée comme "le Prodige du Kentucky".

Actuellement, Vivian Wheeler (USA) est **la femme qui possède la plus longue barbe**, soit 25,5 cm du follicule à la pointe du poil le plus long, comme cela a été confirmé à Milan (ITA), le 8 avr. 2011.

La femme la plus jeune avec une barbe
Née le 29 nov. 1990, Harnaam Kaur (GBR) avait 24 ans et 282 jours le 7 sept. 2015, à Slough (GBR), quand il a été confirmé qu'elle était barbue. À l'âge de 12 ans, on lui a diagnostiqué un syndrome des ovaires polykystiques, qui entraîne une hausse de la production d'androgènes ("hormones mâles").

Le train le plus lourd tiré avec une barbe
Ismael Rivas Falcon (ESP) a parcouru 10 m en tirant une locomotive de 2 753,1 kg – plus lourde que 2 Mini – avec sa barbe. Cet exploit a eu lieu à Madrid (ESP), le 15 nov. 2001.

La moustache la plus longue ?
Quand elle a été mesurée en 2010, la moustache de Ram Singh Chauhan (IND) mesurait plus de 2 m. Modeste en 1970 quand il l'a laissée pousser, elle traîne maintenant au sol. Comme la barbe de Hans Langseth (ci-dessus), elle est roulée à la façon de dreadlocks. Mises bout à bout, les deux parties mesurent 4,29 m. Pour Chauhan, il s'agit d'une moustache. Toutefois pour participer à un concours, il faut avoir une moustache qui parte de la lèvre supérieure alors que, dans son cas, elle pend des joues.

Le véhicule routier le plus lourd tiré à l'aide d'une barbe est une voiture de 2 205 kg. Kapil Gehlot (IND) l'a traînée sur 40 m, à Jodhpur (Rajasthan, IND), le 21 juin 2012, en battant le record d'Antanas Kontrimas (LTU, ci-dessus). Gehlot a réalisé d'autres exploits de ce genre. Il a notamment tiré des voitures avec sa barbe alors qu'il portait des patins à roulettes.

Le plus grand rassemblement de barbes en queue de singe
Ce style de barbe asymétrique s'étale sur une joue, l'autre étant rasée, et rappelle par sa forme en spirale la queue d'un singe. Le 17 mai 2013, Tom Shadmi (ISR) a réuni 244 participants portant une barbe en queue de singe, à Tel-Aviv (ISR).

Le plus grand rassemblement de moustachus
Le 26 nov. 2010, 1 131 moustachus se sont rassemblés à l'Xcel Energy Center de St Paul (Minnesota, USA). L'événement était organisé par KARE 11 TV dans le cadre de "Movember", un projet annuel visant à collecter des fonds en faveur de la lutte contre le cancer de la prostate.

Le plus grand rassemblement de personne, portant une fausse moustache a réuni 6 471 personnes. Organisé par l'University of Colorado Health et les Denver Broncos (tous 2 USA), il s'est tenu au Sports Authority Field de Mile High à Denver (Colorado, USA), le 29 nov. 2015.

La plus longue chaîne de fausses barbes
Le 3 juill. 2015, Sharon Rose McKeever (IRL) a lié entre elles 508 fausses barbes, à Baltimore (IRL). pour former une chaîne de 197,38 m. Elle les a elle-même nouées à la main pendant 5 jours.

Le plus grand concours de barbus et de moustachus
Le 1er sept. 2017, 738 pogonophiles ont participé au championnat du monde de la barbe et de la moustache (WBMC en anglais), organisé par l'Austin Facial Hair Club du Texas (USA). Inauguré en 1990, le concours distingue 25 catégories de barbes et moustaches, comme "Dali", "Mousquetaires" et "Fu Manchu".

Karl-Heinz Hille (DEU) a remporté **le plus de victoires** (8). La dernière fois, c'était en 2011. Au cours de ses 12 années de participation, il a concouru dans la catégorie "Barbe partielle impériale" qui exige d'arborer d'épais et magnifiques favoris.

La barbe la plus longue
La barbe de Sarwan Singh (CAN) aurait une longueur de 2,49 m. Le record a été confirmé à Surrey (Colombie-Britannique, CAN), le 8 sept. 2011. Sikh très pieux, Singh a fait le vœu de respecter les "Cinq K", dont le "Kesh", c'est-à-dire l'interdiction de se couper les cheveux.

Le championnat du monde de la barbe
En 2020, Craig Glenday, rédacteur en chef du *Guinness World Records*, a été invité à faire partie du jury du championnat annuel de la barbe et de la moustache. En raison de la COVID-19, l'événement a eu lieu en ligne. 180 concurrents des États-Unis ont pu exhiber leurs incroyables attributs pileux dans l'une des 20 catégories.

Drew McNaughton (ci-dessus) a remporté la compétition. Il arborait une barbe "Garibaldi", c'est-à-dire "une barbe fournie et arrondie ne mesurant pas plus de 20,3 cm depuis la lèvre inférieure et pouvant être embellie par des soins, même s'il est préférable qu'elle semble la plus naturelle possible".

La compétition, dont les recettes ont été reversées à l'œuvre de bienfaisance Direct Relief, était diffusée en streaming sur Twitch le 19 déc. 2020. "C'était un honneur de faire partie de cette formidable communauté", a dit Craig, qui malgré les 10 mois de confinement n'avait pas de barbe décente pour l'occasion !

Le poil de barbe le plus épais
L'épaisseur d'un poil dépend de la génétique et de la teinte des cheveux et varie entre 17 et 181 µm (micromètres ou microns). Cependant, en 2013, un poil prélevé dans la barbe de Micah Dyer avait une épaisseur de 477,52 µm, un record sans précédent.

Le plus de barbes taillées en 1 h avec une tondeuse
En travaillant dans le sens contraire des aiguilles d'une montre, Dan Gregory (GBR) a taillé 9 barbes à l'Allianz Arena de Munich (DEU), le 21 sept. 2019, dans le cadre de sa collaboration avec le fabricant Braun (DEU).

Le plus de cure-dents dans une barbe (en 1 min)
Dean Carter (GBR) a fait tenir 33 cure-dents dans sa barbe en 60 s, dans le cadre d'un spectacle qui s'est tenu à l'Haven Devon Cliffs Holiday Park d'Exmouth (GBR), le 11 mai 2017. (Voir aussi ci-contre.)

Le plus de pinces à linge dans une barbe
Pour certains, seules les décorations comptent. Joel Strasser (USA) a fait tenir 359 pinces à linge dans sa barbe, le 17 nov. 2020, à Yelm (USA). Il détient aussi le record avec des **crayons** (450, encart), des **perles à barbe** (542), des **fourchettes** (121), des **tees de golf** (607), des **baguettes** (520) et des **cure-dents** (3 500) !

La plus longue chaîne de barbes
Le 2 déc. 2007, 20 membres de l'Association allemande des clubs de barbus ont noué leurs barbes entre elles pour créer une chaîne de 19,05 m de long, soit 2 fois la longueur d'un bus à impériale londonien.

La famille la plus poilue
Victor "Larry" Gomez, Gabriel "Danny" Ramos Gomez, Luisa Lilia De Lira Aceves et Jesus Manuel Fajardo Aceves (tous MEX) sont 4 membres d'une famille de 19 personnes, qui compte 5 générations, souffrant d'une maladie rare : l'hypertrichose congénitale généralisée caractérisée par une pilosité excessive sur le visage et le torse. Les femmes sont couvertes de poils fins ou moyens, et les hommes de la famille ont des poils épais sur près de 98 % du corps, hormis la paume des mains et la plante des pieds. Grâce à cette famille, les scientifiques ont pu analyser le gène responsable de cette pathologie qui serait liée essentiellement au chromosome X.

Geil se rase régulièrement depuis l'adolescence. À 39 ans, elle a mis de côté rasoirs et traitements et s'est laissé pousser la barbe.

La 1re femme dans la catégorie "vraie barbe" au championnat du monde
Le port d'une fausse barbe dans la catégorie "créative/réaliste" permet aux personnes glabres, dont les femmes, de participer au WBMC. En 2017, cependant, Rose Geil (USA) a été la 1re à concourir dans la catégorie "vraie barbe". Elle a fini 6e sur 107. On ne connaît pas encore la raison de cette pilosité excessive.

En revue

L'acteur le plus grand

L'ancien basketteur Paul "Tiny" Sturgess (GBR) était le plus grand joueur des Harlem Globetrotters. Il mesurait 2,318 m en 2011. Devenu acteur, il a joué dans *Les Animaux fantastiques : les Crimes de Grindelwald* (GBR/USA, 2018) et la célèbre série télévisée de science-fiction de la BBC *Doctor Who*.

Le 1er cas prouvé de bibliopégie anthropodermique

Près de 50 livres auraient été reliés avec de la peau humaine. Cependant, les tests en vue de déterminer l'origine exacte de ces reliures n'ont débuté que récemment. La 1re confirmation scientifique d'un cas de bibliopégie anthropodermique ("reliure en peau humaine") date de 2014, lorsque l'équipe du chimiste Daniel P. Kirby a analysé la reliure du roman *Des destinées de l'âme* d'Arsène Houssaye datant de 1880. Le livre est conservé dans la bibliothèque Houghton de l'université de Harvard (USA).

L'arrêt cardiaque le plus long

En 2017, le cœur d'un alpiniste de 31 ans, appelé "Roberto", a cessé de battre pendant 8 h et 42 min. L'homme a bénéficié d'une assistance médicale après avoir perdu connaissance quand il escaladait la Marmolada dans les Dolomites, le 26 août 2021. À 19 h 48, les médecins présents ont noté qu'il n'avait plus de pouls. Les efforts pour le ranimer ont continué durant son transfert à l'hôpital, où son rythme cardiaque a été rétabli à 4 h 30 grâce aux soins prodigués.

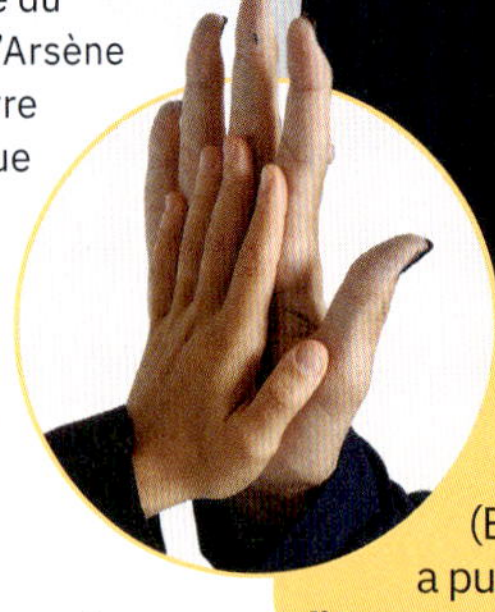

La fratrie Shehata

Le 27 avr. 2021, l'équipe du GWR a rencontré Mohamed et sa sœur Huda Shehata (EGY) dont la taille cumulée est de 4,144 m. Elle a pu vérifier que Mohamed était **l'homme ayant l'envergure de bras la plus grande** (250,3 cm). Huda détient, elle, **le record féminin** avec une envergure de 236,3 cm. Elle est aussi la femme qui a **l'empan** (27 cm) et **les pieds les plus grands** (voir page de droite).

La langue collée contre le nez le plus longtemps

Lukas Bikker (NLD) a fait preuve de ténacité en gardant le bout de sa langue contre son nez 14 min et 1 s, à Gouda (NLD), le 13 févr. 2020. Il voulait depuis longtemps battre ce record.

Nick Stoeberl (USA) a **la langue la plus longue** (10,1 cm) depuis la pointe jusqu'au milieu de sa lèvre supérieure fermée quand il la tire.

Le rêve de Pratik est de remporter le championnat de culturisme Mister World. "Je ne vis que pour le fitness", dit-il.

Force et stature

Pratik Mohite (IND), à gauche sur cette photographie de "gros bras", est avec son 1,02 m (il a été mesuré le 8 févr. 2021), **le bodybuilder professionnel le plus petit du monde**. Initié au culturisme à 18 ans, il a remporté une médaille dès son 1er concours. Depuis, il a participé à plus de 40 compétitions

Maria Wattel (NLD) est **la femme culturiste la plus grande du monde**. Mannequin et professeur de fitness, elle mesurait 1,827 m le 15 janv. 2021.

Olivier Richters (NLD) est **le culturiste professionnel le plus grand du monde**. Il mesurait 2,183 m le 27 avr. 2021. Sa stature impressionnante lui a valu plusieurs rôles dans de grosses productions hollywoodiennes.

Le trio gagnant est photographié ici avec Tom Hänseler, amateur de gymnastique, à des fins de comparaison.

ONGLES ET CHEVELURE : 2 RECORDS EN JEU !

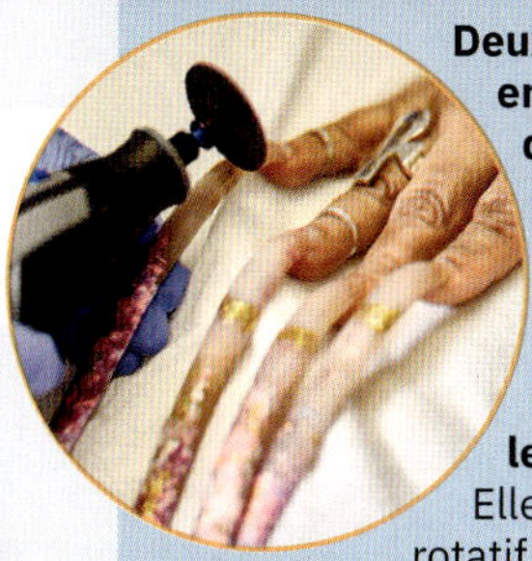

Deux records sont remis en jeu, car les personnes qui les détenaient ont choisi de se séparer de leurs fabuleux attributs.

En avr. 2021, Ayanna Williams (USA) a décidé de ne plus être **la femme aux ongles de main les plus longs** (733,55 cm). Elle les a fait couper avec un outil rotatif électrique (à gauche), à Fort Worth (Texas, USA). Elle ne regrettera pas leur entretien, notamment les séances de manucure qui duraient plusieurs jours. Il fallait en outre qu'elle fasse attention au moindre de ses gestes de peur de les abîmer ou de se blesser ! Elle pourra continuer de les admirer au musée Ripley's Believe It or Not! d'Orlando (Floride, USA), où ils sont exposés.

En avr. 2021, Nilanshi Patel (IND) a remis le titre de **l'adolescente à la plus longue chevelure du monde** en jeu. Ses cheveux, qu'elle ne coupait plus depuis 12 ans, mesuraient 200 cm et exigeaient un entretien important. Sa mère, Kaminiben (sur la photo ci-dessous), qui s'est fait couper les siens en même temps, l'aidait à les laver, les sécher et les peigner une fois par semaine. Coupés et noués à la façon d'un chapelet de saucisses, ils pesaient 266 g. L'ancienne "princesse Raiponce" arbore maintenant un joli carré.

Vous souhaitez battre l'un ces records ? Contactez-nous ! Découvrez la marche à suivre sur **guinnessworldrecords.com/2022** !

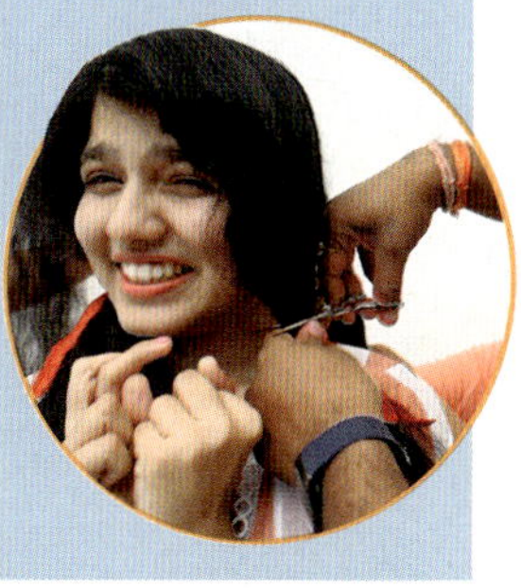

La note la plus basse (femmes)
Le 21 févr. 2021, la chanteuse Joy Chapman (CAN) a émis un do de 34,21 Hz, à Surrey (CAN), c'est-à-dire 5 fois plus grave que la note la plus grave d'un clavier en comptant 88.

La mère porteuse la plus prolifique
En oct. 2019, Carole Horlock (GBR) avait eu 13 bébés – dont des jumeaux et des triplés – pour le compte de 8 familles différentes. Elle a, elle-même, 2 filles adultes. "Cela ne me gêne pas que les enfants soient élevés par quelqu'un d'autre. Ce n'est pas la biologie qui importe, mais l'éducation", assure-t-elle

Le plus de membres d'une famille nés le même jour
Le 1er août est un jour important pour la famille Mangi de Larkana (PAK). Ses 9 membres – le père Ameer Ali, la mère Khudija et leurs 7 enfants – fêtent leur anniversaire ce jour-là.

Le plus de frère et sœurs à avoir 90 ans
Dix frères et sœurs de la famille Clarke de Loughrea (IRL) ont 90 ans, voire plus. Mary, John, Joe, Charles, Patrick, James, Hubert, Sarah, Margaret et Sheila sont bien les enfants de Charles et Margaret, comme cela a été confirmé le 12 avr. 2021.

Les pieds les plus grands (femmes)
Le pied droit de Huda Shehata mesure 33,1 cm de long et son pied gauche 33,06 cm. Ils ont été mesurés au Caire (EGY), le 27 avr. 2021. Elle chausse donc du 53, une pointure d'homme. (Voir aussi ci-contre.)

Le plus de sauts de tresse en 30 s
Laetitia Ky (CIV) a sauté à la corde 60 fois avec sa tresse en guise de corde, à Abidjan (CIV), le 2 mars 2021. À cette fin, l'artiste, connue pour ses sculptures faites avec ses cheveux, avait ajouté des extensions à ses tresses et les avait reliées.

L'adolescente aux plus grands pieds
Née le 6 janv. 2005, Morgan Parsley (CAN) avait des pieds de 30,9 cm de long quand ils ont été mesurés à Calgary (CAN), le 16 juill. 2020. Elle n'avait que 15 ans, mais mettait déjà des chaussures de basket pour hommes. Elle faisait en effet du 49-50 (pointure européenne).

Jeison Orlando Rodriguez Hernández (VEN) **a les pieds les plus grands**. Ils mesurent en moyenne 40,51 cm.

Sultan Kösen

CARTE D'IDENTITÉ
Nom : Sultan Kösen
Date de naissance : 10 déc. 1982
Lieu de naissance : Mardin, sud-est de la Turquie
Taille : 251 cm*
Poids : 150 kg
Largeur de la main : 30,48 cm*
Pied : 36,5 cm, pied gauche
**Record du monde*

Il voit de haut les autres humains : Sultan Kösen, originaire de Turquie, mesure 251 cm, un géant parmi les hommes – littéralement !

La catégorie des **personnes les plus grandes du monde** fait partie des grands classiques du *Guinness World Records* – il s'agit sûrement même de la plus célèbre et de la plus emblématique –, mais elle ne change pas très souvent. Sultan détient le titre depuis 13 ans, après l'avoir hérité de Bao Xi Shun (CHN), qui atteignait 236,1 cm. Avec sa taille incroyable, Sultan est la 1re personne mesurée au XXIe siècle qui dépasse 8 pieds (243,8 cm). Elle lui assure ainsi une place dans un club très fermé (ci-dessous).

Guinness World Records a rencontré Sultan lorsqu'il avait 26 ans, le 11 févr. 2009. Il mesurait alors 246,5 cm. 2 ans plus tard, nos juges se sont aperçus qu'il avait grandi de 4,5 cm, preuve que la tumeur qui affecte sa glande pituitaire – l'organe régulant la production de l'hormone de croissance – était toujours présente. Heureusement, la nouvelle célébrité de Sultan a attiré l'attention des médecins du Centre médical de l'université de Virginie (USA), qui lui ont sauvé la vie en interrompant sa croissance par radiochirurgie stéréotaxique.

Depuis, Sultan fait le tour du monde et impressionne ses admirateurs par sa taille. Il est un ambassadeur incontournable des records et le champion de tous ceux qui savent ce que cela signifie d'être unique.

Merci, Sultan !

1

2

3

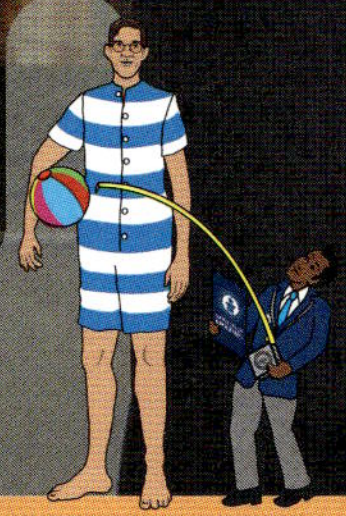

Plus d'informations sur Sultan dans la section Hall of Fame sur **www.guinnessworldrecords.com/2022**

1. Difficile de trouver des vêtements et des chaussures à sa taille… Sultan s'est lié d'amitié avec George Wessels (DEU), cordonnier spécialiste du sur-mesure pour les géants (en haut, à gauche).

2. Le basket est le sport tout désigné pour Sultan et il a même signé brièvement en tant que centre de l'équipe de Galatasaray (TUR) en 2002… mais il s'est révélé trop grand et trop lourd pour jouer !

3. Sultan possède également **les mains les plus grandes :** 28,5 cm du poignet à l'extrémité du majeur. Elles mesurent 30,48 cm de large.

4. Le jet-setter géant – qui tient à peine dans un taxi – apparaît ici lors de ses voyages entre Londres et New York.

Le club des huit pieds

#	Nom (illustration de droite à gauche)	Taille confirmée
1	Robert Wadlow (USA, 1918-1940)	272 cm
2	John William Rogan (USA, *v.* 1868-1905)	267 cm
3	John F. Carroll (USA, 1932-1969)	263,5 cm
4	Väinö Myllyrinne (FIN, 1909-1963)	251,4 cm
5	Sultan Kösen (TUR, 1982-)	251 cm
=6	Don Koehler (USA, 1925-1981)	248,9 cm
=6	Bernard Coyne (USA, 1897-1921)	248,9 cm
8	Zeng Jinglian (CHN, 1964-1982 ; **la plus grande femme**)	247 cm
=9	Brahim Takioullah (MAR, 1982-)	246,3 cm
=9	Patrick Cotter, aka O'Brien (IRL, 1760-1806)	246,3 cm
11	Morteza Mehrzadselakjani (IRN, 1987-)	246 cm
12	Constantin, aka Julius Koch (DEU, 1872-1902)	245,8 cm
13	Gabriel Estêvão Monjane (MOZ, 1944-1990)	245,7 cm
14	Sulaimān 'Ali Nashnush (LBY, 1943-1991)	245 cm

Sultan est atteint de gigantisme (croissance extrême des os depuis l'enfance) et d'acromégalie (croissance continue des tissus à l'âge adulte), 2 maladies provoquées par la surproduction de l'hormone de croissance. Il n'est pas le seul à dépasser 8 pieds (243,8 cm). Seules 14 personnes – 13 hommes et 1 femme – ont été homologuées par Guinness World Records pour avoir officiellement dépassé cette taille. Rencontrez les membres exclusifs d'un club très fermé, le club des huit pieds !

Sultan a 3 frères et 1 sœur, tous de taille moyenne. Sa croissance rapide a commencé à l'âge de 10 ans.

VISITE VIRTUELLE

Parc de Yellowstone

Lieu : Wyoming (96 %), Montana (3 %) et Idaho (1 %) (USA)

Création : 1872

Superficie : 8 992 km²

Employés : 386 (permanents)

Sites archéologiques : plus de 1 800

Visiteurs annuels : 3 806 305 (chiffres de 2020)

Le 1er mars 1872, le président Ulysses S. Grant (USA) crée un précédent dans l'histoire de la conservation en inaugurant un "parc public ou terrain de loisir pour le bénéfice et le plaisir de tous".

Le parc national de Yellowstone est **le plus ancien parc national du monde**. Il s'étend sur 8 992 km², plus de 3 fois la superficie du Luxembourg, et traverse 3 États. La Roosevelt Arch (encart à gauche), située à l'entrée nord du parc dans le Montana, porte une citation tirée de la loi ratifiée par Grant donnant naissance au parc.

Le parc repose sur un "supervolcan" dont l'activité sismique est continue, avec jusqu'à 3 000 tremblements de terre par an. On y trouve des milliers de geysers (voir ci-dessous) – des sources d'eau bouillante qui jaillissent de la surface lorsque la vapeur sous terre atteint 1 500 fois son volume habituel. Old Faithful, le geyser le plus connu de Yellowstone, entre encore en éruption près de 20 fois par jour. Le parc abrite par ailleurs une riche faune sauvage, notamment 67 espèces de mammifères et 285 espèces d'oiseaux.

Yellowstone fait aussi office de baromètre du changement climatique. L'augmentation annuelle de la température et la baisse des précipitations ont conduit à des feux de forêt en 1988. La sécheresse favorise l'invasion d'insectes qui abîment les forêts, et le réchauffement de l'eau est une menace pour les poissons. Seules des actions concertées permettront de réduire l'impact du réchauffement de la planète. Des projets de conservation sont menés pour que les générations futures puissent profiter de ce parc.

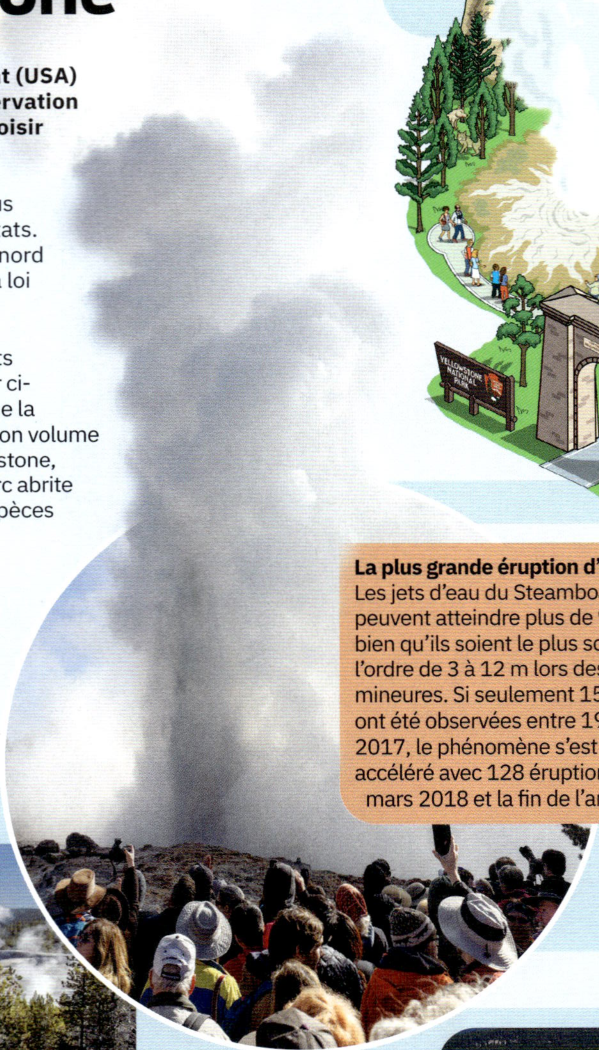

La plus grande éruption d'un geyser
Les jets d'eau du Steamboat Geyser peuvent atteindre plus de 90 m, bien qu'ils soient le plus souvent de l'ordre de 3 à 12 m lors des éruptions mineures. Si seulement 15 éruptions ont été observées entre 1985 et 2017, le phénomène s'est récemment accéléré avec 128 éruptions entre mars 2018 et la fin de l'année 2020.

Mammoth Hot Springs et Grand Prismatic
La source Mammoth Hot Springs se compose de terrasses calcaires (ci-dessus) qui se sont formées sur des milliers d'années. Les bandes de couleurs se composent de couches d'un minéral appelé travertin, blanc quand il est pur et gris quand il est érodé.
Au Grand Prismatic (ci-dessous), les bactéries friandes de chaleur offrent cette palette de couleurs autour de la vaste source chaude de 36 m de profondeur.

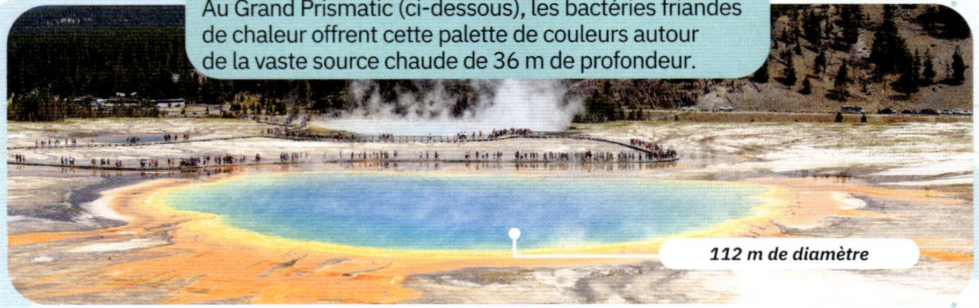

La plus forte concentration de geysers
Yellowstone compte plus de 10 000 sources hydrothermales – au moins la moitié de celles recensées dans le monde. Ce vaste écosystème intact renferme des milliers de sources chaudes, de mares de boue et de fumerolles. On y compte plus de 1 000 geysers – soit les ⅔ des geysers de la planète.

Le plus grand cratère d'explosion hydrothermale

Quand l'eau du sous-sol est soumise à de très fortes températures et pressions en raison de son interaction avec la chaleur volcanique, elle provoque des explosions hydrothermales. Dès que cette eau surchauffée se rapproche de la surface de la terre, une diminution soudaine de la pression entraîne une violente vaporisation de l'eau. C'est une série de ce type d'éruption qui a conduit à la formation du cratère Mary Bay, il y a près de 14 000 ans, à l'endroit du lac Yellowstone. Le souffle de l'explosion a creusé un bassin de 2 km de large.

Des outils et des armes en pierre découverts sur le site de Yellowstone indiquent la présence de l'Homme il y a près de 11 000 ans.

env. 1 600 km de sentiers

Forêts de conifères

Rivière Yellowstone

Yellowstone en chiffres
- Point culminant : Eagle Peak (3 462 m)
- Sommet le moins élevé : Reese Creek (1 610 m)
- Forêt : 80 %
- Prairies : 15 %
- Eau : 5 %

Des mammifères aux atouts exceptionnels

- **Le plus grand canidé** : Le loup gris (*Canis lupus*) peut atteindre 78 cm au garrot et 1,6 m de long.
- **L'animal terrestre le plus rapide sur une longue distance** : L'antilope d'Amérique (*Antilocapra americana*) a été observée en train de courir sans s'arrêter à 56 km/h sur 6,6 km.
- **Le plus grand cervidé** : L'élan (*Alces alces*) est le membre le plus puissant de la famille des cervidés. Si la sous-espèce la plus lourde est l'élan d'Alaska (*A. a. gigas*) qui peut peser jusqu'à 816 kg, Yellowstone abrite le plus petit cervidé d'Amérique du Nord (*A. a. shirasi*), dont les mâles adultes pèsent en moyenne 450 kg.

Le programme "Junior Ranger" du Yellowstone a pour but de sensibiliser les plus jeunes visiteurs du parc à la protection de la nature.

Jason souffre d'une maladie du motoneurone (MND), mais cela ne l'empêche pas de relever des défis. Il a fait l'ascension du mont Snowdon (1 085 m) (photo ci-dessus avec sa femme Liz) et est descendu à 33,5 m sous terre dans les Yorkshire Dales (encart à droite avec Liz et leurs enfants Lilly et Poppy). Ici, il décrit en tapant sur un appareil de communication sa conduite du véhicule de mobilité électrique le plus rapide (voir p. 93).

JASON LIVERSIDGE – VÉHICULE DE MOBILITÉ ÉLECTRIQUE LE PLUS RAPIDE (PROTOTYPE)

Comment votre MND vous affecte-t-elle ?
Depuis les 1ers symptômes en 2008, ma maladie s'est aggravée. Ma mobilité n'est plus que de 5 %, celle de mes jambes de 1 mm. Mes bras sont assez mobiles pour actionner un joystick ou une souris.

Qu'est-ce qui vous a donné envie de tenter ce record ?
J'ai réuni ma passion pour la vitesse et mon handicap et imaginé le fauteuil roulant le plus rapide… Les scooters de mobilité avec moteur à essence sont assez courants. J'ai fait des recherches et je n'ai pas trouvé de record de fauteuils roulants électriques.

Parlez-nous de votre véhicule.
Il a des roues de scooter Peugeot et des pneus hautement équilibrés prévus pour rouler à 160 km/h. La direction de l'essieu avant adaptée est à crémaillère, avec un moteur à couple élevé pour la faire tourner. La batterie lithium-ion est de 60 V et l'essieu arrière également sur mesure, avec un moteur à entraînement direct par chaîne.

Quelle a été l'étape la plus compliquée ?
La direction, de loin. S'il est facile de faire tourner les roues avec une manette, c'est très dangereux, car la direction est habituellement contrôlée par un volant ou un guidon. Elle doit vraiment être très précise et ne requiert qu'une intervention minimale du conducteur.

Qu'est-ce que cela signifie pour vous d'obtenir un titre du Guinness World Records ?
Je voulais réaliser ce record pour mes filles, puis le laisser derrière moi… Mais il m'a ouvert beaucoup de portes, j'ai pu sensibiliser le public et récolter des fonds pour l'Association de la maladie du motoneurone. Grâce aux efforts de quelques-uns, j'espère que beaucoup découvriront cette maladie dévastatrice. Et même si elle limite notre espérance de vie, il ne faut pas pour autant arrêter de vivre.

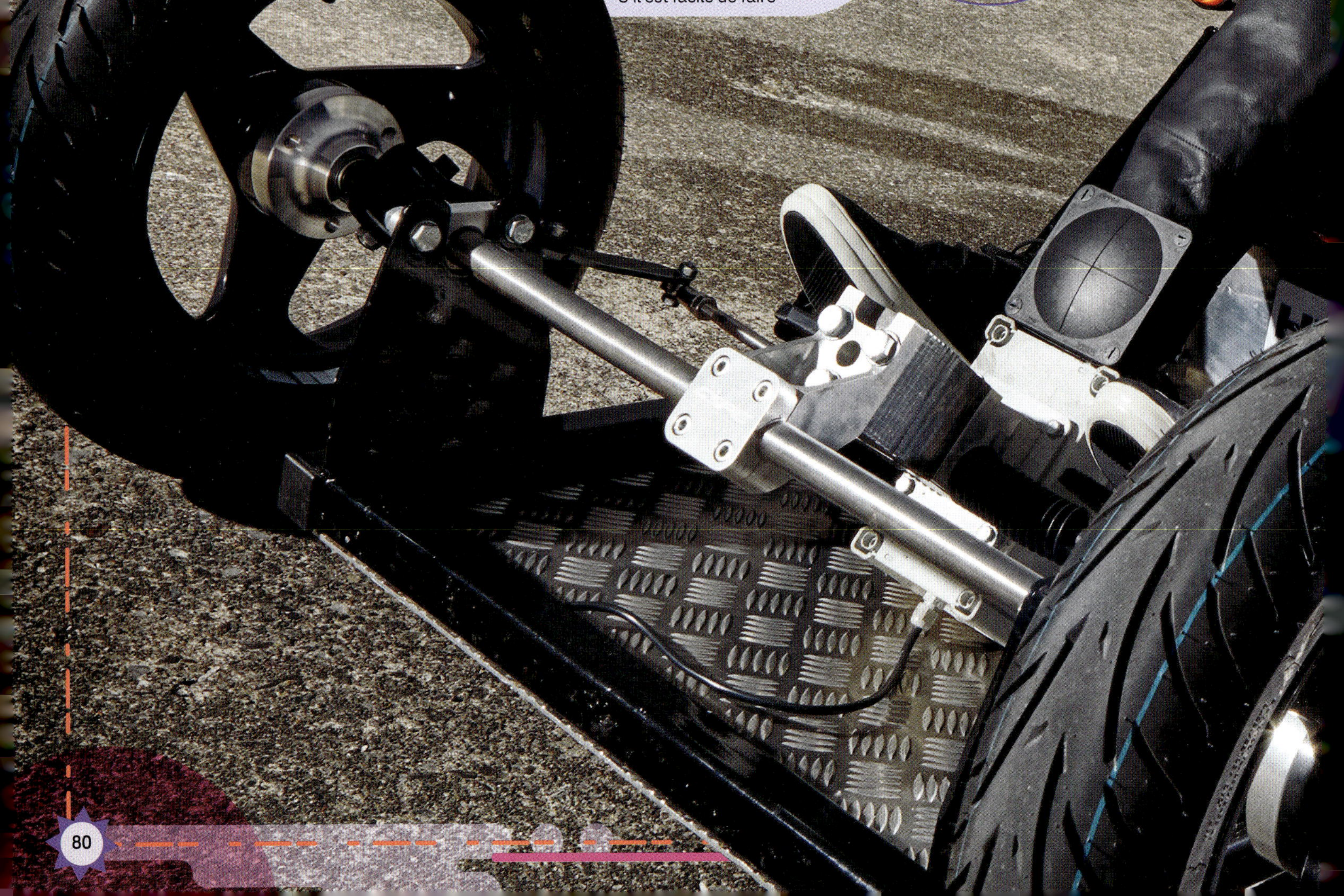

SOMMAIRE

Jason a aussi descendu le Humber Bridge en rappel et fait le tour du circuit de Silverstone dans une voiture de type Formule 1 !

Football freestylers

1

3

Ash détient 2 autres records avec 33 volées et 42 passes attrapées par le cou en 1 min, les 2 avec Stephen Gray (GBR).

4

2

5

1. Le plus de *hotsteppers* en 1 min
Areej Al Hammadi (ARE) a réalisé 86 *hotsteppers* en 60 s, à Dubaï (ARE), le 10 juill. 2020. Le *hotstepper* consiste à faire rebondir le ballon avec la plante d'un pied de manière à ce qu'il touche le sol et rebondisse sur l'autre pied. Le *hotstepper* est terminé lorsque le ballon a touché la plante des 2 pieds.

2. La plus jeune compétitrice dans un championnat du monde de football freestyle
Alicia Bettahar-Sartori (FRA, née le 6 juill. 2007) n'avait que 12 ans et 45 jours lorsqu'elle s'est présentée au Super Ball de Prague (CZE), le 20 août 2019. La même année, Alicia a atteint les demi-finales des championnats de France.

3. Le plus de *stepovers* arrière en 1 min
Ash Randall (GBR) a réalisé 99 *stepovers* arrière au Cardiff University Sports Training Village de Cardiff (GBR), le 31 oct. 2013. Le ballon roule vers le participant, qui doit l'enjamber en alternant les jambes, sans jamais le toucher.

4. Le plus de sauts à la corde tout en jonglant de la tête avec un ballon en 1 min
Kwok-Fai Law (CHN) a sauté 138 fois à la corde tout en jonglant de la tête avec un ballon à Hong Kong (CHN), le 2 mai 2020. Law est un freestyler depuis plus de 10 ans.

5. Le plus de rotations en position assise en 1 min
Le 18 mars 2018, le lycéen Kouta Mochizuki (JPN) a réalisé 134 rotations en 60 s en position assise, à Fuji (Shizuoka, JPN). Il s'agit d'envoyer le ballon en l'air et, alors qu'il est en l'air, de faire tourner une fois l'autre pied autour du ballon, qui revient ensuite sur le pied qui l'a envoyé.

6. Le plus de "blocages genoux" en 30 s
Ben Nuttall (GBR) a frappé un ballon avec son pied et l'a rattrapé entre ses genoux 31 fois, à Birmingham (West Midlands, GBR), le 20 juin 2020. Ben a ainsi amélioré le précédent record d'Ash Randall de 8.

7. La plus longue distance en jonglant avec un ballon de foot sur de la glace en 1 h
Le 6 mars 2020, John Farnworth (GBR) a jonglé avec un ballon sur 4,75 km en 60 min, sur le lac Baïkal gelé (RUS), par une température de – 20 °C. Son exploit a permis de récolter des dons pour la Cancer Research GBR.

Le 12 mars 2019, John a gagné le désert du Sahara au Maroc et parcouru ▶ **la plus longue distance en jonglant avec un ballon en 1 h** – 5,82 km, exploit accompli par une température de 40 °C.

8. Le plus de *clippers* réalisés en 1 min
Le 20 sept. 2018, Marcel Gurk (DEU) a réalisé 60 *clippers* en 60 s, à Palmar (MUS). Un pied passe derrière la jambe d'appui ; le ballon est ensuite contrôlé avec l'intérieur (ou cou-de-pied) de ce pied pour le relancer en l'air.

Le record femmes est de 33 et a été réalisé par Laura Biondo (VEN), à San Francisco (Californie, USA), le 19 janv. 2017. Voir ci-dessous pour en savoir plus sur les exploits de Laura.

▶ **9. Le plus de "tours du monde" en 1 min (femmes)**
Le 30 oct. 2017, la championne de freestyle et 11 fois détentrice du titre GWR, Laura Biondo, a fait tourner 63 fois son pied autour du ballon qu'elle contrôlait à Miami (Floride, USA). L'ancienne artiste du Cirque du Soleil détient également les records féminins de 1 min du **plus de jongles avec le tibia** (105), **avec la tête** (206) et, le 19 juin 2020, **avec les pieds sur un tapis de course** (170, encart).

6

8

7

WFFA
WORLD FREESTYLE FOOTBALL ASSOCIATION

La World Freestyle Football Association (WFFA) est la fédération de ce sport en plein essor. Présente dans 114 pays, elle encourage les participants de tous âges à adopter un mode de vie sain et actif.

La Freestyle Football Federation, ou F3, a été créée en 2011 et le système de classement mondial introduit 2 ans plus tard. En 2017, elle est devenue la WFFA, installée à Mississauga (Ontario, CAN). Les événements en direct (en ligne et hors ligne) sont surtout des "batailles" un-contre-un au niveau national, continental et mondial. Les vainqueurs des qualifications nationales obtiennent chaque année une place dans les championnats du monde. En plus d'organiser des concours, la WFFA élabore des règles et des réglementations.

Aujourd'hui, les football freestylers sont env. 10 000 dans le monde. Les compétitions de la WFFA leur permettent de laisser libre cours à leur créativité et de repousser leurs limites. L'organisation aide également des individus à acquérir un statut professionnel. Le freestyle permet aussi d'améliorer son équilibre, sa coordination et sa confiance en soi.

Les champions du monde de la WFFA

Quels sont les noms à surveiller ? Le n° 1 mondial est Erlend Fagerli (NOR, photo), le 1er à avoir réalisé le "saint triplé" du football freestyle – remportant en 1 an les championnats nationaux, continentaux et mondiaux. Il est suivi de près par Felipe Poblete (CHL), champion latino-américain de football freestyle en 2019. Ibuki Yoshida (JPN), n° 3, est réputé pour être un "technicien de l'air" – une des disciplines les plus exigeantes du freestyle.

Cela vous inspire ?

Pour en savoir plus, rendez-vous sur **thewffa.org**

WFFA...		
Le mieux classé*	Erlend Fagerli (NOR)	n° 1 mondial
Le plus de titres remportés	Erlend Fagerli (NOR)	11
Le plus de titres remportés (femmes)	Melody Donchet (FRA)	5
Le compétiteur le plus âgé	Vincent Grady (USA, né le 14 mai 1976)	43 ans et 98 jours
La compétitrice la plus âgée	Minna Marlo (FIN, née le 23 avr. 1981)	39 ans et 25 jours
Le plus jeune compétiteur	Fuuma Seino (JPN, né le 23 nov. 2011)	9 ans et 59 jours
La plus jeune compétitrice	Alicia Bettahar-Sartori (FRA, née le 6 juill. 2007)	12 ans et 45 jours (voir #2, ci-contre)
Le 1er événement	World Tour, Kuala Lumpur (MAY)	18 sept. 2011
Le plus grand événement	Super Ball 2019, Prague (CZE)	434 participants (ci-dessous)

**Il n'y a actuellement pas assez de joueuses au niveau national pour que l'on puisse établir des classements féminins.*

9

Super Ball 2019 à Prague, République tchèque

Force et forme

Le plus de victoires à la course de l'Empire State Building
Tous les ans, les athlètes gravissent les 1 576 marches jusqu'au 86e étage de l'emblématique gratte-ciel new-yorkais – soit 320 m. Suzy Walsham (AUS) a remporté 10 fois l'épreuve féminine, de 2007 à 2009 et de 2013 à 2019. Auparavant, elle a représenté l'Australie aux jeux du Commonwealth de 2006 sur 800 m et 1 500 m.

Le record hommes est de 7, par Thomas Dold (DEU), de 2006 à 2012.

Le temps le plus rapide est de 9 min et 33 s, par Paul Crake (AUS) en 2003. Andrea Mayr (AUT) détient **le record féminin** (11 min et 23 s) depuis 2006.

Le plus de montées d'escalier en 1 h
Le 18 nov. 2020, Ryoji Watanabe (JPN) a effectué des ascensions répétées de l'escalier de la Tokyo Skytree – **la plus haute tour** du monde, avec ses 634 m –, soit une ascension totale de 1425 m.

Le 2 000 m le plus rapide sur le rameur Concept2 (femmes)
Brooke Mooney (USA) a ramé 2 000 m en 6 min et 21,1 s sur un rameur d'intérieur le 24 mars 2021. Elle a ainsi battu le record femmes pendant les essais de l'équipe nationale américaine d'aviron.

Le plus lourd traîneau tiré
Le pasteur luthérien Kevin Fast (CAN) a enfilé un costume de Père Noël pour tirer un camion à plateau et un traîneau chargés de cadeaux – soit un poids total de 16,5 t – sur 5 m, dans sa ville natale de Cobourg (Ontario, CAN), le 23 nov. 2020.

Le plus lourd soulevé de terre sumo en 1 min (femmes)
Le 1er oct. 2020, Linh Nguyen (USA) a réalisé 49 répétitions à Aurora (Colorado, USA), soulevant un total de 4 t. Pour le soulevé sumo, l'haltérophile place les mains à l'intérieur de ses jambes quand il saisit la barre.

La plus grande distance parcourue sur des barres de singe en 1 min
Le 8 janv. 2021, Olivia Vivian (AUS) s'est balancée sur des barres de singe sur 54,50 m en 60 s, à Perth (AUS). Elle a représenté l'Australie aux jeux Olympiques de 2008 avant de devenir célèbre dans *Australian Ninja Warrior*. En 2019, elle a remporté l'or aux championnats du monde de Ninja à Moscou (RUS).

Le plus rapide à parcourir 20 m sur les mains
Le 15 févr. 2021, Zion Clark (USA) a parcouru 20 m sur les mains en 4,78 s, à Massillon (Ohio, USA), soit 15 km/h. Atteint d'un syndrome de régression caudale, maladie génétique rare, Zion est né sans jambes. Il a fait de la lutte pour la Kent State University et participe à des compétitions de callisthénie en fauteuil roulant.

Le plus long soulevé de Dinnie Stones
Les Dinnies sont 2 pierres à soulever d'un poids total de 332,49 kg, qui doivent leur nom à Donald Dinnie, légendaire athlète écossais. Mark Haydock (GBR) les a soulevées pendant 46,3 s, le 18 mai 2019, à Potarch (Aberdeenshire, GBR).

La posture de l'arbre du yoga la plus longue
La *vrikshasana* est une *asana* debout où un pied est maintenu contre l'intérieur de la cuisse de l'autre jambe. Le 25 janv. 2020, Bulut Quinlan Calis (TUR) est resté en équilibre pendant 1 h, 14 min et 43 s, à St Charles (Illinois, USA). Le record était ainsi battu pour la 3e fois en 18 mois.

La posture du chien tête en bas la plus longue est de 1 h et 18 s, record établi par la professeure de yoga Kiki Flynn (USA), le 16 août 2020, à New York (USA).

Le plus de sauts arrière consécutifs (une main)
Le 27 mars 2021, Zama Mofokeng (ZAF) a enchaîné 36 sauts arrière à une main, à Thembisa (ZAF), augmentant ainsi son propre record de 2. Le même jour, il a aussi réussi **le plus de sauts arrière en alternant les mains** (31) et **avec les mains entremêlées** (36). Il pratique la gymnastique depuis l'âge de 10 ans.

La plus lourde locomotive tirée
Jordan Steffens (AUS) a tiré une locomotive de classe 520 et son tender de 184,97 t sur 5 m, le 30 janv. 2021, à Mount Barker, Australie-Méridionale. Le 6 mars 2021, Jordan et les stars du cirque André Augustus et Emily Gare (tous 2 AUS, encart) ont réalisé **le 20 m le plus rapide par une tour de 3 personnes** (16,23 s).

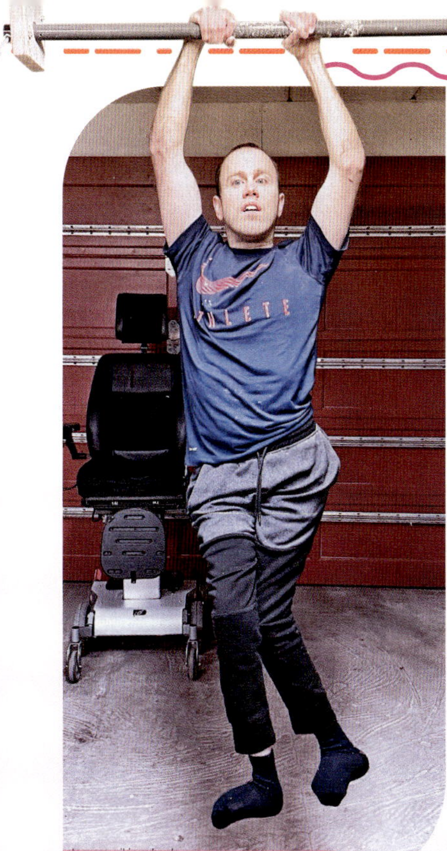

La suspension morte (sans bouger) la plus longue
Harald Riise (NOR) est resté en suspension pendant 16 min et 3 s, le 7 nov. 2020, à Bærum (Viken, NOR), battant le précédent record de plus de 2 min. Atteint de paralysie cérébrale, il est en fauteuil roulant et ne peut pas étendre complètement ses bras. Il s'entraîne 10 h par semaine en se fixant sur le haut du corps.

Pompes à main levée en 1 min (hommes)
Le 18 déc. 2020, George Kotsimpos (GRC) a exécuté 64 pompes en décollant les mains du sol entre les répétitions. George – qui a battu de 6 pompes le record à Héraklion (GRC) – a eu cette idée de record après avoir subi une grave blessure au bras en 2019.

Sauts en étoile en portant un sac de 36 kg en 1 min
Irfan Mehsood (PAK) a exécuté 36 sauts avec un sac à dos de 36 kg, à Dera Ismail Khan (PAK), le 14 déc. 2020. Il détient également le record avec **un sac de 27 kg** (27).

Le saut le plus lointain (balancement de barre à barre)
Le 10 nov. 2020, l'homme-araignée Najee Richardson (USA) s'est élancé d'une barre à une autre à 5,56 m – soit la longueur d'une piste de bowling –, à Hainesport (New Jersey, USA). L'ex-gymnaste a participé à l'émission *American Ninja Warrior* de NBC, où ses talents de voltigeur lui ont valu le surnom de "The Philly Phoenix".

Le plus de burpees avec saut périlleux arrière en 30 s (femmes)
Le 8 mars 2021, Beth Lodge (GBR) a réalisé 5 burpees avec flip arrière, à Berinsfield (Oxfordshire, GBR). Elle a aussi réussi le même jour **le 100 m le plus rapide en roulades avant** (42,64 s). La scientifique Beth est la 1re femme à atteindre la phase éliminatoire de l'émission *Ninja Warrior UK* sur ITV.

Chin-ups en 24 h
Idai Makaya (GBR) a exécuté 5 340 tractions les 25-26 sept. 2020, à Milton Keynes (Buckinghamshire, GBR). Sa tentative s'inscrivait dans le cadre d'un projet de fondation caritative en mémoire de son frère Garai.

Pull-ups en 24 h
Les 26-27 oct. 2019, Brandon Tucker (USA) a exécuté 7 715 pull-ups en 24 h, à Columbus (Géorgie, USA).

Squats en 24 h
Joe Reverdes (USA), 53 ans, a effectué 25 000 squats en 24 h les 4 et 5 sept. 2020, soit plus de 17 par minute. Sa tentative de record s'est déroulée à Johnston (Rhode Island, USA).

Le plus de...
Jumping jacks en 30 s
Harley Billingham (GBR), 16 ans, a effectué 72 jumping jacks en 30 s, le 18 oct. 2020, à Ascot (Berkshire, GBR).

Pompes archer en 1 min
Le 11 mars 2020, Mohammad Feido (SYR) a exécuté 93 pompes archer – où le corps descend alternativement vers chaque main, les coudes fléchissant jusqu'à atteindre un angle de 90° – en 60 s, à Lattaquié (SYR).

Burpees sur des patins à roulettes en 1 min
Le 17 mars 2021, la patineuse professionnelle Tinuke Oyediran (GBR, née NGA) a réalisé 33 burpees sur patins en 60 s, à Londres (GBR). C'était son 3e titre GWR, après 2 remportés au GWR Day (voir p. 10-11).

Burpees poitrine-sol en 1 h
L'entraîneur Nick Anapolsky (CAN) a réalisé 879 burpees poitrine-sol en 60 min, à Kitchener (Ontario, CAN), le 6 mars 2021.

Alison Brown (CAN) a établi **le record féminin** de 730, à Listowel (Ontario, CAN), le 12 juill. 2020.

Le log lift le plus lourd (femmes)
Le 4 juill. 2020, Andrea Thompson (GBR) a réalisé un log lift de 135 kg à Suffolk (GBR). Élue 4 fois femme la plus forte de Grande-Bretagne, elle a établi ce record lors d'un live YouTube dans le cadre de la série *Feats of Strength* du World's Ultimate Strongman. Elle a commencé par soulever 110 kg avant de pulvériser le record précédent de 129 kg.

Repérée dans une salle de gym, Andrea a été couronnée "Femme la plus forte de Grande-Bretagne" après 2 semaines d'entraînement.

Jeux d'esprit

Le plus jeune gagnant du concours américain d'orthographe Scripps
Le 26 mai 2016, Nihar Janga (USA, né le 18 nov. 2004), surnommé la "Machine", a gagné le concours à 11 ans et 190 jours, à égalité avec Jairam Hathwar, 13 ans (encart).
Ce concours est le **concours d'orthographe le plus ancien**. Il a lieu chaque année depuis 1925 sauf exception, comme en 2020, en raison de la pandémie. Du 28 au 30 mai 2019, durant la finale, 565 participants ont épelé 1 399 mots – **le plus de mots épelés en finale du concours Scripps**.

L'apparition des concours d'orthographe
L'idée d'organiser des concours d'orthographe serait née aux États-Unis. Les 1ers concours remonteraient au début du XIXe siècle, mais le terme anglais utilisé pour les désigner, *spelling bee*, serait apparu dans le numéro d'avr. 1850 d'un magazine littéraire américain, le *Knickerbocker*.

Le plus de mots épelés à l'envers en 1 min
Le 14 juill. 2020, Pam Onnen (USA) a épelé à l'envers sans erreur 56 mots aléatoires à Hastings (Minnesota, USA).

Le calcul mental le plus rapide avec Flash Anzan™
Un test mis au point par le professeur de boulier Yoji Miyamoto consiste pour des "mathlètes" à calculer très rapidement la somme d'une série de nombres à 3 chiffres projetés consécutivement sur un écran.
- **15 nombres** : 1,64 s, pour Hyuga Kinekawa (JPN), à Sakyō (Kyoto, JPN), le 8 août 2019.
- **30 nombres** : 3,33 s, pour Yuichiro Takakura (JPN), à Nagareyama (Chiba, JPN), le 20 sept. 2020.

Le score le plus élevé sur *Times Tables Rock Stars* en 1 min
Le 4 juin 2020, Nadub Gill (PAK) a résolu 196 divisions et multiplications en 60 s, à Long Eaton (Derbyshire, GBR). Ce garçon de 10 ans a donné en moyenne 3 bonnes réponses par seconde. Le 7 mars 2021, il a amélioré son score sur cette appli d'exercices de maths en résolvant 202 additions. « C'est comme un rêve ! », a déclaré Nadub après le 1er record.

LE PÈRE DU CUBE : ERNŐ RUBIK

Ernő Rubik (HUN) a inventé le cube qui porte son nom et sollicite l'imagination d'amateurs de casse-tête et de records depuis près de 50 ans.

Qu'est-ce qui vous a donné l'idée de concevoir le Rubik's Cube ?
En 1974, j'étais un jeune professeur adjoint de design à Budapest. J'enseignais la géométrie descriptive, en particulier les mouvements des objets 3D. Cela est assez abstrait, j'ai préféré en illustrer les concepts en utilisant de vrais objets.

Existait-il un algorithme de résolution du Cube quand vous l'avez conçu ?
Pas encore. Il m'a fallu près d'un mois pour trouver une solution au puzzle que j'avais créé – et je n'étais pas certain que cela était à la portée de l'intelligence humaine, encore moins de la mienne !

Quel est le casse-tête le plus complexe que vous ayez imaginé ?
Je ne pense pas que la complexité doit être un but. C'est son mélange de simplicité et de complexité qui fait la beauté du Cube. Il offre 43 trillions de combinaisons et 1 seul état "résolu". Cependant, aucune combinaison ne nécessite plus de 20 déplacements pour le résoudre.

Qu'est-ce qui a inspiré votre livre, *Cubed* ?
Pour être honnête, je déteste écrire ! Je ne savais pas comment transcrire mes expériences, ce qui me liait au Cube ou mon histoire. Cependant, je crois que "l'on apprend en pratiquant" et écrire un livre m'a ouvert des perspectives, et un moyen de comprendre l'impact du Cube sur le monde et sur ma vie. J'ai fini par concevoir l'écriture comme une sorte de casse-tête.

Cubed : The Puzzle of Us All *d'Ernő Rubik a été publié par W&N Hardback le 15 sept. 2020*

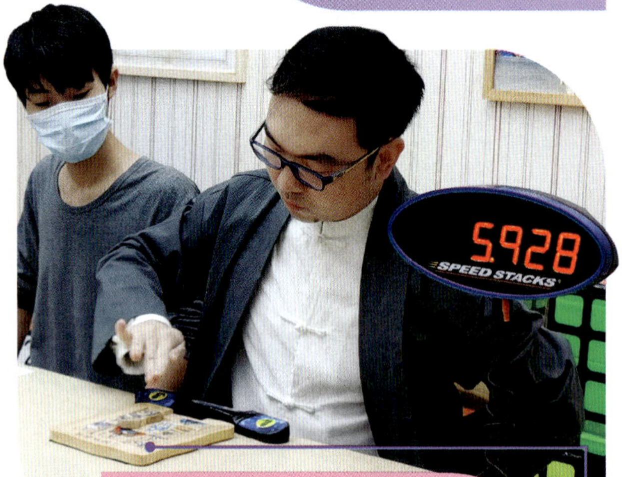

Le casse-tête de l'Âne rouge résolu le plus vite d'une main
Le 18 avr. 2020, Ye Jiaxi (CHN) a résolu l'Âne rouge, casse-tête à blocs coulissants, en 12,389 s, à Xiamen (Fujian, CHN). Ce concurrent habile détient aussi **le record de vitesse** absolu pour le résoudre – 6,798 s – et **le record de vitesse yeux bandés** – 8,647 s. Le jeu est parfois appelé *Klotski*, "bloc de bois" en polonais.

Ce casse-tête daterait du début du XXe siècle. L'objectif est de déplacer les blocs pour amener le plus gros à un emplacement spécifique.

Le plus de chiffres binaires mémorisés en 30 min
L'athlète de la mémoire Ryu Song I (KOR) a mémorisé 7 485 chiffres binaires aux championnats du monde de la mémoire à Wuhan (CHN). Elle a été championne toutes catégories en 2019. La voici ci-dessus à l'extrême gauche avec d'autres médaillés. Emma Alam (PAK) est, elle, en tête des championnats 2020 (18-20 déc.), organisés en ligne cette fois à cause de la Covid-19.

Conseil mondial des sports de mémoire (WMSC)
Depuis 1991, le WMSC supervise les championnats du monde de la mémoire. Les participants sont testés sur leur capacité à mémoriser diverses catégories d'informations en un temps limité.

Le plus d'énoncés mémorisés au rythme d'un par seconde	547	Ryu Song I (PRK) Année : 2019
Le plus de décimales mémorisées en 5 min	616	Wei Qinru (CHN) Année : 2019
Le plus de décimales mémorisées en 1 h	4620	Ryu Song I (PRK) Année : 2019
Le plus de cartes à jouer mémorisées en 30 min	1 100	Wei Qinru (CHN) Année : 2019
Le plus de cartes à jouer mémorisées en 1 h	2 530	Kim Surim (PRK) Année : 2019
Le plus rapide à mémoriser et restituer un jeu de cartes	13,96 s	Zou Lujian (CHN) Année : 2017
Le plus de dates passées/futures mémorisées en 5 min	241	Syeda Kisa Zehra (PAK) Année : 2020
Le plus de noms et visages mémorisés en 15 min	218	Emma Alam (PAK) Année : 2020
Le plus d'images abstraites mémorisées en 15 min	804	Hu Jiabao (CHN) Année : 2018
Le plus de mots aléatoires mémorisés dans l'ordre en 15 min	410	Emma Alam (PAK) Année : 2020

Le plus rapide à résoudre un cube d'une seule main
Il n'a fallu que 6,82 s à Max Park pour résoudre un cube 3x3x3 de la main gauche, le 12 oct. 2019. Il a battu ce record lors de l'événement Bay Area Speedcubin 20, à Fremont (Californie, USA). Il détient plusieurs records de ce type ; il a été diagnostiqué autiste très jeune et cette activité est pour lui thérapeutique.

Le score le plus élevé à un tournoi de Scrabble
Le 21 janv. 2012, Toh Weibin (SGP) a obtenu 850 points au championnat de Scrabble d'Irlande du Nord organisé à Belfast (GBR).

Le score le plus élevé au Scrabble est de 1 049 points obtenus par Phil Appleby (GBR) au cours d'un match à Wormley (GBR), le 25 juin 1989. Appleby ne bénéficiait pas des mêmes conditions que Weibin ; comme il n'était pas en compétition, son adversaire risquait moins de contester des mots.

Aux championnats nationaux d'Orlando (Floride, USA), le 26 juill. 2008, Jesse Inman (USA) a obtenu **le score d'ouverture le plus élevé à un tournoi de Scrabble** – soit 126 pour le mot "MuZJIKS" avec un blanc pour le U.

Les 1ers mots croisés
Le 21 déc. 1913, la section "Loisirs" du journal américain *The New York World* incluait une grille de mots croisés d'Arthur Wynne (GBR). La grille était en losange, dotée d'indices simples (non cryptés) et sans carrés noirs.

La 1re grille de mots croisés cryptés figurait dans une édition de 1925 de la *Saturday Westminster Gazette*. Son concepteur, Edward Powys Mathers (GBR), la crypta entièrement, alors que les grilles antérieures ne l'étaient que partiellement.

Le plus de victoires au championnat national de mots croisés du *Times*
Mark Goodliffe (GBR), qui conçoit aussi des grilles, a été couronné 12 fois roi des mots croisés du *Times* (1999, 2008-2017 et 2019).
Avec 10 victoires d'affilée, il détient **le plus de victoires consécutives**.

La mère de Noah lui a enseigné le hula-hoop et son père lui a appris à résoudre le Rubik's Cube.

Le plus de cubes résolus en faisant du hula-hoop
Noah Brauner (USA) a démontré ses aptitudes intellectuelles et physiques en résolvant 200 Rubik's Cube classiques tout en déplaçant un cerceau autour de ses hanches. Un algorithme informatique a été utilisé pour mélanger les cubes avant chaque tentative. Cette double prouesse a été accomplie par Noah à Newton (Massachusetts, USA), le 14 mars 2020.

Le 1er championnat du monde de Sudoku
Cet événement international annuel de la World Puzzle Federation a eu lieu pour la 1re fois du 10 au 12 mars 2006 à Lucques (ITA). Jana Tylová (CZE), seule femme du top 18, y a battu 85 joueurs de 22 pays différents.

La tour de Hanoï à 6 étages résolue la plus rapidement
Ce jeu de logique se compose de 3 tiges et 6 disques de tailles différentes, empilables. Les disques sont déplacés un à un et par ordre de taille. Le 8 janv. 2021, Xia Yan (CHN) a résolu ce jeu en 31,81s, à Xi'an (Shaanxi, CHN).

Le plus de victoires au tournoi américain de mots croisés
Dan Feyer (USA) a remporté 8 victoires à ce concours. Sa dernière victoire date du 24 mars 2019. Il a également obtenu **le plus de victoires consécutives** – 6 – entre 2010 et 2015. En 2019, il a battu 740 autres concurrents, alors que la participation n'avait jamais été aussi élevée.

Collections

La collection ayant le plus de valeur
En mars 2017, les entomologistes Charlie et Lois O'Brien (tous 2 USA) ont offert leur collection d'insectes – valant près de 10 millions $ – à l'université d'État de l'Arizona (USA). La collection compte 1,25 million d'artefacts valant de 5 à 300 $ pièce. L'encart montre quelques spécimens de charançons. Les O'Brien se sont rencontrés à la fin des années 1950 et ont commencé leur collection pendant leur lune de miel. Charlie est décédé en 2019. Ce record rend hommage au temps qu'ils ont consacré à leur collection.

Les objets liés aux dinosaures
Cesar Augusto Canales Cueva (PER) a réuni 1 226 pièces différentes dans l'entrepôt qu'il dédie aux dinosaures, à Arequipa (PER), un fait attesté le 11 mars 2020. L'ensemble se compose de magazines, jouets, cartes, livres, montres, affiches, jeux de société, squelettes à monter et porte-clés. Conformément aux règles GWR, tous les objets sont commercialisés.

Machines à laver
Le 5 août 2019, l'ingénieur Lee Maxwell (USA) possédait 1 350 machines à laver différentes, allant des engins en bois à manivelle aux élégants modèles blancs actuels. Il stocke sa collection dans 2 granges aménagées près de sa maison à Eaton (Colorado, USA).

Collection *Happy Days*
Comme constaté le 18 févr. 2018, à Codogno (ITA), Giuseppe Ganelli (ITA) possède 1 439 objets liés à cette série située dans les années 1950. Ses pièces favorites sont le flipper original utilisé dans le drive-in d'Arnold et une chemise portée dans un épisode par Ron Howard (l'interprète de Richie Cunningham).

Collection *SOS Fantômes*
Robert O'Connor (USA) possédait 1 221 objets liés au film *SOS Fantômes* le 20 juin 2020, à Elyria (Ohio, USA). Il s'est passionné pour cet univers après avoir vu *SOS Fantômes 2* (USA, 1989) au cinéma. Ses objets préférés sont la peluche Bibendum Chamallow (un cadeau de ses grands-parents) et un 33 tours de *SOS Fantômes 2* dédicacé par 2 acteurs du film, Dan Aykroyd et Ernie Hudson.

Collection *Cars*
Jorge Arias Garcia (MEX) possède 1 200 objets différents liés à la franchise *Cars* de Pixar, une collection examinée à Cuajimalpa de Morelos (Mexico, MEX), le 18 juill. 2019. Le 1er film de la série est sorti en 2006. En 1 an, Jorge avait réuni les 100 1ers objets de sa collection.

Objets liés aux chiens et aux chats
Mary Elias (SYR) possède 1 496 objets liés aux chiens, un chiffre vérifié à Dubaï (UAE) le 2 avr. 2019. Sa collection inclut divers jouets, mugs, kits, statues et serviettes.
La plus grande collection liée aux chats est celle de Carmen de Aldana (GTM) – avec 21 321 objets. Elle avait commencé par acquérir 3 chatons en céramique à 13 ans, en 1954. Elle est décédée en 2017.

Rouges à lèvres
Chelsea Jerabek (USA) possède 1 622 rouges à lèvres, une collection qu'elle a démarré à l'âge de 13 ans. Les tubes ont été comptés le 16 févr., à Lubbock (Texas, USA).

Collection de castors
Le 8 mars 2020, Lori Gongaware (USA) conservait chez elle, à North Chesterfield (Virginie, USA), 1 456 objets liés au castor. Elle les collectionne depuis 2006 ; au début, ce thème lui semblait original, puis elle s'est informée sur les castors et considère aujourd'hui qu'il s'agit de son animal totem. Vous en apprendrez plus sur ce rongeur p. 36.

Plus de 1 000 figurines Shopkins ont été créées depuis 2014. La plus rare est la reine des cupcakes (saison 1), sortie à 100 exemplaires.

Collection de Shopkins
Rhianna Connors (GBR) possède 2 271 de ces jouets échangeables, comptés le 24 sept. 2 019, à Swansea (West Glamorgan, GBR). Âgée de 11 ans, elle est la sœur de Lily (GBR, encart), qui a **la plus grande collection liée à *Doctor Who*** (6 641 pièces), et de Thomas, qui détient 2 records de 1 min de paniers marqués à l'envers au basket : celui de **lancers francs** (13) et celui de **tirs à mi-distance** (6).

Outils miniatures
German Lorenzo Juarez Calderon (MEX) collectionne des outils miniatures depuis 1974. Le 14 févr. 2020, il en possédait 2 512.

Flamants roses
Deborah Buscher Leck (USA) a réuni 2 595 objets liés à son oiseau rose préféré, un nombre vérifié le 8 nov. 2019.

LEGO® Minifigures
Konrad Pawlus (POL) - créateur de Minifigs. blog – était propriétaire de 5 544 minifigurines au 13 mars 2021.

Coccinelles
Nadiia Komarova (UKR) possédait 5 555 objets sur le thème de l'insecte, comme cela a été constaté le 21 nov. 2019, à Dnipro (UKR). Parmi eux figurent un aspirateur, un abri pour chat, et surtout un téléphone mobile qu'elle aime particulièrement.

Schtroumpfs
Selon un inventaire récent, Gerda Scheuers (USA) possède 11 455 schtroumpfs différents.

Étiquettes de vin et de champagne
Sophia Vaharis-Tsouvelekakis d'Athènes (GRE) collectionne les étiquettes de vin depuis un voyage au Portugal en 1986. Le 9 juill. 2019, elle en possédait 17 758.

Cartes de visite
Le 26 avr. 2020, les jumelles Sri Navya et Sri Harsha Nune, d'Ahmedabad (Gujarat, IND), avaient réuni 55 200 cartes de visite.

Collection *Lilo & Stitch*
Suzy Fisher (GBR) a réuni une collection de 1 907 objets liés à cette franchise Disney de science-fiction, un fait vérifié à Birmingham (GBR) le 11 nov. 2019. Elle adore ce film et son thème, l'Ohana ("famille" en hawaïen). Lorsqu'elle a vu le film pour la 1re fois, sa mère lui a offert une peluche Stitch. Elle a décidé de battre un record pour lui faire plaisir. Son autre objet préféré est une boule à neige musicale représentant une scène du film.

WWE

Née en 1953, la Capitol Wrestling Corporation n'a pris le nom World Wrestling Entertainment (WWE) qu'en 2002. Son savoir-faire, en revanche, reste inchangé : des affrontements épiques entre personnages plus grands que nature, sur le ring et au-delà.

Bevis avait le catch dans le sang : ses parents et ses 2 frères aînés sont tous lutteurs professionnels.

La plus longue carrière
Fin 2020, le lutteur actif depuis le plus longtemps sur le circuit WWE était l'Undertaker, alias Mark Calaway (USA). Sa carrière a débuté le 22 nov. 1990 et, malgré sa "retraite" en 2017, il est revenu sur le ring plusieurs fois. Le 4 avr. 2020, il a vaincu A. J. Styles (alias Allen Jones), à WrestleMania 36. Le 22 nov. 2020, après 30 ans de carrière, il a réannoncé sa retraite au Survivor Series et a quitté le public sur ces mots : "Il est temps que l'Undertaker repose... en... paix."

Le plus de matchs
Hommes : Kane, alias Glenn Jacobs (USA, né ESP), comptabilisait 1 665 apparitions au 13 oct. 2020.
Femmes : Natalya, alias Natalie Neidhart (CAN), comptabilise le plus de matchs, avec 974 combats, au 13 oct. 2020.

Les champions au règne le plus long
The Fabulous Moolah, alias Mary Lillian Ellison (USA, 1923-2007, voir ci-contre), est la détentrice incontestée du record de la plus longue place au 1er rang mondial. En revanche, la durée de son règne fait débat, car elle dépend des changements de nom et de propriété des tournois. Officiellement, la WWE lui accorde 10 170 jours de règne (presque 28 ans), du 18 sept. 1956 au 23 juill. 1984. D'autres évoquent le chiffre fourni par la National Wrestling Alliance, 3 651 jours. Dans un cas comme dans l'autre, elle détient le record !

Chez les hommes, le record de 2 803 jours est détenu par Bruno Sammartino (ITA, 1935-2018), "the Italian Strongman" : du 17 mai 1963 au 18 janv. 1971.

Le champion au règne le plus court
Le 5 févr. 1988, André le Géant, alias André René Roussimoff (FRA, 1946-1993), a vaincu le champion Hulk Hogan durant un match télévisé. À peine 1 min et 48 s après avoir reçu sa ceinture, il l'a cédée à Ted "Million Dollar Man" DiBiase pour une somme restée secrète. Jack Tunney, président de la WWE, a rapidement annulé la transaction et André a perdu son titre.

La plus longue série de victoires à WrestleMania
En plus d'être le lutteur avec la plus longue carrière jusqu'à fin 2020, l'Undertaker (ci-dessus) a remporté 21 victoires successives au plus grand événement de la WWE entre WrestleMania VII (1991) et WrestleMania 29 (2013). Il n'a pas pu participer en 1994 et 2000 pour cause de blessure. Cet exploit, surnommé "la série", a pris fin à WrestleMania XXX en 2014 : après 25 min de combat avec Brock Lesnar (USA), l'Undertaker a été achevé par 3 "F-5", prise très spectaculaire.

Ce n'était pas la 1re fois que Lesnar (né le 12 juill. 1977) se faisait remarquer à la WWE. Le 25 août 2002, il devenait **le plus jeune champion** en détrônant The Rock (ci-dessous) au SummerSlam et remportait le championnat du monde à 25 ans et 44 jours.

La plus jeune championne Divas
Paige, alias Saraya-Jade Bevis (GBR, née le 17 août 1992), a battu A. J. Lee (alias April Jeanette Mendez) lors de son 1er événement Raw, le 7 avr. 2014. Elle a ainsi remporté la ceinture Divas à 21 ans et 233 jours. Elle l'a remportée une 2de fois cette année-là, le 17 août. Paige a officiellement pris sa retraite de la WWE en avr. 2018. Le film *Fighting with My Family* (encart) lui est consacré, avec Florence Pugh dans son rôle et l'ancienne star de la WWE, Dwayne "the Rock" Johnson.

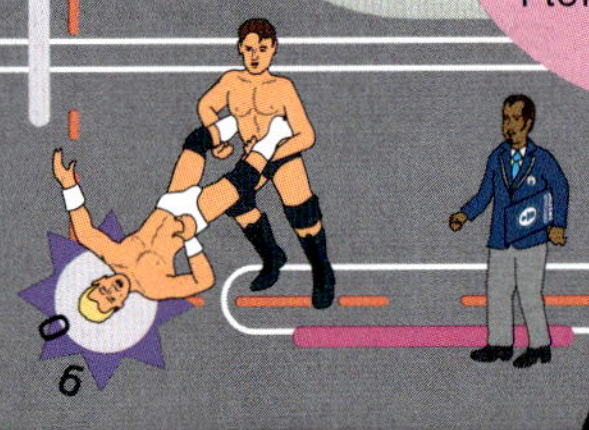

La plus longue détention d'une valise MITB
Les matchs Money in the Bank (MITB) consistent à atteindre une valise contenant un contrat vierge pour un combat en championnat posée en haut d'une échelle. Le 18 juin 2017, Carmella, alias Leah Van Dale (USA), a remporté le 1er match féminin de ce type, mais elle a dû refaire ses preuves 9 jours après à cause d'une disqualification controversée. Elle a attendu 287 jours pour utiliser le contrat. Sa patience a payé : le 10 avr. 2018, elle a remporté son 1er titre de championne SmackDown féminine.

Ce record a été pulvérisé à WrestleMania 34, le 8 avr. 2018, à La Nouvelle-Orléans (Louisiane, USA), quand Braun Strowman (alias Adam Scherr) a choisi un garçon de 10 ans "au hasard" dans le public comme coéquipier. Bien que le jeune garçon, Nicholas Cone (USA), fils de l'arbitre de la WWE John Cone, n'ait rien fait, il a techniquement partagé le titre de champion quand Strowman a vaincu ses adversaires à lui tout seul.

Le plus de défaites à WrestleMania
Sur ses 23 combats sur "le plus grand des rings", Triple H., alias Paul Levesque (USA), en a perdu 13. En comparaison, l'Undertaker a participé à 27 matchs à WrestleMania (1991-2020) et en a gagné 25 (voir à gauche).

La plus forte participation à un événement live
Le 3 avr. 2016, WrestleMania 32 a réuni 101 763 fans au stade AT & T d'Arlington (Texas, USA). Avec des recettes totales de 17,3 millions $, c'était aussi **l'événement live générant le plus de recettes** dans l'histoire de la WWE.

Le spectateur le plus assidu de WrestleMania
Peu de fans de la WWE sont aussi passionnés que Charlie Adorno (USA), qui, dans la plus pure tradition du catch, a son propre surnom, "Charlie au bord du ring". Il a assisté aux 35 shows WrestleMania organisés entre le 31 mars 1985 (à New York, sa ville) et 2019. Hélas, cette série ininterrompue a pris fin avec WrestleMania 36, les 4-5 avr. 2020, qui a eu lieu à huis clos en raison des restrictions sanitaires liées à la COVID-19.

Le plus de victoires en championnat WWE
Entre 2005 et 2017, John Cena (USA, à gauche avec The Rock) a régné 13 fois et a remporté 3 championnats du monde poids lourds. Il détient **le plus de titres mondiaux WWE** (16) à égalité avec Ric Flair, alias Richard Fliehr (USA).
Le record chez les femmes est plus complexe (voir **champions au règne le plus long** à gauche). On cite souvent The Fabulous Moolah avec 8 titres de 1956 à 1999. Mais la WWE comptabilise les tournois différemment et reconnaît Trish Stratus, alias Patricia Stratigeas (CAN, à droite), avec 7 victoires.

Kofi est le champion par équipe au règne le plus long depuis qu'il a dépassé les 934 jours de Billy Gunn en 2018.

Le champion de catch par équipe au règne le plus long (cumul)
De ses débuts en 2008 à oct. 2020, Kofi Kingston, alias Kofi Sarkodie-Mensah (USA, né GHA), a remporté 12 titres de catch par équipe, soit 1 191 jours. Il a gagné 9 de ces championnats avec l'équipe New Day : Big E et Xavier Woods (alias Ettore Ewen et Austin Watson, tous 2 USA). Ce trio détient **le plus long règne ininterrompu comme champions par équipe** : 483 jours en 2015-2016.

Straightliners

On sait que le plus court chemin entre 2 points est la ligne droite. Nos conseillers en vitesse des véhicules terrestres de la GBR Timing Association (UK et ITA) désignent sous le nom de "straightliners" les épreuves à vitesse maximale, comme celles de l'aérodrome d'Elvington (North Yorkshire) et de Pendine Sands (sud du pays de Galles, GBR). Trevor Duckworth de l'UKTA et Malcolm Pittwood (ci-dessus, de droite à gauche) visent à garantir que les candidats aux records mondiaux et nationaux de vitesse terrestre puissent concourir sous tous les gouvernements.

Tous ces records ont été établis sur l'aérodrome d'Elvington (North Yorkshire, GBR)

Le vélo le plus rapide dans un sillage (hommes)
Le 18 août 2019, Neil Campbell a roulé à 280,571 km/h sur un vélo à moteur derrière une Porsche Cayenne conduite par Adrian Dent (tous 2 GBR). Le précédent record masculin était en vigueur depuis près de 25 ans. Le record absolu de **vitesse à vélo dans un sillage** est de 296,009 km/h, établi par Denise Mueller-Korenek (USA) dans l'Utah (USA), le 16 sept. 2018.

La roue arrière la plus rapide assis sur le guidon d'une moto
Le 15 août 2020, Jonny Davies (GBR) a exécuté une roue arrière assis sur le guidon de sa moto à 175,785 km/h. Il a gardé l'équilibre face à un fort vent de face tout en changeant de vitesse avec son pouce. Pendant son temps libre, cet ingénieur électrotechnicien de métier participe à des compétitions de cascades freestyle au Royaume-Uni et dans toute l'Europe.

La roue arrière la plus rapide à moto sur 1 km
Ted Brady (IRL) a atteint 350,595 km/h en parcourant 1 km sur sa roue arrière, au Motorcycle Wheelie World Championship, le 19 août 2017. Il conduisait une Suzuki Hayabusa turbo de 540 ch. Ted a profité de forts vents arrière pour réaliser un parcours sans faute et surpasser le précédent record d'env. 7 km/h.

Les toilettes les plus rapides
Le *HAWC* (*Highly Advanced Water Closet*) *Mk1* a atteint 113,531 km/h sur une ligne droite de 100 m, le 15 sept. 2018. Ce WC rapide comme l'éclair a été construit par Robert English, Thomas Ellis, Joe Summers et William Beaty (tous GBR), des ingénieurs passionnés de la Harington School, à Rutland (GBR), dans le cadre de leurs "A-levels".

Le poirier le plus rapide sur une moto
Marco George (GBR) a réalisé un poirier tout en roulant à moto à 122,59 km/h, le 17 août 2019. Pour se préparer, Marco, cascadeur de compétition, s'est entraîné avec son père pendant plus de 1 an. Le jour J, malgré des vents forts et des problèmes d'équipement, Marco a plus que doublé la vitesse du précédent détenteur du record.

La brouette la plus rapide
Le 16 mai 2021, Kevin Nicks (GBR) a atteint 74,335 km/h au volant du *Barrow of Speed*. Il a construit cette brouette à 3 roues propulsée par un moteur de mobylette avec de la ferraille trouvée autour de son atelier pendant le 1er confinement britannique lié à la COVID-19. Il est aussi le créateur du **cabanon le plus rapide** (voir ci-contre).

La mono-roue motorisée la plus rapide
Le conducteur de ce véhicule mono-roue se trouve à l'intérieur de la roue et roule sur une piste circulaire ; il avance en déplaçant le poids du corps et le freinage se fait "tout en douceur". Avec *Trojan*, Mark Foster (GBR) a atteint 117,346 km/h, le 22 sept. 2019. C'est le 3e engin conçu par la UK Monowheel Team, qui vise à atteindre les 160 km/h.

Le véhicule électrique le plus rapide (prototype)
Le 27 sept. 2020, Jason Liversidge (GBR) a atteint 107,546 km/h au volant de son scooter électrique sur mesure. Jason, qui se définit comme un "accro à l'adrénaline", souffre de la maladie du motoneurone qui lui a été diagnostiquée en 2013, à 37 ans, et le paralyse à partir du cou. Voir p. 80-81 pour en savoir plus.

Le cabanon le plus rapide
Le 27 sept. 2020, Kevin Nicks a atteint 170,788 km/h dans son abri de jardin motorisé. Ce véhicule a été construit sur une Volkswagen Passat à 4 roues motrices, que Kevin a rééquipée d'un moteur V6 biturbo d'Audi RS4 de 450 ch. Le cabanon a été certifié en état de rouler par la UK Driver and Vehicle Standards Agency.

La poubelle à roulettes la plus rapide
L'ingénieur Andy Jennings (GBR) a atteint 72,568 km/h dans sa poubelle à roulettes, le 16 mai 2021, alors que des vents latéraux menaçaient de renverser son engin. Andy avait doté sa poubelle d'un moteur de moto, d'une boîte de vitesses, d'un démarreur, d'une selle de vélo et d'un guidon de scooter.

Zef est le seul à avoir enregistré une vitesse de 322 km/h sur 2 et 4 roues à Pendine Sands.

La moto à turbine la plus rapide
Le 17 mai 2015, Zef Eisenberg (GBR) a atteint 363,32 km/h au volant d'une moto homologuée pour la route. Construite par la MADMAX Race Team, elle était alimentée par la turbine à arbre Rolls-Royce 250-C20B modifiée et inversée d'un hélicoptère Agusta 109A.

Le 2 oct. 2020, Zef s'est tué dans un accident à Elvington alors qu'il tentait de battre le record britannique de vitesse terrestre. Le décès de ce détenteur de record et coureur inarrêtable, qui aimait vivre à 100 à l'heure, a beaucoup attristé le GWR.

Piments

RECORDMANIA

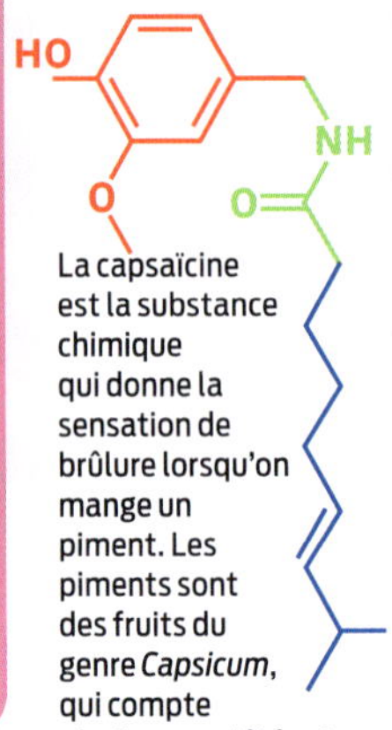

La capsaïcine est la substance chimique qui donne la sensation de brûlure lorsqu'on mange un piment. Les piments sont des fruits du genre *Capsicum*, qui compte plusieurs variétés et cultivars. La capsaïcine est un irritant naturel et sa concentration dans un piment se mesure en unités de chaleur Scoville (SHU) – voir tableau à droite.

Les plus anciennes cultures de piments
Les 1res cultures de piments (*Capsicum annuum*) datent probablement d'il y a env. 6 000 ans dans le nord-est et le centre-est du Mexique. C'est ce que révèlent les preuves archéologiques, paléoclimatiques, linguistiques et génétiques présentées par Kraig H. Kraft dans les *Proceedings of the National Academy of Sciences* en avr. 2014.

Le plus grand producteur de piments
La Chine est le pays qui cultive le plus de piments, avec 18 535 308 t de piments frais et séchés produits en 2018, d'après l'Organisation des Nations unies pour l'alimentation et l'agriculture.

Le plus rapide à avaler 10 piments bhut jolokia
Amedonou Kankue (TOG) a englouti 10 piments bhut jolokia (*C. chinense* × *C. frutescens* ; 1 million de SHU) en 30,70 s, le 19 juin 2014. Quatre courageux mangeurs de piments se disputaient le record – dont Jason McNabb alors détenteur du record –, sur le plateau de *Lo Show dei Record* à Milan, (ITA). Amedonou a célébré sa victoire avec un verre de lait glacé bien mérité.

Le plus de piments Carolina reaper avalés en 1 min
Le 13 nov. 2016, Gregory Foster (USA) a avalé 120 g du **piment le plus fort** au monde en 60 s, à Tempe (Arizona, USA). Cet exploit épicé a eu lieu lors d'un événement organisé par PuckerButt (voir Q & R, à droite), à l'Arizona Hot Sauce Expo.

Mike Jack (CAN) a été **le plus rapide à manger 3 Carolina reapers**, 9,72 s, le 21 nov. 2020, à London, Ontario (CAN). Voir en bas à droite pour en savoir plus sur les exploits fous de Mike.

Le plus de chili con carne mangé (Major League Eating)
Carmen Cincotti (USA) a avalé 9,22 l de chili con carne dans les 6 min autorisées des concours de la Major League Eating (MLE), lors du Orlando Chili Cook-off (Floride, USA), le 17 févr. 2018. Mangeuse professionnelle accomplie, Carmen fut pendant un temps la 2e mangeuse la mieux classée de MLE en 2018.

Q & R : SMOKIN' ED CURRIE, PUCKERBUTT PEPPER COMPANY

Ed est producteur de piment, fondateur de la PuckerButt Pepper Co. et à l'origine du Carolina reaper – le piment le plues fort ?

Avez-vous des piments encore plus forts ?
Oui, nous en avons des dizaines.

Vous les gardez pour vous pour le moment ?
Oui, tout à fait !

Que feriez-vous si quelqu'un battait votre record ?
Mon équipe souhaiterait le piétiner tout de suite ! Moi, je le laisserais détenir le record pendant quelques mois ou 1 an… et je le piétinerais après !

La culture du piment est-elle une affaire secrète ou risquée ?
On dit que c'est un monde sans pitié, mais ce n'est pas vrai. Nous sommes

100 %

Le piment le plus lourd
Dale Toten (GBR), qui a la main verte, a présenté un piment Poblano (*C. annuum*, 1 500 SHU) primé de 420 g, au CANNA UK National Giant Vegetables Championship 2018, dans le Worcestershire (GBR), le 29 sept.

Le lendemain, à Jona (CHE), **le plus long piment** (encart) a été mesuré à 505 mm. Le Cayenne Joe's Long (*C. annuum*, 50 000 SHU) a été présenté au Great Pumpkin Commonwealth Swiss Championship 2018 par Jürg Wiesli (CHE) – jardinier passionné et spécialiste juridique en aliments biologiques.

Le plus rapide à manger 50 piments "pointés vers le ciel"
Le 8 juill. 2018, Tang Shuaihui (CHN) a englouti 50 piments "pointés vers le ciel" (*C. annuum*, alias Chao Tian Jiao) en 68 s. Cette variété mi-forte est évaluée à 30 000-50 000 SHU, comme les piments Tabasco. Cet exploit a eu lieu au Feast of Fire and Ice Festival de Tanhe Ancient City, à Ningxiang (CHN). Les concurrents s'affrontaient dans un bassin d'eau de 15 m de large rempli de 3 t de piments locaux moins épicés.

Le piment le plus fort
Il s'agit officiellement du Carolina reaper (*C. chinense*), cultivé par Smokin' Ed Currie de la PuckerButt Pepper Company (tous 2 USA, voir ci-dessus). Sa moyenne est de 1 641 183 SHU, selon une série de tests effectués en 2017 par l'université de Winthrop (Caroline du Sud, USA).

une grande famille. Il y a des opposants, certains en rajoutent un peu, mais 99 % des gens du monde du piment sont des amis. Ceux qui en rajoutent attirent juste plus l'attention.

Comment pouvez-vous produire les piments les plus forts ?
Nous sommes la plus grande exploitation de piments bio des États-Unis, personne n'a autant de ressources que nous pour se développer. Et je n'exploite que 5 % des terres disponibles.

Pourquoi aime-t-on le piment ?
On a des sensations fortes sans aucun risque : on ne meurt pas après avoir goûté un piment !

... même si certains de vos piments pourraient le laisser penser !
Dans le piment, c'est une réaction chimique que nous *percevons* comme de la chaleur. Elle provoque des crampes – si on s'attaque aux piments vraiment très forts – mais ça passe vite...

Les plus grands...
Chili con carne : Une portion de chili con carne de 2 177 kg a été servie au Spirit of Texas Festival de College Station (Texas, USA), le 4 mars 2017. Le plat – équivalent au poids d'un rhinocéros noir adulte – avait été épicé avec 22,6 kg de piment en poudre.
Enchilada : La municipalité d'Iztapalapa (MEX) a dévoilé une énorme enchilada dans la capitale du pays, Mexico City, le 20 oct. 2010. Elle pesait 1 416,14 kg – soit l'équivalent de 2 équipes de football à 11 – et était garnie de poulet, courgettes, avocat, tomates, oignons et piments, le tout enveloppé dans une tortilla de maïs de 70 m de long. Le nom de ce plat vient de l'espagnol *enchilar*, qui signifie "assaisonné de piments".
Burrito : Ce plat épicé à base de viande, haricots et riz enveloppés dans une tortilla signifie "petit âne", mais ce burrito éléphantesque de 5 799 kg, réalisé par CANIRAC, à La Paz (MEX), le 3 nov. 2010, n'avait vraiment rien d'un amuse-bouche.

PIMENTS ROUGES : L'ÉCHELLE DE SCOVILLE

Wilbur Scoville (USA, 1865-1942) a donné son nom au test organoleptique de Scoville – la plus célèbre mesure du piquant d'un piment. Décidé à l'origine par une équipe de 5 dégustateurs experts, ce classement est aujourd'hui déterminé à partir de tests de laboratoire moins subjectifs. Les unités de chaleur Scoville (SHU) vont de moins de 100 pour les piments doux à plus de 2 millions pour les plus piquants.
La concentration de capsaïcine change selon la partie du piment. Elle est la plus forte dans le placenta et les glandes du piment.

- 1 600 000 *Carolina reaper*
- 1 300 000 *Naga viper*
- 1 200 000 *Trinidad scorpion*
- 1 000 000 *Bhut jolokia*
- 500 000 *Red savina*
- 100 000 *Habanero*
- 5,000 *Jalapeño*
- <100 *Piment doux*

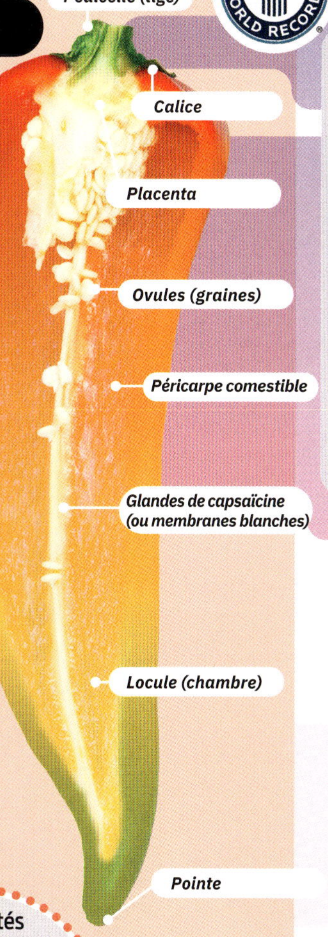

Les unités Scoville sont aujourd'hui déterminées à l'aide du procédé HPLC (chromatographie liquide haute performance).

Le plus de bhut jolokias avalés en 2 min
Le 29 févr. 2020, Mike Jack (CAN) a avalé 246 g de bhut jolokias en 120 s, à la Heatwave Hot Sauce Expo de London (Ontario, CAN). Les records de Mike incluent **le plus de bhut jolokias mangés en 1 min** – 97 g, le 2 mars 2019. Il a aussi été **le plus rapide à en avaler 3** – 9,75 s, le 26 janv. 2019. Il a en outre obtenu des records avec le terrible Carolina reaper (voir à gauche).

Le bhut jolokia – ancien **piment le plus piquant** – était cultivé en Inde. Son nom signifie "piment fantôme" en assamais.

Gastronautes

Les plus lourds...

Frybread : Le 10 août 2019 à Cass Lake (Minnesota, USA), le Leech Lake Band of Ojibwe (USA) a préparé une portion de 68,12 kg de ce plat amérindien à base de pâte frite.

S'more : Le 28 déc. 2019 à Middlesex, Vermont, USA, Planetary Matters (USA) a réalisé un s'more de 155,58 kg, soit le poids de 3 femmes. Mélange de chocolat et de guimauve entre des biscuits Graham, son nom est une contraction de "some more" [un peu plus].

Rocky road : Le 25 mai 2019, Matthew Williams et Mission Aviation Fellowship (tous 2 GBR) ont présenté un gâteau rocky road de 334,1 kg, à Steyning (West Sussex, GBR). Cette délicieuse gourmandise mêle chocolat, noix, guimauve et biscuits.

Pudding au pain : Le 2 août 2019, un pudding au pain de 1 424 kg – le poids d'une voiture familiale – a été préparé par une équipe dirigée par Joseph Dias de Trinity Group (tous IND).

Mud pie : Un an avant leur énorme pudding (ci-dessus), Joseph Dias et son équipe ont servi une mud pie de 1 345 kg – plus lourde que 20 hommes de taille moyenne. Une base de biscuit était recouverte d'un mélange de chocolat, crème et œufs, servie à Panaji (Goa, IND), le 3 août 2018.

Les plus grands...

Table de biscuits de mariage : Le 11 août 2019, la Monongahela Area Historical Society (USA) a dressé une table avec 88 425 biscuits pour la célébration de 3 mariages et 3 renouvellements de vœux, en Pennsylvanie (USA). Les tables y sont traditionnellement garnies de biscuits pour les mariages, remplaçant parfois le gâteau officiel.

Don de pain : Le 22 oct. 2020, Grupo Bimbo (MEX) a offert 36 000 miches de pain – pour un poids total de 24 480 kg –, à la banque alimentaire Alimento para Todos de Iztapalapa, à Mexico City (MEX).

Barre de chocolat (superficie) : Frits van Noppen, Jeroen Hollestein, Niek Verhoeven et Simon Koster (tous NLD) ont réalisé une barre de chocolat de 383,24 m^2 – plus de 5 fois la taille d'un court de squash –, le 6 févr. 2020 à Rotterdam (NLD). Un navire-hôpital a été dessiné sur la barre avec du chocolat blanc, noir et au lait, et le produit de la vente a été reversé à l'association Mercy Ships.

Le plus de nuggets de poulet avalés en 1 min

Le record de 60 s pour dévorer des morceaux de poulet panés – basé sur le poids consommé – a été battu 2 fois en 2020. Nela Zisser (NZL, sur la photo) en a avalé 298 g, mais elle a perdu son titre au bout de 1 mois au profit de Todd Fernley (USA) qui en a englouti 315 g. Un nugget de taille moyenne pèse env. 16,5 g.

Gros fruits et légumes

Les plus lourds...	Poids	Nom et nationalité	Date
Myrtille (ci-dessus)	16,2 g	David et Leasa Mazzardis (tous 2 AUS)	20 sept. 2020
Cerise	26,45 g	Silvia Salvi (ITA)	26 juin. 2020
Chou rouge (à droite)	31,6 kg	Neil Hands (GBR)	26 sept. 2020
Courge butternut	25,17 kg	Christopher Brown (USA)	26 sept. 2020
Les plus longs...	**Longueur**	**Nom et nationalité**	**Date**
Poireau	1,22 m	Peter Glazebrook (GBR)	26 sept. 2020
Concombre arménien	1,36 m	Kathy Ffoulkes (AUS)	17 févr. 2020
Oignon vert	2,53 m	Zhangqiu District (CHN)	15 nov. 2020
Salsifis	5,57 m	Joe Atherton (GBR)	26 sept. 2020
Betterave	8,56 m	Joe Atherton (GBR)	26 sept. 2020

Sources : Great Pumpkin Commonwealth ; CANNA/UK National Vegetable Society

Le plus de hot-dogs avalés au Nathan's Hot Dog Eating Contest

Le 4 juill. 2020, Joey Chestnut (USA) a englouti 75 hot-dogs au concours annuel de Coney Island, à New York. Au même concours, Miki Sudo (USA, encart) a établi le record **féminin** (48,5). Tous 2 possèdent aussi, respectivement, **le plus de victoires** et **le plus de victoires féminines** à ce concours, avec 13 victoires pour Joey de 2007 à 2020 et 7 pour Miki, tous les ans depuis 2014.

MLE MAJOR LEAGUE EATING

Records Major League Eating (MLE)

La MLE, qui supervise les concours alimentaires du monde, organise 70 événements par an. Ci-après les 10 plus grands champions de l'histoire de la MLE, classés selon leur nombre de records Major League au 1er janv. 2021 :

Nom	#	Records récents	Date
Joey Chestnut	54	Hot-dogs : 75 en 10 min (à gauche)	04/07/20
Patrick Bertoletti	32	Pancakes (92 g) : 50 en 10 min	29/09/12
Sonya Thomas	21	Huîtres : 564 en 8 min	03/06/12
Geoffrey Esper	10	Saucisses (127,5 g) : 36 en 10 min	24/08/19
Bob Shoudt	9	Frites : 3,57 kg en 10 min	31/05/10
Cookie Jarvis	8	Raisins : 4,05 kg en 10 min	01/11/05
Eric Booker	7	Oignons : 241 g en 1 min	08/08/04
Richard LeFevre	5	Œufs façon ranch : 3,51 kg en 10 min	18/03/06
Carmen Cincotti	4	Chili : 9,2 l en 6 min (voir p. 94)	17/02/18
Gideon Oji	4	Haricots blancs : 4,5 kg en 1 min et 45 s	21/04/20

Tous USA ; tous les records respectent le règlement de la MLE.

Le plus grand bhaji à l'oignon
Oli Khan et une équipe de Surma Takeaway à Stevenage (tous 2 GBR) ont préparé un bhaji à l'oignon de 175,48 kg – réalisé avec 2 000 oignons et 500 g de piments –, à Londres (GBR), le 4 févr. 2020. Cette entrée XXL, d'un diamètre de 1,52 m, a été partagée entre la congrégation d'une mosquée locale et des sans-abri.

Le plus de purée de pommes de terre avalée en 1 min
André Ortolf (DEU) a englouti 1,12 kg de purée de pommes de terre – soit 6 portions moyennes –, à Augsburg (Bavière, DEU), le 30 nov. 2017. André est avide de records alimentaires : il détient également des records de 60 s pour **le plus de Marmite (pâte à tartiner salée) avalé** (368 g), **le plus de gelée mangée avec des baguettes** (716 g) et **le plus de Stollen de Noël avalés** (336 g).

Les plus longs...

Feuille de pâte roulée en 1 min : Samuel Tan (SGP) a déroulé une feuille de pâte de 2,03 m en 60 s, à Singapour, le 8 oct. 2020. Gordon Ramsay, chef cuisinier à la télévision, détenait le précédent record.
Pain tressé : JNF Australia et Grandma Moses (tous 2 AUS) ont préparé un pain tressé de 10 087 m de long, soit l'équivalent d'env. 17 baguettes standards, à Sydney (AUS), le 14 nov. 2019.
Nougat : Le 18 sept. 2019, Salvatore Bongiovanni et Bongiovanni SRL (tous 2 ITA) ont réalisé un nougat de 1 004 m de long – env. 14 fois la longueur d'un Boeing 747 –, à Mazzarino (ITA). Le nougat, mou ou croquant, contient des noix et parfois des fruits ; celui-ci visait à promouvoir les amandes locales et à maintenir en vie d'anciennes traditions régionales.

Le plus de biscuits cuits en 1 h
Frank Squeo et Baking Memories 4 Kids (tous 2 USA) ont fait cuire 6 018 biscuits en 1 h, à West Nyack (New York, USA), le 7 déc. 2019.

Le plus de ravioles préparées en 1 h
Le 15 sept. 2019, Beata Jasek (POL) a préparé 1 066 ravioles (ou "pierogis") en 60 min, à Iwkowa (POL).

Le plus de parfums de glace proposés à la vente
Le 14 nov. 2019, La Casa Gelato (CAN) proposait 238 parfums de glace à la vente à Vancouver (Colombie-Britannique, CAN).

Le plus de... mangés en 1 min
Beignets à la confiture : Jesse Freeman (AUS) a avalé 6 de ces pâtisseries fourrées à *The Morning Show*, à Sydney (Nouvelle-Galles du Sud, AUS), le 1er juin 2018.
Saucisses : Le champion des concours alimentaires Leah Shutkever (GBR) a englouti 10 hot-dogs à Birmingham (West Midlands, GBR), le 7 juin 2020.
Petits pois (avec un pic à cocktail) : David Rush (USA) a piqué et avalé 108 petits pois, à Boise (Idaho, USA), le 4 déc. 2018.
Beurre de cacahuète : Le 17 nov. 2017, André Ortolf (ci-dessus) a avalé 378 g de beurre de cacahuète, à Augsburg (DEU).
Aliments pour bébés : Le 19 nov. 2020, pour la journée GWR (voir p. 10-11), Ortolf en a dévoré 1 609 g, soit 14 petits pots standards de 125 g.

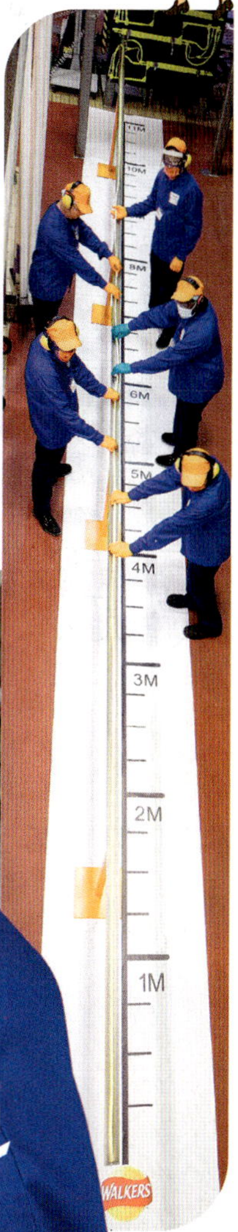

Le plus long puffcorn
Le 27 août 2020, les Wotsits Giants (de Walkers Snack Foods, GBR) ont présenté un puffcorn de 10,66 m, à Leicester (GBR). Il a fallu 2 h et 29 min à une équipe de 8 personnes pour préparer ce snack XXL, plus long qu'un bus londonien, qui a dû être cuit à la main, ne rentrant pas dans les fours de Walkers ! Ce méga-Wotsit a ensuite été exposé sur le mur de l'usine.

Ce snack est env. 160 fois plus long qu'un Wotsit Giant standard, mais (selon les directives GWR) de la même largeur.

Objets géants

Le plus grand jeton de Monopoly
FM Projects Limited (CHN) a dévoilé un jeton voiture de course de 2,96 m de long à Hong Kong (CHN), le 28 nov. 2019. Dans la mythologie du Monopoly, la voiture appartient à Milburn Pennybags, la mascotte moustachue du jeu. Elle aurait été inspirée par une Kurtis Kraft Midget des années 1940 ou par des voitures de course des années 1930, telles que la Mercedes-Benz W25.

Le plus grand sac de jute
Le 3 juill. 2019, Cotton Bag Co. (GBR) a présenté un sac de jute de 22,5 m de haut sur 14,6 m de large à Bradford-on-Avon (Wiltshire, GBR). Cet essai a coïncidé avec l'International Plastic Bag Free Day et le Plastic Free July, et était organisé pour encourager une plus large adoption des sacs réutilisables.

Bol chantant
Ces récipients émettent un son résonnant lorsqu'on les frappe ou lorsqu'on frôle leur bord avec un maillet. György Juhász (HUN) a présenté un bol de 2,33 m de large à Garáb (HUN), le 28 févr. 2019.

Ciseaux
Tekbaş Şirketler Grubu (TUR) a exécuté une cérémonie de coupure de ruban dans un nouveau lotissement à Adana (TUR), le 12 oct. 2019, avec une paire de ciseaux de 3,01 m de long – plus de 10 fois la taille moyenne.

Décoration de Noël flocon de neige
Le 28 oct. 2019, les Universal Studios d'Osaka (JPN) ont décoré leur sapin de Noël avec un flocon de neige de 3,19 m.

Yeux en plastique
Austin McChord, Ryan Sasloe et Ed Lundblad (tous USA) ont dévoilé 2 yeux en plastique de 3,66 m de diamètre – plus grands qu'une voiture MINI Cooper –, à Norwalk (Connecticut, USA), le 27 août 2019.

Sculpture en papier mâché (avec support)
Le Carnival Magic Theme Park de Phuket (THA) a réalisé un éléphant en papier mâché de 5,95 m de haut, habillé en Monsieur Loyal et portant un chapeau haut-de-forme. Le pachyderme en papier mâché de 4,3 m de large a été vérifié le 8 févr. 2020.

Le même jour, le Carnival Magic Theme Park a exposé **le plus grand lustre d'extérieur** – 11,69 m de haut et 9,47 m de diamètre.

Maquette d'un organe humain
VPS Lakeshore – hôpital de Kochi (IND) – a réalisé une maquette de cœur de 9,69 m de haut, vérifiée le 5 janv. 2019, environ 80 fois plus grosse qu'un véritable cœur. Cette installation géante faisait partie d'une campagne de santé.

Le plus grand château de sable
Le 5 juin 2019, Skulptura Projects (DEU) a dévoilé un immense château de sable de 17,65 m de haut, au 10e Sandskulpturen Festival de Binz (DEU). Une équipe internationale de 12 sculpteurs et 8 techniciens a travaillé pendant 3 semaines et demie pour terminer ce château de sable. Sa base circulaire avait un diamètre d'env. 26 m. Aucun additif n'a été utilisé dans l'eau pour lier le sable et il n'y avait aucune structure de soutien à l'intérieur.

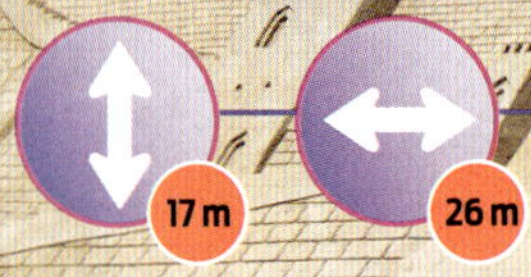

La plus grande cuillère en bois

Le Restaurante Corvel et l'Instituto Superior Tecnológico American College (tous 2 ECU) ont présenté une cuillère de 20,06 m de long avec un bol de 5,06 m de diamètre, le 30 mai 2019. Ce record a été vérifié à Cantón Paute, Azuay (ECU).

La plus petite cuillère en bois (encart) ne mesure que 4,5 mm de long. Elle a été présentée par Gowrishankar Gummadidhala (IND), à Telangana (IND), le 9 avr. 2020.

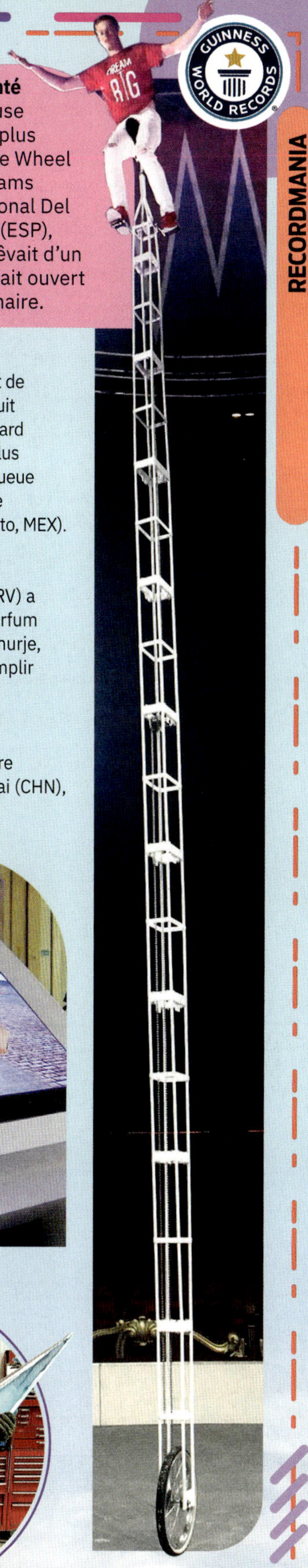

Le plus grand monocycle monté

Avec une hauteur vertigineuse de 8,87 m, le monocycle le plus haut a été monté par le "One Wheel Wonder", alias Wesley Williams (USA), au Festival Internacional Del Circ Elefant D'Or de Girone (ESP), le 11 mars 2020. Wesley rêvait d'un titre GWR depuis qu'il avait ouvert ce livre à l'école primaire.

Pot de confiture (poids)

Avec un poids vide de 1005 kg, pot de confiture le plus lourd a été construit par Tonic Life (MEX), aidé par le Board of Trustees de la Strawberry Fair. Plus de 2 fois plus lourd qu'un piano à queue Steinway, ce pot géant a été vérifié le 23 mars 2020, à Irapuato (Guanajuato, MEX).

Flacon de parfum

Le 22 janv. 2019, Dejan Levačić (HRV) a exposé un flacon de 616,18 l de parfum au safran "Gold", à Čakovec (Međimurje, HRV). Il serait assez grand pour remplir 4 baignoires de taille moyenne !

Livre de coloriage

Wanda Kids (CHN) a présenté un livre de coloriage de 15,52 m², à Shanghai (CHN), le 22 août 2020.

La plus grande manette de jeux mobile

Fabriquée par la société d'électronique grand public OPPO (CHN), cette manette C1 dépasse 4 m de long – 2 fois la longueur d'un lit king-size. Ce record a été confirmé à Shenzhen (CHN), le 30 nov. 2019. Elle est opérationnelle et pèse 500 kg. Découvrez d'autres accessoires de jeu surdimensionnés p. 206.

Club de golf (longueur)

Michael Furrh et Mike Rausch, aidés par First Tee – Fort Worth (tous USA), ont pris le départ avec un driver au manche de 15,57 m de long, au Texas (USA), le 5 janv. 2020.

Baignoire (longueur)

Pour promouvoir ses services de construction, Koop-Brinkmann (DEU) a dévoilé une baignoire de 19,47 m – plus longue qu'une piste de bowling –, à Drebber (DEU), le 7 juill. 2019.

Boule d'autocollants

Le 11 nov. 2020, le Sticky Brand Creative Group (USA) a présenté une boule d'autocollants de 139,82 kg, à Burlington (Vermont, USA). Sa réalisation a pris plus de 91 h pour une circonférence finale de 2,1 m.

Le plus grand leurre de pêche

Jessica Dew et Brad Pallister (tous 2 CAN) ont fabriqué un leurre de 12,32 m de long à Lacombe (Alberta, CAN), le 29 mai 2019. Il est doté d'un hameçon de 2,46 m de large et d'une cuillère de 2,92 m de large. Sur la photo en encart, Ryan Riopel, chef soudeur du projet, tient dans ses mains un des hameçons en griffe d'aigle du leurre géant.

Maîtres constructeurs

Le plus long pont en briques LEGO
The Institution of Civil Engineers (GBR) a assemblé un pont de 16,92 m aux Ironbridge Gorge Museums (Shropshire, GBR). Achevé le 31 août 2019, il comprenait 205 000 briques.

La plus grande Notre-Dame en briques LEGO
Le 9 janv. 2020, une réplique à l'échelle 1 : 33 de la cathédrale française a été dévoilée lors de l'exposition LEGO Wystawa Klocków à Varsovie (POL). La sculpture mesurait 2,72 m de haut, 3,78 m de long et 1,43 m de large et pesait env. 250 kg. Le créateur Ivan Angeli (SRB) a passé 500 h à donner vie à Notre-Dame grâce à plus de 400 000 briques. C'était l'un des 120 monuments célèbres construits en LEGO pour l'exposition.

Le plus rapide à construire le *Microfighter Falcon Millenium* LEGO® *Star Wars*
Haddon Haste (USA), 12 ans, a construit le vaisseau spatial *Star Wars* en 1 min et 59,72 s, le 12 sept. 2020, à Louisville (Kentucky, USA). Inspiré par les vidéos YouTube des Dude Perfect, autres détenteurs de records, Haddon a profité du confinement pour préparer sa tentative de record. Il a battu un record associant 2 de ses passions : les LEGO et *Star Wars*.

La plus grande réplique de décor en briques LEGO
Pour fêter le 25e anniversaire de la série *Friends*, Warner Bros. Television a demandé à Nathan "The Brick Artist" Sawaya (USA) de construire une version grandeur nature du *Central Perk*. Le décor a été révélé à Las Vegas (Nevada, USA), le 19 oct. 2019. Il comprenait plus de 973 000 briques sur 62,75 m². "Nous voulions une copie fidèle, a expliqué Nathan, nous avons donc passé beaucoup de temps à travailler sur de petits détails."

La plus grande éolienne en briques LEGO
Le groupe LEGO (DNK) a dévoilé une éolienne de 7,63 m de haut le 15 mai 2017, à Liverpool (GBR). Le générateur géant a été assemblé par une équipe d'experts en 600 h et fabriqué avec 146 251 briques LEGO. Ce record célébrait un nouvel investissement dans un parc éolien visant à faire de LEGO une entreprise 100 % énergie renouvelable.

Le plus rapide à construire le *Star Wars Millennium Falcon* LEGO
Le 18 juill. 2019, Johannes Roesch, Kathi Stutz, Ralf Johannes et Gabriel Cabrera Parra (tous DEU) ont construit le cargo léger Corellian YT-1300 de 7 541 pièces en 2 h, 51 min et 47 s, à Walldorf (DEU). Le *Millennium Falcon* (kit #75192) était auparavant **le plus grand set LEGO** en vente.

Le temps le plus rapide pour bâtir le Colisée LEGO – le plus grand set LEGO à partir de nov. 2020 (voir Q & R à droite) – est de 13 h, 37 min et 36 s, par Paul Ufema (USA), à Forest (Virginie, USA), le 24 févr. 2021.

Le pus grand navire en briques LEGO
Dream Cruises Management Ltd (CHN) a construit un paquebot de croisière de 8,44 m, mesuré à Hong Kong (CHN), le 15 nov. 2017. Construit avec 2 518 266 briques, il comportait une piscine, un terrain de basket et même un héliport.

Les bras prothétiques de David sont numérotés MK I à MK IV (photo), comme les combinaisons blindées d'Iron Man.

Le 1er bras prothétique LEGO fonctionnel
Hand Solo (AND), alias David Aguilar, a conçu et construit son propre bras entièrement fonctionnel avec des briques d'un hélicoptère LEGO Technic (#9396). David, né sans avant-bras droit, a terminé son 1er modèle en 2017. La prothèse purement mécanique comportait une articulation du coude mobile et une pince pour ramasser les objets, qu'il activait en pliant le coude. Il a ensuite amélioré le design à plusieurs reprises.

UNE RUCHE EN LEGO : RUAIRI O' LEOCHAIN

L'instituteur Ruairi O' Leochain (IRL) est à l'origine de la plus grande ruche en briques LEGO. Elle mesurait 38 x 48 x 48 cm, le 14 mai 2020, à Athlone (IRL).

Qu'est-ce qui vous a donné l'idée de construire une ruche en briques LEGO ?
Un certain sens de l'émerveillement ! Je suis apiculteur et j'aime la nature. Je savais que le plastique était sans danger pour les abeilles, même si une ruche en LEGO n'offrirait pas la même isolation qu'une ruche en bois ou en polystyrène.

Combien de temps avez-vous passé sur la construction ?
Env. 7 semaines, juste 1 h de temps en temps pendant le 1er confinement. J'avais une ruche "nationale" derrière moi pour les mesures, qui sont vraiment importantes en apiculture.

Comment votre colonie d'abeilles s'est-elle adaptée à sa nouvelle maison ?
Elle a d'abord été déroutée car les entrées avaient changé. Mais elle s'est très bien comportée [et a continué à produire du miel]. Je suis formé par Wildlife Rehabilitation Ireland, l'argent que je gagne avec le miel sert à payer les frais de vétérinaire, les médicaments et le logement des animaux sauvages irlandais. Des apiculteurs canadiens, coréens et africains m'ont souhaité bonne chance et m'ont interrogé sur mes projets.

Quels sont donc vos futurs projets ?
Je voudrais construire un nichoir LEGO l'an prochain – c'est plus facile ! Il y a beaucoup de mésanges bleues en Irlande. Je voudrais aussi bâtir un petit grenier où cacher une caméra.

CRÉATIONS COLOSSALES : ROK ŽGALIN KOBE

Lancé le 28 nov. 2020, le Colisée de 9 036 pièces (kit #10276) est désormais le plus grand set LEGO disponible dans le commerce. Cette maquette de l'amphithéâtre romain mesure 27 cm de haut, 52 cm de large et 59 cm de profondeur. Le GWR s'est entretenu avec son créateur, le designer Rok Žgalin Kobe.

Comment le Colisée se compare-t-il aux autres sets LEGO que vous avez conçus ?
J'ai participé à presque tous les sets LEGO Architecture depuis 2012 et j'ai conçu plus de 35 sets. Le Colisée est 5 fois plus grand que ma précédente plus grande maquette. J'en avais toujours rêvé – il était difficile de rendre justice au monument. La conception complète m'a demandé 6 mois.

Quels ont été les plus grands défis ?
Pour notre centre de compétences en modélisme, une maquette aussi grande pourrait ne pas tenir si on la déplaçait. J'ai proposé une solution issue de la théorie architecturale – le Colisée ne serait relié à sa base qu'en quelques points fixes et assez souple pour se déformer lorsqu'il serait soumis à des contraintes.

Avez-vous toujours eu en tête le même nombre de pièces ?
Je ne pensais pas construire le plus grand monument LEGO ; je souhaitais bâtir le Colisée en briques LEGO le plus fidèle possible. Plus le modèle était perfectionné, plus il fallait de pièces pour rendre ses détails.

En combien de temps pouvez-vous construire ce set ?
J'en ai construit pas mal, mais aucun en moins de 30 h. Je me demande quel serait le record ? [Voir à gauche pour la réponse !]

La plus grande collection de sets LEGO
Frank Smoes (AUS) possédait une collection privée de 3 837 kits LEGO, vérifiée le 9 mai 2017, à Melbourne (Victoria, AUS). Frank a commencé les LEGO enfant dans les années 1950, puis les collections à la fin des années 1970. Il possède 1,2 million de pièces individuelles. Son set préféré est le #76 052 – une Batcave de la série télévisée *Batman* – pour ses personnages et véhicules emblématiques.

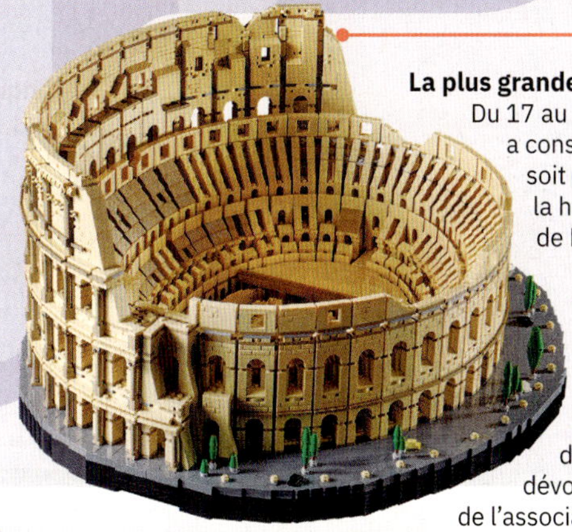

La plus grande structure en briques LEGO
Du 17 au 21 juin 2015, LEGO Italia a construit une tour de 35,05 m – soit plus de la moitié de la hauteur de la tour penchée de Pise – à Milan (ITA).
La plus longue structure en briques LEGO a aussi été construite en Italie. Le 13 févr. 2005, un mille-pattes de 1578,81 m composé de 2 901 760 briques a été dévoilé à Turin, à l'initiative de l'association des commerçants de Shopville Le Gru.

Les plus grands... en briques LEGO...
Symbole de Batman : 2 042 m de large, par Luo Wenqi, Ren Jie, Jiang Shuhe et Wang Haiqing (tous CHN), à Nanchang (Jiangxi, CHN), le 11 nov. 2020.
Grande roue : 3,38 m de diamètre, par Tomáš Kašpařík (CZE), vérifiée à Utrecht (NDL), le 22 oct. 2017.
▶ **Squelette** : un squelette taille réelle de *T. rex* de 6 m de long, construit par Nathan Sawaya (USA, voir à gauche) en 2011.
Cerisier en fleurs : 4,38 m de haut et 4,93 m de large, construit par LEGOLAND Japon, à Nagoya (Aichi, JPN), vérifié le 28 mars 2018.

▶ **Le plus grand diorama construit avec des briques en plastique emboîtables**
Une scène inspirée du *Seigneur des anneaux*, créée avec 150 millions de briques, a été dévoilée le 10 janv. 2021 dans le "Royaume des briques" du musée pour enfants SMAERD Land de Shenzhen (Guangdong, CHN). Elle couvre 191 426 m² – soit l'équivalent de 50 lits king size. Il a fallu plus de 3 ans et une équipe de 40 designers et constructeurs pour recréer la Terre du Milieu en briques.

Le diorama sur le thème de Tolkien dépeint des batailles épiques, comme Minas Tirith, le fossé de Helm et la Porte noire.

Monster trucks

Les monster trucks impressionnent tout le monde depuis que *Bigfoot*, **le 1er monster truck** (voir à droite), et Bob Chandler ont écrasé de vieilles voitures en avr. 1981. Aujourd'hui, des dizaines d'énormes camions s'affrontent au Monster Jam – compétition notée comprenant des courses et des cascades.

Le 1er monster truck
Le phénomène des monster trucks date de la fin des années 1970, quand le mécanicien et coureur hors-route Bob Chandler (USA) modifia son pick-up F-250, qu'il appela *Bigfoot*. En 1979, il lui ajouta des pièces issues d'un vieux véhicule militaire qui lui donnèrent sa garde au sol élevée et ses énormes roues, caractéristiques des monster trucks actuels.

Le 1er salto arrière d'un monster truck
Le 27 févr. 2010, Cam McQueen (CAN) a réalisé le 1er salto arrière en monster truck, lancé d'une rampe au Jacksonville Monster Jam (Floride, USA).

2 ans plus tard, le 23 mars 2012, un autre pilote de Monster Jam, George Balhan (USA), en a réussi 2 d'affilée sans s'arrêter, établissant le nouveau record du **plus de saltos arrière consécutifs en monster truck**.

Le 1er monster truck électrique
En nov. 2012, plus de 30 ans après les débuts publics de *Bigfoot*, *Bigfoot 20* (alias *Electro-Foot*) a donné son 1er spectacle. Ce camion de 5 000 kg possède un moteur électrique de 260 kW alimenté par des batteries Odyssey 36. Il a été construit par le pilote de monster truck Nigel Morris (GBR), à L A Supertrux, à Daventry (Northamptonshire, GBR).

Le plus gros monster truck
Avec un poids de 17 236 kg, le *Bigfoot 5* de Bob Chandler, aujourd'hui âgé de 35 ans, demeure le roi des "monsters". Il mesure 4,7 m de haut et utilise les roues d'un véhicule tout-terrain des années 1950, appelé LeTourneau Sno-Train. Il est exposé à St Louis (Missouri, USA).

On attend toujours **le 1er double salto arrière en monster truck**. Plusieurs pilotes ont tenté en vain leur chance, détruisant même leur camion.

Le plus long saut de monster truck depuis une rampe
Le 1er sept. 2013, Joe Sylvester (USA) a battu son propre record de distance parcourue en lançant son camion *Bad Habit* à 72,42 m, à Columbus (Pennsylvanie, USA), son précédent record étant de 63,58 m en 2010, battu de 1,80 m par Dan Runte en 2012.

Le plus long saut de monster truck depuis une rampe en marche arrière a été réalisé par le pilote vétéran et ancien champion Michael Vaters (USA). Il est de 21,3 m et a été exécuté à Indianapolis (Indiana, USA).

Le plus de victoires aux Monster Jam World Finals
Tom Meents (USA ; voir ci-contre) a remporté 12 victoires aux Monster Jam World Finals depuis la 1re édition de l'événement en 1999.

Au World Freestyle Championship 2008, à Las Vegas (Nevada, USA), Adam Anderson (USA, né le 5 déc. 1985), 22 ans et 115 jours, est devenu **le plus jeune vainqueur des Monster Jam World Finals** en remportant l'épreuve de freestyle avec *Taz* le 29 mars.

La 1re femme pilote au Monster Jam
L'ancienne catcheuse WCW/WWE Madusa (alias Debrah Miceli, USA) a fait ses débuts au Monster Jam en 1999 avec un camion portant son pseudo. Elle est devenue **la 1re femme pilote à remporter un Monster Jam Freestyle World Final**, en mars 2004.

Le plus long monster truck
Sin City Hustler est une limousine monster truck de 9,75 m de long construite par Brad et Jen Campbell (tous 2 USA) de Big Toyz Racing. Elle mesure 3,6 m de haut, pèse 6 800 kg et peut accueillir 12 passagers payants pour des balades à sensations dans le désert du Nevada (USA).

MONSTER JAM 2020

Entre les 22 et 25 juin 2020, la pandémie ayant perturbé le calendrier de la compétition, les pilotes du Monster Jam se sont rassemblés pour un festival de records à Bradenton (Floride, USA). Toute la journée, ces 6 pilotes ont exécuté, comme aux tournois du Monster Jam, des roues arrière, des roues avant, des sauts et des burn-out – et ont dépassé leurs limites pour battre des records. Adam, Krysten et Ryan Anderson ont tous remporté des titres du Guinness World Record, une véritable affaire de famille !

La plus longue roue arrière
Record : 190,46 m
Pilote : Adam Anderson (USA)
Camion : *Grave Digger*

Le plus rapide
Record : 161,4 km/h
Pilote : Bryce Kenny (USA)
Camion : *Great Clips Mohawk Warrior*

Le plus de donuts (spins) en 1 min
Record : 44
Pilote : Bari Musawwir (USA)
Camion : *Zombie*
Bari a aussi réalisé **le plus de donuts consécutifs** (58).

La plus longue roue arrière latérale
Record : 271,83 m
Pilote : Ryan Anderson (USA)
Camion : *Son-uva Digger*

Le plus haut saut de rampe
Record : 10,3 m
Pilote : Krysten Anderson (USA)
Camion : *Grave Digger*

La plus longue roue avant
Record : 63,77 m
Pilote : Tom Meents (USA)
Camion : *Max-D*

Le plus de monster trucks survolés par un monster truck
Record : 8
Pilote : Adam Anderson (USA)
Camion : *Megalodon*

Curieux talents

Le plus long temps avec une épée dans la gorge
Le 21 juin 2020, Murray Molloy (IRL) a tenu une épée dans sa gorge durant 13 min et 12 s, à Murcie (ESP). Artiste expérimenté, Murray s'est très tôt intéressé aux spectacles de cirque, quand un "voisin excentrique" lui a appris quelques tours de magie.

Le plus grand championnat de creusement de trous
Narita Dream Farm (JPN) a accueilli 1 452 personnes au 20ᵉ concours international de creusement de trous à Chiba (JPN), le 2 févr. 2020. Les équipes se disputaient la "Pelle d'Or" en creusant le trou le plus profond en 30 min, le "trou le plus créatif" obtenant des points supplémentaires.

La plus longue chaîne de bulles (en suspension)
Le 26 oct. 2020, Su Zhong Tai (CHN) a relié 61 bulles à Taipei (Taïwan, CHN). La chaîne mesurait env. 145 cm de long.

La plus longue chaîne d'élastiques (individuelle)
Sajankumar Arvindbhai Patel (IND) a réalisé une chaîne d'élastiques de 6,5 km, vérifiée à Anand (Gujarat, IND), le 1er janv. 2020. Avec 85 300 élastiques, elle est plus longue que l'avenue des Champs-Élysées et 3 fois plus longue qu'Oxford Street.

Le plus long tir de cornhole (yeux bandés)
Les joueurs de cornhole doivent lancer des sacs de maïs dans un petit trou à l'extrémité d'une plateforme surélevée. Joshua Biggers (USA) a réussi un tir de 9,75 m les yeux bandés, à Clearwater (Floride, USA), le 19 juill. 2020. (Voir aussi p. 233.)

Le poids le plus lourd soulevé avec le petit doigt
Le 18 nov. 2020, Dariusz Slowik (CAN, né POL) a soulevé 105,67 kg – soit env. le poids d'un panda géant adulte – avec son auriculaire, à Aarhus (DNK). L'exploit a eu lieu lors du GWR Day 2020. (Voir p. 11.)

Le plus de sauts de BASE en 12 h par ascension à propulsion humaine
Le 23 oct. 2020, Nicole Senecal (USA) a exécuté 37 sauts de BASE en 12 h,depuis le Perrine Bridge, à Twin Falls (Idaho, USA). Elle a fait le retour à pied, soit 148 m jusqu'à la sortie du pont. Elle voulait ainsi saluer les femmes qui se sont battues pour le droit de vote aux États-Unis. Le 19ᵉ amendement de la Constitution américaine, qui rendait ce droit effectif, fut ratifié un siècle plus tôt.

Kurt Steiner (USA) a réalisé **le plus de rebonds consécutifs d'une pierre sur l'eau** (88), près de Kane (Pennsylvanie, USA), en 2013.

Le plus long ricochet
Dougie Isaacs (GBR) a fait ricocher une pierre sur 121,8 m, au Abernant Lake, à Llanwrtyd Wells (Powys, GBR), le 28 mai 2018, soit plus que la longueur d'un terrain de football américain. Ce même jour, Nina Luginbühl (CHE, ci-dessus) a battu **le record féminin** avec un ricochet de 52,5 m.
Dougie a aussi remporté **le plus de victoires au championnat du monde de ricochet (hommes)** – 8. Lucy Wood (GBR) détient **le record féminin** avec 5 victoires, la dernière en 2018.

Le plus long maintien d'une tronçonneuse en équilibre (menton)
L'artiste de cirque et équilibriste James "Jay" Rawlings (GBR) a maintenu une tronçonneuse sur son menton 13 min et 5,38 s, le 23 mai 2020. Jay a battu 7 records pendant le confinement. Son père Steve (encart), artiste de cirque pendant 30 ans, a réalisé **le plus long maintien d'une batte de baseball en équilibre (menton)** – 2 h, 30 min et 11 s. Ces records ont été établis à Chinnor (Oxfordshire, GBR).

Le plus long temps à faire tourner simultanément 30 cerceaux
Mariam Olayiwola (GBR) a maintenu 30 cerceaux en l'air pendant 35 s, à Londres (GBR), le 22 août 2020. Membre de la troupe de cirque Marawa's Majorettes (voir p. 108-109), elle a dédié sa tentative de record à toutes les filles de sa troupe. Elle espère démontrer ainsi la force et la résistance mentale requises dans les arts du cirque.

Le plus de marches consécutives montées en faisant du hula hoop
Mr O !, alias ObaroEne Otitigbe (USA), a monté 734 marches en faisant du hula hoop à Albany (New York, USA), le 25 mai 2020.

Le plus de personnes debout sur un lit de clous
Le 27 oct. 2020, 151 participants sont restés debout sur des clous lors d'un événement organisé par GVOZDIMIRA 2020 et l'hôtel Raivola à Saint-Pétersbourg (RUS).

Exploits en 1 min : Le plus de...
Pommes coupées en jonglant avec des couteaux (équipe de 2) : Le jongleur David Rush a coupé en deux 40 pommes lancées par son voisin Jonathan Hannon (tous 2 USA), à Boise (Idaho, USA), le 7 oct. 2020.
Ballon de basket attrapé avec le cou : Le 26 oct. 2020, Tarun Kumar Cheddy (MUS) a lancé un ballon et l'a rattrapé sur son cou 48 fois à Seizième Mille (MUS).

Le plus de balles de ping-pong frappées avec un nunchaku en 1 min
Le 23 déc. 2020, inspiré par Bruce Lee, légende des arts martiaux, Xie Desheng (CHN) a frappé 35 balles de ping-pong avec un nunchaku. Son exploit a été retransmis en direct sur *DouYu: The Challengers*, à Pékin (CHN). 2 mois plus tôt, il avait éteint **le plus de bougies avec un coup de pied d'arts martiaux** (28).

Figures en 8 avec une épée : Chirag Lukha (GBR) a exécuté 94 huit dans les airs avec une épée, à Leicester (GBR), le 18 nov. 2020.
Sauts en patins à roulettes : Le 10 févr. 2020, Zorawar Singh (IND) a réalisé 262 sauts à la corde en patins à roulettes à Delhi (IND).
Claquements de fouet : Jack Lepiarz (USA) a claqué un fouet 298 fois à Somerville (Massachusetts, USA), le 6 sept. 2020.

Les recordmen ont dû s'adapter pendant la pandémie en réalisant des records à distance :
Le plus de personnes en même temps...
À faire de l'air guitare en ligne : 186 fans de *Bill & Ted Face the Music* (USA, 2020), enregistrés par Orion Pictures (USA), le 24 août.
À porter un toast en ligne : 335 invités à la conférence Amazon Web Services (USA), le 30 nov.
Dans un hangout vidéo de pizza party : 907 clients de Hormel Foods (USA), le 18 sept.
Dans un live Facebook : 9 317 téléspectateurs de l'émission *UK Haunted* (GBR), le 1er nov.

La plus longue distance parcourue en 24 h en poussant une tondeuse
Les 22-23 juin 2019, Andy Maxfield (GBR) a poussé une tondeuse à gazon sur 92,80 km, à Ewood Park, à Blackburn (Lancashire, GBR) – le terrain des Blackburn Rovers, son équipe de football préférée. Avec cet exploit, il a récolté 4 500 £ pour l'Alzheimer's Society. Le 30 juill. 2017, il avait aussi effectué **le trajet le plus rapide entre Land's End et John o'Groats sur une tondeuse autoportée** John Deere X750 – 5 jours, 8 h et 36 min.

Le plus de pommes écrasées à la main en 1 min
Donnie Baxter (GBR) a écrasé 13 pommes en 60 s avec sa main droite, les cassant en 2 morceaux au moins, à Acharacle (Highlands écossais, GBR), le 11 oct. 2020. Les fruits écrasés ont été cuits dans une tarte. Donnie a ainsi réalisé son rêve d'enfant : figurer dans le *GWR*. Ashrita Furman et Bipin Larkin (tous 2 USA) ont lancé et attrapé **le plus de pommes dans la bouche en 1 min** (47), à New York (USA), le 27 févr. 2020.

En revue

Le plus de touches de balle avec une crosse de hockey sur un rola bola en 1 min
Le 17 oct. 2020, en équilibre sur un rola bola, Kaden Galatiuk (USA), 10 ans, a frappé une balle 284 fois avec sa crosse de hockey, à San Antonio (Texas, USA). Kaden rêve de jouer dans la Ligue nationale de hockey.

Le plus grand dessin par une seule personne
Le 3 nov. 2020, l'artiste FRA!, alias Francesco Caporale, a réalisé l'œuvre *Doodle Project*, d'une surface de 568,47 m², en collaboration avec la société d'électronique Xiaomi Italia (tous 2 ITA), à Altomonte (ITA). Mesurant 2 fois la taille d'un court de tennis, l'œuvre comprenait des dessins basés sur des images téléchargées par des utilisateurs sur DoodleDream.it.

Le plus long texte avec des billets
Ramkumar Sarangapani (IND) a écrit "GWR Day 2020" avec 5 005 billets d'une roupie, le 18 nov. 2020, à Dubaï (ARE). L'œuvre mesurait 8 x 6,4 m.

La plus grande exposition de chiens origami
Le 19 déc. 2020, Danilo Schwarz et Meire Matayoshi (tous 2 BRA) ont présenté 1 010 chiens en papier à São Paulo (BRA).

La plus longue ligne de conga sur patins à roulettes
Le 1er nov. 2019, le Shivganga Roller Skating Club (IND) a formé une ligne de conga de 308 personnes sur patins, à Belagavi (Karnataka, IND).

La plus longue distance parcourue pieds nus sur des briques LEGO®
John Wahl (USA) a fait une "balade" sur LEGO de 8,35 km, à Rogersville (Alabama, USA), le 28 juin 2020.

La plus longue marche sur des LEGO® d'une équipe de relais en 1 h est de 4,02 km. Salacnib "Sonny" Molina, Kevin Strahle, Russel Cassevah, James Preseau Jr et Kirb Lim (tous USA) ont connu la gloire à McHenry (Illinois, USA), le 27 mars 2021.

La plus grande bulle de savon autoportante
Marty McBubble, alias Graeme Denton (AUS), a formé une bulle de 10,75 m, à Adélaïde (AUS), le 30 sept. 2020.

La plus haute pile de boules de bowling en 3 min (équipe de 2)
Chad McLean et Steve Kloempken (tous 2 USA) ont empilé 11 boules de bowling en équilibre en 180 s, à Brigham City (Utah, USA), le 3 nov. 2020.

La plus grande collection de Converse
La collection de Joshua Mueller (USA) compte 2 630 paires de Converse, nombre vérifié à Lakewood (Washington, USA), le 30 juill. 2019 – de quoi porter une paire différente chaque jour pendant plus de 7 ans ! Joshua a revendiqué ce record pour la 1re fois en 2012 et n'a cessé d'enrichir sa collection depuis. Il espère que son fils prendra la relève.

La plus grande collection d'objets liés à Coca-Cola
Debbie Indicott (USA) a rassemblé 2 028 objets en rapport avec ce soda emblématique, nombre vérifié à Lenoir (Caroline du Nord, USA), le 8 oct. 2020. Debbie a commencé sa collection en 1990 après un voyage à Las Vegas. Sa pièce favorite est un ensemble de 188 publicités *National Geographic* qu'elle a eu beaucoup de mal à obtenir. Elle espère acheter un jour une machine à Coca-Cola vintage.

La plus haute structure en bâtonnets de glace
Eric Klabel (USA) a construit une tour de 6,15 m avec des bâtonnets de glace. Ce record a été confirmé à Naperville (Illinois, USA), le 14 nov. 2020. La structure en forme de fusée comprend 1 775 bâtonnets et est plus grande qu'une girafe adulte.

La plus lourde tomate
Dan Sutherland (USA) a fait pousser une tomate de 4,896 kg – soit le poids moyen d'un chat –, pesée à Walla Walla (Washington, USA), le 15 juill. 2020. Ce fantastique fruit – de la variété Domingo – a été authentifié par le Great Pumpkin Commonwealth.

Le plus grand véhicule K'NEX motorisé
Le 19 sept. 2020, William Rose (GBR), 15 ans, a dévoilé son char d'assaut Mark I de la Première Guerre mondiale, réalisé avec des pièces K'NEX. Alimenté par plus de 20 moteurs, ce véhicule de 3,9 m de long a été conduit sur au moins 5 m dans la rue devant sa maison à Great Dunmow (Essex, GBR).

Le plus de trios de skieurs nautiques remorqués derrière un seul bateau
Dans cette discipline, 2 skieurs nautiques soulèvent un 3e skieur au-dessus de leurs têtes pour effectuer des manœuvres ou des portés. Quatorze trios de la Big Pull Team (USA) ont été tractés derrière un bateau à Rock Island (Illinois, USA), le 15 sept. 2019. Un harnais les reliait au bateau, afin qu'ils aient les mains et les bras libres pour les figures.

Le plus long marathon en faisant du hula hoop
Jenny Doan (AUS) a fait du hula hoop pendant 100 h à Chicago (Illinois, USA), du 19 au 23 nov. 2019. Elle voulait s'imposer un défi physique et émotionnel dans une épreuve d'ultra-endurance – qui lui a valu un gros bleu (encart). Avec son exploit, elle a récolté des fonds pour Mental Health America.

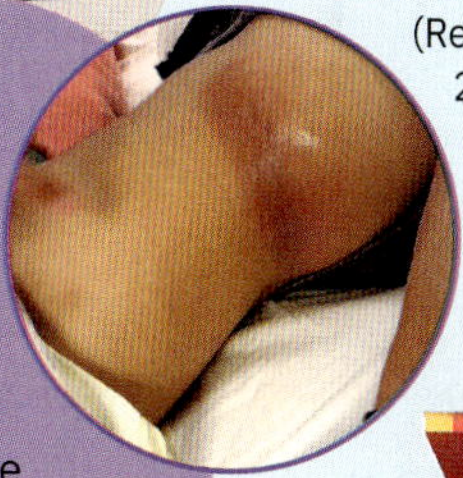

Le slalom 20 cônes le plus rapide en dribblant un ballon de foot
Le 3 juill. 2020, Lucas Amar (USA) a manœuvré un ballon entre 20 cônes espacés de 50 cm en 17,05 s, à Rockville (Maryland, USA). Lucas a démontré son jeu de jambes sur le parking de son école primaire.

Le plus de...
lancers francs consécutifs depuis un fauteuil roulant : le 29 juill. 2019, Kipp Watson (USA) a enchaîné 12 lancers francs à Rio Rancho (Nouveau-Mexique, USA). Kipp joue au basket en fauteuil roulant depuis le début des années 1970, lorsqu'il a rejoint les Brooklyn Whirlaways.
passages de chapeau du pied à la tête sur un monocycle en 1 min : en équilibre sur un monocycle, Mushegh Khachatryan (ARM) a fait passer un chapeau d'un pied à la tête 16 fois en 60 s, à Erevan (ARM), le 28 oct. 2019.
bouchons de canettes arrachés avec les dents en 1 min : Charles Mady (CAN) a arraché avec les dents le bouchon de 24 canettes en aluminium pleines et fermées en 60 s, le 22 juin 2020, à Windsor (Ontario, CAN).
tapes du pied par 2 personnes en 30 s (en ligne) : Silvio et Cristian Sabba (tous 2 ITA), père et fils, ont tapé 117 fois du pied à Milan (ITA), le 24 juin 2020. Saar et Lior Kessel (ISR) ont égalé cet exploit à Mishmar HaShiv'a (tous 2 ISR), le 25 juin 2020. Ces 2 #GWRChallenges ont été établis pendant le confinement.
jetons de poker en équilibre sur un doigt : Rocco Mercurio (ITA) a tenu 200 jetons sur l'index de sa main droite, à Villa San Giovanni (Reggio Calabria, ITA), le 10 juill. 2020. Silvio Sabba a égalé cet exploit à Milan (ITA), le mois suivant.

Le véhicule comestible le plus rapide
Le 18 nov. 2020, 2 voitures comestibles à 90 % se sont affrontées à l'ilani Tesort de Ridgefield (Washington, USA). La plus rapide, recouverte de fondant blanc, était faite de gâteaux de riz et de 139 gâteaux à la vanille avec un glaçage à la crème au beurre. Conduite par l'ancien pilote de F1 et d'IndyCar Michael Andretti, elle a atteint 27,4 km/h. Lors de cette course organisée par Mike Elder (USA), la voiture a aussi établi le record de **la plus grande distance parcourue par un véhicule comestible** : 106,6 m.

La plus grande machine à pop-corn
Le parc à thème Carnival Magic récemment ouvert à Phuket (THA) possède une machine à pop-corn de 7,89 m de haut, mesurée le 26 sept. 2020. **La plus grande lanterne suspendue** a été homologuée le même jour dans ce parc à thème. Avec ses 12,04 m, elle est plus grande qu'un poteau télégraphique standard.

Le plus grand costume de danse traditionnel
L'Association culturelle, récréative et sociale de Teivas a dévoilé un costume de 8,01 m de haut à Teivas (POR), le 20 sept. 2020. Il se composait de 166 m de tissu paré de 4 000 perles rouges et drapé sur une armature métallique. Il s'inspirait d'une robe portée par les danseurs traditionnels de Morgadinha.

Le plus long saut de rampe en wakeboard
Le 22 oct. 2020, Omeir Saeed Omeir Yousef Almheiri (UAE) a réalisé un saut de rampe de 21 m – plus que la longueur d'une piste de bowling – sur un wakeboard, à Abu Dhabi (UAE). Il a ainsi battu le précédent record de 6 m, qui datait de 2004.

Incroyable **Marawa**

L'artiste Marawa Ibrahim déclare que détenir un record GWR, c'est appartenir à un "club de super-héros". Dans son cas, il s'agit sans doute d'un "club de super-cerceaux" !

Née d'un père somalien et d'une mère australienne, Marawa a couru le monde pendant une grande partie de son enfance. Un voyage dans les écoles de cirque chinoises l'a convaincue de s'inscrire à l'Institut national des arts du cirque de Melbourne (AUS). Trapéziste, Marawa savait déjà qu'un simple cerceau, le hula-hoop, "super portable et super fun", serait l'instrument de son avenir.

Elle enseigne et se produit dans le monde entier, du Népal à la Corée du Nord. En chemin, elle participe à de nombreuses émissions télévisées Guinness World Records et établit un certain nombre de records. Elle a accompli son exploit le plus emblématique, **le plus de cerceaux en rotation simultanée** (200), le 25 nov. 2015, à Los Angeles (Californie, USA). C'est la 4e fois qu'elle bat ce record.

Marawa est déterminée à poursuivre son objectif : "Conquérir le monde avec des cerceaux !"

CARTE D'IDENTITÉ
Nom : Marawa Ibrahim
Nom de scène : Marawa The Amazing
Lieu de naissance : Melbourne (AUS)
Inspirations : la gymnaste Olga Korbut, la comédie musicale *Starlight Express*
Diplôme : Licence en arts du cirque
Nombre de titres GWR actuels : 8
Talents : Cerceaux, patins à roulettes à talon, trapèze
Bibliographie : *Mon Corps qui change*

Les Majorettes de Marawa ont réalisé **le plus de passes de cerceaux avec les pieds en 1 min en équipe de 8** (26).

Le plus de cerceaux en rotation simultanée autour de la taille (par équipe)
Marawa a rassemblé une équipe de super-cerceaux, les Majorettes. Le 24 mai 2017, elles ont fait tourner 299 cerceaux en même temps à Londres (GBR).

Enfant, Marawa adorait la comédie musicale *Starlight Express*. Elle aime toujours enfiler ses patins. Le 21 août 2013, elle a établi **le 100 m le plus rapide sur des patins à talon** (26,10 s) (en haut).

1. Marawa incarne la danseuse Josephine Baker dans la production Spiegelworld de *Désir* à New York (USA).

2. En 2017, Marawa publie *Mon corps qui change* (*The Girl Guide*), riche de conseils pour les jeunes filles.

3. En 2011, Marawa émerveille le public de *Britain's Got Talent*, en arrivant jusqu'en demi-finale. Elle atteint la même étape dans *America's Got Talent* en 2015 et finit 3e dans *Arabs Got Talent* en 2013.

4. À la suite des émeutes de Londres en 2011, Marawa et ses cerceaux redonnent le sourire au public du quartier de Hackney.

5. Marawa présente des défilés de mode à Paris et à Londres. Elle propose même sa propre ligne, axée – vous l'aurez deviné – sur les vêtements de sport.

Découvrez plus d'informations sur Marawa dans la section Hall of Fame sur **www.guinnessworldrecords.com/2022**

Kew Gardens

Lieu : Richmond, Londres (GBR)

Création : 1759

Superficie : 133,5 ha

Nombre d'espèces : 16 900 (en 2019)

Arbres dans l'arboretum : 14 000 (2 000 espèces)

À ne pas manquer : Great Pagoda, Treetop Walkway, Palm House, Temperate House

Visiteurs annuels : env. 2,1 millions

Les jardins botaniques royaux de Kew sont un joyau de l'horticulture. La collection unique d'espèces végétales qu'ils abritent en fait un lieu incontournable, tant pour les passionnés de plantes que les botanistes avertis.

Créé en guise de jardin d'agrément en 1759 par la princesse Augusta, il s'étend lors de la fusion de 2 domaines royaux en 1802 avant de passer des mains de la Couronne à celles de la nation en 1840. Aujourd'hui, il abrite **la plus grande collection d'espèces végétales vivantes dans un jardin botanique (un seul site)**, avec 16 900 espèces cultivées en 2019 ; un chiffre qui devrait augmenter après un audit prévu en 2021.

Kew Gardens présente une large palette d'habitats sur ses 133,5 ha. La serre humide Palm House (à gauche) renferme nombre d'espèces tropicales, notamment **la plus ancienne plante en pot** (ci-dessous, à droite). La serre Princess of Wales Conservatory abrite 10 zones au microclimat distinct, contrôlées par ordinateur, et plus de 14 000 arbres.

Au cours de ses 250 ans d'histoire, Kew Gardens s'est étendu au-delà de son jardin d'origine au sud de Londres. Une annexe, située à Wakehurst (West Sussex), renferme la Millennium Seed Bank, **la plus importante banque de graines** avec quelque 2,4 milliards d'échantillons issus de près de 40 000 espèces. Les botanistes du jardin parcourent le monde, pour découvrir de nouveaux spécimens exceptionnels. On peut notamment y admirer **l'orchidée qui ne s'ouvre que la nuit** (*Bulbophyllum nocturnum*) – ses fleurs s'ouvrent à la nuit tombée et se referment au lever du jour – et **le plus grand bananier** (*Musa ingens*), dont les régimes peuvent atteindre 60 kg ! Ils proviennent tous 2 de Nouvelle-Guinée, une île du Pacifique, qui détient elle-même plusieurs records (voir p. 55).

Des graines minuscules aux arbres géants, le jardin botanique de Kew Gardens reflète la richesse botanique de la planète.

La vie dans une serre en verre

Les serres victoriennes sont l'un des joyaux du jardin de Kew. Datant de 1844, la Palm House (à gauche) abrite sa mini-jungle, avec entre autres des espèces ayant disparu dans la nature. Ci-dessous, la Temperate House, construite en 1899, a rouvert ses portes en 2018 après 5 ans de travaux ; en encart figure un palmier de Chine, *Trachycarpus fortunei*. Ces collections offrent un large champ de possibilités en matière de recherche médicale, pharmaceutique et botanique pour les plus de 350 scientifiques de Kew.

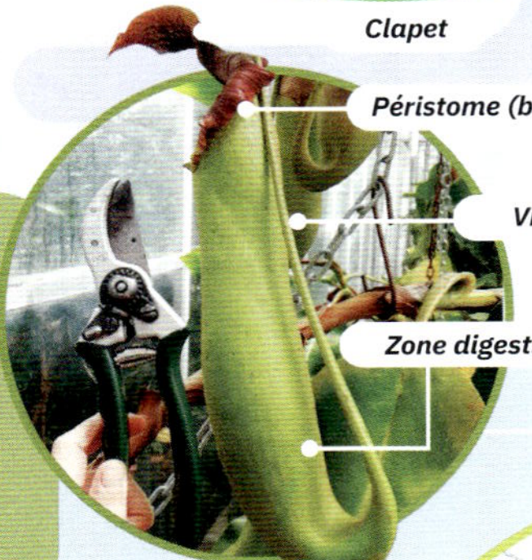

La plus longue urne piège d'une *Nepenthes* en culture

L'urne de la plante carnivore *Nepenthes truncata* du jardin de Kew mesurait 43 cm de la base au sommet du clapet, le 15 juill. 2020. Comme toutes les plantes carnivores, cette espèce utilise des pièges – ici des feuilles modifiées – pour capturer ses proies (voir p. 46). L'intérieur glissant mène dans un bain de liquide digestif.

La plus ancienne plante en pot

La Palm House abrite un cycas géant du Cap (*Encephalartos altensteinii*) ramené d'Afrique du Sud au Royaume-Uni en 1775. Souvent décrits comme des "fossiles vivants", ces arbres comptent parmi les plantes les plus anciennes. Ci-dessus, le personnel rempote le cycas de Kew Gardens, un arbre d'une grande longévité, photographié en 2009.

La plus grande fleur

Du haut de ses 3 m, cet arum titan (*Amorphophallus titanum*) – mesuré par le GWR dans le jardin de Kew en 2019 – a manqué de peu le record. Cette fleur de 3,1 m, mesurée le 18 juin 2010, a été cultivée par Louis Ricciardiello (USA), à Gilford (New Hampshire, USA). En pleine floraison, *A. titanum*, ou fleur-cadavre, dégage une odeur nauséabonde, rappelant celle de la viande faisandée, pour attirer les mouches pollinisatrices. Son odeur peut être détectée jusqu'à 0,8 km de distance, ce qui en fait également **la plante la plus malodorante**.

Les “Old Lions”
Cette photo montre un ginkgo (*Ginkgo biloba*), originaire de Chine, et l’un des 1ers de son espèce à avoir été planté en Grande-Bretagne. Il s’agit de l’un des “Old Lions” de Kew Gardens , des arbres transférés ici en 1762 de la propriété de Twickenham du duc d’Argyll, et les plus anciens du site que l’on peut dater avec précision. Ce spécimen est toutefois encore un jeune homme : les ginkgos peuvent en effet vivre près de 3 500 ans !

Construit avec 400 t d’acier patiné

Une vue d’ensemble
Kew Gardens offre un mélange raffiné entre architecture traditionnelle et moderne. Construite en 2008, la Treetop Walkway, une passerelle de 18 m de haut, permet aux visiteurs de marcher au-dessus de la canopée et d’admirer la flore et la faune. Non loin de là, la Grande Pagode, tour de 10 étages, a été achevée en 1762 et offerte à la princesse Augusta, la fondatrice de Kew Gardens. Après avoir gravi ses 253 marches, les visiteurs peuvent admirer les vues à couper le souffle sur Londres.

Folie octogonale de 50 m de haut

Quand elle a été inaugurée en 1852, la Waterlily House de Kew Gardens était la plus large serre à travée unique du monde.

Peut supporter le poids d’un enfant !

Fleurs de la taille d’une pièce

100 %

Le plus petit nénuphar
Nymphaea thermarum, ou nénuphar “thermal”, est doté de feuilles flottantes ne mesurant pas plus de 10 à 20 mm. Cette plante a disparu de son milieu naturel, mais, en 2009, des horticulteurs de Kew Gardens ont mis au point une méthode pour les multiplier. Le site abrite plus de 50 spécimens, dont certains sont cultivés dans la Waterlily House.

Le plus grand nénuphar
Les feuilles circulaires de ce nénuphar géant (*Victoria amazonica*), qui peuvent atteindre 3 m, sont maintenues en place grâce à une tige de 7 à 8 m située sous l’eau. Comme on le voit sur la photo, ses feuilles sont maintenues à la surface grâce à de solides nervures réticulées qui maintiennent les feuilles à plat et les empêchent de s’affaisser. On raconte que leur forme a inspiré le réseau de poutres en métal autour duquel le Crystal Palace a été bâti pour l’Exposition universelle de Londres en 1851.

Nervures réticulées

Aventures

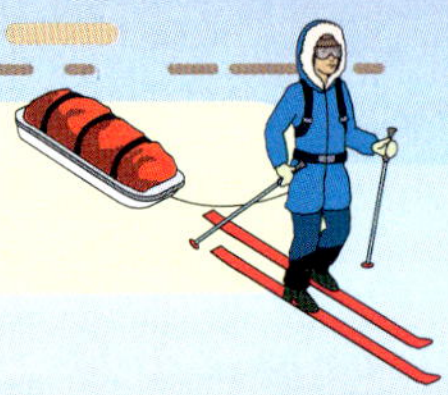

La plus jeune personne à traverser un océan à la rame

Le 14 juin 2020, Maxim Ivanov (BGR, né le 25 août 2003) s'est lancé dans une traversée de l'Atlantique à la rame à l'âge de 16 ans et 294 jours. En équipe avec son père Stefan, entrepreneur, il est parti de Portimão (POR) pour ramer d'est en ouest à bord de *Neverest*. Ils ont parcouru 4 444 milles nautiques (8 230 km) jusqu'à la Barbade, où ils sont arrivés le 6 oct. 2020 après 114 jours, 9 h et 36 min en mer. Maxim devient ainsi **la plus jeune personne à traverser un océan à la rame en duo**.

Les Ivanov avaient prévu d'arriver au Brésil, mais ils ont dû changer d'objectif en raison des restrictions de voyage imposées par la COVID-19. C'était la 1re traversée de l'Atlantique enregistrée pendant la saison des ouragans, et le duo a passé plusieurs jours avec l'ancre déployée pour affronter les tempêtes tropicales et l'ouragan Teddy.

Maxim et son père ont construit leur bateau en fibre de verre Neverest dans leur garage.

SOMMAIRE

Ultra-cyclisme

La traversée du Japon à vélo la plus rapide
Akihiro Takaoka (JPN) a traversé son pays à vélo en 6 jours, 13 h et 28 min, du sud au nord, du cap Sata au cap Sōya. Il a pédalé du 5 au 11 août 2020, battant le record existant de plus de 30 h. Takaoka a abandonné sa carrière de banquier d'affaires pour se consacrer à son amour du vélo et possède désormais un magasin de cycles dans l'arrondissement de Meguro, à Tokyo.

La plus longue distance parcourue en 1 an (WUCA)
Entre le 15 mai 2016 et le 14 mai 2017, Amanda Coker (USA) a parcouru 139 326,34 km à vélo, soit plus de 4 fois la circonférence équatoriale de la Terre.

Au cours de ce voyage, Coker a battu 2 autres records. Du 1er au 30 avr. 2017, elle a réalisé **la plus longue distance en 1 mois** de la WUCA (12 894,87 km). Et entre les 15 mai 2016 et 11 juill. 2017, elle a effectué **le 100 000 miles le plus rapide à vélo** (423 jours) ; son exploit a pulvérisé – de 77 jours – le record de Tommy Godwin de 1939-1940, qui avait couvert cette distance en 500 jours.

Le tour du monde le plus rapide en tandem
Rachael Marsden et Catherine Dixon (toutes 2 GBR) ont fait le tour du monde en 263 jours, 8 h et 7 min, du 29 juin 2019 au 18 mars 2020. Les conditions météorologiques et environnementales ont constitué leur plus grand défi : elles ont dû faire face à une canicule en Europe et à des moussons en Inde et en Asie du Sud-Est. De retour en Europe, elles ont dû se dépêcher pour rentrer avant la fermeture des frontières due à l'épidémie de COVID-19.

La plus longue distance parcourue en 1 semaine (sans rythme)
Du 28 sept. au 4 oct. 2020, Jack Thompson (AUS) a parcouru 3 505 km à Séville (ESP). Thompson est cycliste professionnel, et décrocher ce titre était un vieil objectif. Afin de se protéger de la pandémie, il a limité son parcours à son pays de résidence.

La traversée de l'Irlande à vélo la plus rapide (hommes)
Les 3-4 juill. 2020, Joe Barr (IRL) a traversé l'Irlande du nord au sud, de Malin Head à Mizen Head, en 21 h et 28 min, comme ratifié par la WUCA. Il a enregistré une vitesse moyenne de 17,4 km/h au cours de cette traversée de 613 km. Le cycliste de 61 ans a réalisé son exploit dans le cadre d'un voyage aller-retour nord-sud-nord, effectué en 44 h et 15 min.

Le trajet le plus rapide de Land's End à John o' Groats en handbike
Mel Nicholls (GBR) a parcouru la longueur du Royaume-Uni en 6 jours, 22 h et 17 min en handbike, du 13 au 20 juin 2019. Cette athlète à plein temps et paralympienne a subi de multiples AVC, le dernier en 2008. Elle participe à des compétitions sur le circuit mondial en tant que cycliste d'endurance et marathonienne en fauteuil roulant, et a participé aux jeux Paralympiques de Londres 2012 et Rio 2016.

Le parcours le plus rapide de la route Manali-Leh à vélo
Bharat Pannu (IND) a mis 35 h, 32 min et 22 s pour parcourir cette route de haute montagne dans le nord de l'Inde, et a terminé à Manali, Himachal Pradesh, le 11 oct. 2020. Il a couvert 472 km.

Le trajet le plus rapide entre le Cachemire et Kanyakumari à vélo
En 8 jours, 7 h et 38 min, Om Hitendra Mahajan (IND) a voyagé du Cachemire, au nord du sous-continent indien, à Kanyakumari, au sud, qu'il a atteint le 21 nov. 2020.

La plus longue distance parcourue en 6 h par une équipe de 2 sur piste extérieure (WUCA)
Peter Horton et Mathew Hancox (tous 2 GBR) ont parcouru 241,22 km en 6 h, au stade Quibell Park de Scunthorpe (GBR), le 10 oct. 2020. Horton avait été victime d'un accident grave 7 mois plus tôt, avec pour conséquence un poumon perforé et une fracture du bassin, de la clavicule et de la main.

La plus longue distance parcourue en 24 h sur route à vélo (WUCA)
Le vétéran du cyclisme longue distance Stanislav Verstovšek (SVN) a parcouru 914,020 km les 2-3 juill. 2020. Il a enregistré une vitesse moyenne de 38,08 km/h sur l'ensemble du parcours à Prekmurje (SVN). Pendant l'entraînement, il a parcouru à vélo plus de 22 000 km, soit env. le double du périmètre complet de l'Italie. (Voir tableau ci-contre pour plus de records.)

Le tour du monde à vélo le plus rapide
Mark Beaumont (GBR) a fait le tour du monde à vélo en 78 jours, 14 h et 40 min, commençant et terminant à Paris (FRA). Il a traversé 16 pays au cours de son périple, qui a duré du 2 juill. au 18 sept. 2017.

Jenny Graham (GBR) détient **le record féminin** : elle a fait le tour du monde sans assistance en 124 jours et 11 h, du 16 juin au 18 oct. 2018. Son point de départ et d'arrivée était Berlin (DEU).

GWR est fier de s'associer à la World Ultracycling Association (WUCA) pour vous présenter plusieurs athlètes d'endurance exceptionnels. Fondée en 1980, la WUCA est l'autorité mondiale en matière de cyclisme de longue distance. Elle tient à jour la plus grande base de données des exploits cyclistes dans diverses catégories – gérée par Larry Oslund – et certifie les records de ses membres.

WORLD ULTRACYCLING ASSOCIATION
WUCA
ULTRACYCLING.COM

La WUCA surveille les records de vitesse et de distance pour les 3 disciplines principales de l'Ultra-cyclisme : piste intérieure, piste extérieure et route. Ils sont ensuite sous-catégorisés par type de vélo, courses solo/équipe, sexe et âge. Nous présentons les détenteurs des records individuels de vitesse pour les 2 disciplines extérieures, qui sont exacts au 27 avr. 2021.

Piste extérieure (femmes)

Le plus rapide...	Temps	Nom	Date
100 km	02:49.46	Karen Taylor (GBR)	8 août 2018
200 km	06:22.33	Anna Mei (ITA, à droite)	8 oct. 2020
300 km	09:43.25	Anna Mei (ITA)	8 oct. 2020
500 km	17:02.58	Anna Mei (ITA)	8 oct. 2020
100 mi	03:10.27	Barbara Buatois (FRA)	13 juill. 2014
200 mi	09:44.39	Seana Hogan (USA)	4 mai 2012
300 mi	16:25.21	Anna Mei (ITA)	8 oct. 2020

Le 500 km le plus rapide sur piste extérieure (femmes)
Le 8 oct. 2020, Anna Mei (ITA) a parcouru 500 km à vélo en 17 h, 2 min et 58 s, au vélodrome de Bassano del Grappa, à Vicenza (ITA). Mei a obtenu ce record alors qu'elle tentait de réaliser **le 1 000 km le plus rapide**, mais elle a été contrainte d'interrompre sa tentative à cause de la fatigue. Sa course a servi à récolter des fonds pour l'association DEBRA, qui soutient les enfants atteints de maladies rares de la peau.

Le 500 km le plus rapide sur route (femmes)
Jen Orr (USA) a parcouru 500 km en 17 h, 33 min et 7 s, le 7 nov. 2020, à Borrego Springs (Californie, USA). Cette cycliste d'ultra-endurance expérimentée a dû faire face à des vents de 80 km/h et à des averses, mais elle s'est battue pour réaliser une série de records sur une période de 24 h (voir à droite).

Route (femmes)

Le plus rapide...	Temps	Nom	Date
100 km	03:15.21	Beatriz Baeza (ESP)	2 juin 2018
200 km	06:35.40	Jen Orr (USA, à gauche)	7 nov. 2020
300 km	10:26.59	Jen Orr (USA)	7 nov. 2020
500 km	17:33.07	Jen Orr (USA)	7 nov. 2020
100 mi	05:15.06	Pamela Atwood (USA)	23 mai 2006
200 mi	11:14.44	Jen Orr (USA)	7 nov. 2020
300 mi	16:56.02	Jen Orr (USA)	7 nov. 2020

Route (hommes)

Le plus rapide...	Temps	Nom	Date
100 km	02:21.42	Stanislav Verstovšek (SVN, à gauche)	2 oct. 2020
200 km	04:44.09	Stanislav Verstovšek (SVN)	2 oct. 2020
300 km	07:10.50	Stanislav Verstovšek (SVN)	2 oct. 2020
500 km	12:18.42	Stanislav Verstovšek (SVN)	2 oct. 2020
1 000 km	1:04:50.14	Marko Baloh (SVN)	25 juill. 2020
100 mi	03:48.06	Stanislav Verstovšek (SVN)	2 oct. 2020
200 mi	07:43.50	Stanislav Verstovšek (SVN)	2 oct. 2020
300 mi	11:51.17	Stanislav Verstovšek (SVN)	2 oct. 2020
500 mi	22:23.23	Marko Baloh (SVN)	25 juill. 2020

La plus longue distance en 24 h sur piste extérieure
Ralph Diseviscourt (LUX) a parcouru 915,395 km, à Vianden (LUX), les 11 et 12 juill. 2020. Il a aussi établi un nouveau **record de distance totale en 6 h** (251,343 km), ainsi que 8 records de vitesse WUCA ce jour-là (voir à gauche). Comme beaucoup des coureurs de ces pages, Diseviscourt – photographié ci-dessus avec son équipe de soutien – était en quête de nouveaux défis au cours d'une année où les courses étaient annulées ou abandonnées à cause de la pandémie.

Piste extérieure (hommes)

Le plus rapide...	Temps	Nom	Date
100 km	02:19.13	Ralph Diseviscourt (LUX, à droite)	11 juill. 2020
200 km	04:44.30	Ralph Diseviscourt (LUX)	11 juill. 2020
300 km	07:12.42	Ralph Diseviscourt (LUX)	11 juill. 2020
500 km	12:27.48	Ralph Diseviscourt (LUX)	12 juill. 2020
1 000 km	1:07:23.01	Francisco Vacas Rodriguez (ESP)	6 juin 2010
100 mi	03:47.02	Ralph Diseviscourt (LUX)	11 juill. 2020
200 mi	07:46.11	Ralph Diseviscourt (LUX)	11 juill. 2020
300 mi	11:59.45	Ralph Diseviscourt (LUX)	12 juill. 2020
500 mi	21:01.46	Ralph Diseviscourt (LUX)	12 juill. 2020

Aux pôles : l'Arctique

POLAR EXPEDITIONS
PECS
CLASSIFICATION SCHEME

Le Polar Expeditions Classification Scheme (PECS) est un système de classement et de qualification pour les voyages prolongés et non motorisés dans et autour des points extrêmes de la Terre. Créé en 2020, il est géré par un comité de spécialistes en expéditions polaires. Les modes de déplacement, les points de départ et d'arrivée, les itinéraires et l'assistance sont définis dans le cadre de cette initiative, qui donne aux aventuriers des indications sur la manière de classer, promouvoir et immortaliser leurs périples. Les 4 pages suivantes présentent une série de 1res expéditions polaires reconnues par les experts du PECS.

La 1re expédition à ski en solitaire jusqu'au pôle Nord

4

Le Dr Jean-Louis Étienne (FRA) a atteint le pôle Nord le 14 mai 1986, après avoir skié seul et sans chiens pendant 63 jours. Avec un traîneau derrière lui, il a parcouru en moyenne 20 km – soit 8 h de ski – par jour. En 1989, le Dr Étienne s'est lancé dans une traversée terrestre de l'Antarctique de 6 048 km et de 7 mois avec Will Steger (voir p. 118).

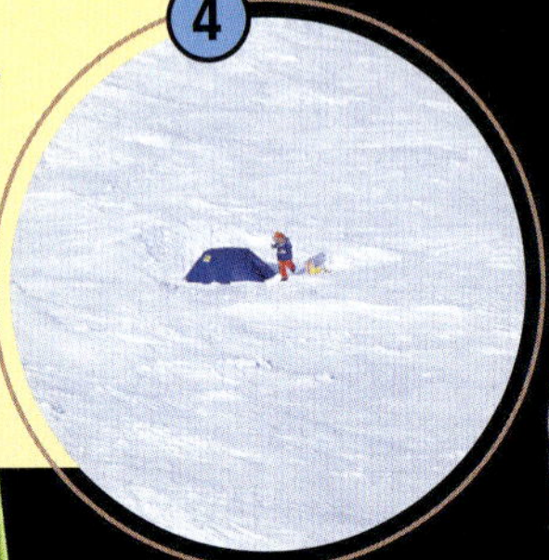

La 1re traversée de l'océan Arctique par voie terrestre

1

L'Expédition trans arctique britannique – menée par Wally Herbert (leader), Allan Gill, le major Ken Hedges et le Dr Roy Koerner (photographiés de droite à gauche, à côté de leur opérateur radio Freddie Church, au centre) – est arrivée dans l'archipel norvégien du Svalbard le 29 mai 1969, après un voyage de 3 200 km depuis l'Alaska (USA), via le pôle Nord. Leur voyage épique de 463 jours comprenait 5 mois d'hivernage sur une banquise à la dérive.

La 1re expédition sans assistance jusqu'au pôle Nord

5

L'Expédition polaire internationale Steger est arrivée au pôle Nord le 1er mai 1986, après un voyage de 56 jours en traîneaux à chiens, sans ravitaillement, qui a couvert 790 km. L'équipe de 8 personnes était composée de Will Steger, Paul Schurke, Geoff Carroll, Ann Bancroft (tous USA), Bob McKerrow (NZL), Richard Weber, Bob Mantell et Brent Boddy (tous CAN). Bancroft a également été **la 1re femme à atteindre le pôle Nord par voie terrestre**.

La 1re expédition en solitaire jusqu'au pôle Nord

2

Naomi Uemura (JPN) a effectué un voyage de 780 km à travers la glace de l'Arctique lors d'une expédition en traîneau à chiens en solitaire, arrivée au pôle Nord le 29 avr. 1978. Il était parti le 5 mars du cap Edward sur l'île d'Ellesmere (CAN). Au cours de son périple, il a dû faire face à un ours polaire qui a envahi son camp et s'est retrouvé bloqué avec ses chiens sur une section de la banquise.

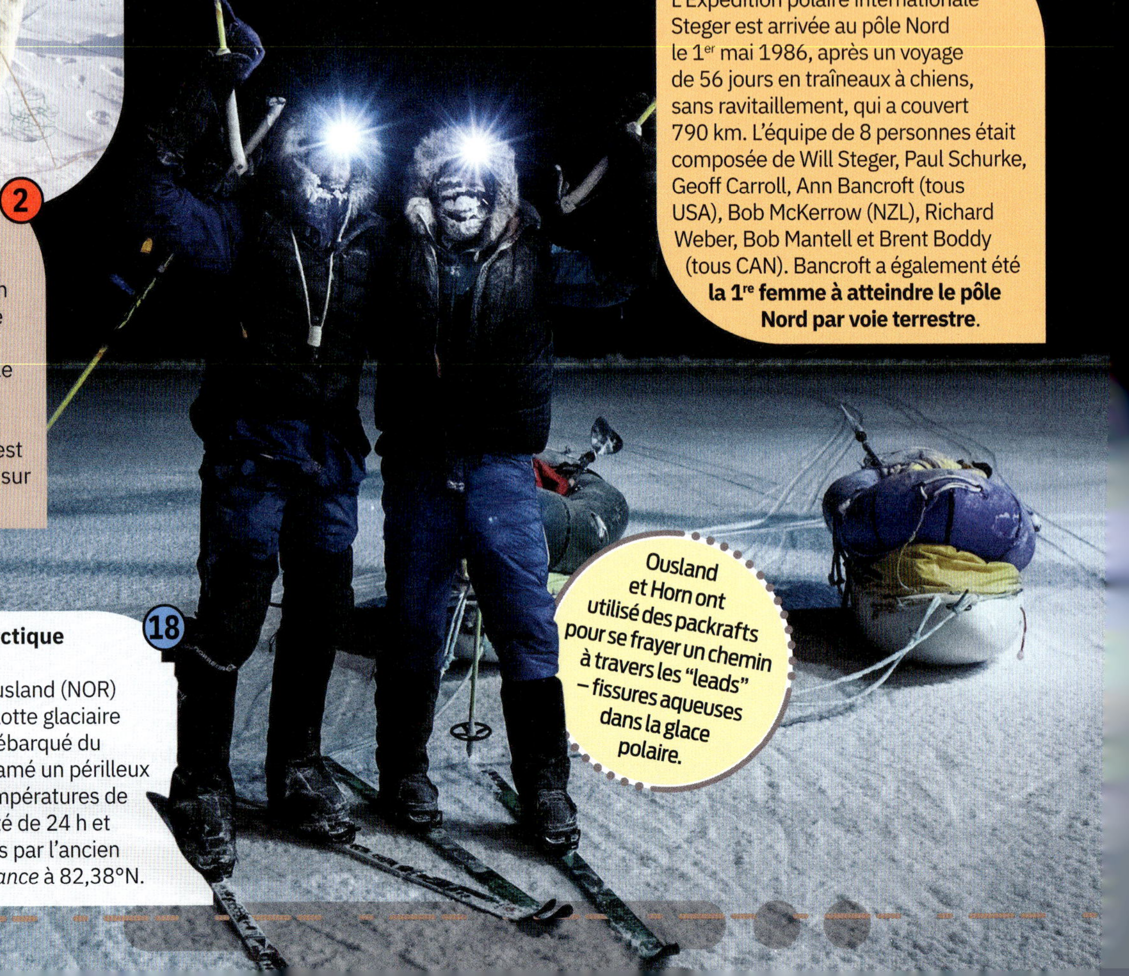

Ousland et Horn ont utilisé des packrafts pour se frayer un chemin à travers les "leads" – fissures aqueuses dans la glace polaire.

La 1re traversée à ski de l'océan Arctique (arrivée et sortie en bateau)

18

Du 11 sept. au 7 déc. 2019, Børge Ousland (NOR) et Mike Horn (ZAF) ont traversé la calotte glaciaire arctique à ski sur 1 557 km. Ils ont débarqué du voilier *Pangaea* à 85,56°N et ont entamé un périlleux voyage de 87 jours, endurant des températures de – 40 °C, des tempêtes, une obscurité de 24 h et des gelures avant d'être récupérés par l'ancien navire de recherche polaire *Lance* à 82,38°N.

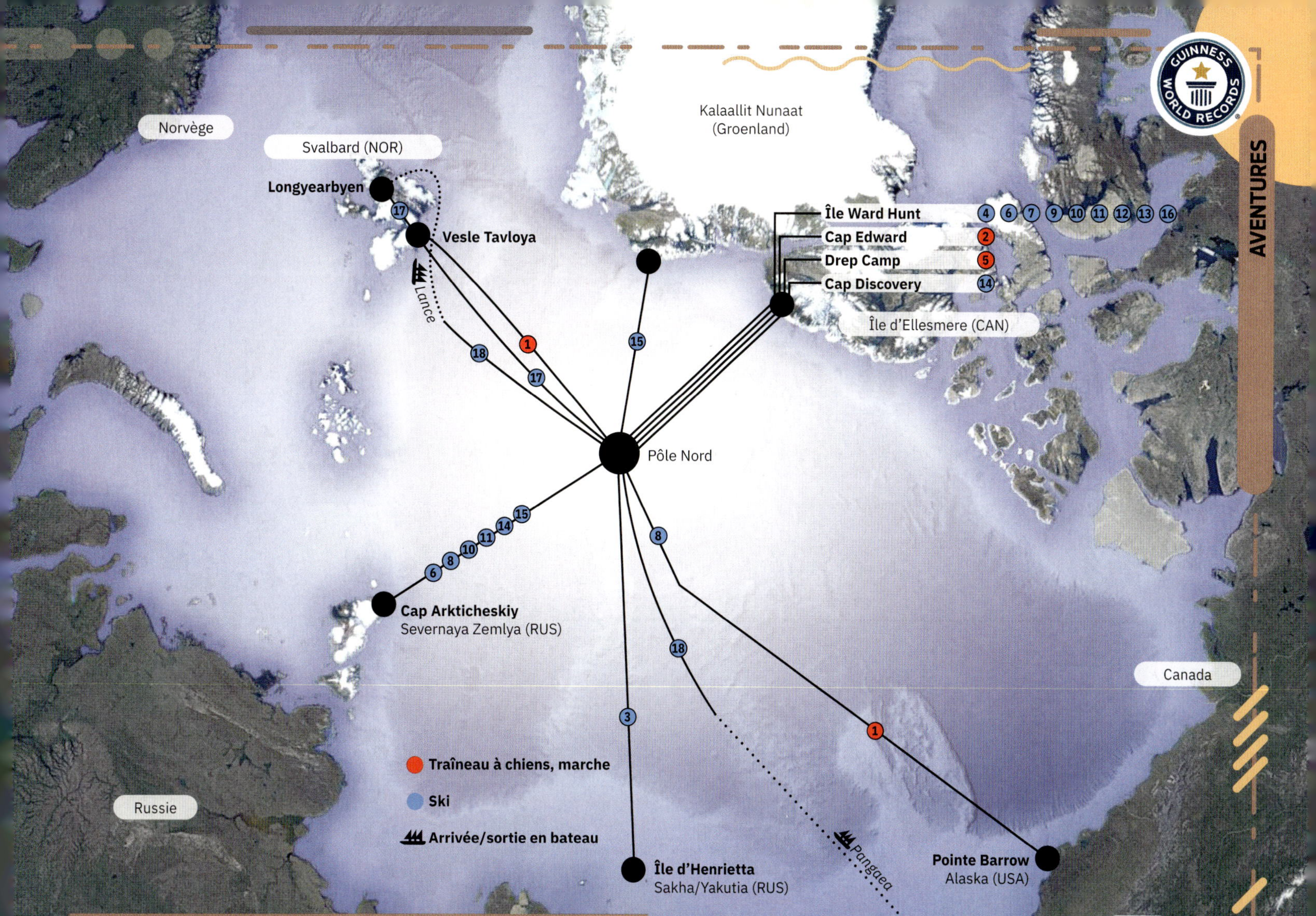

Les 1res expéditions non motorisées remarquables sur l'océan de glace

#	Record	Équipe	Km	jours	Mode
1	**La 1re traversée de l'océan Arctique par voie terrestre** (1968-1969)	The British Trans-Arctic Expedition (menée par Wally Herbert, GBR)	3 200	463	
2	**La 1re expédition en solitaire jusqu'au pôle Nord** (1978)	Naomi Uemura (JPN)	780	55	
3	**La 1re expédition à ski jusqu'au pôle Nord** (1979)	Dmitry Shparo, Vladimir Ledenev, Anatoly Melnikov, Yuri Khmelevski, Vasily Shishkarev, Vladimir Rakhmanov, Vladimir Davydov (tous RUS)	1 400	76	
4	**La 1re expédition à ski en solitaire jusqu'au pôle Nord** (1986)	Jean-Louis Étienne (FRA)	780	63	
5	**La 1re expédition sans assistance jusqu'au pôle Nord** (1986)	Steger International Polar Expedition (menée par Will Steger, USA)	790	56	
6	**La 1re traversée à ski de l'océan Arctique** (1988)	Soviet-Canadian Polar Bridge Expedition (menée par Dmitry Shparo, RUS)	1 725	90	
7	**La 1re expédition à ski sans assistance jusqu'au pôle Nord** (1990)*	Børge Ousland, Erling Kagge (tous 2 NOR)	780	58	
8	**La 1re expédition en solitaire sans assistance jusqu'au pôle Nord** (1994)	Børge Ousland (NOR)	980	52	
9	**La 1re expédition aller-retour à ski jusqu'au pôle Nord** (1995)	Richard Weber (CAN), Mikhail Malakhov (RUS)	1 560	108	
10	**La 1re traversée à ski sans assistance de l'océan Arctique** (2000)	Rune Gjeldnes, Torry Larsen (tous 2 NOR)	1 700	109	
11	**La 1re traversée en solitaire de l'océan Arctique** (2001)	Børge Ousland (NOR)	1 730	52	
12	**La 1re femme à skier sans assistance jusqu'au pôle Nord** (2002)	Tina Sjögren (CZE/SWE/USA), avec Tom Sjögren	780	65	
13	**La 1re expédition à ski sans assistance jusqu'au pôle Nord depuis le Canada** (2003)	Pen Hadow (GBR)	780	63	
14	**La 1re expédition jusqu'au pôle Nord débutée en hiver** (2006)	Børge Ousland (NOR), Mike Horn (ZAF)	950	61	
15	**La 1re traversée entre la Russie et le Groenland** (2007)	Alain Hubert, Dixie Dansercoer (tous 2 BEL)	1 650	106	
16	**La 1re expédition jusqu'au pôle Nord à arriver en hiver** (2007-2008)	Matvey Shparo, Boris Smolin (tous 2 RUS)	780	84	
17	**La 1re expédition à ski sans assistance du pôle Nord jusqu'à Svalbard** (2012)	Timo Palo (EST), Audun Tholfsen (NOR)	1 040	54	
18	**La 1re traversée à ski de l'océan Arctique (arrivée et sortie en bateau)** (2019)	Børge Ousland (NOR), Mike Horn (ZAF)	1 557	87	

**Un 3e membre a été évacué. Le PECS classe désormais l'évacuation comme une forme d'assistance mais reconnaît malgré tout cette expédition comme un record sans assistance.*

Aux pôles : l'Antarctique

La 1re traversée de l'Antarctique en solitaire
Le 18 janv. 1997, Børge Ousland (NOR) a terminé un périple en snowkite de 2 845 km depuis l'île Berkner, dans la mer de Weddell, jusqu'au détroit de McMurdo. Ousland a traversé les barrières de Ronne et de Ross, passant 64 jours à contrôler son traîneau de 185 kg sur les glaciers et à travers les sastrugi (crêtes de neige dure). Voir p. 116-117 pour les exploits records d'Ousland en Arctique.

Les 1res femmes à traverser la masse continentale antarctique
En nov. 2000, Liv Arnesen (NOR) et Ann Bancroft (USA) ont entrepris une traversée de l'Antarctique depuis la piste "Blue One" sur la terre de la reine Maud. Elles sont arrivées au pôle Sud le 16 janv. 2001, mais ont été gênées par des vents inhabituellement calmes qui les ont empêchées d'utiliser leurs voiles. Avec des rations quasiment épuisées, leur odyssée de 94 jours s'est terminée au bord de la barrière de Ross. Le duo avait tiré ses traîneaux de 113 kg sur 2 747 km de terrain glacé.
Six ans plus tôt, Arnesen était devenue **la 1re femme à atteindre le pôle Sud en solitaire**, terminant son voyage de 50 jours depuis Hercules Inlet la veille de Noël 1994.

La 1re traversée de l'Antarctique non motorisée
L'Expédition internationale transantarctique de 1990 a parcouru 6 048 km en traîneau à chiens depuis Seal Nunataks, sur la plate-forme glaciaire de Larsen, jusqu'à la base Mirny, en passant par le pôle Sud. Ce périple de 220 jours (du 26 juill. 1989 au 3 mars 1990) avait pour but de mettre en lumière le problème du changement climatique.
L'équipe était composée de Will Steger (USA), Jean-Louis Étienne (FRA), Geoff Somers (GBR), Viktor Boyarsky (RUS), Qin Dahe (CHN) et Keizo Funatsu (JPN).

La 1re expédition à atteindre le pôle Sud
Le 14 déc. 1911, Roald Amundsen (leader), Oscar Wisting (photo), Helmer Hanssen, Olav Bjaaland et Sverre Hassel (tous NOR) sont arrivés au pôle Sud après une marche de 53 jours en traîneaux à chiens depuis la baie des Baleines. Le groupe a ouvert la voie vers le plateau antarctique en remontant le glacier Axel Heiberg, jusqu'alors inconnu. Ils ont atteint le pôle 34 jours avant l'expédition malheureuse dirigée par Robert Falcon Scott (GBR), au cours de laquelle les 5 hommes ont péri lors de leur voyage de retour.

La 1re expédition à ski en Antarctique oriental
Le 23 nov. 1999, Laurence de la Ferrière (FRA, née MAR) a quitté le pôle Sud à ski pour rejoindre Dumont d'Urville sur la côte, où elle est arrivée le 6 févr. 2000. Sur le trajet, elle a prélevé des carottes dans le cadre d'un projet de recherche. Ce n'était pas la 1re fois que Ferrière se rendait en Antarctique ; 3 ans plus tôt, elle avait effectué un périple de 57 jours en solitaire depuis Hercules Inlet jusqu'au pôle. Elle a commencé sa carrière en tant qu'alpiniste et a escaladé l'Everest sans oxygène en 1992.

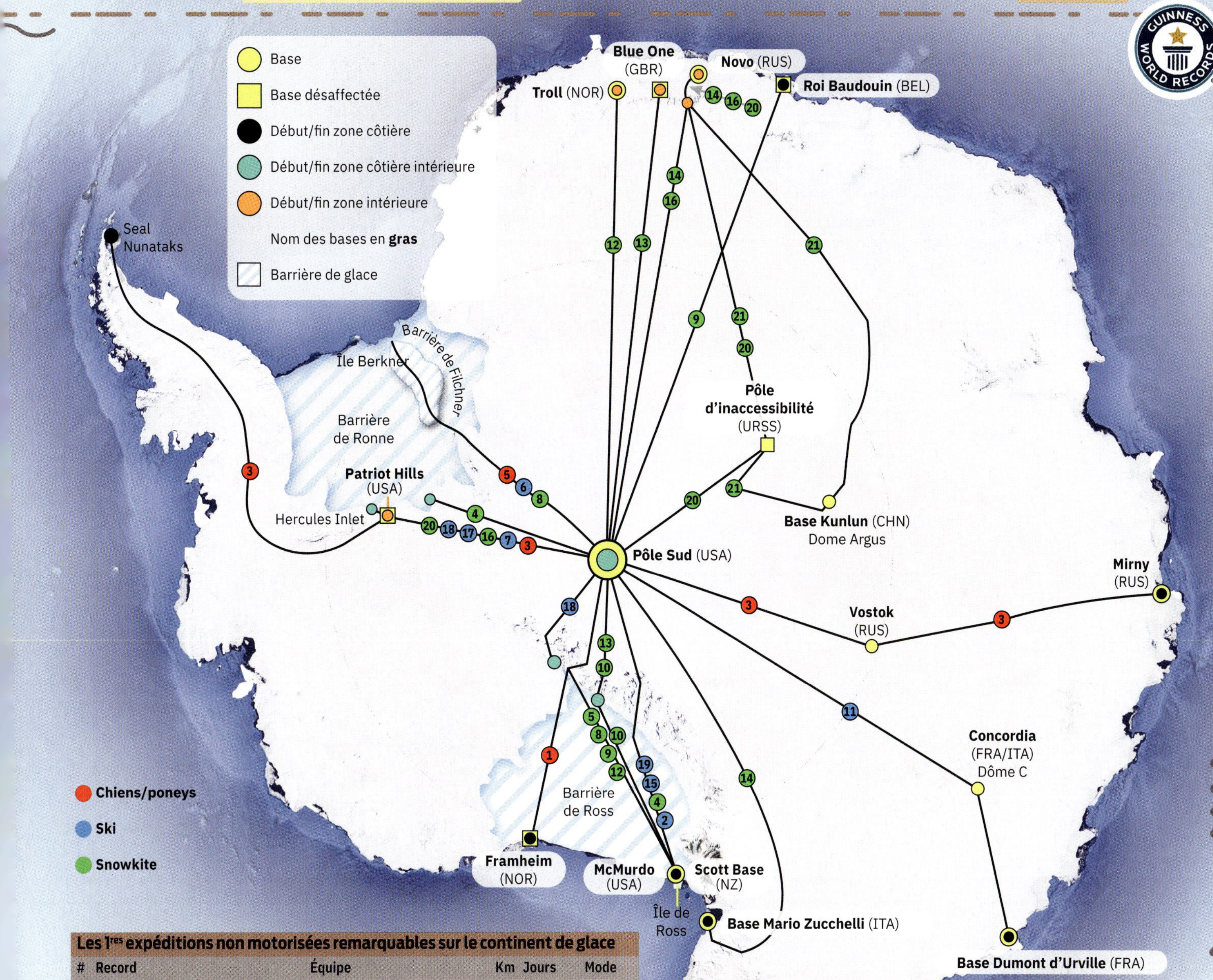

Les 1res expéditions non motorisées remarquables sur le continent de glace

#	Record	Équipe	Km	Jours	Mode
1	**La 1re expédition à atteindre le pôle Sud** (1911-1912)	Norwegian South Pole Expedition (menée par Roald Amundsen)	2 700	53	
2	**La 1re expédition à atteindre le pôle Sud à ski** (1985-1986)	Robert Swan, Roger Mear (tous 2 GBR), Gareth Wood (CAN)	1 405	69	
3	**La 1re traversée de l'antarctique non motorisée** (1989-1990)	International Trans-Antarctica Expedition (menée par Will Steger (USA) et Jean-Louis Étienne (FRA))	6 048	220	
4	**La 1re traversée de la masse continentale Antarctique en snowkite** (1989-1990)	Reinhold Messner (ITA), Arved Fuchs (DEU)	2 390	92	
5	**La 1re traversée de l'itinéraire classique entre l'île Berkner et l'île de Ross** (1990-1991)	Sjur Mørdre, Simen Mørdre (tous 2 NOR)	2 845	91	
6	**La 1re expédition en solitaire jusqu'au pôle Sud** (1992-1993)	Erling Kagge (NOR)	1 375	50	
7	**La 1re expédition en solitaire jusqu'au pôle Sud (femmes)** (1994)	Liv Arnesen (NOR)	1 200	50	
8	**La 1re traversée de l'Antarctique en solitaire** (1996-1997)	Børge Ousland (NOR)	2 845	64	
9	**La 1re traversée de l'Antarctique oriental et occidental en snowkite** (1997-1998)	Alain Hubert, Dixie Dansercoer (tous 2 BEL)	3 924	99	
10	**La 1re ascension (nouvel itinéraire) du glacier Shackleton au pôle Sud** (1998-1999)	Eric Philips, Jon Muir (tous 2 AUS), Peter Hillary (NZL)	1 450	84	
11	**La 1re expédition à ski en Antarctique oriental** (1999-2000)	Laurence de la Ferrière (FRA, née MAR)	2 776	75	
12	**La 1re traversée de l'Antarctique oriental et occidental en snowkite sans assistance** (2000-2001)	Rolf Bae, Eric Sønneland (tous 2 NOR)	3 800	107	
13	**Les 1res femmes à traverser la masse continentale antarctique** (2000-2001)	Liv Arnesen (NOR), Ann Bancroft (USA)	2 747	94	
14	**La 1re traversée de l'Antarctique oriental en solitaire (hommes)** (2005-2006)	Rune Gjeldnes (NOR)	4 804	90	
15	**La 1re expédition de l'île de Ross au pôle Sud sans assistance** (2008-2009)	Henry Worsley, Will Gow, Henry Adams (tous GBR)	1 480	66	
16	**La 1re traversée en snowkite non guidée de Novo à Hercules Inlet** (2011-2012)	Alberto Iñurrategi, Mikel Zabalza, Juan Vallejo (tous ESP)	3,270	55	
17	**La 1re expédition aller-retour jusqu'au pôle Sud sans assistance** (2011-2012)	Aleksander Gamme (NOR), James Castrission, Justin Jones (tous 2 AUS)	2 260	87	
18	**La 1re traversée de l'Antarctique à ski en solitaire (femmes)** (2011-2012)	Felicity Aston (GBR)	1 744	59	
19	**La 1re expédition aller-retour à ski jusqu'au pôle Sud** (2013-2014)	Tarka L'Herpiniere, Ben Saunders (tous 2 GBR)	1 795	105	
20	**La 1re expédition en snowkite en solitaire jusqu'au pôle Sud via le pôle d'inaccessibilité** (2014-2015)	Frédéric Dion (CAN)	4 171	55	
21	**Le 1er voyage non motorisé à atteindre le dôme Argus** (2020-2021)	Geoff Wilson (AUS, né KEN) Voir aussi p. 128-129	5 179	58	

Odyssées aquatiques

Le 10 km à la nage la plus rapide en eau libre (un seul bras)
Le 19 déc. 2019, la nageuse Elham Sadat Asghari (IRN) a nagé 10 km avec un seul bras en 4 h, 58 min et 32 s dans la baie de Chabahar (IRN).
Asghari a aussi atteint **la plus longue distance parcourue à la nage avec des menottes** (encart) – 5,488 km –, à Téhéran (IRN), le 6 févr. 2019. Elle a battu son propre record de plus de 1 km.

Le tour des îles Britanniques le plus rapide à la voile (navire de moins de 40 pieds)
Le 9 juill. 2020, à 22 h 12 GMT, Ian Lipinski (FRA) a franchi la ligne d'arrivée virtuelle au cap Lizard, en Cornouailles, après avoir fait le tour de la Grande-Bretagne et de l'Irlande en solitaire en 7 jours, 17 h, 50 min et 47 s. Lipinski s'était lancé à bord du voilier offshore Class-40 *Crédit Mutuel* le 2 juill. 2020. Il a battu de plus de 10 h le record absolu du tour de la Grande-Bretagne établi en 2018 par Phil Sharp et son équipage, en se déplaçant à une vitesse moyenne de 9,54 nœuds (17,66 km/h).

La 1re équipe à traverser un océan en kayak
Entre le 21 oct. 2015 et le 30 janv. 2016, Levente Kovácsik et Norbert Ádám Szabó (tous 2 HUN) ont traversé l'Atlantique d'est en ouest à bord de *Kele*. Ils sont partis de Huelva (ESP) et ont débarqué sur l'île d'Antigua dans les Caraïbes.

S'ENGAGER DEBOUT : SHILPIKA GAUTAM

Entre le 2 oct. 2016 et le 11 janv. 2017, l'aventurière militante Shilpika Gautam (GBR) a parcouru 2 641,3 km sur le Gange (IND), de sa source jusqu'à la mer. Cela représente le plus long trajet en stand up paddle (SUP).

Pourquoi avez-vous décidé de parcourir le Gange en SUP ?
Je voulais découvrir pourquoi autant de personnes dans le monde n'ont pas accès à l'eau potable. J'ai appris à faire du stand up paddle sur les canaux de Londres. Cela paraissait fou de passer de 1 km de SUP à près de 3 000 km – d'autant que je ne suis pas la meilleure nageuse du monde –, mais c'est un peu comme ça que mon cerveau fonctionne !

Comment vous êtes-vous préparée ?
Je me suis entraînée pour le "Gange SUP" en remontant le fleuve Shannon, en Irlande, de sa source jusqu'à la mer.

Le tour du monde le plus rapide à la voile
Francis Joyon (FRA) et ses 5 équipiers ont fait le tour du monde sans escale en 40 jours, 23 h, 30 min et 30 s, à bord du trimaran *IDEC*. Leur parcours, du 16 déc. 2016 au 26 janv. 2017, a couvert 21 600 milles nautiques (40 003 km) à une vitesse moyenne de 21,96 nœuds (40,6 km/h). Le voyage a commencé et s'est terminé entre le phare du Créac'h, au large de la Bretagne (FRA), et le cap Lizard, en Cornouailles (GBR), et a été ratifié par le World Sailing Speed Record Council.

Le tour du monde le plus rapide à la voile en solitaire (femmes)
Ellen MacArthur (GBR) a fait le tour du monde en 71 jours, 14 h, 18 min et 33 s, du 28 nov. 2004 au 7 févr. 2005, à bord du trimaran *B&Q*. Pendant 3 ans, ce fut le record mondial en solitaire – qui est maintenant de 42 jours, 16 h, 40 min et 15 s, détenu par François Gabart (FRA), qui a fait le tour de la planète à bord du trimaran *MACIF* du 4 nov. au 17 déc. 2017.

La plus longue distance totale parcourue à la rame sur un océan en 1 expédition
Entre le 14 juill. 2018 et le 29 juin 2020, Karlis Bardelis (LVA) a traversé le Pacifique à la rame en solitaire, de Callao (PER) jusqu'au district de Pontian (MYS) – un parcours de 11 393 milles nautiques (21 010 km). Son voyage a duré 715 jours, 16 h et 5 min à bord de *Linda*. Il a ramé 12-13 h par jour et a fait escale sur 7 îles.

La plus jeune équipe à faire le tour de la Grande-Bretagne à la rame
L'équipe "Exe Endurow" (GBR) avait une moyenne d'âge de 22 ans et 206 jours au début de son voyage à la rame, depuis et jusqu'à Tower Bridge à Londres, le 5 juill. 2020. Oliver Dawe-Lane (né le 17 déc. 1997), Arthur Chatto (né le 5 févr. 1999), Charles Bromhead (né le 1er janv. 1997) et Harry Lidgley (né le 21 sept. 1997) ont parcouru 1 483 milles nautiques (2 747 km) en 42 jours et terminé le 16 août.

La plus longue distance parcourue en canoë/kayak sur l'océan en 24 h
Le 13 nov. 2020, Quinton Rutherford (ZAF) a parcouru 122,7 milles nautiques (227,2 km) au large des côtes du KwaZulu-Natal (ZAF). Il a établi ce record à bord d'un wave-ski de 6 m de long.

La plus longue distance nagée en monopalme
Pour fêter ses 30 ans, le 17 avr. 2021, l'éco-athlète Merle Liivand (EST) a effectué une "nage de sirène" de 30 km au large de Miami Beach (Floride, USA). Selon les règles de la World Open Water Swimming Association, cette discipline exclut l'utilisation des bras et repose entièrement sur le mouvement du tronc et du bas du corps, propulsé par une "queue". Liivand est une fervente défenseuse du nettoyage des océans. Avec cette nage, elle a voulu mettre en lumière la "pandémie de plastique" qui va de pair avec la COVID-19, du fait de l'augmentation des articles à usage unique tels que les masques.

Quels sont les problèmes du Gange ?
Des problèmes de pollution. En milieu urbain, on la sent avant de la voir. Mais il y a aussi les barrages et les ponts artificiels construits sur le fleuve – et le vol de sable. L'extraction illégale de sable provoque chaque année de nouvelles inondations.

Votre voyage vous a-t-il réservé des surprises ?
Je ne m'attendais pas à voir autant de dauphins. J'en ai compté 867 lors de mon enquête écologique. C'était une lueur d'espoir. J'ai aussi adoré les magnifiques matins brumeux, et regarder les vaches et les buffles nager.

Que vous a appris ce voyage ?
Pour les femmes aventurières en particulier : le monde est plus gentil qu'on ne nous le fait croire. Soyez réfléchies, évaluez les risques, mais foncez et lancez-vous des défis.

La plus longue distance parcourue sous l'eau en apnée (eau libre, avec palmes, hommes)
Le 26 nov. 2020, Stig Severinsen (DNK) a parcouru 202 m sous l'eau en un seul souffle à La Paz, en Basse-Californie du Sud (MEX). Severinsen est un apnéiste détenteur de plusieurs records mondiaux, dont les poumons ont une capacité de 14 l – plus du double de la moyenne humaine.

Les "Ice Swims" les plus au nord/au sud
Contrôlé par l'International Ice Swimming Association, un "Ice Swim" est une nage d'au moins 1 km dans une eau dont la température est inférieure à 5 °C.
- **Hommes (N)** : 90°N au pôle Nord géographique, par Lewis Pugh (GBR), le 15 juill. 2007
- **Femmes (N)** : 78,3°N à Spitsbergen, Svalbard (NOR), par Kinga Korin (POL), le 27 juin 2017
- **Hommes (S)** : 70,76°S à Long Lake, terre de la Reine-Maud, Antarctique, par Ram Barkai (ZAF), le 7 févr. 2008
- **Femmes (S)** : 66.6°S à la baie d'Hanusse, terre de Graham, Antarctique, par Catherine Pendleton (GBR), le 22 févr. 2020.

Le tour du monde le plus rapide en monocoque en solitaire (femmes)
Clarisse Crémer (FRA) a terminé la course autour du monde du Vendée Globe en 87 jours, 2 h, 24 min et 25 s, arrivant aux Sables d'Olonne (FRA) le 3 févr. 2021. Elle a navigué à bord de l'*IMOCA 60 Banque Populaire X*. Nouvelle venue dans ce sport, Crémer est devenue la 7e femme à terminer le Vendée Globe depuis sa création en 1989.

La plus longue distance sous la glace en apnée (sans palmes, sans combinaison, femmes)
L'apnéiste Amber Fillary (ZAF) a nagé 70 m dans le lac Oppsjø gelé (NOR), le 29 févr. 2020. Elle avait raté une précédente tentative en 2019 lorsqu'elle s'était retrouvée prise dans des cordes, mais aucun problème n'est survenu cette fois-ci. "Je ne sens même pas le froid, a déclaré Fillary après coup. Je me sens juste très bien."

La nage en relais la plus rapide dans le canal du Nord dans un sens
Le 2 août 2020, les "OA Giants" ont parcouru 18,6 milles nautiques (34,4 km) entre l'Irlande du Nord et l'Écosse (GBR), en 9 h, 2 min et 41 s. Keith Garry, Dominic Mudge, Bill Donnelly, Chris Judge, Colin Lindsay et John McElroy (tous IRL) étaient dirigés par Pádraig Mallon. Leur exploit a été vérifié par l'Irish Long Distance Swimming Association.

La plus longue plongée sous-marine en eau libre et salée
Les 5-11 nov. 2020, le moniteur de plongée Saddam Killany (EGY) a passé 145 h, 25 min et 25 s au fond de la mer Rouge, au large de Dahab (EGY). Il a passé les 6 jours à faire de l'exercice, à prier et même à peindre, et s'attachait à un échafaudage pour pouvoir dormir.

Le record féminin est détenu par Cristi Quill (USA), qui a passé 51 h et 25 min à La Jolla Shores sous l'eau à San Diego (Californie, USA), les 9-11 juill. 2015. Elle a tenté le record pour la campagne "Put Cancer Under Pressure".

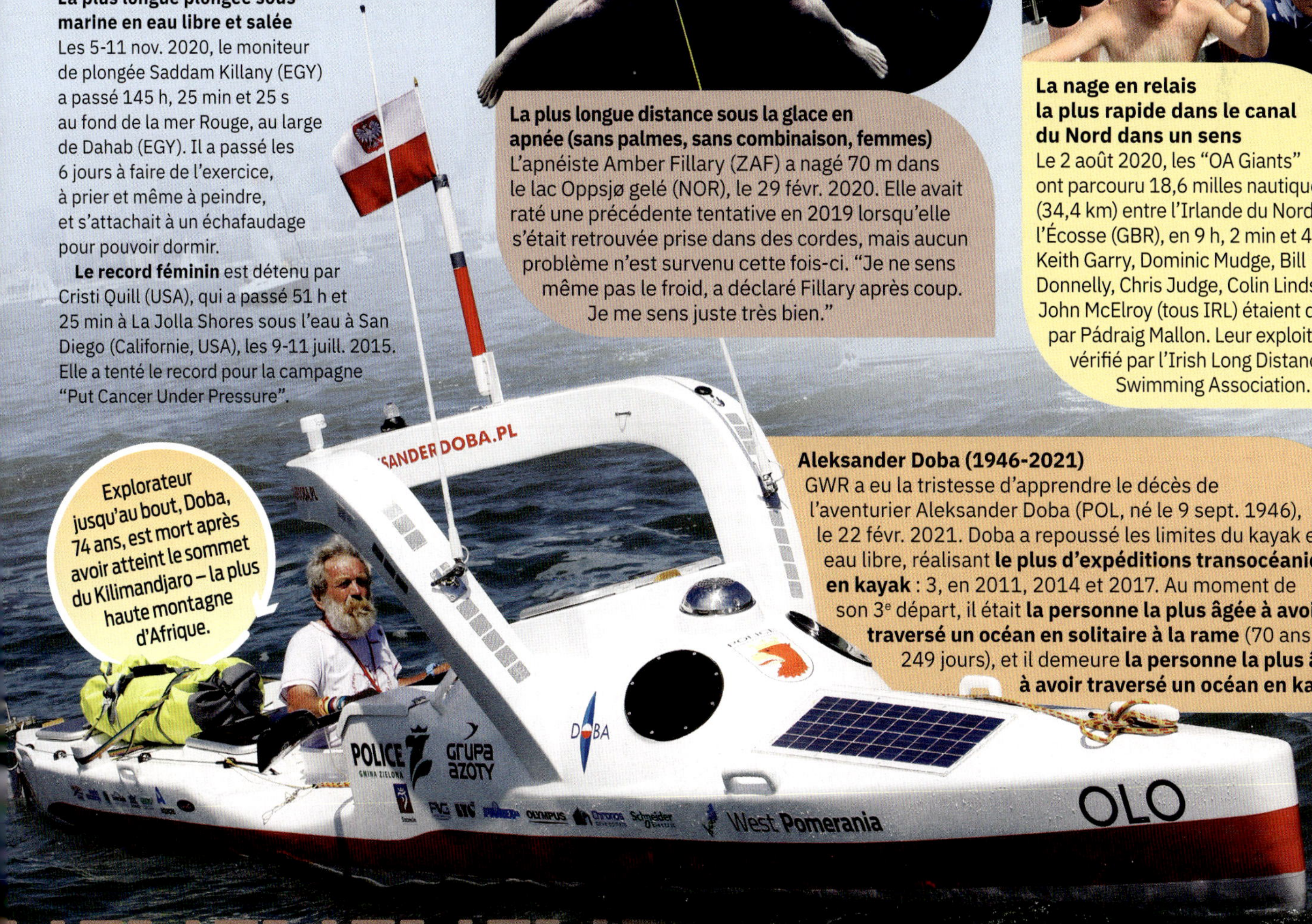

Explorateur jusqu'au bout, Doba, 74 ans, est mort après avoir atteint le sommet du Kilimandjaro – la plus haute montagne d'Afrique.

Aleksander Doba (1946-2021)
GWR a eu la tristesse d'apprendre le décès de l'aventurier Aleksander Doba (POL, né le 9 sept. 1946), le 22 févr. 2021. Doba a repoussé les limites du kayak en eau libre, réalisant **le plus d'expéditions transocéaniques en kayak** : 3, en 2011, 2014 et 2017. Au moment de son 3e départ, il était **la personne la plus âgée à avoir traversé un océan en solitaire à la rame** (70 ans et 249 jours), et il demeure **la personne la plus âgée à avoir traversé un océan en kayak**.

Les “8 000”

Le 1er couple marié à gravir les plus hauts “8 000” sans oxygène
Les époux Romano Benet et Nives Meroi (tous 2 ITA) ont gravi les 5 plus hautes montagnes du monde sans supplément d’oxygène. Ils ont gravi le Lhotse le 16 mai 2004, le K2 le 26 juill. 2006, l’Everest le 17 mai 2007, le Kangchenjunga le 17 mai 2014 et le Makalu le 12 mai 2016.

La 1re femme à gravir les plus hauts “8 000” sans oxygène
Gerlinde Kaltenbrunner (AUT, à droite) a atteint les sommets des 5 plus hautes montagnes en “style alpin” entre le 14 mai 2001 et le 24 mai 2011.

La plus jeune femme à relever ce défi – et **la 1re** dans l’absolu – est l’alpiniste basque espagnole Edurne Pasaban (née le 1er août 1973, encart). Elle a effectué ses ascensions entre le 23 mai 2001 et le 18 mai 2009, mais a eu recours à l’oxygène sur l’Everest.

Les “8 000” sont les 14 montagnes de la planète qui dépassent 8 000 m. Il y a une différence significative de hauteur entre les 5e et 6e sommets, et les records de ces pages se concentrent sur les 5 “plus hauts 8 000”, comme on les surnomme. De plus, les records historiques concernant l’ascension de certains des moins hauts “8 000” sont actuellement remis en question. Les records listés ici sont considérés comme incontestés, sauf indication contraire.

Nims faisait partie de l’équipe népalaise qui a réalisé la 1re ascension du dangereux K2 en hiver (voir ci-contre).

La plus rapide ascension des plus hauts “8 000” sans oxygène
Il n’a fallu que 70 jours à Nirmal “Nims” Purja Pun Magar (NPL) pour gravir les plus hauts “8 000” en 2019. Il a atteint le Kangchenjunga le 15 mai, l’Everest et le Lhotse le 22 mai, le Makalu le 24 mai et le K2 le 24 juill.

Ancien soldat Gurkha, Nims a également réalisé **la plus rapide triple ascension des plus hauts “8 000”**. Le 22 mai 2019, il est passé du sommet de l’Everest au Lhotse, puis a poursuivi jusqu’au sommet du Makalu, où il est arrivé le 24 mai – soit un temps total de 2 jours et 30 min.

La plus haute montagne
En déc. 2020, des géomètres chinois et népalais ont annoncé les dernières mesures de l’Everest (alias Sagarmāthā ou Chomolungma) dans l’Himalaya, dont l’altitude ne cesse de changer. Une augmentation de 86 cm par rapport au résultat de l’enquête de 1954, longtemps accepté, le porte à une altitude de 8 848,86 m.

La 1re ascension du K2 en hiver
Le 16 janv. 2021, 10 alpinistes népalais ont réalisé la 1re ascension hivernale du K2. Ils ont uni leurs forces à celles d’équipes concurrentes pour revendiquer cette première.

La 1re ascension incontestée de l’Everest sans oxygène (femmes)
Alison Hargreaves (GBR) a atteint le sommet de l’Everest – sans l’aide de Sherpas ni supplément d’oxygène – le 13 mai 1995. Elle a ensuite accompli **la 1re ascension de l’Everest et du K2 sans oxygène (femmes)** lorsqu’elle a gravi la 2e plus haute montagne le 13 août 1995. À l’âge de 33 ans, elle a été tuée en descendant du sommet. Son temps d’ascension de 92 jours de sommet à sommet reste **la plus rapide ascension de l’Everest et du K2 sans oxygène (femmes)**.

La 1re femme à avoir déclaré sa conquête de l’Everest sans oxygène est Lydia Bradey (NZL) ; elle affirme avoir atteint le sommet de la montagne le 14 oct. 1988, mais son exploit reste contesté.

PREMIÈRES ASCENSIONS

**1re ascension sans O_2*

	Everest 8 848 m	**K2** 8 611 m	**Kangchenjunga** 8 586 m	**Lhotse** 8 516 m	**Makalu** 8 485 m	**Cho Oyu** 8 188m	**Dhaulagiri I** 8 167 m
Hommes (avec oxygène)	Edmund Hillary (NZL), Tenzing Norgay (IND/Tibet) ; 29 mai 1953	Achille Compagnoni, Lino Lacedelli (tous 2 ITA) ; 31 juill. 1954	George Band, Joe Brown (tous 2 GBR) ; 25 mai 1955	Fritz Luchsinger, Ernst Reiss (tous 2 CHE) ; 18 mai 1956	Jean Couzy, Lionel Terray (tous 2 FRA) ; 15 mai 1955	*	*
Femmes (avec oxygène)	Junko Tabei (JPN) ; 16 mai 1975	*	*	*	*	Věra Komárková (CZE/USA), Margita Štěrbová (SVK/CZE) ; 13 mai 1984	*
Hommes (sans oxygène)	Reinhold Messner (ITA), Peter Habeler (AUT) ; 8 mai 1978	Louis F. Reichardt (USA) ; 6 sept. 1978	Doug Scott, Peter Boardman, Joe Tasker (tous GBR) ; 16 mai 1979	Michel Dacher (DEU) ; 11 mai 1977	Marjan Manfreda (SVN) ; 6 oct. 1975	Josef Jöchler, Herbert Tichy (tous deux AUT), Pasang Dawa Lama (NPL) ; 19 oct. 1954	Expédition suisse de 6 hommes (Diemberger, Diener et autres) ; 13 mai 1960
Femmes (sans oxygène)	Alison Hargreaves (GBR) ; 13 mai 1995 (non contesté – voir ci-dessus à droite)	Liliane Barrard (FRA), Wanda Rutkiewicz (POL) ; 23 juin 1986	Ginette Lesley Harrison (GBR) ; 18 mai 1998	Chantal Mauduit (FRA) ; 10 mai 1996	Catherine “Kitty” Calhoun (USA) ; 18 mai 1990	Véronique Perillat (FRA) ; 12 sept. 1988	Lutgaarde Vivijs (BEL) ; 6 mai 1982

La 1re ascension commune des plus hauts "8 000" par des frères sans oxygène
Entre le 30 sept. 1991 et le 6 mai 1996, les frères basques espagnols Alberto et Félix Iñurrategi ont gravi ensemble les 5 plus hautes montagnes sans supplément d'oxygène. Ce faisant, ils ont également battu le record de **la plus rapide ascension des plus hauts "8 000" sans oxygène** en 4 ans et 219 jours.

La 1re ascension des plus hauts "8 000"
Jerzy Józef "Jurek" Kukuczka (POL) est le premier alpiniste à avoir conquis les cinq plus hauts "8 000", en commençant le 4 oct. 1979 et en terminant le 8 juill. 1986. Quatre des cinq ascensions ont été réalisées sans oxygène, mais il y a eu recours lors de l'ascension d'une nouvelle voie par le pilier sud de l'Everest en 1980. Il est mort en oct. 1989 lors de l'ascension de la face sud du Lhotse.

La plus rapide ascension de l'Everest et du K2 sans oxygène
Mingma Gyabu "David" Sherpa (NPL) a gravi l'Everest le 21 mai 2018 et le K2 le 21 juill. 2018, soit un temps de 61 jours et 55 min. **Le record féminin** est de 66 jours par He Chang-Juan (CHN) en 2018, entre le 16 mai (Everest) et le 21 juill. (K2).

La 1re ascension de l'Everest de la mer au sommet sans oxygène (non motorisée)
La 1re personne à se rendre du niveau de la mer au point le plus élevé de la Terre par ses propres moyens est Tim Macartney-Snape (AUS). Il a quitté l'île de Sagar dans le golfe du Bengale (IND) le 5 févr. 1990 et a marché jusqu'à l'Everest, dont il a atteint le sommet 95 jours plus tard, le 11 mai 1990. Il l'a gravi sans l'aide de sherpas ni d'autres alpinistes, et sans supplément d'oxygène.

Le plus rapide à réussir ce défi à propulsion humaine est Kim Chang-ho (KOR), en 67 jours. Kim a commencé son expédition "de 0 à 8 848 m" le 14 mars 2013 sur l'île de Sagar et a remonté le Gange en kayak sur 156 km, parcouru 893 km à vélo du nord de l'Inde à Tumlingtar (NPL), puis a marché 162 km jusqu'au camp de base de l'Everest avant d'atteindre le sommet le 20 mai.

La version de **la plus longue distance** de ce défi a commencé le 16 oct. 1995, quand Göran Kropp (SWE) est parti de Jönköping en Suède et a parcouru env. 9 656 km à vélo jusqu'à l'Everest. Il a essayé d'atteindre le sommet le 3 mai 1996, mais a rebroussé chemin à 90 m du but en raison du mauvais temps. Il a réessayé le 23 mai, cette fois avec succès.

La plus rapide ascension du Kangchenjunga de la mer au sommet (non motorisée)
De mars à mai 2011, Christian Stangl (AUT) a voyagé du niveau de la mer au sommet du Kangchenjunga, la 3e plus haute montagne du monde, par la seule force humaine. Il est parti à vélo du golfe du Bengale (IND) jusqu'à l'Himalaya, a marché pendant 11 jours jusqu'au camp de base du Kangchenjunga, puis, sans supplément d'oxygène, a gravi le sommet – une expédition de 76 jours.

La 1re ascension des plus hauts "8 000" sans oxygène
Entre le 8 mai 1978 et le 16 oct. 1986, Reinhold Messner (ITA) a gravi les 5 plus hautes montagnes en style alpin, accomplissant cette tâche en 8 ans et 161 jours. Dans ce cadre, le 20 août 1980, il a effectué **la 1re ascension de l'Everest en solitaire sans oxygène**.

La plus rapide triple ascension des plus hauts "8 000" avec oxygène (femmes)
Le 29 avr. 2018, Nima Jangmu Sherpa (NPL) a gravi le Lhotse, la 4e plus haute montagne du monde. Un peu plus de 15 jours plus tard, le 14 mai, elle a réussi l'ascension de l'Everest et, le 23 mai, elle a atteint le sommet du Kangchenjunga, établissant un nouveau record de vitesse féminin de triple ascension de 23 jours, 18 h et 30 min.

Manaslu 8 163 m	**Nanga Parbat** 8 125 m	**Annapurna I** 8 091 m	**Gasherbrum I** 8 080 m	**Broad Peak** 8 051 m	**Gasherbrum II** 8 034 m	**Shisha Pangma** 8 027 m
Toshio Imanishi (JPN), Gyalzen Norbu (IND) ; 9 mai 1956	*	*	Andrew J. Kauffman, Peter K Schoening (tous 2 USA) ; 5 juill. 1958	*	*	*
Mieko Mori, Naoko Nakaseko, Masako Uchida (tous JPN) ; 4 mai 1974	*	Věra Komárková (CZE/USA), Irene Miller (USA) ; 15 oct. 1978	*	*	*	Junko Tabei (JPN) ; 30 avr. 1981
Reinhold Messner (ITA) ; 25 avr. 1972	Hermann Buhl (AUT) ; 3 juill. 1953	Maurice Herzog, Louis Lachenal (tous 2 FRA) ; 3 juin 1950	Peter Habeler (AUT), Reinhold Messner (ITA) ; 10 août 1975	Équipe autrichienne de 4 hommes (Buhl, Diemberger et autres) ; 9 juin 1957	Josef Larch, Fritz Moravec, Johann Willenpart (tous AUT) ; 7 juill. 1956	Équipe chinoise de 10 hommes (Hsu, Chang, Wang et autres) ; 2 mai 1964
Ursula Huber (CHE) ; 1er mai 1988	Liliane Barrard (FRA) ; 27 juill. 1984	Wanda Rutkiewicz (POL) ; 22 oct. 1991	Marie-Josée Vallençant (FRA) ; 27 juill. 1982	Krystyna Palmowska (POL) ; 30 juin 1983	Halina Krüger-Syrokomska, Anna Okopińska (tous 2 POL) ; 12 août 1975	Marianne Walter (DEU) ; 29 avr. 1983

Montgolfières

Quand l'air à l'intérieur d'une montgolfière est réchauffé par un brûleur, il devient plus léger que l'air froid à l'extérieur, ce qui la pousse à s'élever. De même, quand la température de l'air descend, la montgolfière aussi. La direction du vent variant selon l'altitude, les pilotes peuvent diriger leur montgolfière dans la direction voulue en se servant des courants d'air.

Le 1er vol de ballon
Bartolomeu de Gusmão (BRA) a conçu un ballon à air chaud miniature qu'il a fait voler dans la Casa da India à Lisbonne (PRT), le 8 août 1709. Ce frère jésuite a imaginé plusieurs concepts de dirigeables, dont une machine volante en forme d'oiseau.

Le 1er vol habité
Le 15 oct. 1783, le scientifique Jean-François Pilâtre de Rozier est monté à 26 m dans une montgolfière reliée au sol conçue par Joseph et Jacques Montgolfier (tous FRA), à Paris (FRA). Le vol a duré env. 4 min.

Le 21 nov. 1783, Rozier a été rejoint par François Laurent, marquis d'Arlandes (FRA), pour **le 1er vol habité détaché**. Ils ont décollé de Paris et atterri 25 min plus tard en périphérie de la ville. Rozier est mort dans un accident en essayant de traverser la Manche en montgolfière le 15 juin 1785. Lui et son copilote Pierre Romain (FRA) sont devenus **les 1res victimes d'un vol en montgolfière**.

LE PLUS LONG VOL EN MONTGOLFIÈRE EN SOLITAIRE (DISTANCE)

Entre les 12 et 23 juill. 2016, l'aventurier multidisciplinaire Fedor Konyukhov (RUS) a parcouru 33 521,4 km sans escale autour du monde à bord de *Morton*. Son voyage en solitaire, qui a commencé et s'est terminé en Australie-Occidentale, a duré 268 h et 20 min – le tour du monde en montgolfière le plus rapide. Les 2 records ont été ratifiés par la FAI.

Avez-vous toujours eu soif d'aventure ?
Oui, depuis l'enfance. À 15 ans, j'ai traversé la mer d'Azov dans un bateau de pêche traditionnel.

Quelles difficultés avez-vous rencontrées pendant votre vol ?
J'étais à bord d'une nacelle non pressurisée. J'ai donc respiré de l'oxygène en bouteille pendant 11 jours. Si le système avait rencontré un problème, je serais mort en quelques secondes. Je pouvais faire des siestes de 20 à 30 min pendant que le pilotage automatique maintenait l'altitude. Au bout de 4 jours, le chauffage est tombé en panne. La température de la nacelle a chuté à – 40 °C. Chaque jour, j'apprenais de nouvelles leçons.

Comment avez-vous battu de 2 jours le record précédent ?
Les 1ers jours au-dessus de l'Australie ont été lents, mais quand la montgolfière est entrée dans le jet-stream, ma vitesse a atteint 200 km/h. Je suis resté dans un jet-stream puissant quasiment tout le vol. Notre équipe a bien travaillé au sol et je n'ai pas commis d'erreur dans les airs.

Pensez-vous mettre un jour un terme à vos aventures ?
Mes records exigent des compétences de pilotage, de la concentration et des connaissances – de tels projets n'ont pas d'âge limite. Je savais que je marcherais jusqu'au pôle Nord, que je gravirais l'Everest, que je ferais le tour du monde à la voile et que je traverserais des océans à la rame. Si j'avais 20 ans de moins, je me donnerais pour objectif d'être le 1er à atterrir sur Mars.

Le 1er tour du monde en montgolfière
Le 20 mars 1999, Bertrand Piccard (CHE) et Brian Jones (GBR) ont franchi la "ligne d'arrivée" de 9.27°W au-dessus de la Mauritanie en Afrique du Nord, mettant fin au 1er tour du monde sans escale en montgolfière. Ils avaient décollé le 1er mars 1999 de Château-d'Oex (CHE) à bord de *Breitling Orbiter 3*.

Quand Piccard et Jones ont atterri le 21 mars, ils avaient parcouru 40 814 km, **le plus long vol en montgolfière (distance)**. Ce record a été ratifié par la Fédération aéronautique internationale (FAI).

Le 1er tour du monde en solitaire en montgolfière
Steve Fossett (USA) a fait le tour du monde à bord de *Bud Light Spirit of Freedom*, une montgolfière de 42,6 m de haut. Il a décollé d'Australie-Occidentale le 19 juin 2002 et atterri le 2 juill. à Eromanga (Queensland). La veille, Fossett avait atteint 322,25 km/h : **la vitesse la plus rapide d'une montgolfière habitée**. Cette catégorie n'est pas homologuée.

Le plus haut vol habité en ballon
Le 24 oct. 2014, Alan Eustace (USA), cadre dirigeant de Google, a atteint 41 422 m d'altitude au-dessus du Nouveau-Mexique (USA), suspendu à un ballon gonflé à l'hélium et vêtu d'une combinaison pressurisée. Il s'est détaché du ballon à l'aide d'un engin explosif et a réalisé **le saut libre en parachute le plus haut**, parcourant les 41 km jusqu'à la Terre en env. 15 min après une ascension de 2 h et 30 min. Voir un autre record de saut stratosphérique p. 71.

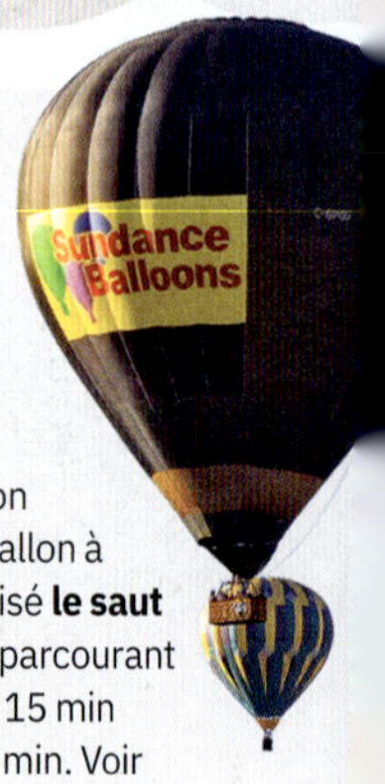

L'évasion d'une camisole de force la plus rapide suspendu à une montgolfière
Le 22 juill. 2017, la reine de l'évasion et casse-cou Super Ning (CHN) s'est évadée d'une camisole de force en 53,70 s tout en étant suspendue à 30 m de haut, à Weihai (Shandong, CHN).

La plus haute évasion d'une camisole de force a eu lieu à 2 194,5 m au-dessus de Knoxville (Tennessee, USA), par Scott Hammell (CAN), le 13 août 2003.

Le plus rapide à parcourir les 50 États américains en montgolfière
Andrew Holly (GBR) a terminé un tour des États-Unis en montgolfière en 43 jours, 3 h et 11 min, avec un vol séparé (incluant le décollage et l'atterrissage) dans chaque État, à bord de la montgolfière *G-UNKY*. Il est parti de Louisiane et a parcouru les 48 États contigus en 33 jours. Il a fini à Hawaï le 24 mars 2016.

Le plus long vol en montgolfière (durée)
Le 9 fév. 2017, Fedor Konyukhov (voir à gauche) et Ivan Menyaylo (tous 2 RUS) ont volé sans escale pendant 55 h, 9 min et 57 s. Ils ont décollé de Rybinsk (RUS) et parcouru 1 029 km vers le sud, jusqu'à Krasny Kout, près de la frontière kazakhe. Leur record a été ratifié par la FAI.

Le plus haut vol en montgolfière
À 67 ans, Dr Vijaypat Singhania (IND) est monté à 21 027 m d'altitude à bord d'une montgolfière Cameron Z-1600 au-dessus de Bombay (IND), le 26 nov. 2005. C'est le double de l'altitude de croisière d'un avion de ligne.

Le plus haut vol en montgolfière (femmes)
L'aéronaute Heidrun Prosch (AUT) a atteint une altitude de 10 773 m, le 19 août 2002. Accompagnée du parachutiste Paul Steiner, elle a décollé de Ried im Innkreis et atterri à Vöcklabruck (AUT). Prosch est tombée amoureuse du ciel très tôt – son père l'emmenait voler en planeur quand elle n'avait que 3 ans !

Le vol souterrain en montgolfière le plus profond
Le 18 sept. 2014, Ivan Trifonov (AUT) est descendu à 206 m jusqu'au fond de la grotte de Mamet, à Obrovac (HRV). Afin de franchir l'entrée étroite, Trifonov a utilisé une petite montgolfière et s'est assis sur 2 bouteilles de gaz plutôt que dans une nacelle. La descente et l'ascension n'ont duré que 25 min. Après le vol, il a déclaré : "C'était très difficile. Je doute que quelqu'un le retente un jour."

La 1re traversée du Pacifique en montgolfière
Entre les 15 et 17 janv. 1991, l'entrepreneur Richard Branson (GBR, à gauche) et Per Lindstrand (SWE) ont parcouru 7 500 km, du Japon aux Territoires du Nord-Ouest au Canada. Leur montgolfière de 73 600 m³, *Virgin Otsuka Pacific Flyer*, était à l'époque la plus grande qui ait jamais volé. Ce duo intrépide avait déjà réalisé **la 1re traversée de l'Atlantique en montgolfière**, les 2-3 juill. 1987.

La plus grande ascension de masse de montgolfières
Le 6 oct. 2019, 524 montgolfières ont été lancées lors de l'ascension de masse matinale de la 48e Albuquerque International Balloon Fiesta (Nouveau-Mexique, USA). L'événement de 2019, qui a eu lieu entre les 5 et 13 oct., a reçu 588 inscriptions de 17 pays différents. De nombreuses créations excentriques, connues sous le nom de montgolfières "de forme spéciale" (ci-dessous), attiraient les regards.

En 2019, la Albuquerque International Balloon Fiesta a attiré plus de 850 000 spectateurs.

Voyages épiques

La plus jeune personne à visiter tous les pays d'Europe
Gevish Kumar Kheddo (MUS, né le 30 nov. 2000) a achevé un trek paneuropéen le 25 janv. 2020, à l'âge de 19 ans et 56 jours. Son aventure – accomplie en parallèle de ses études à temps plein ! – a duré près de 2 ans et a pris fin à Reykjavik (ISL). On le voit ici lors de ses escales à Prague (CZE, photo principale), Athènes (GRC, en haut) et Copenhague (DNK, à droite).

Le tour du monde le plus rapide en avion à pistons monoplace et monomoteur
Matt Jones, Steven Brooks et Ian Smith ont piloté à tour de rôle un Supermarine Spitfire Mk IX de la Seconde Guerre mondiale autour du monde en 122 jours, rentrant chez eux le 5 déc. 2019. Gerallt Jones, Lachlan Monro et Ben Uttley (tous GBR) les ont assistés. En raison des instruments limités de l'avion, les vols ont eu lieu uniquement de jour et par temps clair.

Le 1er tour du monde en autogire
Le 22 sept. 2019, James Ketchell (GBR) a conclu un vol de 175 jours autour du monde, après avoir parcouru 44 450 km à bord d'un autogire Magni M16C. Son appareil à cockpit ouvert a une vitesse de pointe de 70 nœuds (129 km/h), soit env. la moitié de celle d'un hélicoptère moyen. Il a divisé son voyage en 122 étapes, car son autogire a une autonomie limitée à env. 1 300 km.

Les plus rapides à...
Traverser les États-Unis à pied (femmes) : Sandra Villines (USA) a traversé les États-Unis à pied en 55 jours, 16 h et 23 min, du 11 sept. au 5 nov. 2017. Elle a commencé à San Francisco (Californie) et a terminé à New York.
Visiter les 48 États contigus américains à vélo (femmes) : Paola Gianotti (ITA) a traversé à vélo tous les États américains limitrophes en 43 jours, entre le 1er mai et le 12 juin 2016.
Voyager entre toutes les stations MTR de Hong Kong : Le 1er févr. 2020, Jonathan Wong (CHN) a mis précisément 7 h, 36 min et 10 s pour faire le trajet entre chaque station du Mass Transit Railway (MTR) à Hong Kong (CHN).

Les plus longs trajets en...

Véhicule	Distance	Détenteur(s)	Date de fin
Char à cerf-volant	1 015 km	Pete Ash, Kieron Bradley, Brian Cunningham (tous GBR)	21 sept. 2004
Camionnette de laitier	1 659 km	Paul Thompson (GBR)	20 sept. 2015
Pocket-bike (mini moto)	2 504 km	S. Ýr Unnarsdòttir (ISL), M. Reid, C. Fabre (tous 2 USA)	17 sept. 2016
Rollerski	2 783 km	Gérard Proteau (FRA)	28 juin 2014
Speed sail	3 410 km	Robert Torline (USA)	16 juin 2001
Échasses	4 804 km	Joe Bowen (USA)	26 juill. 1980
Excavateur	5 649 km	Norman Bartie (AUS)	20 avr. 2019
Béquilles	6 006 km	Guy Amalfitano (FRA)	6 sept. 2013
Vélo-taxi	6 248 km	Len Collingwood (GBR)	17 sept. 2018
Trottinette	7 100 km	Kosuke Takizawa, alias Rake (JPN)	21 avr. 2020
Véhicule à mobilité électrique (équipe)	8 609 km	J. Duckworth, J. Seamons, S. Parrott, J. Uren, G. West (tous GBR)	17 oct. 2007
Skateboard	12 159 km	Rob Thomson (NZL)	28 sept. 2008
Tracteur	25 378 km	Hubert Berger (DEU)	23 oct. 2016
Scooter électrique	25 547 km	Song Jian, Yadea Technology Group (tous 2 CHN)	28 déc. 2020
Fauteuil roulant (motorisé, contrôlé avec la bouche)	28 000 km	Chang-Hyun Choi (KOR)	6 déc. 2007
Fauteuil roulant (manuel)	40 075 km	Richard Marvin "Rick" Hansen (CAN)	22 mai 1987
Camion de pompiers	50 957 km	Stephen Moore (GBR)	10 avr. 2011
Quad/véhicule tout-terrain	56 239 km	Valerio de Simoni, Kristopher Davant, James Kenyon (tous AUS)	22 oct. 2011
Taxi	69 716 km	Leigh Purnell, Paul Archer, Johno Ellison (tous GBR)	11 mai 2012
Bus	87 367 km	Hughie Thompson, John Weston, Richard Steel (tous GBR)	3 déc. 1989
Vélo	646 960 km	Walter Stolle (GBR)	12 déc. 1976

Le "Munro bagging" le plus rapide en solitaire
Le "Munro bagging" consiste à gravir l'un des 282 sommets de plus de 914 m en Écosse. Le Munroïste solitaire Donnie Campbell (GBR) a fait l'ascension de ces 282 sommets en 31 jours, 23 h et 2 min, jusqu'au comté de Sutherland, dans les Highlands (GBR), le 2 sept. 2020. Il a parcouru 1 443 km à vélo entre les Munros et a couru sur 1 422 km, dont 126 143 m d'ascension, soit 14 fois l'ascension de l'Everest depuis le niveau de la mer !

Le plus rapide à visiter tous les cantons suisses
Le 22 mai 2020, Gian-Luca Bähler (CHE) a parcouru les 26 cantons suisses en 15 h et 30 min, finissant par le canton du Tessin. L'idée est née autour d'un verre avec des collègues, quand Bähler a déclaré qu'il connaissait presque par cœur tous les horaires des transports publics de Suisse. Il a alors décidé de mettre ses connaissances à l'épreuve.

Le 1er tour du monde en hélicoptère à passer par des points antipodaux
Les antipodes sont des points sur Terre diamétralement opposés. Du 8 avr. au 7 août 2017, Peter Wilson et Matthew Gallagher (tous 2 GBR) ont fait le tour du monde à bord d'un Robinson R66 depuis Marlow (Buckinghamshire, GBR), en passant par les antipodes Palembang (IDN) et Neiva (COL).

La plus longue distance parcourue en skateboard électrique
Le 6 janv. 2020, Stefanie Hasbauer (DEU) est arrivée à Porto (POR), après avoir accompli un voyage de 1 210 km sur son skateboard électrique. Stefanie Hasbauer a surmonté plusieurs obstacles : son skateboard a été volé avant même son départ, mais elle l'a rapidement retrouvé. Elle a aussi fait face à 10 crevaisons.

Le tour du monde le plus rapide en voiture
Le record des **1ers et plus rapides homme et femme à avoir fait le tour de la Terre en voiture**, couvrant 6 continents, selon les règles applicables en 1989 et 1991 et en parcourant plus de la longueur d'un équateur (40 075 km), est détenu par Saloo Choudhury et son épouse Neena Choudhury (tous 2 IND). Le voyage a duré 69 jours, 19 h et 5 min, du 9 sept. au 17 nov. 1989. Le couple a conduit une Hindustan "Contessa Classic" de 1989, avec un départ et une arrivée à Delhi (IND).

Le plus de pays visités en voiture électrique avec une seule charge
Le 8 juill. 2016, Frederik Van Overloop (BEL) a traversé 7 pays à bord d'une voiture Tesla Model S sans la recharger.

La plus longue distance parcourue en scooter électrique avec une seule charge est de 656,8 km, par Liang Zhihao, Liang Zhiqi, Liu Haifan et Zhao Yangzi, à Luoyang, Henan (CHN), le 21 oct. 2020. Le record a été sponsorisé par la Dongguan Tailing Electric Vehicle Co., Ltd (tous CHN).

La 1re femme à terminer le défi des 4 pôles
Vanessa O'Brien (GBR/USA) a atteint le sommet de l'Everest le 19 mai 2012, a parcouru à ski le dernier degré jusqu'aux pôles Sud et Nord, respectivement le 15 déc. 2012 (ci-dessus) et le 16 avr. 2013, et a plongé au fond du Challenger Deep le 12 juin 2020 (voir p. 129). Elle est ainsi devenue la 1re femme à atteindre les points de la planète le plus haut et le plus bas, ainsi que les 2 pôles géographiques.

La personne la plus âgée à visiter les 2 pôles
Le Dr Buzz Aldrin (né le 20 janv. 1930) a atteint le pôle Sud à l'âge de 86 ans et 314 jours, le 29 nov. 2016. Il avait auparavant visité le pôle Nord à bord du brise-glace nucléaire *Sovetskiy Soyuz* (RUS), en juill. 1998.
Le Dr Aldrin est surtout connu pour sa participation au **1er alunissage en équipage**. Il a posé le pied sur la surface de la Lune à 3 h 11 GMT, le 21 juill. 1969, précédé par Neil Armstrong (tous 2 USA).

La plus longue distance verticale à pied en 24 h (montée et descente)
Ben Wernick (GBR) a effectué 101 allers-retours sur une colline à Glynogwr (Mid Glamorgan, GBR), les 26-27 sept. 2020, enregistrant à chaque fois un changement d'altitude de 224,52 m. Après 23 h et 43 min, il avait monté et descendu un total de 22 676,52 m.

Les points terrestres visités les plus extrêmes
David Tait (GBR) a atteint 2 points de la Terre séparés par une altitude de 10 910 m. Il a gravi l'Everest (8 848 m – voir p. 122) à 5 reprises, la dernière fois en 2013. Le 18 mars 2019, il est descendu à 2 062 m sous le niveau de la mer dans la mine d'or de Mponeng, à Gauteng (ZAF).

La surface gelée du Baïkal représentait un danger pour les 2 tentatives. À certains endroits, la glace ne faisait env. que 10 cm d'épaisseur.

Le plus long trajet à moto sur la glace (tout-terrain)
Kevin Emans (GBR) a parcouru 743,43 km avec sa moto KTM 500 EXC sur le lac Baïkal (Sibérie, RUS), jusqu'au 22 févr. 2020. Son véhicule n'a subi aucune modification, à l'exception de pneus cloutés et d'adaptations protégeant du froid. Emans faisait partie de l'équipe du Baïkal Project, 6 motards qui tentaient de parcourir toute la longueur de cette étendue d'eau gelée – **le lac le plus profond du monde** (1 642 m).
Dans le cadre du même défi, le chef du projet, Gary O'Keeffe (IRL), a également réalisé **la plus longue distance conduite sur glace en 1 semaine** (encart), couvrant 798,3 km, du 16 févr. au 22 févr. 2020. Il conduisait une camionnette russe UAZ de 1976, équipée d'un poêle à bois.

En revue

Le plus d'ascensions de montagnes "3 000" en 1 semaine
Du 2 au 9 août 2020, Emily Woodhouse (GBR) a gravi 13 montagnes de plus de 3 000 m en Andalousie (ESP).

Le plus haut saut en parachute en tandem
Jim Wigginton (USA) et Arkadiusz Majewski (POL) ont sauté ensemble en parachute à 11 405 m d'altitude dans le comté de Wyszków (POL), le 25 oct. 2019. Leur saut en tandem a permis de récolter des fonds pour la Punya Thyroid Cancer Research Foundation. (Pour en savoir plus sur les exploits de Wigginton, voir ci-contre.)

Le plus haut marathon sur route
La Winter Sports Federation Pakistan, les forces aériennes pakistanaises, les hôtels Serena et Z Adventures (tous PAK) ont organisé un marathon à 4 693 m d'altitude sur le col de Khunjerab, dans les montagnes de Karakoram, le 21 sept. 2019.

Le plus profond marathon souterrain (équipe)
Six coureurs de relais – dont Sally Orange et Jordan Wylie, ambassadeurs des GBR Army Cadets – ont parcouru une distance combinée de 42,5 km à une profondeur de 1 041,1 m sous terre, dans la mine ICL-Boulby dans le Yorkshire du Nord (GBR), le 10 oct. 2020. L'événement "Beneath the Surface" a permis de récolter des fonds pour des associations caritatives pour la santé mentale.

La 1re personne à atteindre l'espace et le point le plus profond de la Terre
Le 5 oct. 1984, le Dr Kathryn Sullivan (USA) faisait partie de l'équipage de la mission STS-41-G de la navette spatiale *Challenger*. Le 7 juin 2020, elle a plongé au fond du Challenger Deep ▶ **le point le plus profond de la Terre**, à env. 11 km – à bord du submersible *Limiting Factor*, piloté par Victor Vescovo – **le visiteur le plus fréquent** du Challenger Deep (voir ci-contre).

La plus longue distance nagée en eau glacée
Hommes : 3,5 km, par Paul Georgescu (ROM), au lac Snagov (ROM), le 10 févr. 2021. La nage a duré 57 min et 56 s.
Femmes : 3,3 km, par Carmel Collins (IRL), à Wild Water, Armagh (GBR), le 21 févr. 2016. Les 2 records ont été ratifiés par l'International Ice Swimming Association.

La plus longue distance libre parcourue en deltaplane avec demi-tour
Glauco Pinto (BRA) a parcouru 630,9 km à bord de son deltaplane Laminar 14 Icaro 2000, à Tacima (Paraíba, BRA), le 10 oct. 2019. Les demi-tours permettent

Le 1er wingsuit à propulsion électrique
Le cascadeur Peter Salzmann (AUT) a effectué le 1er vol dans un wingsuit à propulsion électrique, confirmé en nov. 2020. Lâché d'un hélicoptère à env. 3 050 m au-dessus des Alpes autrichiennes, il a atteint 300 km/h grâce aux 2 "rotors" de 20 chevaux montés sur la poitrine de sa combinaison BMW Designworks. Il s'agit de la vitesse du faucon pèlerin (*Falco peregrinus*), qui, en piqué, est **l'oiseau le plus rapide**.

La plus longue traversée en tyrolienne au-dessus d'un lac de lave
Souvent utilisée en alpinisme et en spéléologie, la tyrolienne consiste à se propulser au-dessus d'un gouffre le long d'une corde fixée entre 2 points. Le 3 déc. 2017, la "médecin-aventurière" Karina Oliani (BRA) a réalisé une traversée de 100,58 m au-dessus de l'Erta Ale, un lac de lave actif situé dans l'Afar (ETH). Préparée pendant 6 mois, la traversée n'a duré que 5 min env.

Le plus long trajet polaire sans assistance et non motorisé (PECS)
Geoff Wilson (AUS, né KEN), vétérinaire devenu explorateur, a parcouru 5 179 km sur un traîneau tiré par une aile de traction entre le 9 nov. 2019 et le 7 janv. 2020, faisant une boucle entre Thor's Hammer et la station Novolazarevskaya en Antarctique. Son périple de 58 jours lui a permis d'atteindre le pôle d'inaccessibilité relative – le point le plus éloigné de la côte dans toutes les directions – et le Dôme Argus. Ce dernier est le point le plus élevé de l'inlandsis de l'Antarctique, à 4 093 m au-dessus du niveau de la mer. Wilson est également **la 1re personne à avoir gravi le Dôme Argus sans assistance** (voir p. 118).

La plus jeune femme à atteindre le pôle Sud (PECS)
Mollie Hughes (GBR, née le 3 juill. 1990) avait 29 ans et 191 jours lorsqu'elle est arrivée au pôle Sud le 10 janv. 2020 (encart), après un voyage de 58 jours. Elle a skié pendant 10 à 12 h par jour, tirant ses provisions sur un traîneau, tout en supportant des températures aussi basses que -45 °C et un blizzard de 8 jours qui a fortement réduit la visibilité. Les records de Hughes et Wilson (à gauche) ont été ratifiés par des experts du Polar Expeditions Classification Scheme (PECS, voir p. 116).

La 1re personne aveugle à diriger une ascension de l'Old Man of Hoy

Le 4 juin 2019, le grimpeur aveugle Jesse Dufton (GBR) a mené une ascension du stack Old Man of Hoy, haut de 137 m, dans les Orcades (GBR). Sa partenaire voyante, Molly Thompson, l'a suivi dans l'ascension de la face est. Dufton est né avec 20 % de sa vision centrale, et de larges points aveugles. Sa vue limitée continue de baisser. Lors de l'ascension, seule la perception de la lumière le guidait.

au pilote de revenir au point de départ. Ce record a été vérifié par la FAI.

La plus rapide traversée de la Nouvelle-Zélande à pied (femmes)
Menna Evans (GBR) a traversé la Nouvelle-Zélande en 35 jours et 27 min, entre le 1er janv. et le 5 févr. 2020. Evans a parcouru entre 54,7 et 64,3 km par jour. Elle a commencé chaque course à 6 h 30 pour éviter la partie la plus chaude de la journée, et a connu un large éventail de conditions météorologiques, de la chaleur intense – qui l'a fait s'évanouir à la fin de son 1er jour – aux graves inondations du 34e jour.

La plus rapide traversée du lac Baïkal à pied
Michael Stevenson (GBR) a traversé le lac Baïkal gelé en Sibérie (RUS), en 11 jours, 14 h et 11 min. Il a commencé son expédition en solitaire de 652,36 km à Kultuk, dans le sud, à 7 h 19 le 25 févr. 2020. À 21 h 30 le 7 mars 2020, il a atteint sa destination : Nizhneangarsk, au nord.

La personne la plus âgée à traverser le Grand Canyon de bord à bord à pied
Le 7 nov. 2019, John Jepkema (USA, né le 8 juin 1928) a traversé la gorge la plus emblématique d'Amérique du Nord à l'âge de 91 ans et 152 jours. Il a parcouru cette distance en empruntant une série de sentiers, et terminé au Grand Canyon Village (Arizona, USA). Au total, Jepkema a atteint le fond du Grand Canyon à 6 reprises – 4 fois en groupe et 2 fois seul.

La plus rapide traversée de la baie False
Ryan Stramrood (ZAF) a traversé à la nage cette baie sud-africaine – zone de reproduction des grands requins blancs – en 8 h et 39 min le 18 mars 2021. Il a nagé d'ouest en est, de Miller's Point à Rooi-Els – à l'inverse des 5 autres nageurs qui ont terminé la traversée. **Le record féminin** est de 9 h et 56 min, atteint par Annemie Landmeters (BEL), le 30 janv. 1989.
Barend Nortje, Anthony Pearse, Mark Chamberlin et Brad Gale (tous ZAF) ont obtenu **le record du relais**, 7 h et 29 min, le 26 mars 2021. Les 3 exploits ci-dessus ont été confirmés par la Cape Long Distance Swimming Association et la False Bay Swimming Association.

La plus rapide traversée du Loch Ness en paddleboard
Le 10 août 2020, James Fletcher (GBR) a parcouru en paddleboard la longueur du loch écossais – env. 37 km de Fort Augustus au sud à Lochend au nord – en 4 h, 33 min et 1 s. Fletcher, qui souffre d'une maladie cardiaque, a profité de cette tentative pour sensibiliser l'opinion et collecter des fonds pour l'association Cardiac Risk in the Young.

La plus longue nage continue dans une piscine à contre-courant
Mayra Santos (BRA) a nagé 31 h et 7 min, dans une piscine à contre-courant, à Caniço, à Madère (POR), les 5-6 nov. 2020. Ces piscines simulent le courant d'un fleuve et ont de multiples usages, de la kinésithérapie à l'entraînement des nageurs professionnels.
Le record masculin est de 25 h, par Pablo Fernández Álvarez (ESP), à Madrid (ESP), les 6-7 mai 2020. Les 2 records ont été confirmés par la World Open Water Swimming Association (WOWSA).

LE CHALLENGER DEEP : VOYAGE AU FOND DE L'OCÉAN

Naviguez à env. 400 km au sud-ouest de Guam, plongez à 11 km sous la surface du Pacifique et vous vous retrouverez dans la fosse des Mariannes. À son extrémité sud-ouest se trouve **le point le plus profond de l'océan** – le Challenger Deep, à env. 10 934 m de profondeur. À ce jour, seules 17 personnes ont visité ce monde obscur, où la pression de l'eau est plus de 1 000 fois supérieure à la pression atmosphérique au niveau de la mer, ce qui équivaut à la pression d'env. 300 avions gros-porteurs sur un humain !

1

Le 7 juin 2020, le Dr Kathryn Sullivan (**1**) est devenue **la 1re femme** (et la 8e personne au total) à atteindre le Challenger Deep (voir ci-contre). L'ancienne astronaute et administratrice de la NOAA a plongé à bord du DSV *Limiting Factor*, piloté par l'explorateur et ancien officier de marine Victor Vescovo (USA), qui a servi de pilote lors de toutes les plongées record suivantes. Il a effectué **le plus de visites dans le Challenger Deep** – 10, au 11 mars 2021 – enregistrant env. 30 h sur les fonds marins. En 2019, il est devenu **la 1re personne à atteindre le fond de tous les océans de la Terre**.

2

Le 26 juin 2020, Vescovo a emmené Jim Wigginton (né le 23 févr. 1949) dans un voyage aller-retour de 12 h jusqu'au fond de l'océan. Wigginton (**2**) est **la personne la plus âgée à avoir atteint le Challenger Deep**, à l'âge de 71 ans et 124 jours.

3

La 1re femme à atteindre les points les plus hauts et les plus profonds de la Terre est Vanessa O'Brien (GBR/USA ; **3**). Elle a atteint le sommet de l'Everest le 19 mai 2012 et le Challenger Deep le 12 juin 2020, 5 jours après la descente du Dr Sullivan (voir p. 127).

Le 5 mars 2021, Hamish Harding (GBR, **4**, à gauche avec Vescovo) a réalisé **la plus longue traversée du Challenger Deep**, une odyssée de 4 634 km qui a duré 4 h et 15 min. Le fils de Harding, Giles (**5**), se trouvait à bord du navire de soutien DSSV *Pressure Drop*. Sur les réseaux sociaux, il a documenté le voyage historique de son père dans une région qui reste, pour les humains, aussi mystérieuse qu'un autre univers.

4

5

Viridiana Álvarez Chávez

L'alpinisme de l'extrême pose d'énormes défis physiques. Le taux d'oxygène à plus de 8 000 m représente seulement un tiers du taux au niveau de la mer. Ce qui peut provoquer nausées, vertiges ou insomnies. Les grimpeurs risquent engelures et hypothermie, ainsi que de graves coups de soleil. La photo de Viridiana prise au Camp 4 de l'Everest (ci-dessus), après une escalade de 19 h, témoigne des conditions très rudes.

Lorsque Viridiana Álvarez Chávez a commencé à s'entraîner sérieusement à l'âge de 28 ans, elle ignorait qu'il s'agissait d'une aventure exaltante qui l'emmènerait au sommet du monde.

Viridiana qui a grandi à Aguascalientes (MEX) n'avait aucune expérience de la montagne. Après avoir participé à un marathon et un triathlon, elle se lance un nouveau défi et visionne des vidéos sur Internet pour apprendre les techniques d'escalade.
2 ans plus tard, elle conquiert le plus haut sommet du Mexique, Pico de Orizaba (5 636 m). Cette expérience scelle son amour de l'escalade et transforme sa vie. "J'ai démissionné de mon travail pour vivre la magie de la montagne", déclare-t-elle.

Viridiana commence alors une série d'expéditions dans l'Himalaya où elle réalise **l'ascension la plus rapide des 3 plus hauts sommets avec oxygène (femme)** – 1 an et 364 jours. Elle conquiert d'abord, le 16 mai 2017, l'Everest, **la plus haute montagne** (8 848 m), puis le K2, ce qui lui permet de devenir la 1re femme d'Amérique latine à en atteindre le sommet, le 21 juill. 2018. Le 15 mai 2019, elle termine sa quête par le Kangchenjunga.

Aujourd'hui, Viridiana vise la conquête des 14 plus hautes montagnes de la Terre – le club des 8 000. Connaissant sa détermination inébranlable, personne au GWR ne parierait contre elle.

CARTE D'IDENTITÉ
Nom : Viridiana Álvarez Chávez
Lieu de naissance : Aguascalientes (MEX)
Montagnes de plus de 8 000 m escaladées : 5
- Everest (8 848 m)
- K2 (8 611 m)
- Kangchenjunga (8 586 m)
- Lhotse (8 516 m)
- Manaslu (8 163 m)

Centres d'intérêt : marathon, triathlon, lecture, viticulture

1

2

Viridiana a escaladé quatre des Sept Sommets – les plus hautes montagnes de chaque continent.

3

4

1. Viridiana (2e, en partant de la droite) a fait partie d'une équipe entièrement féminine qui a escaladé le K2 à la frontière sino-pakistanaise. Le K2 a la réputation d'être l'un des sommets les plus périlleux et Viridiana a dû surmonter le risque d'une chute mortelle. Elle a récité un mantra interne pour rester calme et concentrée.

2. Viridiana partage ses expériences de la montagne lors de conférences, notamment auprès de la jeunesse. Elle livre des messages positifs et prône l'intelligence émotionnelle, la discipline et la régularité pour contrer les pensées limitantes et atteindre ses objectifs.

3. Avant de découvrir la montagne, Viridiana s'est entraînée au marathon et au triathlon. En 2014, elle a participé au marathon de Mexico et à l'IRONMAN® 70.3 de Monterrey.

4. Viridiana est l'ambassadrice de Mujeres en la Cima ("Femmes au sommet"), association qui encourage l'égalité des sexes et cherche à inspirer les femmes en soutenant des athlètes exceptionnelles.

Découvrez plus d'informations sur Viridiana dans la section Hall of Fame sur www.guinnessworldrecords.com/2022

Musée du Louvre

Lieu : 75001 Paris (FRA)
Inauguration : 10 août 1793
Superficie totale : 244 000 m²
Espace des galeries : 72 735 m²
Collection : près de 500 000 objets, dont 35 000 exposés
Départements de conservation : 8
Visiteurs annuels : 9,6 millions (2019)

Trônant fièrement en plein cœur de Paris, le Louvre est un trésor national français qui renferme une impressionnante collection de chefs-d'œuvre artistiques.

Le Louvre est à l'origine une forteresse bâtie au début du XIIe siècle. En 1527, François Ier décide d'en faire sa résidence officielle et des travaux débutent pour transformer l'édifice en palais royal. Au lendemain de la Révolution de 1789, on décide d'ouvrir le Louvre au peuple, pour qu'il puisse en admirer les œuvres. Le musée est inauguré 4 ans plus tard et 537 tableaux y sont exposés.

Aujourd'hui, la collection visible du Louvre avoisine 35 000 objets, depuis les antiquités de l'Égypte et du Proche-Orient aux tableaux mondialement célèbres de maîtres tels que de Vinci, Raphaël et Michel-Ange. Des milliers de visiteurs affluent vers le musée chaque jour, parcourant les couloirs et les galeries qui s'étirent sur 14,5 km. Depuis les extensions et agrandissements divers, le Louvre couvre 244 000 m², ce qui en fait **le plus grand musée d'art** du monde.

Le Louvre continuera d'évoluer dans les siècles à venir. En attendant, son statut de **musée d'art le plus visité** demeure incontesté, avec 10,2 millions de visiteurs en 2018. Avec tous les trésors artistiques que l'on peut y découvrir, comment s'en étonner ?

Maerten Soolmans et Oopjen Coppit
Le 1er févr. 2016, le Louvre et le Rijksmuseum (NDL) ont fait l'acquisition conjointe du **tableau de Rembrandt le plus cher pour** 160 m €. Les portraits en pied et grandeur nature de 2 jeunes mariés, peints en 1634, sont partagés entre les 2 musées, sans jamais être séparés.

La Joconde
Le portrait de Léonard de Vinci représentant Lisa Gherardini, une aristocrate italienne, est l'un des tableaux les plus célèbres. Il a été volé au Louvre le 21 août 1911 – sans doute **l'objet volé le plus précieux** – et retrouvé 2 ans plus tard. Au début des années 1960, l'œuvre a reçu **l'évaluation d'assurance la plus élevée pour un tableau** – 100 m $, ce qui représente aujourd'hui plus de 860 m $, en tenant compte de l'inflation.

Le Christ et l'abbé Ména
Exposée dans le département des antiquités égyptiennes, **la plus ancienne icône copte** date du VIIIe siècle. Elle représente Jésus (à droite, que l'on reconnaît à la croix à l'intérieur de son halo) et un abbé du monastère de Baouit (EGY), où l'icône a été découverte vers 1900. Les Coptes sont une communauté chrétienne d'Égypte.

Lion d'Urkesh
Dans la salle 302, les visiteurs découvrent un petit lion en cuivre trônant sur une tablette en craie où est gravé **le plus ancien texte complet en langue hourrite.** (Les Hourrites étaient un peuple de l'âge du bronze qui vivait en Anatolie, en Syrie et en Mésopotamie.) Datant de 2200-2100 avant notre ère, il s'agit d'un "dépôt de fondation" : un talisman assorti d'une incantation de protection et placé dans les fondations d'un bâtiment – un temple dédié au dieu mésopotamien Nergal.

Près de 15 mois ont été nécessaires pour peindre cette toile de 67,3 m²

Les Noces de Cana
Mesurant 6,77 m de haut et 9,94 m de long, cette œuvre de Paolo Véronèse est le plus grand tableau du Louvre. Achevé en 1563, il met en scène le récit biblique de Jésus transformant l'eau en vin avec, pour toile de fond, un somptueux banquet de noce vénitien. Pas moins de 130 personnages y sont représentés.

L'extrémité ouest de la cour du Louvre était autrefois entièrement close, jusqu'à la destruction du palais des Tuileries en 1871

En 1803, le Louvre est rebaptisé musée Napoléon, du nom de l'Empereur, qui supervise l'expansion de sa collection.

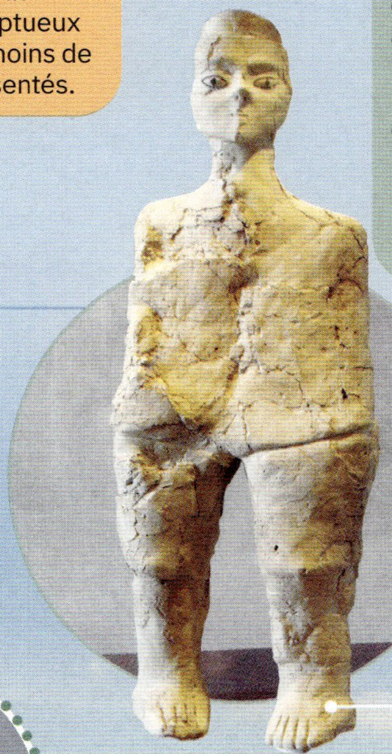

Modelage en plâtre avec intérieur creux

Statue en gypse du Neolithique
La plus ancienne œuvre du Louvre date d'env. 7000 avant notre ère. Découverte à Ain Ghazal (JOR), elle a été prêtée au musée en 1997.

Saint François d'Assise recevant les stigmates
Le retable de Giotto mettant en scène 4 épisodes de la vie de saint François d'Assise et achevé vers 1300-1325 est la plus ancienne peinture du Louvre. Elle aurait été exposée dans l'église San Francesco de Pise (ITA). Le cadre d'origine porte la signature OPUS IOCTI FLORENTINI ("Œuvre du Florentin Giotto").

3,13 × 1,63 m

Pour accéder au musée, il faut passer par l'emblématique Pyramide du Louvre, une structure en verre spectaculaire de 21 m de haut située dans la cour, au-dessus du hall souterrain. Conçue par le célèbre architecte I.M.Pei, sa construction s'est achevée en 1989.

Sciences et technologie

Le plus grand four solaire
Ce mur de miroirs de 9 étages de haut constitue le cœur du four solaire d'Odeillo, centre de recherche scientifique dans le sud-ouest de la France. Une série de miroirs situés dans les champs environnants renvoie la lumière du Soleil vers ce réflecteur parabolique de 1 830 m², qui la concentre ensuite dans un espace faisant à peu près la taille d'un tambour de lave-linge dans la tour du laboratoire. Par beau temps, la température peut atteindre 3 000 °C en quelques secondes. Le four est opérationnel depuis avr. 1969.

SOMMAIRE

Contrairement aux fours traditionnels, celui d'Odeillo ne produit pas de gaz de combustion risquant de contaminer les échantillons.

Observations spatiales

Le plus de galaxies dans une image composite

En mai 2019, les astronomes ont assemblé presque 7 500 clichés de l'Univers lointain pris par le télescope spatial *Hubble* sur une période de 17 ans en une seule et même image, le Hubble Legacy Field. On y voit 265 000 galaxies dont les plus âgées ont 13,3 milliards d'années, soit 500 millions d'années après le Big Bang.

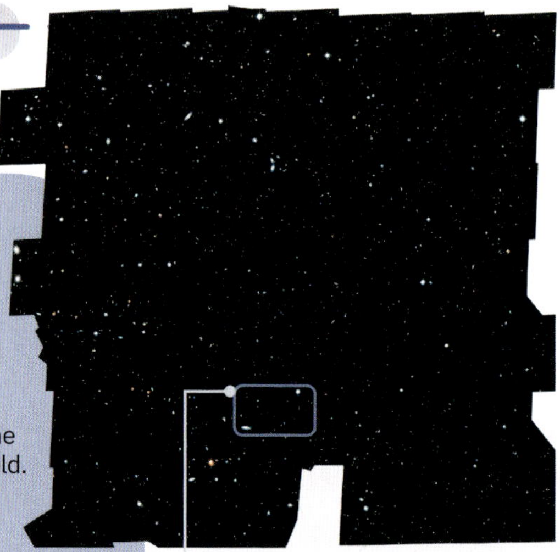

La planète à l'année la plus courte

L'exoplanète KOI 1843.03 parcourt une orbite autour de son étoile en 4 h et 15 min. Découverte par le télescope spatial *Kepler*, cette planète rocheuse riche en fer semble 10 % moins grande que la Terre. Les astronomes pensent que les forces impliquées dans son orbite extrême lui ont donné la forme d'un ballon de rugby.

La plus grande collision entre trous noirs

Le 21 mai 2019, 2 trous noirs estimés à 66 et 85 masses solaires sont entrés en collision. L'événement, baptisé GW190521, a été repéré par 2 dispositifs de détection des ondes gravitationnelles : LIGO (USA) et l'interféromètre Virgo (ITA).

Le trou noir le plus léger a été découvert le 14 août 2019, quand LIGO et Virgo ont observé les ondes gravitationnelles d'un trou noir avaler un autre objet. L'événement a été baptisé GW190814. L'objet avalé ne faisait que 2,6 fois la masse du Soleil, alors que le trou noir en faisait 26. La masse du petit objet, mesurée avec précision, était trop modeste pour qu'il s'agisse d'une étoile à neutrons. Par conséquent, il devait s'agir d'un trou noir, peut-être formé par l'union de 2 étoiles à neutrons suffisamment massives.

La plus longue explosion de supernova

Généralement, les supernovæ explosent avec une violence incroyable et se consument en quelques mois maximum. SN 2016iet n'est toutefois pas comme les autres. Son éclat a augmenté durant une période de 20 jours en 2016, puis il a connu 2 pics d'intensité à env. 100 jours d'intervalle, avant de diminuer durant 650 jours. En tout, 770 jours se sont écoulés avant qu'on puisse estimer que l'explosion était terminée. La supernova était autrefois une étoile faisant env. 200 fois la masse du Soleil. Elle a été détectée par le satellite *Gaia* de l'Agence spatiale européenne (ESA) en nov. 2016. La durée de cette supernova de type 1 est unique dans l'histoire des observations et l'explosion a fait l'objet d'un article publié par les astronomes du Centre d'astrophysique Harvard-Smithsonian (USA) en août 2019.

L'astéroïde passé le plus près de la Terre

Le 16 août 2020, à 4 h 08, l'astéroïde 2020 QC est passé à seulement 2 950 km de la Terre, au-dessus du sud de l'océan Indien. Vu son diamètre de 3 à 6 m, il n'aurait guère présenté de danger, mais il aurait provoqué un superbe spectacle lumineux s'il était entré dans l'atmosphère.

La 1re classe d'exoplanètes "barbe à papa"

En déc. 2019, les scientifiques de la NASA étudiant les données du télescope spatial *Hubble* ont annoncé avoir identifié 3 exoplanètes (Kepler-51 b, c et d) ne rentrant pas dans les catégories habituelles : planètes rocheuses comme la Terre, géantes de glace comme Neptune et géantes gazeuses comme Jupiter. Leur densité étant extraordinairement faible, on les surnomme les exoplanètes "barbe à papa".

Le plus grand télescope terrestre optique

Situé à 2 267 m au-dessus du niveau de la mer sur l'île de La Palma, aux Canaries (ESP), le Gran Telescopio Canarias (GTC) est doté d'un miroir principal de 10,4 m de diamètre. Il comprend 36 panneaux hexagonaux polis avec soin et alignés pour constituer un grand réflecteur courbe. Le télescope a été inauguré par le roi d'Espagne le 24 juill. 2009.

La plus grande lunette astronomique

Avec sa lentille principale de 1,02 m de diamètre, la lunette astronomique de l'observatoire Yerkes (Wisconsin, USA) est la plus grande au monde. Elle a 124 ans. Au lieu de concentrer la lumière avec un miroir, les lunettes emploient une lentille à l'extrémité d'un long tube et à l'autre bout un oculaire ou instrument similaire.

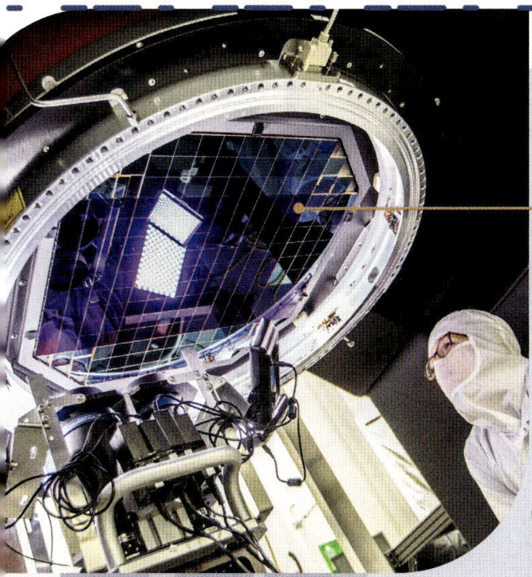

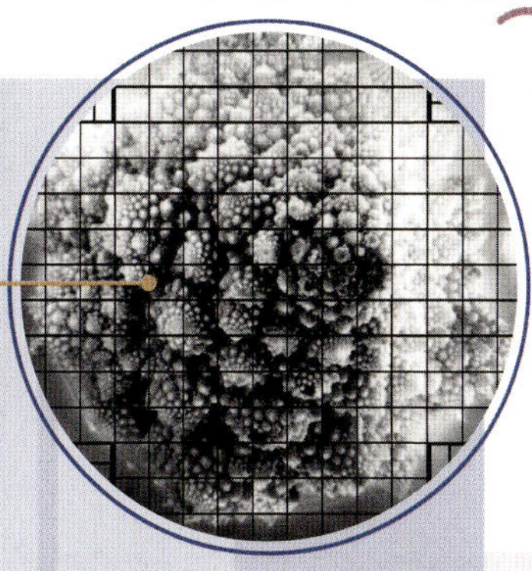

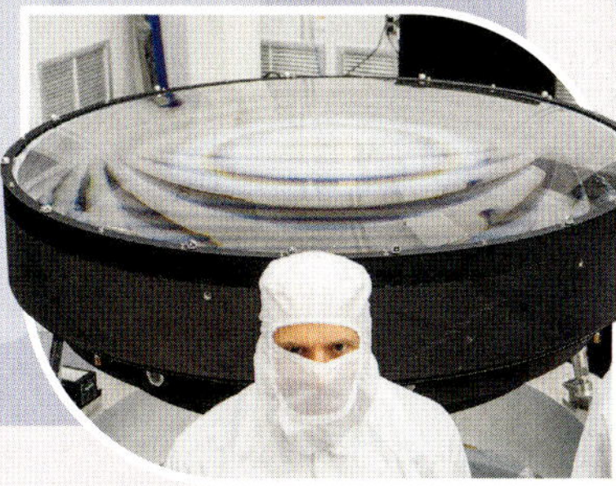

L'exoplanète la plus proche de la Terre

En avr. 2020, une 3e exoplanète a été repérée autour de Proxima Centauri, **l'étoile la plus proche de la Terre** à l'exception du Soleil (4,2 années-lumière, 39 700 milliards de km). Baptisée Proxima Centauri c, cette planète gravite plus loin de son étoile que Proxima Centauri b (ci-dessus) et est donc l'exoplanète la plus proche de la Terre durant une partie de son année (1 928 jours).

La caméra numérique à la plus haute résolution

La caméra LSST a été conçue pour l'observatoire Vera C. Rubin en construction dans la province d'Elqui (CHL). Elle utilise une série de 189 capteurs d'image CCD pour une résolution totale de 3,2 milliards de pixels. Elle comprend aussi **la plus grande lentille** au monde (voir à droite). Ce système a été assemblé au SLAC National Accelerator Laboratory (Californie, USA) et testé en sept. 2020. Ci-dessus, à droite, une image de test : une tête de chou romanesco choisie pour la complexité de sa surface.

La plus grande lentille

Achevée en sept. 2019 pour l'objectif LSST de l'observatoire Vera C. Rubin, L-1, la plus grande lentille optique haute performance (ci-dessus) mesure 1,57 m et est la plus grande des 3 énormes lentilles de la caméra, qui concentrent la lumière sur un capteur CCD de 3,2 milliards de pixels. Elle a été fabriquée par Ball Aerospace et Arizona Optical Systems (tous 2 USA).

La 1re oscillation stellaire asymétrique

Toutes les étoiles oscillent, mais on croyait que le mouvement était symétrique par rapport à leur axe de rotation. En mars 2020, des scientifiques traitant les données du satellite d'étude des exoplanètes en transit (TESS, NASA) ont découvert une étoile binaire en forme de larme, HD74423, qui n'oscille que d'un côté. La gravité de la naine rouge plus petite qui l'accompagne provoque son oscillation et déforme sa surface. HD74423 fait 1,7 fois la masse du Soleil et est située à 1 500 années-lumière de la Terre.

Le miroir principal comprend 18 blocs de béryllium ultraléger, qui se déplieront après le lancement.

La plus grande parabole de radiotélescope

En juill. 2016, s'est achevée la construction du radiotélescope sphérique de 500 m d'ouverture (FAST), situé à Dawodang, dans le bassin de Guizhou, au sud-ouest de la Chine. La parabole se compose de 4 450 panneaux triangulaires en aluminium. Comme son nom l'indique, le télescope mesure 500 m de diamètre, même si le récepteur ne distingue qu'une zone de 300 m de large à la fois.

Le plus grand télescope spatial

Le télescope spatial *Edwin P. Hubble* de la NASA pèse 11 t, mesure 13,1 m de long et abrite un réflecteur de 2,4 m de diamètre. Nommé en hommage au célèbre astronome américain, il a été placé dans l'espace à 547 km d'altitude par la navette spatiale *Discovery* (USA), le 24 avr. 1990.

Le télescope *James Webb*

Ce télescope en cours de fabrication, dont le lancement est prévu en oct. 2021, remplacera *Hubble* comme **plus grand télescope spatial**. Né d'une collaboration entre la NASA, l'ESA et l'Agence spatiale canadienne (CSA), il aura un miroir principal de 6,5 m et captera la lumière infrarouge d'objets lointains. Un écran solaire à 5 couches, à peu près de la taille d'un terrain de tennis, le protégera des sources de chaleur.

Explorations spatiales

La station spatiale la plus visitée
Au 5 nov. 2020, la *Station spatiale internationale* (*ISS*) avait reçu 241 visiteurs différents en provenance de 19 pays, de l'Afrique du Sud au Kazakhstan. Le 2 nov. 2020, l'équipage à bord a célébré les 20 ans de la station, **la plus longue présence humaine continue dans l'espace**.

Le trajet vers l'*ISS* le plus rapide a été celui du *Soyouz MS-17* et de son équipage le 14 oct. 2020. Parti du cosmodrome de Baïkonour (KAZ) à 5 h 45 (UTC), il s'est amarré au module *Rassvet* de l'*ISS* à 8 h 48, après un trajet de 3 h et 3 min.

L'orbite la plus proche d'un objet planétaire
Le 6 oct. 2020, le vaisseau *OSIRIS-REx* de la NASA a rapproché son orbite de l'astéroïde 101955 Bennu, à une altitude moyenne de 832 m. Par cette manœuvre, le vaisseau est passé à 374 m de la surface de l'astéroïde, au plus près. Le 20 oct. 2020, *OSIRIS-REx* est descendu jusqu'à la surface de l'astéroïde et en a prélevé un échantillon grâce à un bras extensible.

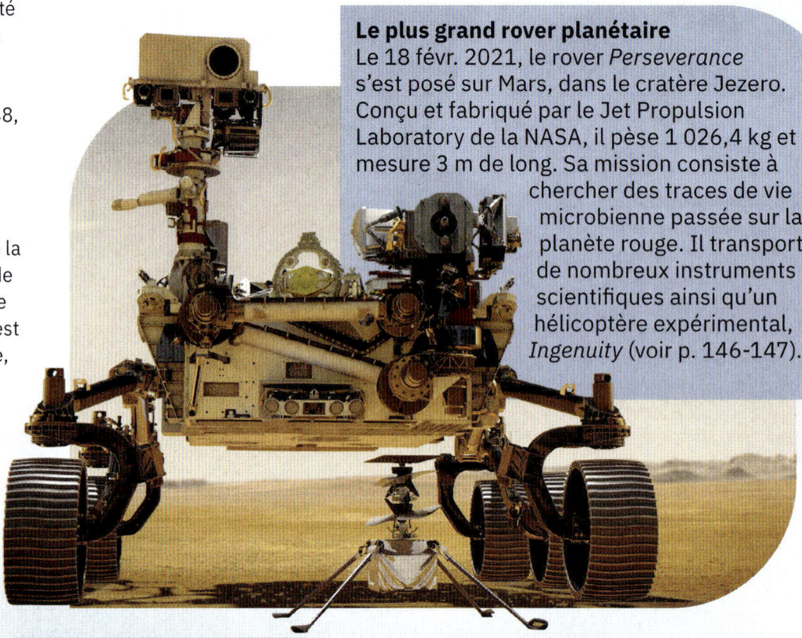

Le plus grand rover planétaire
Le 18 févr. 2021, le rover *Perseverance* s'est posé sur Mars, dans le cratère Jezero. Conçu et fabriqué par le Jet Propulsion Laboratory de la NASA, il pèse 1 026,4 kg et mesure 3 m de long. Sa mission consiste à chercher des traces de vie microbienne passée sur la planète rouge. Il transporte de nombreux instruments scientifiques ainsi qu'un hélicoptère expérimental, *Ingenuity* (voir p. 146-147).

Le 1er vaisseau spatial commercial à transporter des humains
Le 30 mai 2020, la mission Crew Dragon Demo-2 de SpaceX a décollé du Centre spatial Kennedy (Floride, USA). Ce vaisseau spatial privé a transporté 2 astronautes de la NASA, Doug Hurley et Bob Behnken, jusqu'à l'*ISS*, un trajet de 19 h, et est revenu le 2 août 2020. La capsule Crew Dragon pour 7 personnes est inspirée d'un modèle qui a acheminé du matériel vers l'*ISS* 19 fois.
Le coût d'un trajet est d'env. 55 millions $ par personne.

Le 1er séisme martien enregistré
Le 6 avr. 2019, l'atterrisseur martien *InSight* de la NASA a détecté un séisme de magnitude 2-2,5. Seuls 3 corps du Système solaire ont une activité sismique mesurable : la Terre, la Lune et Mars. Contrairement à la Terre, Mars n'a pas de plaques tectoniques. Ses séismes seraient dus à la contraction de la croûte, qui se refroidit au fil du temps.

La 1re oasis ancienne découverte sur une autre planète
Sur Mars, le rover *Curiosity* de la NASA explore le cratère Gale, un ancien bassin d'impact de 160 km de large où il a atterri en 2012. Une recherche publiée le 7 oct. 2019 dans *Nature Geoscience* indique que ce bassin peu profond contenait de l'eau il y a env. 3,5 milliards d'années. La carte géologique créée par *Curiosity* montre un paysage qui ressemblait autrefois au désert de sel de Quisquiro, dans l'Altiplano sud-américain, un environnement moins hostile qu'aujourd'hui.

Les 1ers "feux de camp" solaires observés
Lancée le 10 févr. 2020, la sonde *Solar Orbiter* de l'Agence spatiale européenne a confirmé l'existence d'éruptions solaires surnommées les "feux de camp". Elles font env. la taille de l'Allemagne et sont des versions plus petites des brusques éclats lumineux du Soleil pouvant être observés depuis la Terre.

Le vaisseau ayant approché le Soleil le plus près
Lancée en 2018, la sonde non habitée *Parker Solar Probe* étudie la couronne externe du Soleil. Elle a profité de la gravité de Vénus pour survoler notre étoile de plus en plus près, s'exposant ainsi à une température d'env. 1 377 °C. Le 27 sept. 2020, elle s'est approchée jusqu'à 13,5 millions de km de la surface du Soleil. Sa vitesse héliocentrique (par rapport au Soleil) était de 466 592 km/h, ce qui a aussi fait d'elle **le vaisseau spatial le plus rapide**.

Le plus long vol spatial par une femme
La 1re mission de l'astronaute de la NASA Christina Koch (USA) a duré 328 jours, du 14 mars 2019 au 6 février 2020. Le séjour de Christina à bord de l'ISS a battu le record détenu par Peggy Whitson (voir p. 154-155).

Le panorama de Mars à la plus haute définition
En nov. et déc. 2019, le rover *Curiosity* de la NASA a pris plus de 1 000 clichés du paysage martien. Le 4 mars 2020, ils ont été assemblés en un seul panorama de 1,8 milliard de pixels. Ils avaient été pris sur plusieurs jours, mais toujours entre 12 h et 14 h afin que l'éclairage soit uniforme.

L'horloge la plus précise dans l'espace
Lancée le 25 juin 2019 et activée le 23 août, la Deep Space Atomic Clock de la NASA est conçue pour mesurer le temps à 1 dix-millionième de seconde près par an. Cette horloge atomique à ion mercure, de la taille d'un grille-pain, se trouve dans le satellite OTB-1 (Orbital Test Bed) (à droite). Elle jouera un rôle central pour la NASA, qui souhaite construire un système semblable au GPS pour l'exploration spatiale.

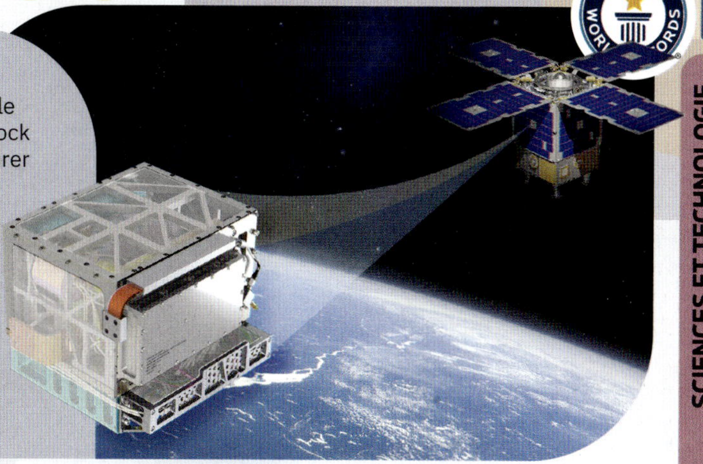

La sonde à énergie solaire la plus éloignée
La sonde solaire *Juno* de la NASA suit une orbite elliptique autour de Jupiter depuis le 5 juill. 2016. En janv. 2017, elle a atteint l'apozène, le point de son orbite le plus éloigné de Jupiter, alors que la géante gazeuse était au point de son orbite le plus éloigné du Soleil, l'aphélie. *Juno* était donc à 824 millions de km du Soleil. En 2019, *Juno* a pris le 1er cliché du pôle nord de Jupiter, autour duquel gravitent lentement 9 cyclones aussi grands que l'Amérique du Nord. C'est **le plus grand nombre de tempêtes photographiées autour du pôle d'une planète**. Plusieurs cyclones existent au pôle sud de Jupiter, mais ils n'étaient que 7 en déc. 2019.

Le plus long délai entre des sorties spatiales
Le 5 mars 2021, l'astronaute de JAXA Soichi Noguchi a réalisé la 4e sortie dans l'espace de ses 15 ans de carrière, 214 jours après sa 3e. Il a passé 6h56 min en dehors de l'ISS, pour la maintenance des panneaux solaires, avec l'astronaute de la NASA Kate Rubins. Les 3e premières sorties de Soichi Noguchi avaient eu lieu au cours de la mission STS 114 vers l'ISS, la dernière le 3 août 2005.

L'objet artificiel le plus éloigné
En 1977, les sondes *Voyager 1* et *Voyager 2* sont parties étudier les planètes extérieures géantes : Jupiter, Saturne, Uranus et Neptune. Vers le 25 août 2012, *Voyager 1* est entrée dans l'espace interstellaire, devenant **la 1re sonde à quitter le Système solaire**. Au 6 nov. 2020, elle se trouvait à 22 684 987 276 km de la Terre et transmettait toujours des données à la NASA.

La 1re observation de "l'écran plasma" du Système solaire
En nov. 2018, la sonde *Voyager 2* a quitté le Système solaire en franchissant l'héliopause. L'analyse de ses données a montré l'existence d'une couche de plasma plus dense, où les températures peuvent atteindre 50 000 °C. Ce plasma protège notre Système solaire des niveaux dangereux de radiations cosmiques. Pour plus d'informations sur *Voyager 2* p. 148.

Le dernier équipage sur la Lune
En 2022, la mission *Apollo 17* aura 50 ans. Elle réunissait le commandant Gene Cernan (ci-dessous, assis), le géologue Harrison Schmitt (à gauche) et le pilote Ronald Evans (à droite, tous USA). Le 11 déc. 1972, Cernan et Schmitt sont devenus les 11e et 12e personnes à marcher sur la Lune. Ils sont restés à la surface pendant 74 h, 59 min et 40 s, faisant d'*Apollo 17* **la plus longue mission lunaire**. Le 14 déc., lorsqu'ils sont remontés à bord de leur vaisseau, des hommes quittaient la Lune pour la dernière fois.

18 astronautes ont été sélectionnés pour le retour de la NASA sur la Lune en 2024, dans le cadre du programme *Artémis*.

Architecture

L'immeuble le plus longiligne
Situé dans le "Billionaire Row" de New York (USA) et aussi appelé Steinway Tower, le 111 West 57 th Street (ci-contre) fait 435,3 m de haut, mais seulement 18 m de large à sa base, un ratio de 1:24. L'édifice a été achevé le 20 oct. 2019. Ce type de bâtiment est né de l'explosion des prix de l'immobilier, qui rend nécessaire la construction d'immeubles très fins sur de petits terrains.

Le plus long pont imprimé en 3D
Le professeur Ma Guowei et une équipe de l'université de technologie d'Hebei (tous CHN) ont bâti un pont de béton imprimé en 3D avec une arche de 17,94 m, à Tianjin (CHN, confirmé le 21 juill. 2020), en s'inspirant d'un pont de pierre vieux de 1 400 ans. La technique, qui superpose des couches de ciment, permet d'économiser des matériaux et de l'argent.

Le plus grand parking à vélos
Le Stationstalling d'Utrecht (NDL) peut accueillir 12 500 vélos. Situé sous la place qui se trouve devant la gare Utrecht Centraal, récemment rénovée, il a ouvert au public par étapes. 5 000 places ont été mises à disposition en août 2017 et la dernière section a ouvert le 19 août 2019. Les sols respectent un code couleur : gris pour les cyclistes et rouge pour les piétons.

Le 1er chauffage au sol
La technique *ondol* ("pierre chaude") existe dans l'architecture coréenne depuis au moins 1000 av. J.-C. L'air chaud d'un four circulait dans des conduits horizontaux sous le sol en maçonnerie, jusqu'à une cheminée à l'autre bout du bâtiment, comme on peut le voir à Unggi, à Hamgyeongbuk-do (PRK).

Le 1er double vitrage commercial
Charles D. Haven (USA), ingénieur en réfrigération, a breveté le Thermopane en 1934. Ce double vitrage se composait de 2 parois de verre séparées par un espace scellé rempli d'air déshydraté. Les ventes ont commencé en 1938 et une version améliorée a été lancée en 1941.

Le 1er immeuble passif
Conçue en Allemagne durant les années 1980, la "passivhaus" privilégie l'isolation et le contrôle de la ventilation. En réduisant les échanges d'air avec l'extérieur, l'immeuble passif est moins dépendant des systèmes de chauffage et de refroidissement habituels.

Les 1ers immeubles à respecter cette norme ont été conçus par les architectes Bott, Ridder et Westermeyer (DEU) et construits dans le quartier de Kranichstein à Darmstadt (DEU) en 1990.

La plus grande fontaine
Avec ses 7 327 m², la Palm Fountain de Dubaï (ARE) fait la taille de 28 courts de tennis. Elle a été conçue par le promoteur immobilier Nakheel (ARE) et mesurée le 22 oct. 2020. Elle propose des jeux d'eau en musique et son jet le plus haut s'élève à 105 m.

Le pont le plus lon
En Chine, le pont Danyang-Kunshan de la ligne à grande vitesse reliant Beijing à Shanghai (CHN) fait 164 km de long. Il croise le viaduc Langfang-Qingxian, le 2e pont le plus long, avec ses 114 km.

Le terrain le plus cher
Le 16 mai 2017, le gouvernement de Hong Kong (CHN) a vendu un terrain de 2 880 m² pour 23,28 millions $HK (3 millions $) à une firme locale, Henderson Land Development. En sept. 2020, Zaha Hadid Architects a présenté son projet pour y construire un gratte-ciel.

Le stade à énergie solaire le plus puissant
Les 9 600 panneaux solaires du toit du Estádio Nacional Mané Garrincha de Brasília (BRA) génèrent 2,5 mégawatts (MW). Fort de 72 800 places, il a été rénové en 2013 pour la coupe du monde de la FIFA 2014.

L'immeuble résidentiel le plus haut
La Central Park Tower (à gauche) est un gratte-ciel de 472,4 m à New York. Elle abrite 179 appartements de luxe, un club de gym, un club privé et une piscine au sommet. Les biens les moins chers auraient été vendus plus de 6 m $ chacun, tandis que les plus grands, dans les étages les plus élevés, sont évalués à 65 m $. Elle appartient à la Extell Development Company (USA) et a été achevée le 16 oct. 2019.

Le stade le plus cher
Le SoFi Stadium d'Inglewood (Californie, USA) a probablement coûté plus de 5 mds $. Fort de 70 240 places, il est partagé par 2 équipes de la National Football League, les Los Angeles Rams et les Los Angeles Chargers. Le 1er match a opposé les Rams et les Dallas Cowboys le 13 sept. 2020. En raison des restrictions liées à la COVID-19, le stade était vide.

Le plus long pont à fond de verre
Le 10 juill. 2020, Lianzhou Qingtian Tourism Development Co. (CHN) a ouvert un pont de 526,14 m de long avec un fond en verre, à Qingyuan (CHN). C'est presque 5 fois la longueur d'un terrain de football américain.
La plus longue passerelle à fond de verre en porte-à-faux (91,8 m) a été bâtie par Guizhou Shiqian Hot Spring Investment and Development Co. (CHN), à Tongren (CHN). Ce record a été confirmé le 25 sept. 2019.

Les plus hauts...
• **Maison** : située près de Mumbai (IND) et achevée en 2010, Antilia appartient à l'homme d'affaires Mukesh Ambani (IND). Haute de 173 m, elle compte 27 étages, mais chacun est 3 fois plus haut qu'un étage ordinaire. Elle fait donc la taille d'un immeuble de bureaux de 60 étages.
• **Immeuble en porte-à-faux** : la Central Park Tower de New York (USA, en haut, à gauche) a une section en porte-à-faux de 8,5 m sur le côté est, ajoutant ainsi 250,8 m² aux étages situés à plus de 88,4 m de haut. La proportion de cette partie diminue au fur et à mesure que l'immeuble s'élève et s'affine.
• **Immeuble préfabriqué** : la tour résidentielle du 101 George Street à Croydon (Londres, GBR) atteint 135 m de haut. Elle a été achevée le 1er nov. 2019, quand le 1 526e module a été installé, à peine 35 semaines après l'arrivée des 1ers.

Le plus grand immeuble à énergie solaire
Le siège d'Apple à Cupertino (Californie, USA) fait 260 000 m². Conçu par les architectes Foster + Partners, cet énorme immeuble en forme d'anneau a ouvert en 2017. Les panneaux solaires sur le toit (encart) génèrent 17 MW, **la puissance de sortie la plus élevée générée par une installation solaire de toit unique**. Des unités à biogaz produisent 4 MW supplémentaires.

Véhicules électriques

De 0 à 100 km/h le plus rapidement (voiture électrique)

Le 22 juin 2016, la voiture de course Formula Student *Grimsel*, créée par l'équipe d'étudiants AMZ Racing (CHE), est passée de 0 à 100 km/h en 1,513 s. Cette accélération prodigieuse est due à sa structure en fibre de carbone, qui lui permet de ne peser que 168 kg. Le record a été battu à la base aérienne de Dübendorf (CHE).

La voiture électrique la plus rapide (approuvée par la FIA)

La *Venturi Buckeye Bullet 3* a atteint la vitesse moyenne de 549,211 km/h sur 1 mile lancé dans les 2 sens au Bonneville Salt Flats (Utah, USA) le 19 sept. 2016, avec Roger Schroer (USA) au volant. Elle a été conçue et fabriquée par des étudiants du Centre de recherche automobile de l'université de l'État de l'Ohio et le constructeur de voitures électriques Venturi (FRA). Le record a été ratifié par la Fédération internationale de l'automobile en nov. 2017.

La plus grande part de marché des véhicules électriques

En Norvège, après plusieurs années d'augmentation due à des avantages fiscaux, les véhicules électriques représentent la majorité des nouveaux véhicules. Selon le Conseil norvégien sur la circulation routière, 61,5 % des nouvelles voitures étaient électriques et rechargeables en sept. 2020, avec les hybrides et hybrides rechargeables représentant 20,1 et 7,3 % de plus. Seules 11,1 % des nouvelles voitures avaient un moteur à combustion.

Le plus court temps de recharge depuis John o' Groats jusqu'à Land's End dans un véhicule électrique

Daniel North et Sean Miller (tous 2 GBR) ont passé 1 h, 15 min et 36 s à recharger leur Tesla Model 3 Performance de 2019 en allant d'un extrême à l'autre du Royaume-Uni. Ils ont atteint Land's End (Cornouailles) le 19 sept. 2020 après 5 arrêts pour recharger.

Le véhicule électrique le plus efficace sur rails (prototype)

Eximus IV a atteint l'efficacité énergétique moyenne de 51,7 wattheures (Wh) par personne pour 100 km, à Delsbo (SWE), le 17 oct. 2020. Le wattheure est une unité mesurant la consommation d'énergie dans le temps (ex. : en 2 h, une ampoule de 60 Wh consomme 120 Wh). *Eximus IV* est une petite locomotive 1 place semblable à la voiture *Eta* (ci-contre), mais sur rails. Elle a été conçue par des étudiants de l'université de Dalécarlie (SWE).

Le petit moteur est niché dans la roue arrière et la bouteille abrite les batteries !

Le vélo électrique le plus léger (prototype)

Dennis Freiburg (DEU) a construit à la main un vélo électrique de 6,872 kg, comme confirmé à Dortmund (DEU), le 3 déc. 2019. Il voulait un vélo électrique pour aller au travail, mais assez léger pour le transporter dans les escaliers. Le vélo a une autonomie de 40 km par recharge.

L'altitude la plus élevée dans une voiture électrique

Le 8 janv. 2020, un véhicule Hyundai Kona Electric a atteint 5 771 m au col de Sawula (Tibet, CHN), lors d'un événement organisé par Hyundai Motor Inde.

L'altitude la plus élevée pour une moto électrique est de 6 047 m pour Francisco "Chaleco" López Contardo (CHL) et une moto KTM, le 22 nov. 2015, lors d'un événement sponsorisé par Red Bull sur le Ojos del Salado, **le plus haut volcan actif**.

Le plus long dérapage par une voiture électrique

Le dérapage est un mouvement de glisse contrôlée sur le côté. Le 27 août 2020, Dennis Retera (NLD) a fait déraper une voiture électrique durant 42,171 km, soit 210 tours de piste au Porsche Experience Center de Hockenheim (DEU). Cet exploit a été réalisé en collaboration avec Porsche AG (DEU).

La voiture la plus rapide en intérieur

Le 18 nov. 2020, le pilote de course Leh Keen (USA) a atteint 165,20 km/h à bord d'une voiture de sport électrique, une Porsche Taycan, au Palais des congrès de La Nouvelle-Orléans (Louisiane, USA). Ce record demande une accélération et un freinage phénoménaux : il n'avait que 426 m de piste pour battre le record de vitesse, puis arrêter la voiture.

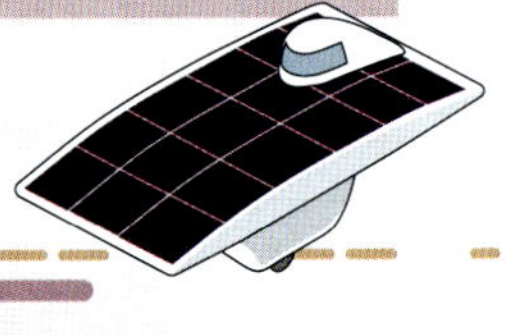

Le véhicule électrique le plus efficace (prototype)
L'équipe d'étudiants de licence Duke Electric Vehicles (USA) a conçu et construit une voiture électrique, *Eta*, à l'efficacité énergétique de 77,98 Wh/100 km. Elle a été testée au GALOT Motorsports Park de Benson (USA) le 23 juin 2019.

Maxwell, une voiture à moteur à combustion fabriquée par l'équipe Duke, a battu le record du **véhicule à carburant le plus efficace (prototype)** le 21 juill. 2018 au même endroit avec une consommation de 0,0161 l/100 km.

La plus grande distance verticale pour un chariot élévateur en 1 h
Le 9 oct. 2019, un chariot élévateur à batterie a grimpé 623,73 m sur un sentier menant à Velika Planina (le plateau du grand pâturage) en Slovénie. L'événement a été coordonné par Jungheinrich AG (DEU).

La plus grande distance par un véhicule électrique (non solaire)
Du 6 mai au 12 juin 2018, Stephen et David Ahart (tous 2 USA) ont parcouru 30 004 km dans une Tesla Model 3. Leur road trip a commencé et s'est terminé en Virginie (USA) et fêtait le départ à la retraite de David. Sur la route, ils ont visité les 30 stades de la Major League Baseball.

La plus grande flotte de taxis électriques
En janv. 2021, Shenzen (province du Guangdong, CHN) comptait env. 21 500 taxis électriques e6 fabriqués par le constructeur chinois BYD. Chaque taxi peut parcourir 300 km par recharge. Ils devraient réduire les émissions de carbone de 771 000 t par an env. Au nord de la Chine, la ville de Taiyuan, plus petite, a une flotte de taxis 100 % électrique depuis 2016.

La plus grande parade de véhicules électriques
Louis Palmer (CHE) a réuni 576 véhicules électriques à l'aéroport Tempelhof de Berlin (DEU), le 23 mai 2015, avant l'ePrix de Formule E de Berlin.

Le camion à glaces électrique le plus rapide
Le 26 oct. 2020, à l'aérodrome d'Elvington (Yorkshire, GBR), Paddy McGuinness (GBR), coprésentateur de l'émission *Top Gear* de la BBC, a atteint 128,816 km/h avec *Mr Nippy*. Ce camion à glaces de 1979 avait été équipé de roues de monster truck et de batteries Tesla et Mercedes. Très important : il fabriquait bien des glaces à l'italienne.

Le véhicule à batterie le plus lourd
L'eDumper produit par Kuhn Schweiz AG (CHE) pèse 45 t, comme confirmé en avr. 2019. Ce camion à batterie converti peut transporter jusqu'à 65 t. Chaque fois que le conducteur freine, le moteur passe en marche arrière, ce qui libère de l'énergie. Celle-ci est stockée puis réutilisée. Cette méthode s'appelle le "freinage régénératif".

Plus le chargement est lourd, plus le conducteur doit freiner pour ralentir, ce qui génère plus d'électricité.

Avions-X

La classification "X" est une dénomination américaine officielle signifiant "expérimental". De nombreux avions présentés ici ont été développés par l'US Air Force pour tester des technologies de pointe ou mettre à l'épreuve des théories d'aérodynamisme. Toutefois, tous les avions-X ne sont pas forcément totalement nouveaux : l'US Air Force peut aussi étudier des modèles militaires ou civils existants. Ici, le "X" signifie aussi "extraordinaire" afin de vous présenter encore plus d'exploits aéronautiques qui ont repoussé les limites du possible.

Le 1er avion-X
Le Bell X-1, un avion à moteur-fusée, a été construit de 1944 à 1945 et a volé pour la 1re fois le 19 janv. 1946. C'était la 1re fois que l'US Air Force commandait la production d'un avion purement expérimental.

Le 14 oct. 1947, le capitaine Charles "Chuck" Elwood Yeager (USA) a réalisé **le 1er vol supersonique** en survolant le lac Muroc (Californie, USA) à bord du X-1. Il a atteint Mach 1,06 (1 126 km/h) à une altitude d'env. 13 100 m. Le X-1 est conservé à la Smithsonian Institution (voir p. 12). Yeager est décédé le 7 déc. 2020.

Le 1er avion à ailes à géométrie variable
Ce type d'ailes permet d'optimiser la forme de l'avion en fonction du stade de vol. Au décollage, les ailes du Bell X-5 étaient repliées à 20°, mais l'angle pouvait augmenter jusqu'à 60° à des vitesses transsoniques (de Mach 0,72 env. à Mach 1,0). Il a volé pour la 1re fois le 20 juin 1951.

L'avion à fusée le plus rapide
La vitesse la plus élevée jamais atteinte par un avion habité largué en altitude est Mach 6,7 (7 274 km/h), à l'altitude de 31 120 m. Cet exploit revient au X-15A-2, aux commandes duquel se trouvait le pilote d'essai de l'US Air Force, le major William "Pete" Knight, qui a survolé la Californie le 3 oct. 1967.

INGÉNIERIE DE POINTE : CATHY BAHM

En 2004, Cathy Bahm, ingénieure à la NASA, était dans l'équipe qui a produit le X-43A Hyper-X, drone hypersonique atteignant Mach 10 et avion aérobie le plus rapide (voir ci-dessous). Elle participe au développement d'un nouvel avion-X pour 2022.

Sur quel projet travaillez-vous ?
Je suis chef de projet adjointe sur le X-59, un avion supersonique silencieux. Ce sera l'avion piloté le plus silencieux de l'histoire du vol supersonique. Au lieu de "l'explosion" sonique habituelle, il produira une sorte de bruit sourd.

Comment peut-on éviter l'explosion sonique ?
L'avion doit être conçu de manière à ce que les ondes de choc ne convergent pas les unes vers les autres, produisant le "boum" que l'on connaît. Le très long nez du X-59 empêche l'onde de choc provenant de l'avant de se combiner à celle venant de l'aile.

Qu'est-ce que la NASA espère apprendre grâce au X-59 ?
Notre mission consiste à comprendre la réaction des populations face à la prochaine génération d'avions supersoniques. Le X-59 survolera les agglomérations des États-Unis et, même s'il est à la pointe de la technologie, nous évaluons plutôt la réaction des habitants face à cet objet et au bruit qu'il provoque que l'avion lui-même. Nos données permettront aux régulateurs de dire aux responsables des modèles commerciaux : "Si votre avion est en dessous de tel niveau de bruit, vous pouvez survoler la terre ferme." Cela pourrait élargir les possibilités du vol supersonique.

Battre un record du GWR est-il important pour vous ?
Mon certificat GWR est un de mes plus grands trésors. Quand je fais une présentation dans une école, je parle de tout ce que j'ai fait et je sais que c'est ce qui marque le plus, ce qui me rend la plus cool. Nous n'avons plus l'avion, le X-43, car il est au fond de l'océan, et c'est sympa d'avoir ce genre de chose pour s'en souvenir.

Le 1er avion à aile oblique
Le NASA AD-1 a réalisé son 1er vol le 21 déc. 1979 avec Thomas C. McMurtry (USA) pour pilote. L'avion avait une aile unique fixée au fuselage par un pivot central. Au décollage et à l'atterrissage, elle formait un angle à 90° par rapport au fuselage, comme une aile normale, mais elle pouvait pivoter jusqu'à 60° en vol. Elle était alors plus en avant d'un côté que de l'autre.

Le 1er réacteur nucléaire aéroporté
Durant la guerre froide, l'US Air Force a étudié la possibilité de maintenir des avions en vol durant des mois avec le nucléaire. Un bombardier B-36 reconverti a réalisé 47 vols tests de 1955 à 1957. Durant certains, un réacteur nucléaire était opérationnel à bord, mais sans jamais alimenter l'avion. Le projet a été abandonné.

L'avion aérobie le plus rapide
Le 16 nov 2004, le statoréacteur à combustion supersonique non habité Hyper-X (X-43A) de la NASA a atteint

L'avion à corps portant le plus rapide
Le Northrop HL-10 (à gauche) a atteint Mach 1,86 (1 976 km/h) le 18 févr. 1970. Il était conçu pour générer de la portance grâce à son corps en forme de goutte et pouvait donc voler sans ailes.

L'avion porteur le plus prolifique est le Boeing NB-52B de la NASA (ci-dessus en vol), alias *Balls 8*. Du 23 janv. 1960 au 26 nov. 1976, il a assuré le largage en vol de 233 avions habités et des centaines de missions avec des avions non habités.

Le plus petit avion-X habité
Le Bensen X-25B était un autogire une place de 3,45 m de long. Il a volé pour la 1re fois à la base Edwards de l'US Air Force (Californie, USA) le 5 juin 1968. Il avait été conçu comme véhicule d'évacuation potentiel : plutôt que d'utiliser un siège éjectable, le pilote aurait quitté l'avion dans l'autogire, qui aurait déployé ses hélices et lui aurait permis de s'éloigner.

Borschberg et Piccard ont parcouru plus de 43 000 km en vol et ont passé 23 jours dans les airs.

La 1re circumnavigation à bord d'un avion solaire
Du 9 mars 2015 au 26 juill. 2016, André Borschberg et Bertrand Piccard (tous 2 CHE) ont fait le tour du monde à bord du *Solar Impulse 2* uniquement grâce à l'énergie du Soleil, comme l'a indiqué la Fédération aéronautique internationale (FAI). Il leur a fallu 505 jours, 19 h et 53 min, même si, de juill. 2015 à avr. 2016, ils ont été retardés par des réparations importantes à Hawaï (USA).

L'avion électrique le plus rapide sur 3 km
Le 23 mars 2017, durant un vol parti de l'aérodrome de Dinslaken Schwarze Heide (DEU), un Extra 330LE a atteint une pointe de 342,86 km/h, soit 18,84 km/h de plus que le record précédent. Le pilote était Walter Kampsmann (DEU) et l'avion une version modifiée de l'avion aérobatique Extra 330 produit par le fabricant Extra Aircraft (DEU).

Mach 9,68 (env. 10 869 km/h), presque 10 fois la vitesse du son. Ce drone autonome a été propulsé à une altitude de 33 528 m par une fusée Pegasus, elle-même larguée par un Boeing NB-52B, puis il a brûlé son moteur, comme prévu, et a coulé dans le Pacifique. Ce vol a constitué la dernière mission de *Balls 8*, **l'avion porteur le plus prolifique** (voir ci-contre).

Le vol à propulsion humaine le plus rapide
Holger Rochelt (DEU) a atteint 44,26 km/h à bord du *Musculair II*, à Oberschleissheim (DEU), le 2 oct. 1985. Malgré son envergure de 19,5 m, cette petite machine volante construite par le père du pilote, Gunther, ne pesait que 25 kg à vide. Elle était propulsée par une hélice à pédales.

L'hydravion le plus rapide
Le Martin XP6M-1 SeaMaster, un mouilleur de mines à 4 moteurs de l'US Navy actif en 1955-1959, pouvait atteindre 1 040 km/h. Les hydravions étaient autrefois des avions de pointe, mais ils ont perdu du terrain face aux progrès des avions décollant du sol et au développement des porte-avions. Depuis la 2de Guerre mondiale, ils ont peu de poids militaire ou commercial.

Le plus long vol orbital par un avion spatial réutilisable
L'avion spatial autonome Boeing X-37B a orbité autour de la Terre durant 2 ans et 50 jours. Lancé à bord d'une fusée *Falcon 9* de SpaceX depuis la station de l'Air Force à Cape Canaveral (Floride, USA), le 7 sept. 2017, il a atterri sur la vieille piste de la navette spatiale au Centre spatial Kennedy (Floride, USA), le 27 oct. 2019.

L'avion à la plus grande envergure
Le Scaled Composites Model 351 Stratolaunch, alias *Roc*, a une envergure de 117,35 m. Il a volé pour la 1re fois le 13 avr. 2019 au Mojave Air & Space Port (USA). Fabriqué par Scaled Composites, il est exploité par Stratolaunch Systems (tous 2 USA).
Le plus petit avion à avoir volé est le biplan *Bumble Bee II* (encart), conçu et fabriqué par Robert H. Starr (USA). Long de seulement 2,69 m, il avait une envergure de 1,68 m, soit moins que celle d'un cygne.

Robotique

Ingenuity transporte un morceau de tissu de l'aile du *Wright Flyer* (1903), qui a réalisé **le 1er vol motorisé** (voir p. 12).

Le 1er vol contrôlé sur Mars
Le 19 avr. 2021, l'hélicoptère martien *Ingenuity* de la NASA a réalisé un vol de 40 s au-dessus des sables du cratère Jezero. Le rover *Perseverance* (voir p. 138), situé tout près, l'a observé s'élever à une altitude d'env. 3 m. *Ingenuity* pèse 1,8 kg et est totalement autonome. Ses ordinateurs de bord le maintiennent dans l'étroit domaine de vol permis par l'atmosphère ténue de Mars.

en apesanteur, il peut être utilisé pour déplacer à peu près n'importe quel objet autour de la station, des petites expériences aux astronautes, en passant par un vaisseau complet.

L'*ISS* est dotée de plusieurs systèmes robotisés, dont plusieurs assistants flottants. **Le 1er drone caméra autonome sur l'*ISS*** a été le Int-Ball japonais, arrivé le 4 juin 2017. Il a ensuite été rejoint par le CIMON européen et les 3 robots Astrobee de la NASA.

La 1re taille de barbe au rasoir droit contrôlée à distance
En juill. 2020, le chercheur John Peter Whitney (USA) a affronté les périls de la robotique en se faisant raser par un bras robotisé conçu par lui et équipé d'un rasoir droit pour l'occasion. Le robot était contrôlé par le barbier Jesse Cabbage (USA), dont il reproduisait les gestes. Whitney est sorti de la séance rasé de près et sans aucune égratignure.

Le plus petit robot à carburant liquide

100 %

Conçu par les ingénieurs de l'université de Californie du Sud, RoBeetle mesure à peine plus de 1 cm de long et ne pèse que 88 mg (sans compter le poids du carburant). Le méthanol du réservoir traverse un conduit et entraîne une transmission en alliage à mémoire de forme reliée aux pattes. RoBeetle, qui a été présenté dans *Science Robotics* le 19 août 2020, a une vitesse maximale de 0,76 mm/s. Il lui faut donc moins de 2 min pour parcourir la longueur d'une carte de crédit.

Le plus long bras robotisé
En avr. 2021, le Canadarm2 de la *Station spatiale internationale* a fêté son 20e anniversaire. Long de 17,5 m et doté de 7 articulations, il a été fixé à la station par l'astronaute Chris Hadfield (CAN), le 22 avr. 2001. Comme il manœuvre

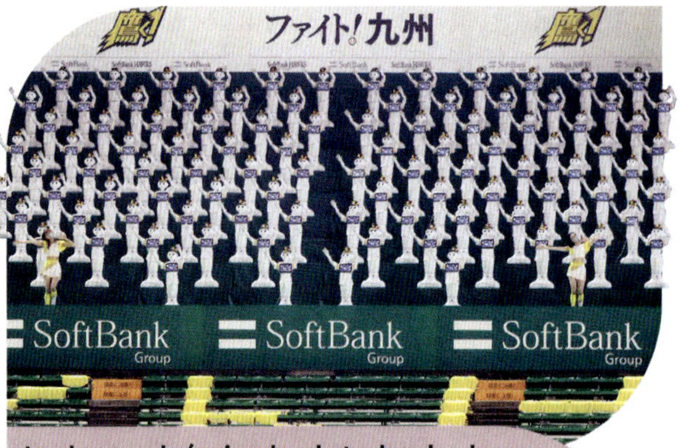

La plus grande équipe de robots cheerleaders
Lors du match du 26 mars 2021 contre les Chiba Lotte Marines, les joueurs de baseball des Fukuoka SoftBank Hawks ont été encouragés par 100 robots Pepper de SoftBank Robotics. Ils ont recruté quelques-uns de ces robots humanoïdes de 1,2 m de haut à l'été 2020, lorsque les restrictions liées à la COVID-19 ont vidé les stades, et l'équipe n'a fait que s'agrandir depuis.

BIONIQUE DE POINTE : ROLAND SIGRIST ET CYBATHLON

Le scientifique Roland Sigrist (CHE) travaille pour Cybathlon, **le plus grand concours pour personnes handicapées et concepteurs de systèmes d'assistance technique**, depuis 2014. Organisé tous les 4 ans, l'événement a attiré plus de 100 équipes du monde entier.

Qu'est-ce que Cybathlon ?
Cybathlon a pour but de favoriser l'inclusion des handicapés et le développement de technologies d'assistance pouvant les aider au quotidien. Il se compose de “courses” au cours desquelles le pilote, une personne handicapée, doit accomplir le plus de tâches du quotidien le plus vite possible.

La compétition est axée sur la conception centrée sur l'utilisateur. En d'autres termes, les personnes handicapées et les ingénieurs doivent travailler ensemble.

Comment préparez-vous les courses ?
Nous commençons par nous demander de quoi ont besoin les personnes handicapées, puis nous concevons les défis en fonction. Dans la course

Le plus de drones en vol simultanément
Pour célébrer le lancement de Genesis, la marque de luxe de Hyundai (CHN), Genesis Motor Sales a organisé un spectacle aérien avec 3 281 drones émettant des lumières colorées. Contrôlés par un ordinateur au sol, ils ont formé des images et des animations en 3D colossales suspendus au-dessus du fleuve Huangpu, au cœur de Shanghai.

Le comptage ne comprend pas les 44 drones qui n'ont pas rejoint le terrain d'atterrissage après le spectacle.

Le plus petit robot pouvant marcher
En août 2020, des scientifiques de l'université Cornell (USA) ont construit un robot quadrupède épais de 5 micromètres (µm), large de 40 µm et long de 70 µm. Le corps comprend des cellules photoélectriques reliées aux pattes en titane et platine. Lorsqu'on pointe un laser vers une cellule, on crée un courant qui fait bouger la patte correspondante.

Le plus petit robot microélectronique est un peu plus grand. Conçu plus tôt en 2020 par Vineeth Bandari (IND), Feng Zhu (CHN) et Oliver Schmidt (DEU), ce robot nageur mesure 800 µm de long et possède une antenne pour capter son alimentation sans fil. Il a aussi 2 moteurs indépendants et un bras articulé pour saisir des objets microscopiques. De tels appareils pourraient un jour mener des opérations de microchirurgie.

de la prothèse de bras motorisée, par exemple, certaines tâches prévoient d'utiliser la prothèse et le bras sain à la fois, tandis que d'autres ne mobilisent que la prothèse. La personne peut prendre l'habitude de résoudre les difficultés avec son bras valide uniquement, ce qui risque d'entraîner des lésions.

En quoi Cybathlon est-il différent des jeux Paralympiques ?
Nous défendons le "dopage technologique" ! Les prothèses robotisées ont tout le potentiel nécessaire pour permettre des mouvements plus naturels au lieu de transférer l'effort sur les muscles sains restants. Nous acceptons toutes les solutions, tant qu'elles s'adaptent à la vraie vie.

Que nous réserve Cybathlon ?
Nous avons constaté de nettes améliorations entre 2016 et 2020 et nous allons corser les défis pour la prochaine fois, car nous voulons repousser les limites.

Le 50 m à la nage le plus rapide pour un robot poisson
La robotique s'intéresse au biomimétisme, l'imitation des formes et des mouvements des êtres vivants. Depuis 2015, l'équipe BREED de l'université de Hong Kong (CHN) étudie les poissons pour concevoir des véhicules immergés plus rapides. Le 20 oct. 2020, leur dernier prototype a parcouru une piscine olympique à la nage en 22,92 s, à peine quelques secondes de plus que le record du monde humain.

Le plus grand robot poisson est SHOAL, qui a été testé à Gijon (ESP), en mai 2012. Il a été conçu pour détecter les polluants dans les océans et chaque exemplaire mesure 1,5 m de long.

Le plus de drones lançant des feux d'artifice simultanément
Le 30 oct. 2020, le fabricant automobile Kia (KOR) a ajouté la pyrotechnie à une impressionnante chorégraphie de 303 drones. Les feux d'artifice ont été lancés au-dessus du port d'Incheon (KOR).

Le plus de pompes effectuées par un robot humanoïde
Le 15 oct. 2016, Kengoro a réalisé 5 pompes d'affilée. Ce n'est pas énorme pour un humain (**le plus de pompes en 1 min** est de 152), mais c'est un exploit considérable pour ce robot de 167 cm. Il doit sa force à son léger squelette imprimé en 3D et à son système de refroidissement par évaporation qui fonctionne comme la transpiration.

Le 1er robot à participer à une battle de rap
Shimon, le robot musical de Georgia Tech, s'est fait remarquer en 2017 en jouant du jazz au marimba. Depuis, il a élargi ses horizons musicaux avec son créateur, Gil Weinberg, sorti un album original et fait le tour du monde avec son propre groupe. En 2020, il a mis son talent au service des battles de rap et appris à improviser des paroles en fonction des vers de son opposant. Dans une vidéo diffusée le 24 févr. 2020, il a affronté le rappeur Dash Smith, basé à Atlanta, et lui a proposé des réponses créatives, quoique parfois déroutantes.

Le 1er robot en glace
IceBot est un robot à roues de 6,3 kg composé d'un ensemble de capteurs et de mécanismes pris dans un corps de glace. Il a été créé en 2020 par une équipe de l'université de Pennsylvanie (USA), qui voulait inventer un robot pouvant se modifier ou se réparer avec des matériaux de son environnement. Cela pourrait être utile pour explorer les lunes gelées de Jupiter.

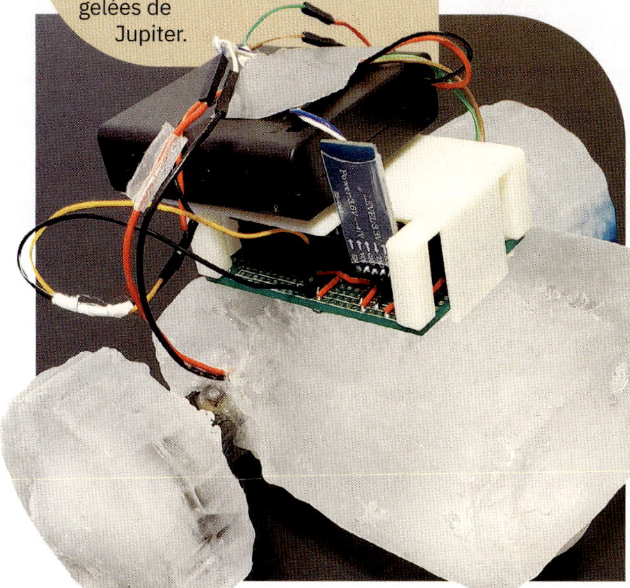

Le saut le plus haut réalisé par un robot quadrupède
Cheetah 3, construit par Sangbae Kim et ses collègues du Massachusetts Institute of Technology (USA), peut sauter à 78,74 cm du sol. Ce robot à 4 pattes d'un poids de 45 kg se redresse sur ses postérieurs, puis se propulse à la verticale. Son petit frère, Mini Cheetah, est encore plus souple et peut faire des saltos arrière.

Toutefois, ils ont tous les 2 les pieds bien sur terre si on les compare au **robot le plus agile à la verticale**, une valeur tenant compte de la hauteur et de la fréquence des sauts. Salto-1P, conçu à l'université de Californie à Berkeley en 2018, peut couvrir 1,83 m de déplacement vertical par seconde. Ce robot unijambiste utilise des ventilateurs et des roues de réaction pour s'orienter en l'air.

Histoire de l'informatique

1945 : le 1er ordinateur électronique programmable
L'ordinateur et intégrateur numérique électronique (ENIAC) de l'université de Pennsylvanie (USA) a effectué son 1er calcul le 10 déc. 1945. Il se composait de plusieurs modules conçus pour réaliser des opérations mathématiques précises ou des tâches de contrôle. Les connexions entre modules permettaient de le reconfigurer pour chaque ensemble de tâches, appelé "programme".

1954 : le 1er ordinateur électronique à commercialiser 1 000 unités
La 1re machine de traitement des données à tambour magnétique IBM 650 a été livrée le 8 déc. 1954 à la John Hancock Mutual Life Insurance Company à Boston (Massachusetts, USA). Ce modèle, le 1er ordinateur IBM destiné aux entreprises de taille moyenne, a été produit jusqu'en 1962 et a frôlé les 2 000 exemplaires.

1967 : le plus grand plateau de disque dur
Le lecteur Librascope Disk File utilisait des plateaux (disques) de 121 cm. Il n'a été produit qu'à 2 exemplaires, l'un pour l'AI Lab de l'université Stanford en 1967, l'autre pour le Lawrence Radiation Laboratory (actuel Lawrence Livermore National Laboratory). Chaque lecteur comptait 6 disques, pesait 2 358 kg et stockait 48 MB de données.

1947 : la 1re start-up informatique
L'Eckert-Mauchly Computer Corporation a été fondée par les chercheurs J. Presper Eckert et John Mauchly (tous 2 USA) le 8 déc. 1947 pour créer un ordinateur commercial, l'UNIVAC, à partir de leurs travaux sur le successeur de l'ENIAC (voir ci-dessus) à la Moore School of Electrical Engineering de l'université de Pennsylvanie.

1948 : la bobine à données la plus lourde
Les bobines de papier du calculateur électronique à séquence sélective d'IBM pesaient 181 kg. Cet ordinateur électromécanique a fonctionné de janv. 1948 à août 1952. Le seul exemplaire occupait une vaste pièce du siège d'IBM à New York (USA).

1954 : l'ordinateur portable le plus lourd
Le DYSEAC était un ordinateur à tubes à vide fabriqué par le Bureau national des normes (Gaithersburg, Maryland) du gouvernement américain. Conçu pour le département de la Défense et terminé en mai 1954, il comptait 2 remorques personnalisées de 12,1 m : une pour l'ordinateur lui-même et une pour son alimentation, ses unités de refroidissement et son équipement. La première pesait 10 886 kg et la seconde 7 257 kg, pour un poids total de 18 143 kg. C'était donc un ordinateur "portable" plus lourd que 3 éléphants d'Afrique réunis !

1962 : le 1er jeu vidéo multiplateforme
En 1962, Steve Russell (USA) et des "pirates" volontaires ont codé *Spacewar* pour un ordinateur PDP-1 au Massachusetts Institute of Technology. Ce jeu multijoueurs au rythme rapide

1977 : la plus longue période d'opération ininterrompue pour un ordinateur
Le système de commande informatique de la sonde *Voyager 2* de la NASA se compose de 2 ordinateurs interconnectés disposant de 70 KB env. de mémoire chacun. Il fonctionne de manière ininterrompue depuis le lancement de la sonde le 20 août 1977. Au 28 janv. 2021, il était actif depuis 43 ans et 161 jours. Découvrez-en plus sur *Voyager 2* p. 139.

1982 : l'ordinateur de bureau le plus vendu
Commodore International (USA) a produit le Commodore 64 d'août 1982 à avr. 1994. Les chiffres de vente ne sont pas certains : 17 millions d'exemplaires selon l'entreprise, 12,5 millions selon une estimation récente. **L'ordinateur le plus vendu de manière générale** est l'iPhone 6 de 2014 (encart), avec des ventes annoncées à 220 millions d'exemplaires env.

1991 : le 1er e-mail envoyé depuis l'espace
Le 9 août 1991, grâce au réseau AppleLink, les astronautes Shannon Lucid et James C. Adamson ont envoyé un e-mail à Marsha Ivins, au Centre spatial Johnson de Houston (USA), depuis la navette spatiale *Atlantis* (NASA). Le message disait : "Bonjour, la Terre ! Salutations de l'équipage du STS-43. Ceci est le 1er AppleLink envoyé depuis l'espace. On s'éclate, vous nous manquez... Envoyez plus de cryo et de carburant ! Hasta la vista, baby... Nous reviendrons !"

1993 : le congrès de hackers à la plus grande longévité
DEF CON est né en 1993 comme une fête pour les membres du Platinum Net, un réseau pirate basé au Canada et aujourd'hui disparu. Organisé à Las Vegas (USA), il réunit chaque année jusqu'à 30 000 personnes des 2 versants de la sécurité informatique, qui doivent acheter les billets sur place en espèces pour que les autorités ne les identifient pas via leur carte de crédit.

s'est répandu dans d'autres institutions. En 1972, il tournait sur 14 appareils, de Palo Alto (Californie, USA) à l'université de Cambridge (GBR).

1964 : la plus vieille architecture informatique
IBM a lancé l'ordinateur central System/360 le 7 avr. 1964. Son architecture de base (organisation de la mémoire, contrôle des programmes et type d'instructions utilisées par le processeur) apparaît dans des ordinateurs centraux IBM encore vendus aujourd'hui.
Leur stabilité signifie que des logiciels conçus pour ce système vieux de 58 ans sont encore compatibles avec les machines IBM actuelles, ce qui est essentiel pour 2 grands clients d'IBM : l'Internal Revenue Service (IRS) et le système de réservation de vols Sabre. Ces systèmes sont les meilleurs candidats au titre de **plus vieux logiciel à l'utilisation ininterrompue**. Le fichier principal individuel de l'IRS contiendrait du code écrit en 1962.

1971 : le 1er microprocesseur
Conçu et fabriqué par Intel (USA), le 1er 4004 a été créé en janv. 1971. De la taille d'un ongle, ce processeur à puce unique pouvait réaliser 1 200 additions par seconde. En 1972, son successeur, le 8008, était plus performant que les ordinateurs gigantesques des années 1950.

2019 : le plus de prix Loebner
Fondé en 1990 par Hugh Loebner (USA), ce concours annuel récompense les programmes d'IA reproduisant des caractéristiques humaines humaines. Le 15 sept. 2019, Stephen Worswick (GBR) a gagné pour la 5e fois avec son chatbot Mitsuku. Si une IA se révélait impossible à distinguer d'un humain, son concepteur recevrait 100 000 $ et le concours prendrait fin.

2016 : le plus grand modèle de microprocesseur
Le 22 juin 2016, James Newman (GBR) a achevé son modèle fonctionnel de microprocesseur avec 42 370 transistors distincts. Le "Megaprocessor" rend visible les opérations internes des ordinateurs à une échelle et une vitesse humaines. Plus de 10 000 LED montrent les circuits logiques en action tandis que les données se déplacent dans le processeur. Il est aujourd'hui exposé au Centre d'histoire de l'informatique de Cambridge (GBR).

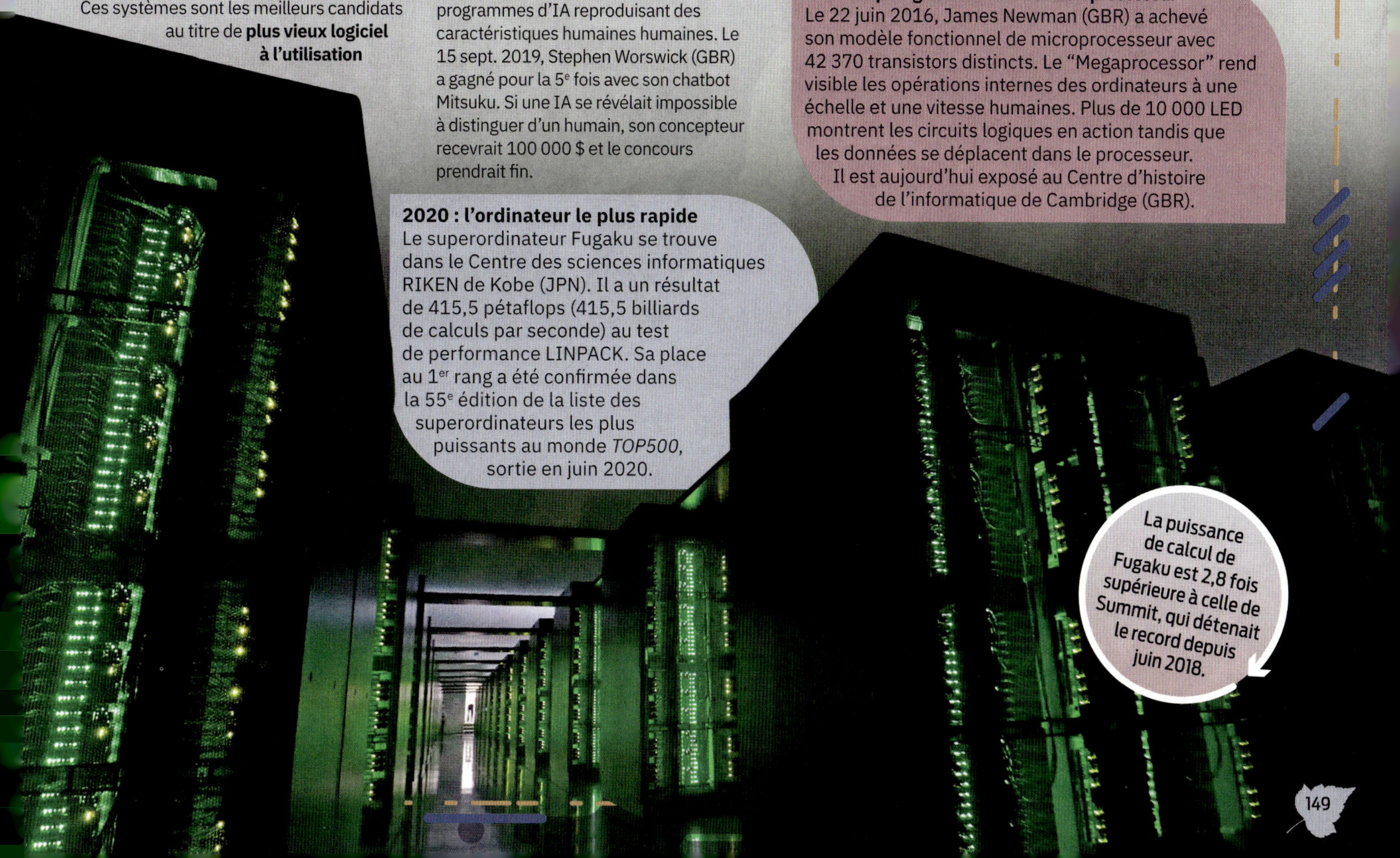

2020 : l'ordinateur le plus rapide
Le superordinateur Fugaku se trouve dans le Centre des sciences informatiques RIKEN de Kobe (JPN). Il a un résultat de 415,5 pétaflops (415,5 billiards de calculs par seconde) au test de performance LINPACK. Sa place au 1er rang a été confirmée dans la 55e édition de la liste des superordinateurs les plus puissants au monde *TOP500*, sortie en juin 2020.

La puissance de calcul de Fugaku est 2,8 fois supérieure à celle de Summit, qui détenait le record depuis juin 2018.

Sciences de pointe

Le résultat CASP le plus élevé
Le concours d'Évaluation critique de la prédiction de la structure des protéines (CASP) a lieu tous les 2 ans depuis 1994. Les équipes doivent identifier la structure 3D de différentes protéines à partir de leurs séquences d'acides aminés. La qualité des prédictions est évaluée grâce à une mesure de 0 à 100, le test de distance globale (GDT). Lors du CASP14, AlphaFold, un système conçu par le labo d'IA anglais DeepMind, a obtenu 92,4 GDT, comme annoncé le 30 nov. 2020. Identifier la forme exacte des protéines révèle leur fonction, une étape essentielle pour créer de nombreux médicaments.

Le 1er vaccin à ARNm en usage clinique
Le vaccin anti-COVID-19 Tozinameran a été approuvé par l'Agence de régulation des médicaments et produits de santé britannique le 2 déc. 2020. Conçu par BioNtech (DEU) avec Pfizer (USA) et Fosun (CHN), il utilise un type de code génétique, "l'ARN messager" (ARNm), série d'instructions semblables à l'ADN qui incite une cellule vivante à faire quelque chose. Ici, l'ARNm pousse les cellules à produire un fragment inoffensif du virus, que le système immunitaire apprend ainsi à reconnaître.

La 1re bactérie ayant survécu dans l'espace (prouvé)
Une étude publiée en août 2020 a révélé que des agrégats desséchés de bactérie *Deinococcus* fixés à l'extérieur de la *Station spatiale internationale* ont survécu jusqu'à 3 ans. Cette longévité suggère qu'elle pourrait survivre au voyage vers Mars – et donc que la vie pourrait voyager entre planètes.
La forme de vie la plus résistante aux radiations est *Deinococcus radiodurans*, qui peut endurer 15 000 sieverts de radiations gamma, 3 000 fois la dose mortelle pour l'humain.

La plus grande fusion de trous noirs détectée par ondes gravitationnelles
Le 21 mai 2019, l'Observatoire d'ondes gravitationnelles par interférométrie laser et le détecteur Virgo ont identifié une onde gravitationnelle provoquée par la fusion de 2 trous noirs à env. 17 milliards d'années-lumière de la Terre. Cet événement, GW190521, semble s'être manifesté par un vif éclat de lumière. Les trous noirs mesuraient 85 et 66 masses solaires (85 et 66 fois la masse du Soleil). Les résultats ont été publiés le 2 sept. 2020.

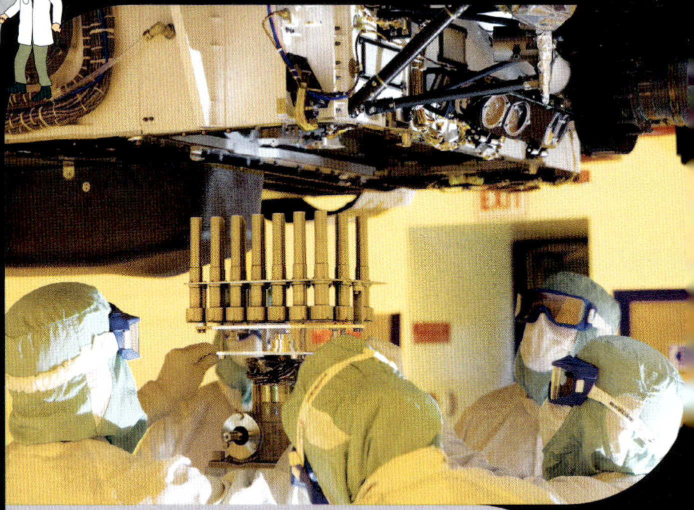

Les objets artificiels les plus propres
Les tubes du rover *Perseverance* de la NASA (voir p. 138) destinés aux échantillons martiens ont été soumis à plusieurs processus de nettoyage pour réduire la quantité de composés organiques à 150 nanogrammes par tube maximum. En comparaison, une empreinte digitale humaine laisse 45 000 nanogrammes de matière organique sur une surface. Ainsi, les scientifiques seront sûrs qu'un éventuel signe de vie identifié proviendra bien de Mars et non de la Terre.

Le 1er cœur imprimé en 3D avec du tissu humain
En avr. 2019, des chercheurs de l'université de Tel-Aviv (ISR) ont créé un cœur cellulaire miniature à partir des tissus d'un patient. Le tissu a été transformé en "bio-encre", puis inséré dans une imprimante 3D pour construire un organe complet (vaisseaux sanguins, ventricule et cavités), qui ne peut cependant pas encore pomper. Le chef du projet, le professeur Tal Dvir, pense que cette technologie permettra un jour de produire un cœur humain fonctionnel grandeur nature, ce qui changerait la vie des patients attendant une greffe.

100 %

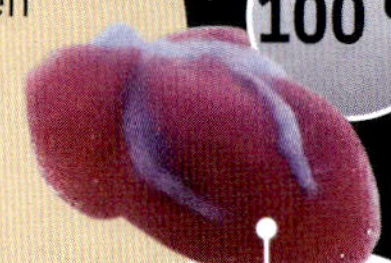

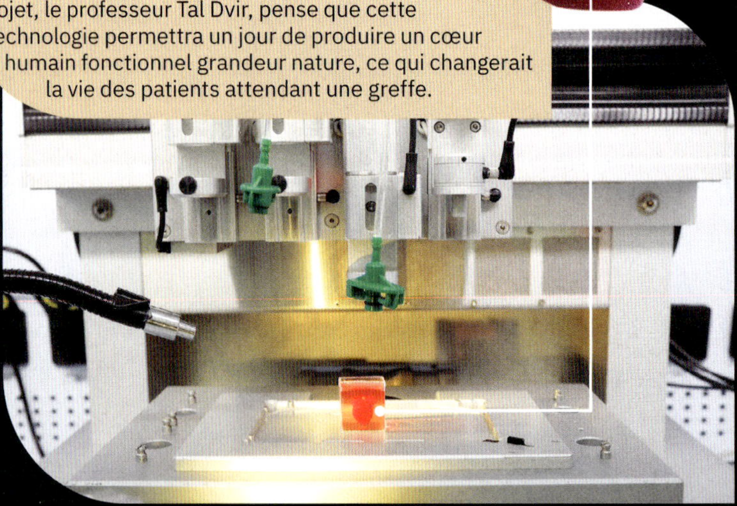

Le tissu tissé le plus fin
Des scientifiques de l'université de Manchester (GBR) ont tissé un tissu moléculaire de 7,7 millions de brins par cm², comme confirmé le 1er juill. 2020. Auparavant, on pensait que la plus forte concentration de brins était celle du lin égyptien le plus fin, env. 230/cm². Avec des atomes de métal et des ions chargés négativement, l'équipe a pu tisser de petits blocs moléculaires de carbone, d'hydrogène, d'oxygène, d'azote et de soufre. Chaque couche de tissu mesure 4 nanomètres d'épaisseur, soit 10 000 fois moins qu'un cheveu humain. Ces tissus microscopiques sont extrêmement résistants et pourraient servir de filtres ou de filets.

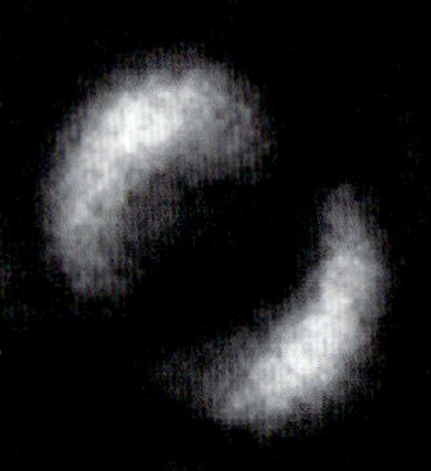

La 1re photo de photons en intrication quantique
En cas d'intrication quantique, phénomène qu'Albert Einstein trouvait "troublant", 2 particules continuent de s'influencer malgré la distance physique qui les sépare. Bien que ce phénomène soit à la base de l'informatique quantique, ce n'est qu'en juill. 2019 que des scientifiques de l'université de Glasgow (GBR) ont pu capturer une intrication grâce à une caméra à photons ultrasensible. Ils ont éclairé un cristal avec un laser ultraviolet, divisé des photons et photographié leur intrication.

La 1re collaboration 100 % féminine lors du prix Nobel
Jennifer Doudna (à droite, USA) et Emmanuelle Charpentier (à gauche, FRA) ont obtenu le prix Nobel 2020 de chimie, comme l'a annoncé l'Académie royale des sciences de Suède le 7 oct. Elles ont mis au point la technique CRISPR-Cas9, souvent appelée "ciseaux génétiques", qui peut couper ou réécrire des sections de code génétique et rendre possibles de nouveaux traitements médicaux. Sur les 962 lauréats du prix Nobel, seules 57 étaient des femmes.

Le plus petit bateau
Le 30 oct. 2020, un navire de 11,5 micromètres (assez petit pour naviguer dans un cheveu humain) a fait son voyage inaugural. Cette copie du "remorqueur Benchy", un modèle utilisé pour tester les imprimantes 3D, a été créée par une équipe de l'université de Leyde grâce à la polymérisation à 2 photons. Le petit bateau se propulse grâce à une plaque de platine qui réagit avec une petite quantité de peroxyde d'hydrogène.

Le spectromètre infrarouge le plus rapide
La spectrométrie infrarouge (IR) a de multiples applications, de l'analyse des gaz provoquant le changement climatique à la sécurité des aliments. Elle étudie la manière dont les longueurs d'onde de la lumière IR sont affectées par la matière. Des chercheurs de l'Institut pour la science et la technologie des photons de Tokyo (JPN) ont créé un spectromètre IR capable d'échantillonner 80 millions de spectres (ondes lumineuses) par seconde. Ils ont utilisé un détecteur à cascade quantique pour "ralentir" les rayons laser provenant d'un échantillon. Certaines substances peuvent ainsi être analysées en 1 s au lieu de 2 ans.

Le plus petit détecteur à ultrasons
En sept. 2020, des chercheurs de Helmholtz Zentrum München et de l'université technique de Munich (tous 2 DEU) ont présenté un appareil de la taille d'une cellule sanguine, le détecteur à guide d'ondes étalon en silicium (SWED). Il utilise des circuits photoniques miniaturisés sur une puce en silicium de 0,5 micromètre de large. Il en faudrait 200 juste pour atteindre l'épaisseur d'une feuille de papier. Des séries de détecteurs pourraient être utilisées pour scanner les organes très précisément avant une chirurgie.

La 1re console portable sans piles
La console Energy Aware Gaming Platform (ENGAGE) utilise des panneaux solaires, l'énergie créée par les utilisateurs en appuyant sur les touches (piézoélectricité) et l'informatique intermittente, qui limite la consommation. Elle a été créée par une équipe de la Northwestern University (USA) et de l'université de Technologie de Delft (NLD). Ces techniques pourraient être utiles quand il est difficile de stocker des piles ou que le courant est limité.

Le bras a plusieurs "peaux" imprimées en 3D, comme la version *Reine des neiges* officielle que présente ici Evie Lambert.

Le 1er bras bionique imprimé en 3D certifié médicalement
Le "Hero Arm" créé par Open Bionics (GBR) en 2018 est une prothèse légère pouvant aller à des enfants d'à peine 8 ans. Il est produit sur mesure grâce à la technologie du scan et de l'impression en 3D et est censé pouvoir porter jusqu'à 8 kg. Le moteur faisant bouger les doigts est contrôlé par les muscles du membre résiduel. La photo représente Cameron Millar, né sans main droite. Son bras porte une coque *Star Wars* officielle. "J'ai l'impression d'être Luke Skywalker, explique Cameron, car il a une main bionique, lui aussi."

En revue

La carte satellite à plus haute résolution d'un corps planétaire
Publiée le 26 févr. 2020, la mosaïque globale de Bénou montre l'astéroïde 101955 Bénou à une résolution de 5 cm par pixel. Elle se compose de 2 155 photos prises par l'appareil PolyCam de la sonde *OSIRIS-REx* de la NASA, entre le 7 mars et le 19 avr. 2019.
Ce niveau de détail a été obtenu en plaçant la sonde sur une orbite extrêmement basse.

Le 1er étage de fusée ayant accompli le plus de missions
Le propulseur B1051 de la Falcon 9 de SpaceX a accompli 10 missions, du 2 mars 2019 au 9 mai 2021. Il a mis env. 130 t d'équipements satellitaires en orbite, dont une série de satellites radar canadiens, un satellite de télécommunication Sirius XM et 357 satellites Starlink. Les 9e et 10e missions n'ont été séparées que de 53 jours.

Le 24 janv. 2021, la mission Transporter-1 de SpaceX a décollé de la base de lancement de Cape Canaveral (Floride, USA) en transportant **le plus de satellites lancés par une fusée unique** (143). Ce vol était le 1er des nombreuses missions prévues par le programme Smallsat Rideshare de SpaceX, qui propose des vols spatiaux peu coûteux pour les satellites légers.

100 %

Le plus grand échantillon de sol rapporté d'un astéroïde
Le 6 déc. 2020, des membres de l'Agence d'exploration aérospatiale japonaise (JAXA) se sont rendus à Woomera (AUS) pour récupérer une capsule déposée par la sonde *Hayabusa2*, qui contenait un échantillon de 5,4 g de l'astéroïde 162173 Ryugu, alors situé à env. 30 millions de km de la Terre. Depuis qu'elle a libéré son chargement en orbite, la sonde *Hayabusa2* utilise son carburant restant pour survoler d'autres astéroïdes.

La plus grande carte de la Voie lactée
Le 3 déc. 2020, l'observatoire spatial Gaia (Agence spatiale européenne) a publié des données sur 1,811 milliard d'étoiles de notre galaxie. Son objectif est de créer une carte 3D de la Voie lactée mesurant précisément leur vitesse positionnelle et radiale. Incroyable mais vrai : 1 milliard d'étoiles, c'est seulement 1 % env. des étoiles de notre galaxie.

La plus haute tension issue d'une batterie à pommes de terre
Universe Science Park (DNK) a produit 1 950 volts à partir de 300 kg de pommes de terre. Cette batterie a été assemblée à Nordborg (DNK), le 18 oct. 2020, pour célébrer le bicentenaire de la découverte de l'électromagnétisme par le scientifique Hans Christian Ørsted (DNK). Les pommes de terre contiennent de l'acide phosphorique, qui libère des électrons au contact du zinc.

Le plus grand synthétiseur drone
Le KiloDrone comprend 1 000 oscillateurs analogiques réunis sur une seule sortie et réglés pour jouer la même note. Ce synthé qui rend fou a été créé durant le confinement de 2020 par LOOK MUM NO COMPUTER, alias Sam Battle (GBR), à Ramsgate (Kent, GBR), et vérifié le 25 sept. 2020.

La plus grande projection d'un jeu vidéo
Pour célébrer le lancement de *Destiny 2: Beyond Light*, le dernier-né d'une série de shooters de SF en ligne du studio Bungie, Xbox Series X (USA) l'a projeté sur le flanc de Copper Mountain, à Frisco (Colorado, USA). *Beyond Light* se passe sur Europe, la lune gelée de Jupiter, et la couverture neigeuse était donc idéale. La projection occupait une surface de 1 773,6 m² dans laquelle évoluait le snowboardeur Grant Giller, le 23 nov. 2020.

Le plus long bateau en mycélium
L'étudiante Katy Ayers (USA) a fait pousser un canoé de 2,30 m, *Myconoe*, avec du mycélium, la partie souterraine du champignon. Le record a été confirmé le 6 sept. 2019, à Grand Island (Nebraska, USA).
Le bateau est vivant et donne des champignons chaque fois qu'on le sort de l'eau. Ayers, qui décrit les champignons comme notre "meilleur allié pour aider l'environnement", a été assistée par Ashley Gordon.

Les 1res lunettes en réalité augmentée pour chien
Les chiens militaires peuvent jouer un rôle essentiel dans les conflits. Grâce à leurs sens très développés, ils sont capables de détecter des explosifs et d'autres dangers. En oct. 2020, Command Sight (USA) a présenté une paire de lunettes à réalité augmentée pour chien, les "Rex Specs", qui comportent une caméra et des signaux visuels que le chien apprend à reconnaître. Grâce à la caméra, l'instructeur voit ce que voit le chien et peut le diriger même s'il ne le voit pas.

Le plus grand immeuble démoli dans une explosion contrôlée
Le 27 nov. 2020, Modon Properties (UAE) a démoli Meena Plaza, 4 immeubles de béton renforcé atteignant 165,03 m de haut, à Abou Dhabi (UAE). Grâce au cordon de détonation, aux 3 000 détonateurs à retardement et aux 915 kg d'explosifs, la scène n'a duré que 10 s. Le record était invaincu depuis plus de 22 ans.

Le parachute supersonique le plus résistant
Le 7 sept. 2018, durant des tests atmosphériques, le parachute SR03 d'Airborne Systems (USA) a résisté à une charge maximale de 299,52 kN à Mach 1,85. Conçu pour le rover martien *Perseverance* de la NASA en 2020 (voir p. 138), il se compose de matériaux tels que le nylon, le Kevlar et le Technora. Le cylindre compact de tissu replié s'est déployé en à peine 0,4 s, formant un parachute de 21,5 m de diamètre.

La plus longue photographie à impression numérique
Le 26 sept. 2020, une photo de 109,04 m de long a été déroulée sur le tremplin de saut à ski de Schattenberg (Oberstdorf, DEU). Montrant des personnalités de la mairie, elle a nécessité 16 h d'impression et a été créée par Canon Allemagne, Oberstdorf Tourismus, Oberstdorfer Fotogipfel et Ilford Imaging Europe (tous DEU).

La plus longue voiturette électrique pour personnes à mobilité réduite
Roy et Luke Finch (père et fils, tous 2 GBR) ont construit une voiturette électrique pour handicapé opérationnelle de 3,10 m en 6 semaines, comme confirmé le 26 juill. 2020, à Londres (GBR). Grâce à la récupération, elle a coûté moins de 100 £.

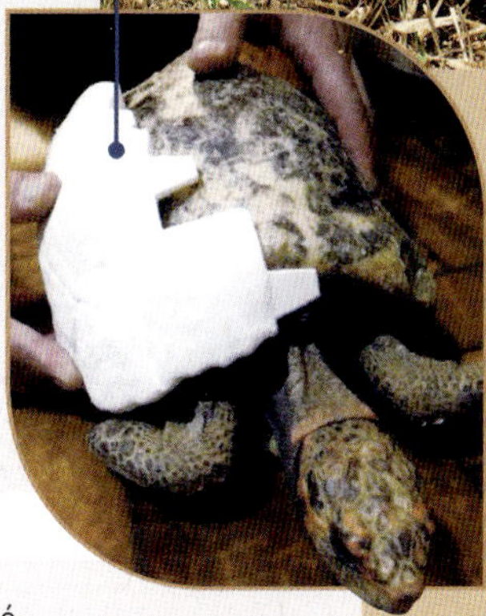

La 1re carapace de tortue terrestre imprimée en 3D
En 2016, le groupe de bénévoles Animal Avengers a trouvé une tortue brésilienne, Fred, qui avait perdu env. 85 % de sa carapace dans un feu de forêt. Une carapace a été conçue à partir de photos de tortues saines, puis imprimée sur 4 morceaux de plastique à base de maïs. Un artiste l'a ensuite peinte pour qu'elle ait l'air plus naturelle. Animal Avengers a aussi imprimé en 3D des prothèses de becs pour des oiseaux blessés, comme des toucans.

Le plus haut lancement par un canon galiléen
L'astronome italien Galilée a expliqué que, si on lâche une pile de balles classées de la plus lourde à la plus légère, celle du haut, la plus légère, rebondit plus haut que là où elle a été lâchée. Un "canon galiléen" moderne a atteint la hauteur de 13,08 m le 6 mars 2020 à Chapel Hill (Caroline du Nord, USA). Le lancement a été organisé par le Festival des sciences de Caroline du Nord, le département de physique et d'astronomie de l'UNC-Chapel Hill et l'université de Caroline du Nord (tous USA).

La plus longue ligne de mire photographiée sur Terre
Le 13 juill. 2016, Mark Bret Gumà (ESP) a photographié le pic Gaspard, qui se trouve près de la frontière franco-italienne, depuis le sommet du pic de Finestrelles, situé à 443 km, dans les Pyrénées, à la frontière franco-espagnole. Il a utilisé un Panasonic Lumix FZ72 et a beaucoup travaillé pour choisir la date, l'heure et le lieu idéals.

Le 1er protosabre laser rétractable
Le 8 sept. 2020, à Kitchener (Ontario, CAN), Hacksmith, alias l'inventeur James Hobson, et le designer Bogdan Malynovskyy (tous 2 CAN) nous ont plongés en pleine science-fiction en créant ce qui ressemble le plus aux célèbres armes de *Star Wars*. Hobson a mélangé du propane liquide compressé à de l'oxygène pour créer un jet de flamme brûlant, qui a atteignait env. 2 200 °C et pouvait découper le titane.

Le plus de victoires (classement global) en Formula Student
Organisée par l'Institution des ingénieurs mécaniques du Royaume-Uni depuis 1999, la Formula Student propose aux équipes d'université de concevoir, fabriquer et faire courir une voiture de course monoplace. Rennteam Uni Stuttgart (DEU) a remporté 4 fois le classement global, qui réunit les tests statiques et dynamiques : en 2008, 2009, 2011 et 2016.

Peggy Whitson

Durant sa longue et éminente carrière au sein de la NASA, cette biochimiste et astronaute a moissonné de nombreux titres GWR qui ont parachevé ses prouesses scientifiques remarquables.

Élevée dans une ferme de l'Iowa, Peggy intègre le Centre spatial Johnson de la NASA à Houston (Texas, USA), en 1986, pour s'occuper du volet scientifique du programme Shuttle-*Mir*. Elle grimpe dans la hiérarchie de la NASA jusqu'à devenir en 2005 commandant de réserve de la *Station spatiale internationale* (*ISS*). Quatre ans plus tard, elle est chef du corps des astronautes et organise la préparation et la logistique des équipes de l'*ISS*. Peggy s'envole pour la 1re fois vers l'*ISS* le 5 juin 2002 avec l'équipage de l'*Expédition 5* et devient le 1er officier scientifique de la NASA de la station. Elle y conduit des expériences sur la microgravité et les biosciences, et réalise sa 1re sortie dans l'espace, ou sortie extravéhiculaire (EVA).

Le 10 oct. 2007, elle devient **la 1re commandante de l'*ISS*** lors de l'*Expédition 16*. Elle le restera jusqu'au 17 avr. 2008 et reprendra ce titre le 9 avr. 2017 pour l'*Expédition 51*, son dernier séjour dans l'*ISS*. Six semaines plus tard, le 23 mai 2017, elle accomplit sa 10e EVA et compte **le plus de sorties dans l'espace pour une femme**.

Peggy prend sa retraite de la NASA en 2018. Cette pionnière figure dans la liste annuelle des 100 personnes les plus influentes du magazine *TIME*.

1

CARTE D'IDENTITÉ
Nom : Peggy Annette Whitson
Date de naissance : 9 févr. 1960
Lieu de naissance : Mount Ayr (Iowa, USA)
Activités : biochimiste, astronaute, chercheuse
Intégration dans la NASA : 1986
Nombre de sorties dans l'espace : 10 (60 h et 21 min)
Temps total passé dans l'espace : 665 jours, 22 h et 22 min
Commandement de l'ISS : 19 oct. 2007-17 avr. 2008 ; 9 avr.-1er juin 2017

L'interview en direct de Peggy avec le GWR (à droite) est le 1er entretien que nous avons réalisé avec un invité dans l'espace !

Découvrez d'autres informations sur Peggy dans la section Hall of Fame sur **www.guinnessworldrecords.com/2022**

1. Peggy, lors d'une sortie dans l'espace en janv. 2017. Elle a passé 60 h et 21 min en tout dans l'espace pour l'*ISS*, **le plus de temps cumulé en sorties dans l'espace pour une femme**.

2. Le 25 juill. 2017, Peggy a participé à un Facebook Live exceptionnel depuis l'*ISS* avec une équipe new-yorkaise du GWR.

3. En avr. 2015, Peggy s'entraîne à une sortie dans l'espace au Centre spatial Johnson de la NASA. À sa droite, la microbiologiste Kate Rubins, et en arrière-plan l'astronaute Takuya Onishi (JPN).

4. Les recherches de Peggy sur la croissance des plantes en microgravité ont produit une récolte de chou chinois dans l'*ISS* en 2017, dans le cadre du projet *Veg-03*.

5. En s'envolant du cosmodrome de Baïkonour (KAZ), le 17 nov. 2016, Peggy devient **la femme astronaute la plus âgée**, à 56 ans et 282 jours. Le 3 sept. 2017, elle revient sur Terre (à gauche) avec l'astronaute Jack Fischer – son coéquipier pour ses 2 dernières sorties dans l'espace – et Fyodor Yurchikhin (RUS).

Royal Tyrrell Museum

Lieu : 1500 N Dinosaur Trail, Drumheller (Alberta, CAN)
Inauguration : 25 sept. 1985
Superficie : env. 12 500 m²
Fossiles répertoriés : 170 000
Fossiles exposés en permanence : env. 800
Visiteurs annuels : 430 000

Situé au cœur des badlands du Canada – véritable mine d'or pour les chasseurs de dinosaures –, le Royal Tyrrell Museum of Palaeontology abrite l'une des plus grandes collections de fossiles préhistoriques.

Le 12 août 1884, le jeune géologue Joseph Tyrrell découvre le crâne d'un dinosaure carnivore dans une vallée sauvage aux flancs rocheux du sud de l'Alberta. Sa découverte datant de 70 millions d'années est le 1er spécimen répertorié d'*Albertosaurus sarcophagus* ("lézard carnivore d'Alberta"). Un siècle plus tard, en 1985, le Tyrrell Museum of Palaeontology (Musée Tyrrell de paléontologie) ouvre ses portes et porte le nom du géologue. En 1990, Élizabeth II lui confère le statut "royal".

Le paysage entourant le musée est aride, clairsemé et particulièrement érodé, mais il regorge de traces d'espèces disparues depuis très longtemps. Des milliers de m^3 de terre, de gravier et de substrat rocheux sont creusés chaque année dans l'Alberta. Le musée travaille en étroite collaboration avec l'industrie pour protéger tous les sites paléontologiques et mène de son côté bon nombre de fouilles qui conduisent souvent à des découvertes sans précédent. C'est le cas d'un "cimetière" de 12 à 24 tyrannosaures exhumés dans les années 1990, non loin du Dry Island Buffalo Jump Provincial Park – **le plus grand gisement de fossiles de tyrannosaure**.

Aujourd'hui, l'immense collection de fossiles et de spécimens géologiques du Royal Tyrrell Museum comprend plus de 350 holotypes – des spécimens types qui définissent le nom et les caractéristiques d'une espèce. Les visiteurs peuvent voir de près ces créatures sauvages du monde préhistorique, du moins d'aussi près qu'ils osent s'en approcher...

Le plus grand reptile marin de tous les temps
L'holotype de *Shonisaurus sikanniensis* du musée (à droite, avec le conservateur Dr Don Brinkman) mesure 21 m – c'est plus qu'une piste de bowling ! *S. sikanniensis* appartient à la famille des *Shastasauridae*, des reptiles marins du trias appelés ichthyosaures. En 2018, une découverte laisse penser qu'il aurait existé un ichthyosaure encore plus long (26 m), mais cette hypothèse ne s'appuyant que sur une partie d'un os de la mâchoire, elle fait toujours débat à ce jour.

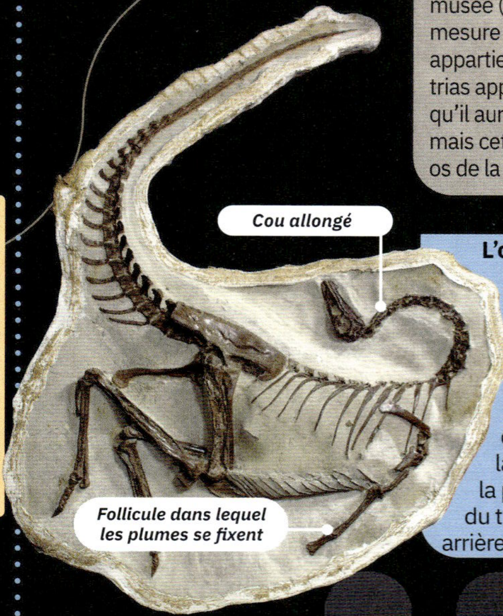

L'ornithomimidé le plus complet
Les ornithomimidés sont parfois appelés "dinosaures-autruches", en raison de leur long cou, de leurs pattes puissantes et de leur bec pointu. Ce spécimen d'*Ornithomimus*, découvert le 12 juill. 1995, est quasiment complet, à l'exception de quelques os des doigts. Des follicules sur les bras suggèrent la présence de plumes. Il a été découvert dans la posture "mortuaire" ou opisthotonique classique du théropode – la tête et la queue courbées en arrière au-dessus du corps et les membres contractés.

Le dinosaure cuirassé le mieux conservé
En 2011, un spécimen de *Borealopelta markmitchelli* a été découvert dans un gisement de sables bitumineux, encore conservé en 3D et recouvert de tissus mous se composant de peau et graines de kératine. Il est si bien préservé que les restes de son dernier repas sont encore dans son estomac ! Les nodosaures tels que *Borealopelta* étaient les proches cousins d'*Ankylosaurus* – **le plus grand dinosaure cuirassé** (voir p. 41) – mais leur queue ne se termine pas en massue comme chez ce dernier.

Le squelette de tyrannosauridé le plus complet

Le spécimen juvénile de *Gorgosaurus libratus* exposé au musée est intact à 93 % : il ne lui manque que l'avant-bras gauche, les gastralia (côtes abdominales) et quelques doigts. Il mesure 5,1 m de long du museau au sommet de la queue et son crâne est complet. Il a été découvert dans le Dinosaur Provincial Park, en Alberta.

Le Gorgosaurus ("lézard féroce") vivait à la fin du crétacé

Dinosaures exposés

Dans le Dinosaur Hall, les visiteurs se retrouvent face à plus de 30 dinosaures reconstitués, de l'emblématique *T. rex* (image principale) au géant *Camarasaurus*. C'est l'une des expositions de fossiles de dinosaure les plus importantes. Pour voir certains d'entre eux prendre vie, rendez-vous p. 40-41.

Le musée expose également des fossiles de mégafaune de mammifères éteints, tels que le tigre à dents de sabre et le mammouth (voir encart) dans la Cenozoic Gallery (galerie du cénozoïque).

Un technicien dans le laboratoire de préparation

Le plus long cou (nombre de vertèbres)

L'holotype du plésiosaure *Albertonectes vanderveldei* possède 76 vertèbres cervicales, ce qui lui donne un cou de 7 m. Le squelette de ce reptile marin a été découvert quasiment complet (à l'exception du crâne et de quelques parties de 2 nageoires) dans la Formation de Bearpaw (crétacé supérieur), située en Alberta. Certains dinosaures ont un cou plus long – **le plus long cou ayant jamais existé** est celui du *Sauroposeidon*, qui s'étirait jusqu'à 11 à 12 m. Néanmoins, ces géants terrestres avaient beaucoup moins de vertèbres cervicales (mais plus grandes) – pour le sauropode, "seulement" 19 ; les humains, en comparaison, en ont 7.

Les mammouths laineux auraient pour la plupart disparu il y a près de 10 500 ans

Une question de temps...
(MA = million d'années)
- **Cénozoïque** : 66 MA-aujourd'hui
- **Crétacé** : 145-66 MA
- **Jurassique** : 201-145 MA
- **Trias** : 252-201 MA

Le plus de voix pour un candidat aux élections américaines

Selon la lettre d'infos indépendante *Cook Political Report*, Joseph Robinette Biden Jr (démocrate, USA) a recueilli 81 281 502 voix aux présidentielles de 2020, soit 7 millions de plus que son rival Donald Trump. La polémique autour de cette élection a suscité un fort taux de participation : les 2 candidats ont battu le record de Barack Obama en 2008, qui avait totalisé 69 millions de votes. Le vote des grands électeurs a confirmé la victoire de Biden avec 306 voix contre 232.

Dans le camp de Biden, Kamala Harris, sénatrice californienne, est devenue **la 1re femme, la 1re Noire et la 1re Américaine sud-asiatique à devenir vice-présidente**.

SOMMAIRE

Joe Biden (né le 20 nov. 1942) entre en fonction le 20 janv. 2021, à l'âge de 78 ans et 61 jours. C'est **le président américain le plus âgé.**

Crimes et châtiments

La plus grande escroquerie financière
Pendant au moins 20 ans, l'homme d'affaires et fondateur d'une société d'investissement Bernard Madoff (USA) virait sur son compte bancaire personnel le capital que ses clients investissaient dans le pôle de gestion des actifs de sa société. Au jour de l'arrestation de Madoff, le 11 déc. 2008, 19 milliards $ avaient été versés par 4 800 investisseurs. Les retours sur investissement inscrits sur les relevés des clients étaient purement fictifs.

Les 1ers...

Autopsie médico-légale : En 1302, le médecin Bartolomeo da Varignana (ITA) réalise l'autopsie médico-légale d'Azzolino degli Onesti, un noble dont la mort évoque un empoisonnement. Bartolomeo effectuera d'autres autopsies par la suite.

Pays à abolir la peine de mort : Le Venezuela abolit la peine de mort en 1863, pendant la présidence de Juan Crisóstomo Falcón.

Excès de vitesse : Le 28 janv. 1896, Walter Arnold (GBR) traverse le village de Paddock Wood (Kent, GBR), au volant de sa "voiture sans chevaux", à env. 13 km/h – plus de 4 fois la vitesse autorisée. Il est arrêté par un policier à vélo, qui dresse une contravention de 4 £ et 7 shillings (260 £ d'aujourd'hui) pour 4 motifs différents, dont 10 shillings pour excès de vitesse.

Détournement d'un avion commercial : Le 25 juill. 1947, un groupe d'officiers rebelles de l'armée détourne un vol au départ de Bucarest (ROU). Le mécanicien de bord résiste et est abattu. L'avion atterrit à Çanakkale (TUR), où les pirates sont arrêtés. Leur chef, le lieutenant Aurel Dobrea, est jugé et condamné pour meurtre.

L'organisation criminelle la plus riche
La Solntsevskaïa Bratva (ou mafia russe) est une organisation criminelle fondée dans les années 1980 à Solntsevo (district de Moscou). En 2014, le magazine *Fortune* estime les revenus annuels de la Bratva à 8,5 milliards $.

La plus grande contrefaçon de billets de banque
Pendant la Seconde Guerre mondiale, l'officier Bernhard Krüger (DEU) a dirigé l'opération Bernhard, un projet de contrefaçon dont l'objectif était de déstabiliser l'économie britannique. Plus de 9 millions de faux billets britanniques (de 5, 10, 20 ou 50 £) ont été fabriqués, pour une valeur de 130 millions £. Ils étaient produits par 140 juifs prisonniers du camp de Sachsenhausen.

Le plus grand navire marchand détourné
Le 15 nov. 2008, des pirates ont capturé le *Sirius Star* (UAE) au large des côtes de Somalie. Le bateau mesure près de 330 m pour un tonnage brut de 162 252 tjb. Il transportait du pétrole brut d'une valeur de 110 millions $ et aurait été relâché contre une rançon de 3 millions $, le 9 janv. 2009.

La peinture volée le plus souvent
L'Adoration de l'Agneau mystique est une grande peinture flamande du début du XVe siècle, réalisée par Hubert van Eyck et son jeune frère, Jan. Elle a été volée 7 fois, notamment lors des invasions françaises et allemandes. En 1934, 2 des 12 panneaux originaux ont été volés, dont seulement un a été retrouvé.

Le plus long procès criminel
L'affaire de la maternelle McMartin met en cause le personnel d'un établissement préscolaire de Manhattan Beach (Californie, USA), accusé de diriger un réseau d'abus sexuels satanistes pratiqués sur des enfants. Le procès dure 919 jours, du 14 juill. 1987 au 18 janv. 1990. Le jury acquitte Virginia McMartin pour tous les chefs d'accusation, puis en fait autant pour Ray Buckey, après une longue impasse judiciaire. Toutes les charges sont abandonnées.

Le plus grand vol d'œuvres d'art
13 œuvres d'art valant près de 500 millions $ ont été volées au musée Isabella Stewart Gardner à Boston (Massachusetts, USA), le 18 mars 1990. Parmi eux, un tableau de Rembrandt de 1633, *Le Christ dans la tempête sur la mer de Galilée* (ci-dessus). Deux hommes déguisés en policiers (voir croquis) se sont introduits dans la salle de garde, la nuit, et ont ligoté les gardiens. Il n'y a pas eu de condamnation et les œuvres n'ont pas été retrouvées.

Le braqueur de banque condamné le plus âgé

J. L. Hunter Rountree (USA, né le 16 déc. 1911) est condamné à 151 mois de prison le 23 janv. 2004, à l'âge de 92 ans et 38 jours. Il a volé 1 999 $ dans une banque du Texas (USA), le 12 août 2003. Rountree avait braqué sa 1re banque 12 ans plus tôt. Dans une interview de 2001, il déclare : "Une banque de Corpus Christi [Texas] avec laquelle je faisais affaire m'a poussé à la faillite. Depuis, je n'aime pas les banques." Il ajoute que la nourriture en prison est meilleure que dans certaines maisons de retraite.

La délibération du jury la plus courte

Accusé de cultiver du cannabis, Nicholas Clive McAllister (NZL) est acquitté lors d'une audience qui n'a duré que 1 min, au Greymouth District Court (NZL, côte Ouest), le 22 juill. 2004.

Le plus grand procès antimafia

474 personnes sont inculpées dans le cadre du maxi-procès (en italien *maxiprocesso*) à Palerme (Sicile, ITA), qui s'ouvre le 10 févr. 1986. 426 personnes sont reconnues coupables de crimes liés aux activités de la Mafia et 19 sont condamnées à la prison à perpétuité.

Le plus grand braquage de bijoux

Le 28 juill. 2013, un homme armé entre dans l'InterContinental Carlton de Cannes (FRA) et vole en 90 s des bagues incrustées de diamants, des boucles d'oreille et des montres d'une valeur de 137 millions $. En 2019, des bijoux royaux d'une valeur plus importante auraient été dérobés au musée Grünes Gewölbe (Dresde, DEU), mais les chiffres n'ont jamais été officialisés.

Le plus grand vol de train

Entre 3 h 03 et 3 h 27, le matin du 8 août 1963, un train postal du General Post Office de Glasgow est arrêté au Sears Crossing et dépouillé au Bridego Bridge, dans le Buckinghamshire (GBR). Les voleurs s'emparent de 120 sacs postaux contenant 2 631 784 £ en billets de banque, en route pour être détruits à Londres. Seuls 343 448 £ ont été retrouvés. Le butin représenterait plus de 56,3 millions £ actuelles.

La prison la plus peuplée

Le campus pénitentiaire de Silivri, ou prison de Silivri, se trouve dans la banlieue nord-ouest d'Istanbul (TUR). Une enquête du Parlement turc en nov. 2019 révèle qu'elle renferme 22 781 individus – soit 2 fois sa capacité.

Le plus de condamnations à perpétuité

Terry Lynn Nichols (USA, ci-dessus) a aidé Timothy McVeigh à planifier l'attentat à la bombe d'un bâtiment fédéral à Oklahoma City (USA), le 19 avr. 1995, faisant 168 victimes. Après 2 procès, McVeigh est condamné à mort par injection létale et Nichols reconnu coupable de 161 chefs d'accusation de meurtre au 1er degré, et condamné à 161 peines à perpétuité consécutives, sans possibilité de libération conditionnelle.

La plus grande ferme carcérale

Le pénitencier d'État de Louisiane (USA), qui s'étend sur 7 300 ha, est une ferme carcérale dans laquelle les détenus effectuent des travaux agricoles. Bordée sur 3 faces par le Mississippi, la ferme compte 2 000 têtes de bétail et produit près de 1 814 t de légumes par an. Cet établissement est aussi la plus grande prison haute sécurité du pays, avec 5 489 détenus en juill. 2020.

Le plus grand braquage de banque

Le 11 juill. 2007, la Dar es Salaam Investment Bank de Bagdad (IRQ) est cambriolée : les voleurs dérobent 282 millions $ et 220 millions de dinars irakiens (soit 173 000 $ de l'époque). Le vol aurait été commis en interne avec la complicité de 2 ou 3 membres de la sécurité, selon les rapports. Les gardiens travaillaient probablement pour l'une des milices sectaires actives à Bagdad à cette époque. À ce jour, aucun d'eux n'a été condamné.

La 1re utilisation connue d'un véhicule de fuite

Le 14 févr. 1904, des voleurs s'introduisent dans la collégiale de Santa Juliana, à Santillana del Mar (ESP), et volent env. 200 kg d'objets d'Église en or et en argent. Ils s'enfuient à bord d'un engin dénommé "automobile rapide". Le vol est décrit comme "habilement planifié". Ci-contre une automobile de cette époque.

Des vies de chiens

Le plus de balles de tennis dans la gueule
Finley, un golden retriever, peut porter 6 balles de tennis dans la gueule à la fois (l'une est cachée sur la photo). Ce record constaté le 23 févr. 2020 à Canandaigua (New York, USA) bat le précédent (5 balles), réalisé par un autre retriever, en 2003. Finley est le chien de Cheri et Rob Molloy (tous 2 USA), dont la fille Erin affiche ces exploits sur Instagram.

Le 1er animal domestiqué
Des restes fossiles suggèrent que les hommes du paléolithique de l'est de l'Asie avaient apprivoisé des chiens (*Canis lupus familiaris*), en matant leur agressivité instinctive par le dressage (*C. lupus*), il y a 15 000 ans, si ce n'est plus. En janv. 2021, une étude publiée dans le journal *PNAS* postulait que les chasseurs sibériens auraient apprivoisé des loups il y a 23 000 ans – d'autres avancent même 40 000 ans.

L'espèce de mammifères la plus variée
Les associations cynologiques de par le monde reconnaissent env. 800 races de chien, le Kennel Club (GBR) en reconnaissant 221 et l'American Kennel Club 253.
Le chihuahua, la race la plus petite, mesure généralement 15 à 23 cm au garrot. À l'autre bout de l'échelle, le lévrier irlandais et le dogue allemand mesurent 90 cm au garrot.
Le plus grand chien ayant jamais existé s'appelait Zeus : ce dogue allemand mesurait 111,8 cm, le 4 oct. 2011. Il avait pour maître la famille Doorlag du Michigan (USA).

Le chien le plus vieux
Au 12 nov. 2020, Funny (né le 27 mai 1999) était le chien le plus âgé du monde : il avait alors 21 ans et 169 jours. Il a pour maîtresse Yoshiko Fujimura de Sakai (Osaka, JAP).
Le chien le plus vieux de l'histoire (source attestée) s'appelait Bluey : ce bouvier australien a vécu 29 ans et 5 mois ! Acquis alors qu'il n'était qu'un chiot en 1910, par Les Hall (AUS), il a travaillé en tant que bouvier pendant env. 20 ans avant de prendre sa retraite en 1939.

Exposition canine Crufts
- **Le 1er gagnant du BIS :** la 1re exposition canine Crufts, fondée par l'homme de spectacle Charles Cruft (GBR), eut lieu en 1891. Le titre très convoité de BIS (Best in Show, meilleur chien de l'exposition toutes races) n'a toutefois été instauré qu'en 1928. Son 1er détenteur s'appelait Primley Sceptre, un lévrier greyhound beige appartenant à Herbert Whitley (GBR).
- **La race au plus de BIS :** le cocker anglais a remporté le BIS à 7 occasions : en 1930-1931, 1938-1939, 1948, 1950 et 1996.

Le plus de tours par 2 chiens en 1 min
Les border collies Wish et Halo ont effectué 28 tours en 60 s avec Emily Larlham (USA) à El Cajon (Californie, USA), le 22 déc. 2020. Emily est plus connue pour sa chaîne YouTube Kikopup, sur laquelle elle poste des vidéos sur l'éducation bienveillante des chiens, sans intimidation physique ni psychologique. Un peu plus tôt ce mois-là, Wish battait le record canin du **crawl le plus rapide sur 5 m** (2,175 s).

Le parcours 5 murs le plus rapide
Daiquiri, un berger australien, a effectué un parcours 5 murs en 9,24 s sous la direction de sa maîtresse Jennifer Fraser (CAN), à Strathmore (Alberta, CAN), le 4 oct. 2020. Le duo de choc a remporté plusieurs titres canins GWR (ci-dessous), tous en 2020.

Daiquiri et Jennifer : tableau d'honneur	
Le plus rapide à parcourir 30 m avec un chien slalomant entre les jambes	13,55 s
Le rappel au pied à 30 m le plus rapide	17,54 s
Le plus rapide à parcourir 30 m avec les pattes d'un chien sur les pieds	42,03 s
Le plus de jouets récupérés en 1 min	15
Le plus de pièces déposées dans une tirelire en 1 min	18
Le plus de slaloms entre les jambes en 30 s	37

- **Le plus jeune gagnant BIS :** Noways Chuckles, un bouledogue appartenant à John T. Barnard (GBR), avait 1 an et 115 jours lors de la remise du BIS, le 9 févr. 1952.
- **Le gagnant BIS le plus âgé :** Vbos the Kentuckian (alias Jet), un retriever à poil plat, avait 9 ans et 195 jours lorsqu'il remporta le titre, le 13 mars 2011. Il avait pour maître Jim Irvine (GBR).

Le plus de followers sur Instagram
Jiff the Pomeranian, alias Jiffpom, comptait 10 289 624 fans au 22 avr. 2021. Sa page l'affiche portant différentes tenues, en train de se détendre, ou participant à des 1ères de cinéma.

C'est peut-être dans les gênes : Lou (à gauche et à droite) est un lointain parent du précédent record, un coonhound nommé Harbor.

Les oreilles de chien les plus grandes
Les oreilles de Lou, un black and tan coonhound appartenant à Paige Olsen (USA), mesuraient chacune 34 cm de long, lors du relevé du 30 juill. 2020, à Milwaukie (Oregon, USA). Elles sont toutefois légèrement plus petites que **les oreilles de chien les plus grandes de l'histoire** : les oreilles du bloodhound Tigger mesuraient 34,9 cm (droite) et 34,2 cm (gauche), le 29 sept. 2004. Il avait pour maître Bryan et Christina Flessner de l'Illinois (USA).

Adieu Freddy
En janv. 2021, GWR a fait ses adieux à Freddy, qui fut **le chien vivant le plus grand**. Nos condoléances à sa maîtresse, Claire Stoneman (GBR). L'immense dogue allemand mesurait 103,5 cm au garrot (partie située au-dessus de l'épaule), comme constaté à Leigh-on-Sea (Essex, GBR), le 13 sept. 2016. Si vous êtes l'heureux propriétaire d'un très grand chien, GWR cherche un prétendant pour le titre !

Le plus d'objets attrapés consécutivement
L'American Staffordshire terrier Sasha a attrapé 10 biscuits d'affilée, lancés à 3 m par son maître Rocco Mercurio (ITA), à Villa San Giovanni (ITA), le 8 janv. 2021.

Quelques semaines plus tard, le 1er févr., le duo a été **le plus rapide à attraper 10 objets** (9,69 s).

Les 5 m les plus rapides à trottinette par un chien et un chat
Ils ne s'entendent pas tous comme chien et chat, comme l'ont prouvé le terrier de Boston Lollipop et le chat Sashimi le 19 sept. 2020 : ils ont parcouru 5 m en 4,73 s à trottinette, à Sparta (Ontario, CAN). Melissa Millett (CAN, ci-dessous), leur maîtresse, dresse des animaux pour le cinéma et la télévision.

Jellybean (à gauche), le red heeler de Melissa, a réalisé **les 5 m les plus rapides en poussant un ballon de basket** (10,31 s) et celui du **plus de rebonds d'un ballon de basket entre un homme et un chien en 30 s** (21).

Melissa nous a confié que les acteurs canins sourds sont avantagés sur le plateau car ils ne sont pas perturbés par les bruits.

Le chien de berger le plus cher
Kim, un border collie femelle roux et blanc de 1 an, s'est vendue 28 455 £ aux enchères en ligne organisées par Farmers Marts à Dolgellau (Gwynedd, GBR), le 3 févr. 2021. Élevée par Dewi Jenkins, un fermier gallois habitué des concours canins, Kim a été achetée par Eamonn Vaughan (tous 2 GBR).

Les 5 m à l'envers les plus rapides
Il n'a fallu que 2,42 s au border collie Kota entraîné par Ana Odak (HRV) pour parcourir 5 m à l'envers, à Zagreb (HRV), le 10 juin 2020. Kota officie aussi comme chien de thérapie, en distrayant les enfants et les personnes âgées avec ses tours.

Le plus de disques volants rattrapés à 5 m en 3 min
Le 13 juill. 2013, le border collie Rhino a saisi 24 disques volants lancés par son maître Tarkan Özvardar (TUR), fondateur de l'Ankara Canine College. L'exploit s'est déroulé sur la scène de *Rekorlar Dünyası* à Istanbul (TUR).

Sur 10 m, le record est de 20 disques. Il est détenu par Oro et son maître Zachary Schultz (USA), à Minot (Dakota du Nord, USA), le 8 oct. 2017.

UNE VIE DE CHIENS ET CHATS

Melissa Millett parle de sa passion pour le dressage d'animaux pour le cinéma, ainsi que de la satisfaction qu'apporte le travail avec des chiens malentendants.

Est-ce difficile de dresser des chiens sourds ?
Lollipop était facile en tant que chiot, ce qui m'a incitée à adopter un autre chien sourd. Jellybean débordait d'énergie et avait des problèmes, comme la chasse obsessionnelle d'ombres et la peur de l'abandon. La stimulation mentale apportée par le travail et l'apprentissage de tours l'a aidé.

Comment avez-vous constitué votre duo chien-chat à trottinette ?
Lollipop et Sashimi adorent travailler ensemble. Ils ont créé ce tour de trottinette eux-mêmes, alors qu'ils se chamaillaient ! Parfois, les animaux inventent leurs tours.

Quel a été votre plus grand défi ?
Jellybean a joué dans *Fractured* avec Sam Worthington pour Netflix. J'étais à ses côtés la plupart du temps. Je l'avais dressé pour ne réagir qu'à mon langage corporel. Le tournage était en extérieur avec plein de distractions, mais une fois qu'il avait reçu le signe de regarder l'actrice, il ne me regardait plus. On était super fiers !

Comment faites-vous pour que vos animaux s'amusent en travaillant ?
Je veux qu'ils s'éclatent ! Il faut une communication claire et adapter les tours à leur personnalité. Sont-ils des rêveurs ? Des athlètes ? Courageux face aux obstacles ? Je ne lésine pas sur les gourmandises. Je paie bien !

Le plus de médailles du PDSA (espèces)
Les chiens détiennent 35 médailles du People's Dispensary for Sick Animals (association vétérinaire britannique). La distinction a été attribuée 72 fois (plus 1 titre honorifique) depuis sa création en 1943. Ci-contre Kuno, le dernier à avoir reçu la médaille, le 24 nov. 2020 : ce berger belge malinois a subi de graves blessures en 2019, alors qu'il servait pour les forces britanniques. Il porte 2 prothèses de pattes.

Têtes couronnées

La plus ancienne maison régnante
126 empereurs de la lignée Yamato, la maison impériale du Japon, se sont succédé à la tête de l'Empire depuis sa fondation. L'empereur actuel, Naruhito, est un descendant de Jimmu Tenno, qui aurait régné entre 660 et 581 av. J.-C., ou plus probablement vers 40-10 av. J.-C.

Le plus jeune monarque régnant
Rukidi IV, ou Rukirabasaija Oyo Nyimba Kabamba Iguru Rukidi IV (né le 16 avr. 1992), est le roi de Toro, l'un des 5 royaumes bantous d'Ouganda. Aujourd'hui âgé de 29 ans, il a accédé au pouvoir à 3 ans.

Le plus jeune monarque régnant d'un pays souverain est le sheikh Tamim bin Hamad al-Thani, émir du Qatar (né le 3 juin 1980). Au 14 déc. 2020, il avait 40 ans et 330 jours. Il est devenu dirigeant du Qatar le 25 juin 2013, à 33 ans et 22 jours, après l'abdication de son père.

La couronne la plus chère
Le plus éminent joyau de la Couronne britannique est la couronne de saint Édouard (1661). Avec sa structure en or massif de 22 carats et ses 444 pierres précieuses ou semi-précieuses, elle est inestimable. En oct. 2019, des études basées sur le catalogue de cotation de l'International Gem Society en ont évalué chaque élément et estimé le tout à 3,5 millions £.

La robe de mariage royale la plus chère
Le 22 mai 2004, à l'occasion de son mariage avec le futur roi Felipe VI, Letizia d'Espagne portait une robe d'une valeur de 10,7 millions $, dont la traîne en soie de 4,5 m de long était brodée de fil d'or.

Le palais le plus visité
La Cité interdite à Pékin (CHN) a reçu plus de 17 millions de visiteurs en 2018. Sa construction a commencé en 1406, sous l'empereur Zhu Di, et a duré 14 ans, employant plus de 1 million de travailleurs. Aujourd'hui, la Cité interdite s'étend sur 720 000 m² (plus de 100 terrains de football) et compte 980 bâtiments.

Le règne le plus long dans un État souverain
Louis XIV, le Roi-Soleil, a régné sans interruption pendant 72 ans et 110 jours, du 14 mai 1643 au 1er sept. 1715. Sous son règne, la France a connu une ère de prospérité sans précédent.
Le règne le plus long jamais répertorié est celui de Pépi II, pharaon de la VIe dynastie de l'Ancien Empire d'Égypte. Il a débuté vers 2281 av. J.-C. (à ses 6 ans) et aurait duré 94 ans.

Le plus grand prince héritier
Le prince Haakon de Norvège mesure 1,93 m. Fils du roi Harald V et de la reine Sonja, il est devenu héritier du trône quand son père a été couronné, le 17 janv. 1991.
L'ancien tenant du titre, Don Felipe de Borbón y Grecia, mesurait 1,97 m. En montant sur le trône d'Espagne pour devenir Felipe VI, le 19 juin 2014, il est aussi devenu **le roi le plus grand**.

Le plus de membres d'une famille royale tués lors d'une révolution
Entre 1918 et 1919, 15 membres de la famille impériale russe ont été tués par les bolcheviks pendant la révolution russe. Parmi eux, le tsar Nicolas II, la tsarine Alexandra et leurs 5 enfants, tous assassinés à Iekaterinbourg, le 17 juill. 1918. Jusqu'à l'abdication de Nicolas II en 1917, la maison Romanov avait régné sur la Russie pendant 304 ans.
Six, tel est le triste record du **plus de membres d'une famille royale tués dans un accident**. L'épouse, le fils, la belle-fille et les 3 petits-enfants d'Ernest-Louis – frère

La plus jeune reine consort
Née le 4 juin 1990, la reine Jetsun Pema est l'épouse du roi Jigme Khesar Namgyel Wangchuck (tous 2 BTN), et la plus jeune reine consort actuelle. Elle s'est mariée à Punakha Dzong le 13 oct. 2011, alors qu'elle avait 21 ans et 131 jours. La polygamie est légale au Bhoutan, mais le roi a fait vœu de ne jamais épouser une autre femme.

Le 1er porte-coton
Créée sous Henri VI d'Angleterre, cette charge, appelée *Yoman of the Stool* en anglais, a pris son intitulé définitif de *Groom of the Stool* sous Henri VII : Hugh Denys d'Osterley (env. 1440-1511) en fut le 1er titulaire. Il était chargé d'apporter les "toilettes" (*stool*) au roi et de surveiller ses selles. Il devint ensuite proche conseiller, gestionnaire de la chambre privée et trésorier personnel du roi. Ci-contre, une chaise percée datant de 1650.

Hugh Denys (ci-dessus) figure sur cette représentation d'Henri VII sur son lit de mort, en 1509. Cela témoigne de l'importance du porte-coton dans le cercle fermé de la maison Tudor.

Le 1er monarque à attraper la COVID-19
Le 19 mars 2020, il a été révélé qu'Albert II, prince de Monaco, avait été testé positif à la COVID-19. En isolement, il a continué à assurer ses devoirs princiers depuis ses appartements privés du palais. Le 31 mars, son rétablissement était annoncé, mais il a subi des accès de fatigue extrême au cours des mois suivants.

de la tsarine Alexandra et dernier grand-duc de Hesse (règne : 1892-1918) – ont péri dans un accident d'avion, à Ostende (BEL), le 16 nov 1937. Le duc avait succombé à une maladie quelques semaines plus tôt.

Le record de longévité du titre d'héritier du trône
Au 29 avr. 2021, Charles d'Angleterre était héritier du trône depuis 69 ans et 82 jours. Il tient ce rôle depuis le couronnement de sa mère, le 6 févr. 1952.

La reine la plus riche
En mai 2020, la liste des grandes fortunes du *Sunday Times* estimait celle d'Élisabeth II à 350 millions £. Œuvres d'art, bijoux et propriétés en Angleterre et en Écosse ne sont qu'une petite partie de la fortune personnelle de Sa Majesté, qui avait pourtant perdu env. 20 millions £ par rapport à l'année précédente.

Élisabeth II a plus d'1 million d'œuvres d'art, soit **la plus grande collection privée d'art**. Les 7 000 peintures et 450 000 photographies se trouvent dans les 13 résidences royales. Certaines sont à la reine, d'autres à la Couronne.

Le monarque le plus riche
Le roi Maha Vajiralongkorn (ou Rama X) de Thaïlande détient une fortune personnelle estimée à plus de 30 milliards $. Son portefeuille d'actifs appartenait à la Couronne thaïlandaise en tant qu'institution jusqu'à ce qu'il en obtienne le contrôle, en 2018. Il est aussi le propriétaire du diamant Golden Jubilee (545,67 carats), **le plus gros diamant facetté** du monde.

Le monarque au règne le plus long
Sa Majesté Élisabeth II, reine du Royaume-Uni et chef du Commonwealth, est montée sur le trône à la mort de son père, le roi George VI, le 6 févr. 1952. Le 29 avr. 2021, elle avait régné 69 ans et 82 jours. Elle est aussi le monarque et **la reine la plus âgée** du monde. Elle a en effet célébré son 95e anniversaire en 2021.

Le mari d'Élisabeth, le prince Philip, duc d'Édimbourg (GBR, né en Grèce, ci-dessous en 2017), est **la personne ayant occupé le rôle de prince consort le plus longtemps**. Il est décédé le 9 avr. 2021 à l'âge de 99 ans, après 69 ans et 62 jours de service et plus de 73 ans de mariage.

Le monarque vivant le plus représenté
Élisabeth II a été souvent représentée sur scène et à l'écran, dans au moins 60 émissions de télévision, 63 films et 4 pièces de théâtre, et parfois brillamment, comme par Helen Mirren, Oscar de la meilleure actrice dans *The Queen* (2006), un rôle qu'elle a repris sur scène dans *The Audience* (2013), qui a remporté l'Olivier Awards, et Olivia Colman dans la série Netflix *The Crown* (depuis 2016, ci-dessus).

La reine figure sur la monnaie d'au moins 33 pays : c'est **le plus de monnaies portant l'effigie d'une même personne.**

Le plus grand château habité
Bâtie au XIe siècle, la résidence royale du château de Windsor (Berkshire, GBR) a la forme d'un parallélogramme de 576 x 164 m, et trône sur un parc de 5 ha.

Le plus grand parc de château habité est celui de Balmoral, dans le Royal Deeside (Aberdeenshire, GBR). Il s'étend sur 20 230 ha, soit plus que le Liechtenstein et Monaco réunis.

Histoire de la gastronomie

SOCIÉTÉ

L'origine de nombre de nos aliments préférés est loin d'être élucidée. Archéologues et historiens continuent de faire des découvertes aussi fascinantes que controversées sur l'alimentation de nos ancêtres. Nous vous offrons un éventail d'anciens mets pour le régal des yeux, établi en fonction des recherches les plus récentes. Remarque : le somptueux buffet en photo n'illustre pas les records actuels, il vise simplement à aiguiser votre appétit. *Régalez-vous !*

1. Le gâteau le plus ancien
L'Alimentarium, le musée de l'Alimentation de Vevey (CHE), conserve un gâteau de 2200 av. J.-C. Conservé dans un moule en cuivre sous vide d'air, découvert dans la tombe de Pepi Ankh (EGY), il a été confectionné avec de la farine de blé, du sésame, du miel et du lait.

2. Le 1er beurre de cacahuète commercialisé
Aucune source sur l'origine de cette pâte à tartiner n'est vérifiable. Les peuples précolombiens d'Amérique latine et d'Amérique du Sud, dont les empires ont prospéré entre les XIIIe et XVIe s., réalisaient une pâte grossière en écrasant des cacahuètes. Le 1er brevet de pâte à tartiner à base de cacahuètes a été déposé aux États-Unis par le chimiste Marcellus Gilmore Edson (CAN) en 1884 – sa recette ne correspondant pas tout à fait au produit moderne. John Harvey Kellogg (USA), magnat des céréales, s'est également revendiqué comme son inventeur en présentant 2 brevets portant sur le produit et sa fabrication le 4 nov. 1895.

3. Le pain le plus ancien
Des archéologues de l'université de Copenhague (DNK) ont découvert un pain de 14 400 ans dans le désert Noir (JOR). Réalisé à base de farine de blé ou d'orge et de pulpe de racines séchées de plantes aquatiques mélangées à de l'eau, ce pain était cuit sur des pierres chaudes. Avant cette découverte, le pain le plus ancien avait 5 000 ans.

4. Le 1er café de commerce équitable
En 1973, Fair Trade Original (NLD) a importé le 1er café "fair trade" (commerce équitable) du Guatemala. Le mouvement vers une certification du café équitable est né le 15 nov. 1988. Solidaridad – organisme d'aide catholique hollandais actif en Amérique latine – a créé la fondation Max Havelaar, visant à soutenir les petits producteurs face à la chute des cours du café.

5. Le 1er aliment fermenté
Les scientifiques ont longtemps pensé que la fermentation comme moyen de conservation venait de Chine, où l'on pratiquait la fermentation du riz, du miel et des fruits dans l'alcool (voir 7). Cette théorie a été mise à mal par la découverte d'un gros tas d'arêtes de poissons à Blekinge (SWE), en 2016. C'est la preuve que la conservation de la nourriture par la fermentation remonte à 7200 av. J.-C., au mésolithique (âge de pierre).

6. Les 1ers macaronis au fromage
Une recette de pâtes au fromage figure dans le *Liber de Coquina* ("livre de cuisine"), codex du début du XIVe s. rédigé en latin par un scribe inconnu de la cour de Naples. 400 ans plus tard, c'est une recette détaillée de macaronis au fromage qui figure, dans *La Gouvernante anglaise expérimentée* (1769), livre de cuisine d'Elizabeth Raffald. En 1937, la société agroalimentaire Kraft lance un mélange de pâtes et de fromage appelé "macaroni au fromage Kraft", resté un incontournable des foyers outre-Atlantique.

Les restes de fromage à pâte dure les plus anciens datent du XIIIe s. av. J.-C. Ils ont été découverts dans le tombeau de Ptahmès, maire de l'ancienne cité égyptienne de Memphis. Quelques milligrammes ont été analysés par spectrométrie de masse et ont révélé qu'il s'agissait d'un produit laitier solide obtenu en mélangeant du lait de vache et du lait de brebis ou de chèvre.

7. La boisson alcoolisée la plus ancienne
Des analyses chimiques attestent l'existence d'une boisson alcoolisée dès 7000 av. J.-C., trouvée dans des jarres en terre cuite mises au jour à Jiahu, site néolithique précoce du bassin du fleuve Jaune (Henan, CHN). Parmi les restes, de l'acide tartrique (raisin et fruits de l'aubépine), de la cire d'abeille (miel) et des esters d'acide férulique (riz). Selon ces éléments, la boisson serait à mi-chemin entre le vin, l'hydromel et la bière.

Au cours du millénaire suivant, les contenants en terre cuite ont été remplacés par des tonneaux en bois pour le stockage de l'alcool. Les bouteilles en verre fermées par un bouchon en liège ne sont apparues qu'au XVIIe s. **Le 1er tire-bouchon attesté** est un modèle à cage en acier datant de 1685. Bien avant cela, des bouchons en liège étaient utilisés pour boucher les bouteilles de cidre et de bière en Angleterre. La 1re mention d'un tire-bouchon dans un texte anglais remonte à 1681. Samuel Henshall, révérend de la Bow Church à Londres, a déposé le 1er brevet connu pour ce genre d'ustensile en 1795, le "tire-bouchon type Henshall".

8. La 1re sorbetière moderne
L'histoire de la gastronomie traite aussi d'ustensiles de cuisine. Depuis fort longtemps, les sorbets et les crèmes glacées font le délice des personnes assez aisées pour s'offrir le matériel nécessaire à leur fabrication. Au milieu du XIXe s., les glaces sont devenues plus abordables grâce à une machine à manivelle conçue par Nancy Johnson (USA), en 1843. Contrairement aux modèles précédents, cet appareil n'exige pas d'être ouvert pour procéder au mélange :

une manivelle reliée à une palle permet de remuer la préparation placée dans un récipient lui-même inséré dans une cuve garnie de glace et de sel, produisant une délicieuse crème onctueuse.

9. Le 1er œuf en chocolat creux

En 1873, les 1ers œufs en chocolat creux sortent des ateliers de la société Fry (Bristol, GBR). C'est 2 ans plus tard que la nouvelle friandise remporte un véritable succès, lorsque la société rivale Cadbury garnit les œufs de dragées aux amandes.

Quant au **1er chocolat**, le cacao étant très utilisé par les cultures mésoaméricaines olmèque et maya, on a longtemps pensé qu'il était né en Amérique centrale, il y a env. 3 900 ans. Toutefois, une étude de 2018 publiée dans *Nature Ecology & Evolution* a révélé une utilisation antérieure du cacao, il y a 5 300 à 5 450 ans, sur le site de Santa Ana-La Florida, en Amazonie équatorienne. C'est le site archéologique le plus ancien relevant de la culture mayo-chinchipe.

10. Le 1er gaufrier moderne

Si les Grecs de l'Antiquité utilisaient une plaque métallique pour cuire des gaufres sur le feu, et qu'on employait des ustensiles à long manche aux Pays-Bas, au XIVe s., le gaufrier moderne est né vers le milieu du XIXe s. Brevetée en 1869, l'invention de Cornelius Swartwout (USA) ne s'utilise pas directement sur le feu mais sur la cuisinière. Plus pratique, cet ustensile compact évite de brûler les gaufres… et les doigts du pâtissier !

11. Le 1er pop-corn

Selon une datation au carbone 14, le maïs soufflé serait vieux de 6 700 ans (env. 4700 av. J.-C.). Des épis de maïs fossiles ont été mis au jour entre 2007 et 2011 sur les sites archéologiques de Paredones et de Huaca Prieta, sur la côte nord du Pérou. Les fouilles attestent la culture du maïs (*Zea mays everta*) dès le Ve millénaire av. J.-C. Le maïs soufflé, plus connu sous le nom de "pop-corn", est ensuite devenu une friandise populaire lorsque Charles Cretors a dévoilé au public une machine à vapeur mobile à souffler le maïs, à l'Exposition universelle de Chicago (USA) en 1893.

12. La 1re barbe à papa

Paradoxalement, cette friandise a été inventée par… un dentiste ! En 1897, le dentiste William Morrison et le confiseur John C. Wharton de Nashville (Tennessee, USA) inventent une "machine à confiserie électrique", dans laquelle les cristaux de sucre sont projetés au travers d'un bol en métal percé de petits trous. Le brevet est accordé en 1899. Ils présentent leur friandise baptisée "fairy floss" à l'Exposition universelle de Saint-Louis en 1904. Elle se vend 0,25 $ la portion. Le succès est immédiat : 68 000 portions seront vendues.

13. Le 1er sachet de thé

Plusieurs personnes (toutes USA) peuvent revendiquer la paternité de cette invention. Selon la légende, le marchand de thé new-yorkais Thomas Sullivan aurait inventé le sachet de thé en 1908, mais il existe des prototypes antérieurs. En 1836, le mensuel *Preston Temperance Advocate* relate l'utilisation de sachets pour préparer du thé. Autre précurseur, Thomas Fitzgerald (1880) a déposé un brevet de sachet en tissu ou en mousseline de forme oblongue, contenant du thé ou du café. Le "Tea-Strainer" d'Edward Dillingham a été breveté en 1893, tandis que le "Tea Leaf Holder" de Roberta C. Lawson et Mary McLaren l'a été en 1903.

Pandémies

La maladie contagieuse la plus ancienne
La tuberculose est une maladie respiratoire causée par *Mycobacterium tuberculosis*. Cette bactérie existerait sous une forme similaire à sa forme actuelle depuis plus de 70 000 ans et infecterait les humains depuis le début de la préhistoire.

La 1re pandémie enregistrée
La peste d'Athènes se répand à travers la Méditerranée de 430 à 426 av. J.-C. Entre 75 000 et 100 000 personnes y succombent, principalement en Libye, en Égypte et en Grèce.

La 1re quarantaine
La 1re quarantaine est instaurée en 549 apr. J.-C. par Justinien, empereur romain d'Orient. Durant la peste dite de Justinien (qui sévit entre 541 et 549), une série de décisions impériales interdit aux "étrangers" atteints de la peste de pénétrer dans Byzance, la capitale, et ses environs.

La quarantaine la plus longue pour un porteur sain
Mary Mallon, alias Mary Typhoïde (USA, née IRL, ci-dessous), a passé 26 ans en quarantaine sur la North Brother Island (NYC, USA). Cuisinière, Mary était porteuse saine de la typhoïde et la transmettait en travaillant. Enfermée de 1907 à 1910, elle a été libérée sur la promesse de cesser son activité. De nouveaux cas lui ont été imputés en 1915, alors qu'elle travaillait en tant que cuisinière sous un faux nom. Elle fut renvoyée sur l'île de North Brother et y resta jusqu'à sa mort, en 1938.

La pandémie la plus longue
La 7e pandémie de choléra débute en 1961 en Indonésie et se répand largement. En 2021, 60 ans plus tard, elle a toujours cours, infectant 3 à 5 millions de personnes par an. Le choléra est une infection bactérienne qui se transmet par la consommation d'eau contaminée par les fluides corporels d'individus infectés. Dans des régions sans eau potable ni système d'égouts, il est difficile d'y échapper.

La 1re vaccination moderne
En 1796, le médecin Edward Jenner (GBR) effectue la 1re vaccination moderne (qui expose le patient à une version affaiblie du virus). Il pense que si les fermiers contractent peu la variole, c'est qu'ils se sont préalablement rétablis de la vaccine, maladie bénigne des vaches, proche de la variole. En mai 1796, il inocule la vaccine au petit James Phipps (8 ans), et plus tard la variole, qui ne se déclare pas. Jenner crée le mot "vaccin" (du latin *vacca*, "vache") dans un rapport publié en 1798, clin d'œil au rôle de la vache et de la vaccine dans sa découverte.

Le plus d'infections dues à un seul porteur sain
En oct. 1923, les autorités sanitaires du New Jersey (USA) signalent que Tony La Bella, alias Frank Boni (USA, né ITA), aurait transmis la typhoïde à 107 personnes. Il a travaillé dans plusieurs laiteries de l'agglomération de New York. Contrairement à Mary Mallon (ci-dessus), Tony accepte de cesser de travailler dans l'alimentaire et évite ainsi la quarantaine.

Le développement le plus rapide d'un vaccin
Le Tozinaméran, vaccin de Pfizer-BioNTech contre la COVID-19, est autorisé par la British Medicines and Healthcare Products Regulatory Agency le 2 déc. 2020, soit 337 jours après l'identification de la maladie. Pfizer et BioNTech publient les résultats des essais cliniques de phase III en nov. 2020, bien avant leurs concurrents.

La pandémie la plus meurtrière
La pandémie de peste noire s'est répandue en Europe, en Asie et en Afrique du Nord entre 1346 et 1353. Elle est attribuée à une souche particulièrement mortelle de la peste (maladie causée par la bactérie *Yersinia pestis*). Il y aurait eu entre 25 et 200 millions de victimes, plus vraisemblablement entre 50 et 100 millions, soit ¼ de la population mondiale de l'époque. Ci-dessous, une fosse commune pour les victimes de la peste, dans l'est de Londres (GBR).

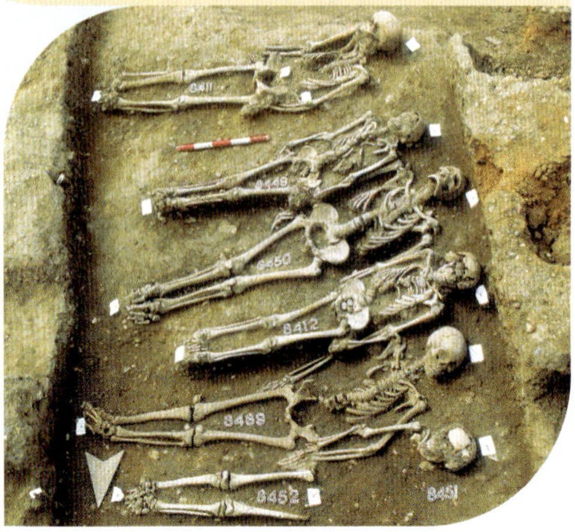

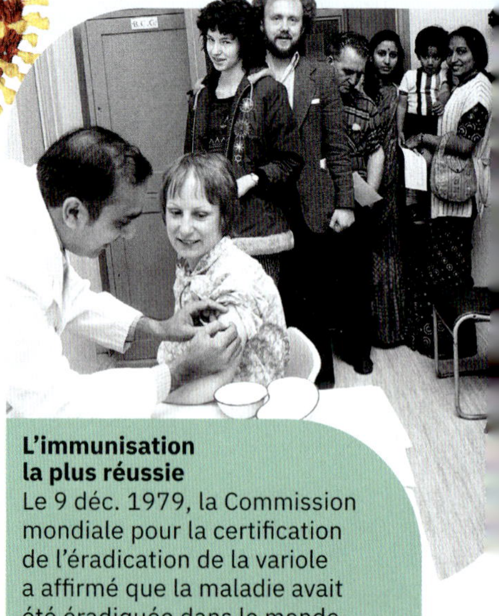

L'immunisation la plus réussie
Le 9 déc. 1979, la Commission mondiale pour la certification de l'éradication de la variole a affirmé que la maladie avait été éradiquée dans le monde entier. Jadis l'un des fléaux les plus mortels, la variole a été éliminée par un vaccin qui s'est montré efficace contre toutes les formes de la maladie, ainsi que par le suivi des cas contacts et leur vaccination.

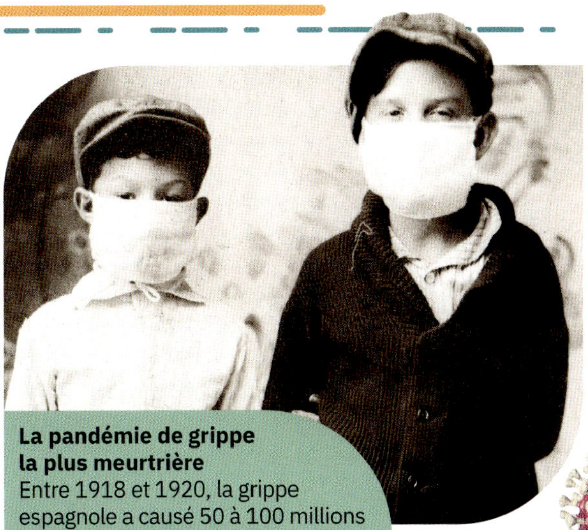

La pandémie de grippe la plus meurtrière
Entre 1918 et 1920, la grippe espagnole a causé 50 à 100 millions de morts dans le monde. Sa propagation a été accélérée par le déplacement de bateaux militaires en 1918. Les chercheurs ignorent encore où elle a commencé. Son nom vient de ce que l'Espagne a fourni des rapports détaillés sur les premiers cas, non parce qu'elle en serait l'origine.

La pire épidémie de manie dansante
La manie dansante, ou chorémanie, est observée pour la 1re fois au XIe siècle. Elle est très répandue dans le sud de l'Italie du XVe au XVIIe siècle. Les malades sont pris d'un besoin de bouger incontrôlable et dansent pendant des heures, voire des jours, jusqu'à s'effondrer de fatigue. La pire épidémie est enregistrée à Aix-la-Chapelle (DEU) en 1374, où, au pic de l'épidémie, jusqu'à 15 personnes dansent et meurent chaque jour. La cause en est inconnue, mais il s'agirait d'une hystérie collective, se produisant en période de grand stress et de difficultés.

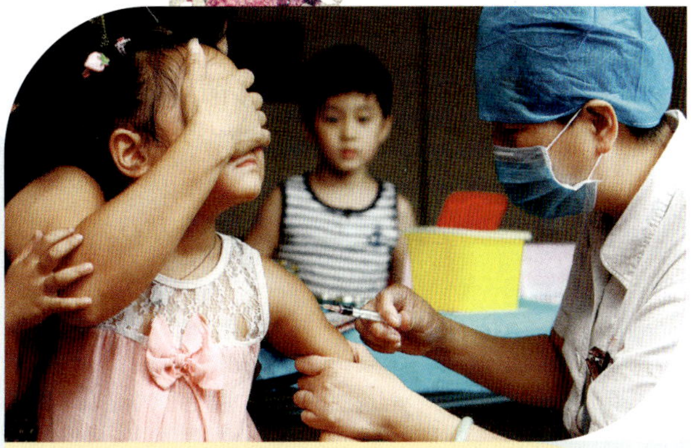

La maladie la plus contagieuse
La rougeole est causée par le Measles morbillivirus. Son nombre de reproduction (R0) se situe entre 12 et 18 : une personne infectée le transmettrait à une quinzaine d'autres dans une population non vaccinée. 140 000 personnes en meurent tous les ans. Le vaccin a éradiqué la rougeole dans les pays développés, mais des taux de vaccination en baisse ont provoqué son retour. Elle reste une maladie infantile courante dans les pays les moins développés.

La maladie infectieuse la plus commune
Le rhume est endémique à chaque continent habité et seuls les peuples les plus isolés échappent aux infections fréquentes. Il est dû à différents virus, souvent des rhinovirus, et un adulte attrape en général 1 ou 2 rhumes par an.

Le taux de mortalité le plus élevé pour une maladie virale
Si elle n'est pas soignée avant l'apparition des symptômes, la rage a un taux de mortalité de 100 %, même avec un traitement agressif, et tue près de 17 000 personnes par an. Il n'existe que 14 cas connus de patients ayant survécu. Cependant, la maladie peut être soignée si la personne infectée se fait vacciner avant l'apparition des symptômes.

Le taux d'infection au VIH le plus élevé
Selon les chiffres les plus récents de l'OMS (2019), 6,43 citoyens sur 1 000 de la petite nation africaine du Lesotho ont été nouvellement infectés par le VIH.
Le Lesotho est aussi **le pays ayant le taux d'infection à la tuberculose le plus élevé**. Tous les ans, 654 personnes sur 100 000 déclarent la maladie. L'ampleur de l'épidémie de tuberculose au Lesotho est une conséquence de celle du sida : ce dernier affaiblit le système immunitaire, laissant les malades plus sensibles aux infections respiratoires.

La couronne ("corona") de protéines spike qui entoure la particule virale appelée "virion" a donné son nom aux coronavirus.

La 1re pandémie de coronavirus
Le 11 mars 2020, l'OMS déclare l'état de pandémie : il y a des foyers importants de COVID-19 dans le monde entier. D'autres épidémies de coronavirus ont eu lieu, comme le SARS (2002) et le MERS (2012), mais elles ont été contenues avant qu'elles ne se répandent. La COVID-19 est aussi **l'épidémie de coronavirus la plus meurtrière**, avec 2 490 776 morts au 25 févr. 2021. Parmi les réactions à la COVID-19, citons **le développement le plus rapide d'un vaccin** (ci-contre). La 1re dose non expérimentale a été administrée à Margaret Keenan (GBR, à droite), le 8 déc. 2020.

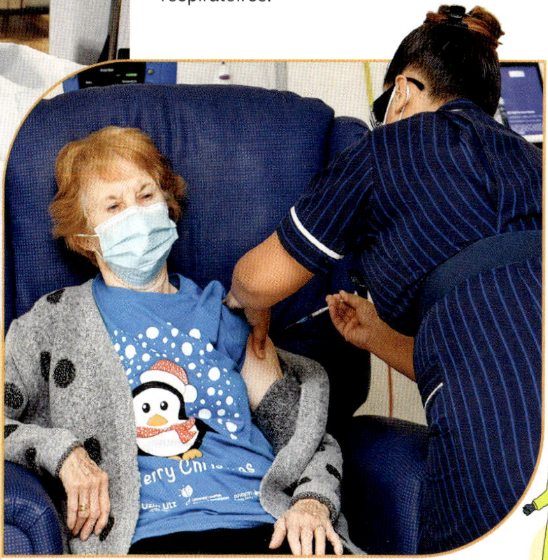

Drôles de boulots

Imitateur d'Elvis Presley
Depuis l'avènement du King, un grand nombre d'imitateurs lui rendent hommage. **La plus longue carrière d'imitateur d'Elvis** a duré 48 ans : Vick Beasley (BEL) a commencé son activité en 1954 pour l'achever le 6 juill. 2002. Vick a été fait citoyen d'honneur de Tupelo (Mississippi, USA), la ville natale d'Elvis.

Fabricant de cercueils
Herbert Weber (AUT) a fabriqué 707 335 cercueils pour le menuisier funéraire Moser Holzindustrie, entre les 5 sept. 1978 et 2008, à Salzbourg (AUT). C'est **le plus de cercueils fabriqués en une vie**.

Bruiteur
Dans un studio de bruitage, on enregistre des sons comme des bruits de pas et des portes qui claquent avant de les synchroniser avec l'action du film. Jack Foley (USA), bruiteur aux studios Universal au début du cinéma parlant, a exercé pendant 40 ans. Il a parcouru env. 8 000 km pour enregistrer le bruit des pas d'acteurs comme James Cagney, Marlon Brando et Kirk Douglas. C'est **la plus grande distance parcourue sur place dans une carrière de bruiteur**.

Gardien du pôle Sud
De 1997 à 2019, l'astrophysicien Robert "The Ice-Man" Schwarz (DEU/USA) a passé **le plus d'hivers au pôle Sud** (15). Il effectuait des expériences scientifiques et des observations au télescope à la base antarctique Amundsen-Scott. Températures négatives, isolement et 6 mois d'hiver dans l'obscurité, tel était son quotidien.

Acteur d'un autre monde
Bill Blair (USA) a forgé sa carrière de comédien en incarnant des monstres et autres créatures extraterrestres nécessitant un maquillage particulier et des prothèses. Au 6 mai 2011, il avait interprété **le plus de personnages au maquillage SFX** (202).

Guide de tour horloge
La tour horloge Élisabeth du Parlement de Londres (GBR) abrite Big Ben. En tant que guide de la tour, Brian Davis (GBR) affiche **le plus de marches gravies dans une carrière**, soit 2 101 528. Brian avait monté 6 292 fois les marches en 13 ans, au 1er mars 1997. Cela représente 38 fois la distance du niveau de la mer au sommet de l'Everest.

Joueur de légumes
Le Vegetable Orchestra (AUT) réunit 10 musiciens jouant d'instruments tels que la carotte marimba, la flûte basse radis, le violon poireau et la trompette panais. Les instruments sont fraîchement préparés le matin du concert, et servis en soupe au public en fin de performance. En oct. 2019, le groupe avait effectué **le plus de concerts par un orchestre de légumes**, soit 331.

Mini-cascadeur
Pour les cinglés du grand écran, la taille ne compte pas. **Le plus petit cascadeur** s'appelle Kiran Shah (GBR) : il mesurait 126,3 cm au 20 oct. 2003. Depuis ses débuts en 1976, il a participé à *Superman* (1978), *Le Seigneur des anneaux* (2001-2003) et 5 épisodes de *Star Wars* (1983-2019).

Mr Methane aurait eu vent de ses dons de pétomane un jour qu'il adoptait la position du lotus.

Pétomane
Paul Oldfield (GBR), alias Mr Methane, amuse le public en émettant des pets de différents tons et en rythme avec la musique. Sa 1re apparition rémunérée en tant que pétomane date de déc. 1990. En oct. 1991, il démissionnait de son poste de conducteur de train pour signer avec Equity, ce qui en fait **le pétomane à la plus longue carrière**. Il travaille avec Circus of Horrors et s'est produit dans de nombreuses émissions de radio et de télévision.

Mannequin humain d'essai de choc
W. R. "Rusty" Haight (USA) a été soumis à plus de 1 000 collisions automobiles en tant que spécialiste de la reconstitution d'accidents. Chaque fois, Rusty et son véhicule sont équipés de capteurs réceptionnant les données à l'impact. En dépit de vitesses culminant à 86 km/h, sa plus grande blessure en date n'est autre qu'une petite coupure due à un airbag.

Tout postulant yeoman doit être warrant officer (adjudant) ayant 22 ans de service dans l'armée britannique (terre, air, mer).

Partenaire de l'extrême
Danielle Martin (GBR), alias Daniella D'Ville, adore jouer avec le feu, ou plutôt avec les épées, les chaînes de tronçonneuse et les lits de clous entre autres objets dangereux ! Le 12 oct. 2013, elle a été **la plus rapide à se faire casser 16 blocs de béton sur le corps (femme)**, soit 30,40 s, avec l'assistance de Johnny Strange (GBR), qui tenait la massue.

Yeoman Warder
Officiellement, les *Yeoman Warders*, les gardes d'apparat de la tour de Londres, sont chargés de surveiller les prisonniers, et les joyaux de la Couronne, depuis le XVe s. Si le poste était traditionnellement réservé aux hommes, Moira Cameron (GBR) est entrée dans l'histoire en janv. 2007 en devenant **la 1re femme *Yeoman Warder***.
Le 1er *Yeoman Warder* noir est le vétéran de l'armée britannique Lawrence Watts (GBR, encart), qui a prêté serment dans le cadre du "métier de ses rêves", le 1er mars 2016.

Fossoyeur
La plus longue carrière de fossoyeur revient à Johann Heinrich Karl Thieme, sacristain d'Aldenburg (DEU), qui a creusé 23 311 tombes en 50 ans de carrière. Au décès de Thieme, en 1826, son élève a creusé sa tombe.

Père Noël
Le véritable père Noël semble trop occupé à déposer les cadeaux pour apparaître en public. Alors, Dayton C. Fouts (USA) s'en est chargé de 1937 au 14 déc. 1997, soit pendant 55 ans, à Harvey (Illinois, USA) et 5 ans à Tucson (Arizona, USA) : c'est **la plus longue carrière de père Noël**.

Dessinateur de portraits-robots
Entre 1982 et févr. 2021, au Texas (USA), Lois Gibson (USA) a réalisé **le plus de portraits-robots ayant permis d'identifier des criminels** (1 266). Elle a initialement exercé son talent en faisant le portait de touristes, à San Antonio (Texas), avant de travailler pour la police de Houston.

Renifleur de pieds
En tant que testeuse de déodorants pour la société de produits de soins Dr Scholl's, à Cincinnati (Ohio, USA), Madeline Albrecht (USA) a remporté la distinction unique du **plus de pieds reniflés** : env. 5 600 en 15 ans. Elle a également reniflé un nombre indéterminé d'aisselles.

Goûteur de grains de café
Les incroyables papilles gustatives de Gennaro Pelliccia (GBR) lui valent le titre de **langue la plus chère** (14 millions $), selon la Lloyd's, au 9 mars 2009. Maître café au Costa Coffee (GBR), Gennaro goûte tous les lots de café destinés aux boutiques.
Le nez le plus cher est celui du propriétaire de vignes Ilja Gort (NLD, encart) : il vaut 5 millions €.

Applaudisseur d'émission télé
Le 9 févr. 2015, l'hôtesse de *Wheel of Fortune* Vanna White (USA) avait frappé 3 721 446 fois dans ses mains au cours des 32 saisons de l'émission. Avec 606 battements par épisode, Vanna a réalisé **le plus d'applaudissements**.

Démolisseur de trains
Entre le 9 sept. 1896 et le 27 août 1932, l'homme de spectacle Joseph S. Connolly (USA) a organisé 73 collisions frontales délibérées entre locomotives pour le plaisir des foules, lors de foires organisées en Amérique. Les ingénieurs ferroviaires procédaient à la mise en pression de 2 locomotives obsolètes et les lançaient sur une même voie. "Head-on Joe" détient **le record de trains cassés dans une carrière** (146).

En revue

La peinture la plus ancienne (art figuratif)
Le 13 janv. 2021, *Science Advances* annonce la découverte, en 2017, d'une peinture rupestre d'au moins 45 500 ans, sur les parois intérieures d'une grotte karstique de Leang Tedongnge, sur l'île de Sulawesi (IDN). Elle représente des sangliers, sans doute de l'espèce endémique des Célèbes *Sus celebensis*, réalisés à l'ocre rouge et violet, ainsi que des mains en négatif.

Le plus cher…
Miel : Ahmet Eren Çakır de Centauri Honey (tous 2 TUR) a vendu du miel à 10 000 €/kg, à Istanbul (TUR), le 16 févr. 2021. Chaque année, on ne récolte que 10 à 15 kg de ce miel foncé et amer.
Jambon : Le 3 févr. 2020, l'importateur alimentaire de luxe Taishi Co (JPN) a vendu un jambon ibérique Bellota, issu d'un cochon pure race nourri aux glands, 1 429 000 ¥ (11 900 €).
Mouton : Le 27 août 2020, Sportsmans Double Diamond, bélier de race texel titulaire d'un pedigree, s'est vendu 367 500 £ (483 963 $) aux enchères de Lanarkshire (GBR). Ce montant est dû à sa valeur d'élevage hors norme.
Pigeon : New Kim, un pigeon de course de 2 ans, entraîné par Kurt Van de Wouwer (BEL), s'est vendu aux enchères 1,6 million €, le 15 nov. 2020.

La plus grande portée de chevreaux
Le 16 févr. 2019, Miller's Fairywood MP Angelica, une chèvre naine nigériane, a mis au monde 7 chevreaux à Gilbert (Arizona, USA). Elle appartient à Elizabeth Miller (USA).

Une portée compte rarement plus de 4 petits. Et qu'ils soient tous en bonne santé rend l'exploit encore plus fou !

La 1re viande de laboratoire produite dans l'espace
Aleph Farms (ISR), start-up de la FoodTech, a cultivé des cellules de bœuf pour produire un échantillon de viande de laboratoire dans la *Station spatiale internationale*, le 26 sept. 2019. Un morceau de muscle a été créé via imprimante 3D à partir d'une culture de cellules animales : cette viande a été produite à 399 km au-dessus de la Terre, mais elle n'a pas nécessité d'abattage. (Voir aussi ci-contre.)

La plus ancienne station de renseignements d'origine électromagnétique
Le GCHQ Scarborough (Yorkshire, GBR) a été fondé en 1912 : cette station de télégraphie sans fil de la Royal Navy avait pour mission de surveiller la Marine impériale allemande, ce qu'elle fit aussi pendant la Seconde Guerre mondiale. Elle a ensuite été chargée d'intercepter les communications navales soviétiques pendant la guerre froide. Aujourd'hui, elle sert de bureau satellite pour le GCHQ de Cheltenham (Gloucestershire, GBR).

Le plus vieux cimetière d'animaux domestiques
En 2011, des archéologues polonais travaillant à Bérénice, un ancien port égyptien de la mer Rouge, ont découvert un cimetière d'animaux domestiques datant des Ier et IIe siècles apr. J.-C. Ils ont mis au jour les restes de 536 chats, 32 chiens, de petits singes et d'un jeune babouin. Nombre d'entre eux portaient des signes de domestication, comme des colliers pour chat ornés (photo).

La plus grande augmentation de valeur nette pour un individu en 24 h
Le 20 juill. 2020, Jeff Bezos (USA), patron et fondateur d'Amazon, a vu sa fortune augmenter de 13 milliards $. Les actions d'Amazon.com ont grimpé de 7,9 %, selon Bloomberg, la valeur estimée des actifs de Bezos atteignant donc 189,3 milliards $. Ce bond a été attribué à un optimisme croissant concernant les tendances d'achat en ligne.

Le lama le plus âgé
Au 14 nov. 2020, Ramadan's Arapahoe Gold (alias Rapper, né le 2 mars 1994) était âgé de 26 ans et 257 jours. Le lama de spectacle retraité vit avec ses propriétaires, Brian Kienenberger et Jodie McDonie, à Olympia (Washington, USA).

Le don du plus de produits d'hygiène en 1 h
Le philanthrope Lakshyaraj Singh Mewar (IND) a fait don de 12 508 produits d'hygiène à des familles pauvres du Rajasthan rural (IND), le 25 janv. 2021. En août 2019, Mewar a réalisé **le plus grand don de fournitures scolaires en 24 h**, distribuant 21 t de livres et autres fournitures.

Le plus de tours par un chat en 1 min
Alexis et sa maîtresse Anika Moritz (AUT) ont réalisé 26 tours en 60 s, à Bruck an der Leitha (Basse-Autriche, AUT), le 10 juin 2020. Alexis est capable de faire un tope-là (ci-dessus), secouer la tête, croiser les pattes, faire une rotation vers la droite et la gauche, et ouvrir un pot, entre autres. Il a de l'entraînement : Anika lui apprend des tours depuis tout petit !

La 1re femme à arbitrer un Super Bowl
Sarah Thomas (USA, à droite) était juge de chaîne au Super Bowl LV de Tampa (Floride, USA), le 7 févr. 2021. Elle a officié pour la 1re fois en 1999, lors d'un petit match universitaire, avant de rejoindre la Ligue nationale de football américain en 2015.

Le 1er arbitre féminin dans un match de foot de la Ligue des champions de l'UEFA est Stéphanie Frappart (FRA), dans le cadre du match Juventus contre Dynamo Kiev, à Turin (ITA), le 2 déc. 2020.

Le 1er pays à autoriser la viande de laboratoire
En déc. 2020, le gouvernement de Singapour a accordé à la start-up Eat Just (USA) la vente de viande de poulet cultivée en laboratoire. La viande est créée à partir de cellules de poulet cultivées dans un bioréacteur, et complétée d'ingrédients d'origine végétale.
À l'heure actuelle, env. 14 % des émissions de gaz à effet de serre sont produits par les élevages.

La boutique de bonbons la plus ancienne
Ichimonjiya Wasuke (connue sous le nom d'Ichiwa) est une confiserie traditionnelle de Kita-ku (Kyoto, JPN), fondée vers l'an mil. En déc. 2020, elle était dirigée par Naomi Hasegawa, descendante de la 24e génération de la famille fondatrice. On y trouve de l'*aburi-mochi* (ci-dessous) : des gâteaux à la farine de riz grillés et enrobés de sauce miso sucrée.

Le plus de récompenses civiles
Le 11 nov. 2020, l'inventeur et homme d'affaires Tsunejiro Koga (JPN) recevait sa 98e médaille au ruban bleu foncé, accordée à ceux qui ont fait des dons personnels remarquables au service public. Il s'agit de sa 103e distinction civile depuis le 7 nov. 1982, un tableau comprenant le prestigieux ordre du Soleil levant. Ayant connu la déscolarisation et les ennuis qui en découlent, Koga a fondé une organisation philanthropique pour aider les jeunes traversant des difficultés semblables.

Les baskets les plus chères (vente privée)
Le 26 avr. 2021, un peu moins de 1 an après le record aux enchères (ci-contre), Sotheby's annonce avoir arbitré la vente privée de la seule paire de Nike Air Yeezy 1 Prototypes – les baskets portées par Kanye West lors de ses performances aux 2008 Grammy Awards. Les chaussures en cuir noir, mises en vente par le célèbre collectionneur Ryan Chang, ont été achetées 1,8 million $ par RARES, start-up spécialisée dans l'investissement dans les chaussures de collection.

C'est la 3e œuvre la plus chère vendue par un artiste en vie, après celles de Jeff Koons et de David Hockney.

L'œuvre d'art numérique la plus chère
EVERYDAYS: THE FIRST 5000 DAYS de Mike Winkelmann (alias Beeple, USA) s'est vendue 69 346 250 $ chez Christie's, le 11 mars 2020. Elle rassemble, sous forme de collage, les 5 000 premiers jours du projet de Beeple visant à créer une œuvre par jour. Elle a été vendue à l'aide d'un jeton non fongible (NFT), un certificat numérique d'authenticité dont l'identité et la propriété sont inscrites à l'aide de blockchain de type cryptomonnaie. La même technologie a été utilisée pour vendre **le tweet le plus cher** (voir p. 205).

Les baskets vendues le plus cher aux enchères
Une paire de Nike Air Jordan 1s, portée par Michael Jordan en 1985, s'est vendue 560 000 $ lors d'enchères en ligne Sotheby's, le 17 mai 2020. Elle devait se vendre 150 000 $, mais les enchères se sont envolées dans les 20 dernières minutes. Les chaussures sont de pointure différente (gauche : 13 ; droite : 13,5, soit 47,5 et 48 en taille française) – tradition chez Jordan – et la chaussure droite porte la signature du sportif.

Malala Yousafzai

CARTE D'IDENTITÉ
Nom : Malala Yousafzai
Date de naissance : 12 juill. 1997
Lieu de naissance : Mingora (PAK)
Formation universitaire : université d'Oxford (GBR)
Activités : Militante, conférencière, autrice
Quelques distinctions : Prix international de la paix des enfants (2013) ; prix Nobel de la paix (2014) ; messagère de la paix des Nations unies (2017)

Il faut parfois beaucoup de courage pour défendre ce que l'on croit juste. Dans le cas de Malala, cette bravoure a failli lui coûter la vie.
Son père "merveilleux et féministe" (*dixit* Malala) – enseignant et directeur d'école – pensait qu'elle devait bénéficier des mêmes chances que ses frères. Après que les talibans se sont emparés de sa ville natale, Mingora (PAK), en 2008, ils ont multiplié les interdictions, dont le droit à l'éducation des femmes. En 2009, le journal de Malala – dans lequel elle décrivait la vie sous le joug des talibans – est devenu un blog pour le site de la BBC en ourdou. Le danger augmentait à mesure que sa célébrité s'accroissait. Le 9 oct. 2012, un homme armé est monté dans le car scolaire et a tiré dans la tête de la jeune fille âgée de 15 ans. Grâce à une opération qui lui a sauvé la vie, Malala s'est rétablie. Avec sa famille, elle s'est rendue à Birmingham (GBR) pour sa convalescence. Ils ont décidé de s'y installer. En 2021, Malala affirme qu'elle considère cette ville comme "sa deuxième maison". L'attentat a renforcé sa détermination. Elle a créé le Malala Fund, une ONG qui investit dans la cause de l'éducation des filles et la défend.
En reconnaissance de ses efforts, le 10 déc. 2014, Malala a reçu conjointement le prix Nobel de la paix, ce qui fait d'elle – à 17 ans et 151 jours – **la plus jeune lauréate du prix Nobel**. Son discours passionné réclamait des droits fondamentaux et une éducation pour tous les enfants. Trois ans plus tard, à 19 ans et 272 jours, elle est aussi devenue **la plus jeune messagère de la paix des Nations unies**. Malala est la preuve vivante que nous pouvons tous améliorer le monde, quels que soient nos âge, genre ou milieu.

1

2

3

Tout postulant yeoman doit être warrant officer (adjudant) ayant 22 ans de service dans l'armée britannique (terre, air, mer).

Partenaire de l'extrême
Danielle Martin (GBR), alias Daniella D'Ville, adore jouer avec le feu, ou plutôt avec les épées, les chaînes de tronçonneuse et les lits de clous entre autres objets dangereux ! Le 12 oct. 2013, elle a été **la plus rapide à se faire casser 16 blocs de béton sur le corps (femme)**, soit 30,40 s, avec l'assistance de Johnny Strange (GBR), qui tenait la massue.

Yeoman Warder
Officiellement, les *Yeoman Warders*, les gardes d'apparat de la tour de Londres, sont chargés de surveiller les prisonniers, et les joyaux de la Couronne, depuis le XVe s. Si le poste était traditionnellement réservé aux hommes, Moira Cameron (GBR) est entrée dans l'histoire en janv. 2007 en devenant **la 1re femme *Yeoman Warder***.

Le 1er *Yeoman Warder* noir est le vétéran de l'armée britannique Lawrence Watts (GBR, encart), qui a prêté serment dans le cadre du "métier de ses rêves", le 1er mars 2016.

Fossoyeur
La plus longue carrière de fossoyeur revient à Johann Heinrich Karl Thieme, sacristain d'Aldenburg (DEU), qui a creusé 23 311 tombes en 50 ans de carrière. Au décès de Thieme, en 1826, son élève a creusé sa tombe.

Père Noël
Le véritable père Noël semble trop occupé à déposer les cadeaux pour apparaître en public. Alors, Dayton C. Fouts (USA) s'en est chargé de 1937 au 14 déc. 1997, soit pendant 55 ans, à Harvey (Illinois, USA) et 5 ans à Tucson (Arizona, USA) : c'est **la plus longue carrière de père Noël**.

Dessinateur de portraits-robots
Entre 1982 et févr. 2021, au Texas (USA), Lois Gibson (USA) a réalisé **le plus de portraits-robots ayant permis d'identifier des criminels** (1 266). Elle a initialement exercé son talent en faisant le portait de touristes, à San Antonio (Texas), avant de travailler pour la police de Houston.

Renifleur de pieds
En tant que testeuse de déodorants pour la société de produits de soins Dr Scholl's, à Cincinnati (Ohio, USA), Madeline Albrecht (USA) a remporté la distinction unique du **plus de pieds reniflés** : env. 5 600 en 15 ans. Elle a également reniflé un nombre indéterminé d'aisselles.

Goûteur de grains de café
Les incroyables papilles gustatives de Gennaro Pelliccia (GBR) lui valent le titre de **langue la plus chère** (14 millions $), selon la Lloyd's, au 9 mars 2009. Maître café au Costa Coffee (GBR), Gennaro goûte tous les lots de café destinés aux boutiques.

Le nez le plus cher est celui du propriétaire de vignes Ilja Gort (NLD, encart) : il vaut 5 millions €.

Applaudisseur d'émission télé
Le 9 févr. 2015, l'hôtesse de *Wheel of Fortune* Vanna White (USA) avait frappé 3 721 446 fois dans ses mains au cours des 32 saisons de l'émission. Avec 606 battements par épisode, Vanna a réalisé **le plus d'applaudissements**.

Démolisseur de trains
Entre le 9 sept. 1896 et le 27 août 1932, l'homme de spectacle Joseph S. Connolly (USA) a organisé 73 collisions frontales délibérées entre locomotives pour le plaisir des foules, lors de foires organisées en Amérique. Les ingénieurs ferroviaires procédaient à la mise en pression de 2 locomotives obsolètes et les lançaient sur une même voie.

"Head-on Joe" détient **le record de trains cassés dans une carrière** (146).

En revue

La peinture la plus ancienne (art figuratif)
Le 13 janv. 2021, *Science Advances* annonce la découverte, en 2017, d'une peinture rupestre d'au moins 45 500 ans, sur les parois intérieures d'une grotte karstique de Leang Tedongnge, sur l'île de Sulawesi (IDN). Elle représente des sangliers, sans doute de l'espèce endémique des Célèbes *Sus celebensis*, réalisés à l'ocre rouge et violet, ainsi que des mains en négatif.

Le plus cher...
Miel : Ahmet Eren Çakır de Centauri Honey (tous 2 TUR) a vendu du miel à 10 000 €/kg, à Istanbul (TUR), le 16 févr. 2021. Chaque année, on ne récolte que 10 à 15 kg de ce miel foncé et amer.
Jambon : Le 3 févr. 2020, l'importateur alimentaire de luxe Taishi Co (JPN) a vendu un jambon ibérique Bellota, issu d'un cochon pure race nourri aux glands, 1 429 000 ¥ (11 900 €).
Mouton : Le 27 août 2020, Sportsmans Double Diamond, bélier de race texel titulaire d'un pedigree, s'est vendu 367 500 £ (483 963 $) aux enchères de Lanarkshire (GBR). Ce montant est dû à sa valeur d'élevage hors norme.
Pigeon : New Kim, un pigeon de course de 2 ans, entraîné par Kurt Van de Wouwer (BEL), s'est vendu aux enchères 1,6 million €, le 15 nov. 2020.

La plus grande portée de chevreaux
Le 16 févr. 2019, Miller's Fairywood MP Angelica, une chèvre naine nigériane, a mis au monde 7 chevreaux à Gilbert (Arizona, USA). Elle appartient à Elizabeth Miller (USA).

Une portée compte rarement plus de 4 petits. Et qu'ils soient tous en bonne santé rend l'exploit encore plus fou !

La 1re viande de laboratoire produite dans l'espace
Aleph Farms (ISR), start-up de la FoodTech, a cultivé des cellules de bœuf pour produire un échantillon de viande de laboratoire dans la *Station spatiale internationale*, le 26 sept. 2019. Un morceau de muscle a été créé via imprimante 3D à partir d'une culture de cellules animales : cette viande a été produite à 399 km au-dessus de la Terre, mais elle n'a pas nécessité d'abattage. (Voir aussi ci-contre.)

La plus ancienne station de renseignements d'origine électromagnétique
Le GCHQ Scarborough (Yorkshire, GBR) a été fondé en 1912 : cette station de télégraphie sans fil de la Royal Navy avait pour mission de surveiller la Marine impériale allemande, ce qu'elle fit aussi pendant la Seconde Guerre mondiale. Elle a ensuite été chargée d'intercepter les communications navales soviétiques pendant la guerre froide. Aujourd'hui, elle sert de bureau satellite pour le GCHQ de Cheltenham (Gloucestershire, GBR).

Le plus vieux cimetière d'animaux domestiques
En 2011, des archéologues polonais travaillant à Bérénice, un ancien port égyptien de la mer Rouge, ont découvert un cimetière d'animaux domestiques datant des Ier et IIe siècles apr. J.-C. Ils ont mis au jour les restes de 536 chats, 32 chiens, de petits singes et d'un jeune babouin. Nombre d'entre eux portaient des signes de domestication, comme des colliers pour chat ornés (photo).

La plus grande augmentation de valeur nette pour un individu en 24 h
Le 20 juill. 2020, Jeff Bezos (USA), patron et fondateur d'Amazon, a vu sa fortune augmenter de 13 milliards $. Les actions d'Amazon.com ont grimpé de 7,9 %, selon Bloomberg, la valeur estimée des actifs de Bezos atteignant donc 189,3 milliards $. Ce bond a été attribué à un optimisme croissant concernant les tendances d'achat en ligne.

Le lama le plus âgé
Au 14 nov. 2020, Ramadan's Arapahoe Gold (alias Rapper, né le 2 mars 1994) était âgé de 26 ans et 257 jours. Le lama de spectacle retraité vit avec ses propriétaires, Brian Kienenberger et Jodie McDonie, à Olympia (Washington, USA).

Le don du plus de produits d'hygiène en 1 h
Le philanthrope Lakshyaraj Singh Mewar (IND) a fait don de 12 508 produits d'hygiène à des familles pauvres du Rajasthan rural (IND), le 25 janv. 2021. En août 2019, Mewar a réalisé **le plus grand don de fournitures scolaires en 24 h**, distribuant 21 t de livres et autres fournitures.

Le plus de tours par un chat en 1 min
Alexis et sa maîtresse Anika Moritz (AUT) ont réalisé 26 tours en 60 s, à Bruck an der Leitha (Basse-Autriche, AUT), le 10 juin 2020. Alexis est capable de faire un tope-là (ci-dessus), secouer la tête, croiser les pattes, faire une rotation vers la droite et la gauche, et ouvrir un pot, entre autres. Il a de l'entraînement : Anika lui apprend des tours depuis tout petit !

1. En 2013, pour ses 16 ans, Malala prononce un discours vibrant aux Nations unies. Elle conclut sur ces mots : "Laissez-nous mener une lutte mondiale contre l'analphabétisme, la pauvreté et le terrorisme et nous prendrons en main nos livres et nos stylos. Ce sont nos armes les plus puissantes."

2. L'autobiographie de Malala, saluée par le public et la critique, est publiée en 2013. Une version destinée aux enfants paraît l'année suivante. Elles se vendront à plus de 2 millions d'exemplaires dans le monde.

3. Malala inspire de nombreux autres militants qui se dressent contre les injustices. Ces enfants sont venus la soutenir lors d'une manifestation en 2013. Leurs masques affichent le slogan d'une action lancée par l'ancien Premier ministre Gordon Brown (GBR), alors envoyé spécial des Nations unies pour l'éducation.

4. En 2014, Malala devient **la plus jeune lauréate du prix Nobel de la paix**. Elle partage la récompense avec le défenseur des droits de l'enfant Kailash Satyarthi. Le comité salue "leur lutte contre la répression des enfants et des jeunes ainsi que pour les droits de tous les enfants à l'éducation".

5. Malala se rend au Liban en juill. 2015. Elle y inaugure l'école pour filles Malala Yousafzai avec plus de 200 jeunes réfugiées syriennes vivant dans un camp de la plaine de la Beqaa.

6. La première du documentaire *Il m'a appelée Malala* s'est déroulée à New York le 24 sept. 2015. Son réalisateur, Davis Guggenheim, se trouve derrière à gauche. Shazia Ramzan (en bas à gauche) et Kainat Riaz (en bas à droite) ont également été blessées lors de la fusillade contre Malala en 2012.

Lors de sa conférence pour le Nobel, Malala a plaidé pour que sa génération "soit la dernière à voir des classes vides et des enfances sacrifiées".

Découvrez plus d'informations sur Malala dans la section Hall of Fame sur **www.guinnessworldrecords.com/2022**

Roxanne Downs

La petite écolière Roxanne Downs est la plus jeune éditrice de magazine : elle a commencé chez *It GiRL* en 2017, à l'âge de 8 ans.

Le magazine a décidé de créer du lien avec ses jeunes lecteurs en engageant une personne au plus près de leurs intérêts et de leurs préoccupations. "Roxy a toujours été douée en lecture et en écriture à l'école, explique Michael, son père, elle était donc la candidate idéale." Le 1er numéro sous la direction de Roxanne est arrivé dans les kiosques en Australie et en Nouvelle-Zélande le 6 avr. 2017. Elle jongle aujourd'hui entre les devoirs, les interviews de célébrités et les réunions éditoriales. Depuis son arrivée, le magazine connaît une augmentation des ventes.

Qu'est-ce qui t'a motivée à devenir éditrice de *It GiRL* ?
Je voulais faire partie de quelque chose qui compte pour ma tranche d'âge et mes amis. Je suis une enfant et *It GiRL* est un magazine écrit pour les enfants. Je passe mes journées avec des jeunes de mon âge et je sais ce qu'ils aiment et les infos qui les intéressent.

Que fais-tu et quelles sont tes responsabilités ?
J'interviewe les célébrités, je réfléchis aux thèmes des éditions suivantes, je sélectionne la personne qui fera la couv. et je choisis le cadeau. Parfois, je vais aux journées distributeurs avec notre éditeur. Dans les grands groupes, les gens sont toujours hyper surpris quand ils me voient arriver en salle de réunion !

Comment parviens-tu à gérer l'école et les devoirs ?
Je fais mes devoirs pour la semaine le lundi soir. Cela me permet de consacrer le reste de mon temps à ce qui me plaît.

Qui est la personne la plus célèbre que tu as interviewée ?
Justin Bieber ou JoJo Siwa, mais il y en a tant d'autres. Des auteurs, des influenceurs de TikTok, des chanteurs, des acteurs... Il y en a tellement !

Quel conseil pourrais-tu donner aux jeunes ?
Chaque jour, faites de votre mieux. Les super occasions se présentent aux gens avec qui il est agréable de travailler, les gens polis, concentrés et travailleurs.

Quel métier voudrais-tu faire plus tard ?
Présentatrice télé ou actrice. Et toujours éditrice de magazine, bien sûr !

1

2

3

1. Roxanne rencontre l'actrice et rappeuse Abbie Cornish (AUS), alias MC Dusk, au Cafe Parterre de Sydney pour une interview.

2. Si quelqu'un en connaît un rayon sur les enfants prodiges, c'est bien Iain Armitage, star de la sitcom *Young Sheldon* (CBS). Il a rencontré Roxanne en 2019.

3. Roxanne a aussi rencontré la danseuse, chanteuse et YouTubeuse JoJo Siwa, qui figure dans la liste 2020 du *TIME* des 100 personnes les plus influentes.

Dara McAnulty

Le 26 oct. 2019, Dara McAnulty (GBR, né le 31 mars 2004) devient le plus jeune récipiendaire de la prestigieuse médaille de la Société royale pour la protection des oiseaux, à l'âge de 15 ans et 209 jours. Avant lui, des ornithologues comme sir David Attenborough ont reçu cet honneur (voir p. 54-55).

Dara a commencé à écrire un blog et à tweeter sur la nature à l'âge de 12 ans, inspiré par la beauté du comté de Fermanagh (IRL). Atteint d'autisme, il a trouvé l'apaisement dans la concentration requise pour observer la faune. Il s'est ensuite exprimé sur des questions environnementales, comme la perte de biodiversité et la persécution des rapaces. Il a joint le geste à la parole en participant à des actions de nettoyage de plages et en collectant des fonds à des fins caritatives. Il a augmenté son exposition médiatique avec des interventions et des apparitions télévisées, tandis que son livre (2020) a remporté un véritable succès auprès des lecteurs et des critiques (voir à droite).

1

2

3

1. Le 15 mai 2019, Dara rencontre le prince Charles en tant qu'ambassadeur #iwill pour l'action sociale en faveur de la jeunesse. Il participe à des émissions télévisées comme *Springwatch sur la BBC*, avec le naturaliste Chris Packham (ci-dessous, à gauche) – qui appelle Dara son "héros".

2. Dara manifeste lors de la grève étudiante pour le climat, un mouvement en faveur de l'environnement lancé par Greta Thunberg (voir p. 29).

3. En mai 2020, Dara publie son 1er livre, *Journal d'un jeune naturaliste*, couronné par le prestigieux prix Wainwright (GBR), qui récompense les écrits sur la nature, en sept. 2020.

Quel effet cela fait-il d'être le plus jeune récipiendaire de la médaille de la SRPO ?
Ça fait drôle. Les précédents avaient consacré leur vie aux oiseaux, j'ai trouvé ça prématuré. C'est vrai que j'ai travaillé sans relâche, et militer pour la nature a pris le pas sur ma vie personnelle. Que mes efforts soient récompensés est un grand honneur et une sacrée responsabilité.

Que dirais-tu aux gens qui affirment que la nature, c'est pas leur truc ?
Je ne pense pas que les gens s'en fichent, mais notre rythme de vie effréné a mis la nature de côté. Nous avons besoin de tout le monde, surtout des éducateurs et des gens au pouvoir, pour leur faire comprendre qu'ils dépendent de la nature.

Penses-tu que l'on sous-estime l'apport des jeunes ?
Les jeunes ont de l'énergie et des idées rafraîchissantes, dont les anciennes générations pourraient s'inspirer. Nous devrions travailler main dans la main. Les changements dont nous avons désespérément besoin pour une planète saine exigent que tout le monde en comprenne les enjeux.

Quel serait ton conseil à ceux qui veulent s'impliquer dans l'activisme environnemental ?
L'idéal est de commencer dans son jardin, quand on en a un. Réserver un endroit où vous laissez pousser l'herbe ou des fleurs sauvages aide vraiment la nature. Être activiste, c'est faire attention à la nature et partager sa passion avec les gens que vous rencontrez.

Quel est le secret d'un blog à succès ?
Choisissez un sujet qui vous passionne. Écrivez sans relâche pour améliorer votre style et le personnaliser.

Quel effet cela fait-il de faire partie de la famille GWR ?
C'est trop bien ! Le *GWR* fait partie de nos cadeaux de Noël réguliers et mon père a encore ceux de son enfance. C'est vraiment chouette.

Pour en savoir plus sur les jeunes talents et leurs records, rendez-vous sur **guinnessworldrecords.com**

Chinonso Eche

Ce jeune footballeur freestyle nigérian de 11 ans avait une idée précise de son entraînement en vue du record : s'entraîner à fond, croire en soi et toujours garder la tête froide...

Cela a bien marché ! Chinonso a réalisé **le plus de rebonds genoux consécutifs en 1 min avec un ballon de foot sur la tête** : il a fait rebondir un ballon 111 fois sur ses genoux, le 14 nov. 2019, à Warri (NGA). Le surnom d'Amazing Kid Eche n'est pas donné à tout le monde ! Pour admirer l'exploit de Chinonso et constater son calme et sa concentration incroyable, regardez la vidéo YouTube. Et il ne va pas s'arrêter là ! Vous pouvez découvrir ses projets ci-dessous.

1. Chinonso montre le t-shirt qu'il portait lors de son record. Le certificat officiel du GWR et le courrier attestant son record occupent une place d'honneur dans la maison familiale.

2. Parmi ses idoles de foot freestyle, Chinonso cite son manager Chukwuebuka Ezugha, DJ Diveny, Séan Garnier et Erlend Fagerli.

3. Quelques photos de Chinonso en plein record, au Warri Township Stadium en 2019.

Chinonso a de grandes ambitions en football. Il rêve notamment de jouer pour les Super Eagles, l'équipe nationale du Nigeria.

Quels sont tes 1ers souvenirs de football ?
Quand j'avais 4 ans, j'adorais jouer avec tout ce qui était rond, même avec la tasse de mon père ! J'ai commencé le football freestyle à 8 ans.

Qui sont tes freestylers préférés ?
Je dirais Lionel Messi et Ronaldinho parce qu'ils utilisent leurs compétences de freestyle sur le terrain, et c'est ce que je fais aussi. Je suis milieu de terrain et je porte le numéro 8 ou 10.

Raconte-nous comment tu t'es entraîné pour battre le record.
Une fois la date fixée, j'ai intensifié mon programme, en augmentant ma vitesse de jonglage pour faire le plus de rebonds possible dans la minute impartie.

Y a-t-il eu un moment où tu as failli abandonner, cru le record hors de portée ?
Non. Je ne me suis jamais découragé car mon équipe et ma famille m'ont donné de la force.

Qu'est-ce que ça fait de recevoir le certificat officiel du GWR ?
C'est génial ! Devenir le plus jeune Nigérian à entrer dans le GWR est un rêve devenu réalité. Ma famille est très fière de moi.

As-tu d'autres projets de records en football freestyle ?
Plein ! Je voudrais parcourir la plus longue distance en courant avec un ballon sur la tête, et faire rebondir un ballon 2 000 fois avec un autre ballon sur la tête.

As-tu des conseils simples à donner pour débuter ?
D'abord, apprendre à jongler avec les deux pieds, puis les genoux, puis tenter de faire passer le ballon sur le dos et le garder en équilibre.

Quel conseil donnerais-tu à un jeune rêvant d'entrer dans le GWR ?
Ne jamais abandonner ! Il faut toujours croire en soi. Et conseil aux parents : encouragez votre enfant à poursuivre ses rêves, comme l'ont fait les miens !

Gui Khury

Le skateboard est une discipline dans laquelle les jeunes peuvent rivaliser avec leurs aînés, et souvent les surpasser. Gui Khury en est la preuve. Il est originaire de Curitiba (BRA).

Le 8 mai 2020, ce garçon de 11 ans réalise ▶ **le 1er 1080 en skateboard sur une rampe.** Il s'agit de 3 tours complets en l'air. Tom Schaar (USA) a réalisé le **1er 1080 en skateboard** en 2012, mais sur une méga rampe, ce qui lui donnait plus d'élan pour manœuvrer.

Gui a perfectionné ses compétences durant le confinement (Covid-19). Il a appris à maîtriser le trick sur une rampe… dans le jardin de sa grand-mère.

Ce n'est pas tout ! L'année précédente, Gui (né le 18 déc. 2008) devenait **le plus jeune participant aux X-Games.** Il n'a que 10 ans et 225 jours quand il participe au tour éliminatoire de l'épreuve de skateboard vert le 31 juill. 2019 à Minneapolis, (Minnesota, USA).

Cela fait quel effet d'être le plus jeune participant aux X-Games ?
C'est un rêve qui se réalise ! J'ai déjà du mal à croire que j'y ai assisté…

Comment as-tu fêté ton 1080 ?
Avec une délicieuse pizza maison et un gâteau !

Que pensent tes amis et ta famille de ton record ?
En fait, mes parents filmaient mon 1080 pendant que 2 de mes amis regardaient. Ils étaient sciés !

Es-tu célèbre dans ton quartier ?
Le skateboard est très populaire au Brésil. Je suis connu dans le milieu et, cette semaine, quelqu'un m'a demandé si j'étais bien Gui Khury, et on a fait un selfie !

Qui sont tes héros dans le monde du skate et ailleurs ?
Tony Hawk, Bob Burnquist et Danny Way.

Quels sont tes autres loisirs ?
J'aime le surf, le snowboard, le wakeboard et jouer au foot.

Il paraît que tu t'entraînes pour faire un 1260 (3 tours et demi). Comment ça se passe ?
Très bien ! Je m'entraîne tous les jours pour y arriver !

Quel conseil donnerais-tu à un jeune rêvant d'entrer dans le GWR ?
N'abandonne jamais et reste déterminé !

1. Gui est passionné par les planches de tous types. Il est aussi fan de surf et de snowboard.

2. Le jeune prodige du skate montre son certificat du GWR. Gui fréquentait déjà les rampes à 5 ans. Il était "l'enfant qui se pointe sur les grandes rampes", s'amuse son père, Ricardo.

3. Gui en compagnie des skateurs américains mondialement connus Tony Hawk (à gauche) et Kevin Staab. Tony, l'une des idoles de Gui, a réalisé **le 1er 900 en skate** en 1999.

Pour en savoir plus sur ces jeunes prodiges, allez sur **guinnessworldrecords.com**

Chloe Chambers

Chloe Chambers (USA) a la vitesse dans le sang : admirer son père concourir sur les circuits du New Jersey lui a donné envie de piloter. Elle est passée du titre de championne de kart à celui de détentrice de record.

Le 21 août 2020, Chloe fait équipe avec Porsche Cars North America pour tenter **le slalom en voiture le plus rapide** à Readington Township (New Jersey, USA). Sa mission ? Diriger la Porsche 718 Spyder le plus rapidement possible en slalomant entre 50 cônes, espacés de 15 m. Chloe s'est montrée plus qu'au niveau, battant le précédent record d'une demi-seconde : son slalom n'a duré que 47,45 s. Et tout cela à 16 ans, avant même d'être en âge de passer le permis de conduire !

1. La 1re fois où elle a pris le volant d'un kart, en 2011, Chloe a révélé un véritable don pour la conduite.

2. Le plus grand fan-club de Chloe, c'est sa famille – qu'elle soit sur un circuit ou non !

3. Chloe est une habituée des podiums : elle a remporté des courses à tous les niveaux, pour arriver à la plus haute catégorie de karting, le niveau senior.

4. En janv. 2019, Chloe a franchi le drapeau à damier au 1er round du Florida Winter Tour (ROK Cup, USA), dans la catégorie junior 100 cm^3.

5. Pour battre le record, Chloe a échangé son habituel kart contre une Porsche 718 Spyder. "Cela a été une expérience enrichissante pour moi", a-t-elle commenté.

Quand as-tu commencé le karting ?
J'ai commencé le karting à 7 ans. Je regardais la Formule 1 à la télé avec mon père, il faisait souvent de l'autocross et participait à des trackdays. Un jour, j'ai demandé à ma mère si je pouvais conduire, et j'ai pris mon 1er cours de kart peu après. J'ai commencé avec les courses pour enfants, et j'ai remporté le championnat la 1re année.

Comment as-tu eu l'idée de tenter ce record ?
C'était une idée de Porsche. J'ai été contactée par un réalisateur de leur part. Il m'a d'abord parlé du projet, et ce n'est qu'après qu'il m'a dit que c'était pour Porsche.

As-tu douté de ta réussite sur le moment ?
Lors des entraînements, j'ai vite pris de la vitesse et j'étais proche du temps exigé. La température fait toutefois une grande différence sur le niveau d'adhérence et le timing. Cela n'a pas été facile, mais notre équipe a bien travaillé et on a réussi !

Comment as-tu réagi quand tu as appris que tu avais battu le record ?
J'étais très fière et soulagée. Ce record représente davantage pour moi que les autres courses que j'ai gagnées, car il s'agit d'une occasion unique qui est loin d'être offerte à tout le monde.

Tu es aussi ceinture noire de taekwondo. Y a-t-il des similitudes entre la course et les arts martiaux ?
Dans ces deux sports, il faut rester calme pour être au mieux de ses capacités. Tous deux requièrent concentration, courage et une bonne coordination œil-main.

Où voudrais-tu être dans 10 ans ?
J'aimerais être n°1 mondial de Formule 1, et puis remporter les 500 miles d'Indianapolis et les 24 Heures du Mans.

Alexa Lauenburger

Ayant grandi entourée de chiens, Alexa Lauenburger (DEU) a rapidement appris à les dresser. Aujourd'hui, elle impressionne le public de nombreuses émissions de divertissement de par le monde, toujours aux côtés de ses incroyables petits compagnons.

Wolfgang, le père d'Alexa, est issu du monde du cirque : travailler avec des animaux est une histoire de famille ! Alexa s'est fait connaître à l'âge de 9 ans, en remportant l'émission allemande *Das Supertalent*. Trois ans plus tard, le 8 déc. 2019, père et fille ont "mis sur patte" une performance extraordinaire pour une équipe du GWR, battant 5 records dans la journée, dont **le plus de chiens à la queue leu leu** (8) : Emma, Jennifer, Katy, Maya, Nala, Sabrina, Sally et Specki. Alexa et sa meute se produisent sur des scènes de plus en plus grandes et prestigieuses : sa carrière ne fait que commencer…

Quel âge avais-tu quand tu as commencé à dresser des chiens ?
J'avais 5 ans, même si à 1 an, je leur donnais déjà des ordres. Je leur disais d'aller dans un carton et ils m'obéissaient !

Combien de chiens as-tu aujourd'hui ?
On en a 13 en tout, et ma famille reste à leurs côtés jour et nuit. Quand je rentre de l'école, j'avale un morceau vite fait, puis je vais les voir. Ensuite, je fais mes devoirs et je retourne avec eux.

L'apprentissage est-il plus facile pour certaines espèces ?
Cela dépend plutôt du caractère de chaque chien. Certains sont fainéants, d'autres excentriques. Certains veulent apprendre, d'autres pas.

Quels sont les grands défis quand vous vous produisez en studio devant un public ?
Faire en sorte que le tour fonctionne et que les gens s'amusent. Je suis souvent stressée, et quand c'est le cas, les chiens le sont aussi.

Ça fait quoi d'avoir des chiens qui battent des records ?
Je suis vraiment fière qu'ils en aient battu autant. Une fois à la maison, ils ont tous été récompensés !

Quel serait ton principal conseil pour un dresseur en herbe ?
Il est capital que chaque tour corresponde parfaitement à la personnalité du chien qui l'exécute.

Quels sont tes projets ?
Je voudrais inventer de nouveaux tours et les enseigner à mes chiens. J'espère vraiment pouvoir faire d'autres spectacles car j'adore être sur scène, et mes chiens aussi, je le sais. Autre chose : quand je serai grande, je voudrais ouvrir une école d'éducation canine.

1. La vie de la famille Lauenburger tourne autour de l'école et des entraînements, mais les moments de détente sont vitaux, tant pour les bipèdes que pour les quadrupèdes !

2. Alexa a déjà reçu 3 certificats GWR à seulement 12 ans, et elle n'exclut pas de tenter d'en obtenir d'autres…

3. En oct. 2019, Alexa et ses chiens "à la queue leu leu" ont atteint la finale de *Britain's Got Talent: The Champions*.

4. Le 8 déc. 2019, Alexa a guidé Emma (voir photo), **le chien le plus rapide à franchir 5 obstacles sur ses pattes arrière** (5,66 s), et Jennifer, **le chien le plus rapide à parcourir 5 m en arrière** (6,73 s). Le record de Jennifer a depuis été battu (voir p. 163).

5. Alexa est arrivée en finale d'*America's Got Talent: The Champions* en févr. 2020 en présentant un numéro sur le thème de *Scoubidou*.

Pour en savoir plus sur ces jeunes prodiges, consultez **guinnessworldrecords.com**

Gitanjali Rao

La curiosité et le goût de l'innovation de Gitanjali (USA) ont fait d'elle une vedette dans la communauté scientifique. En 2020, elle est devenue la 1re enfant de l'année du magazine *TIME*.

À 10 ans, elle développe *Tethys*, appareil portable permettant de mesurer la teneur en plomb de l'eau, puis *Epione*, outil de diagnostic précoce de la dépendance aux opioïdes, et enfin *Kindly*, technologie basée sur l'IA détectant le harcèlement en ligne. Elle a aussi participé à 3 conférences TEDx et écrit un livre sur les STIM (ci-contre).

Son influence ne s'arrête pas là. "D'expérience, je sais que ce n'est pas facile de ne voir personne qui te ressemble, a-t-elle déclaré au *TIME*. Je tiens donc à faire passer ce message : si je peux le faire, tu le peux aussi, tout le monde le peut."

Qui t'a donné l'idée d'utiliser la technologie pour rendre le monde meilleur ?
Des scientifiques comme Jonas Salk, qui a éradiqué la polio, ou Norman Borlaug, qui a lutté contre la faim dans le monde, sont la preuve qu'une personne peut révolutionner la vie de milliards d'autres. J'espère pouvoir aussi ajouter ma pierre à l'édifice.

De tous les projets que tu as lancés, lequel a été le plus gratifiant pour toi ?
Les recherches sur la génétique pour le diagnostic de la dépendance aux opiacés autorisés ont été enrichissantes, car j'ai eu 2 ans pour assimiler à mon rythme des concepts complexes.

Tu n'as pas l'air d'être une adolescente classique, si ?
Je suis comme les autres, j'ai plein de trucs en tête : faire mes tâches, gérer mon temps, me consacrer à mes études, ne pas me disperser. [Elle fait aussi du piano, de l'escrime, et aspire à devenir pilote – elle a fait son 1er vol en solo en déc. 2020 (ci-dessus).] J'aimerais passer plus de temps avec mes amis.

Qu'est-ce que ça représente pour toi de faire la couverture du *TIME* ?
Cela m'a permis de diffuser plus largement mon message : la science peut provoquer des changements sociaux notables, et tout le monde peut innover pour résoudre des problèmes importants.

Où te vois-tu dans 10 ans ?
J'aimerais développer mes "ateliers d'innovation" pour les exporter dans le monde entier à l'aide de volontaires, afin que tout le monde en profite.

As-tu des conseils pour nos jeunes lecteurs ?
Prends des risques, trouve ton propre talent et utilise-le pour atténuer les problèmes de la société. On peut échouer un nombre incroyable de fois, mais on finit toujours par réussir.

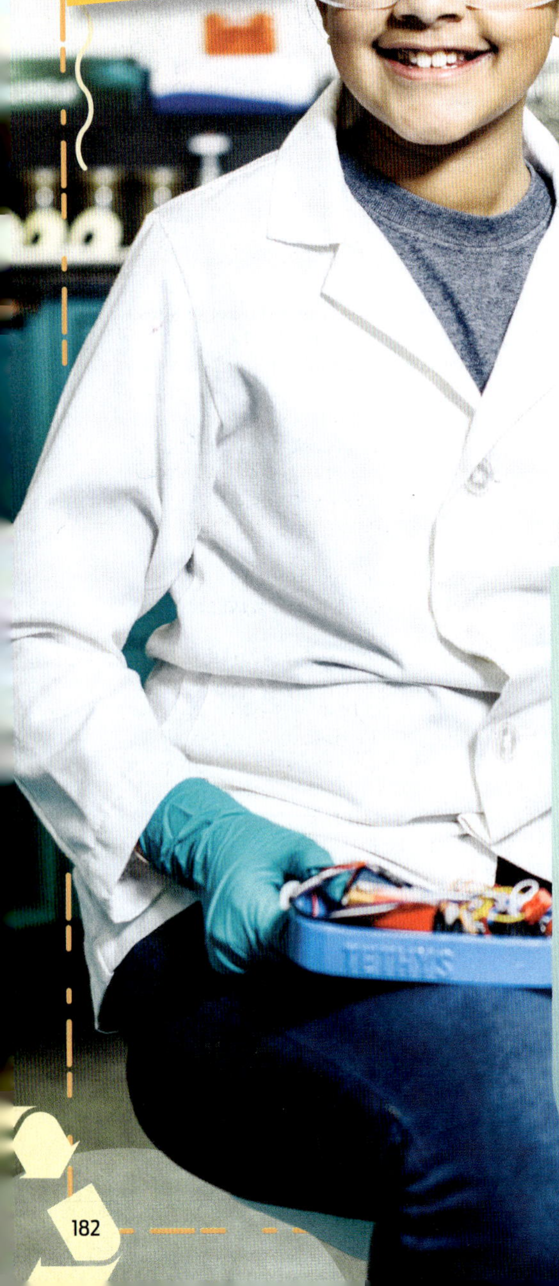

1

2

3

4

1. On voit ici Gitanjali dans le laboratoire de son mentor, le professeur Michael McMurray, à l'université du Colorado, où elle travaillait sur le diagnostic de la dépendance aux opiacés autorisés.

2. Elle a œuvré avec Microsoft au développement de *Kindly*, application et extension de Chrome détectant le cyberharcèlement en temps réel. Photographiée avec son frère, Anu.

3. En 2017, Gitanjali présente *Tethys* au STEM School Highlands Ranch (Colorado, USA), qu'elle fréquente. Son invention remporte le Discovery Education 3M Young Scientist Challenge et une récompense de 25 000 $.

4. Avec d'autres jeunes inventeurs, elle participe au *Tonight Show* de Jimmy Fallon, en 2018. Elle y présente *Tethys*.

Zaila Avant-Garde

Certains jeunes talents ne se satisfont pas d'une discipline. Zaila, par exemple, est aussi douée en basket qu'en concours d'orthographe.

On la voit ci-dessous en train d'effectuer **le plus de rebonds de jonglerie en 1 min avec 4 ballons de basket** (255), dans sa Louisiane natale (USA), le 2 nov. 2020. Elle a battu le record du **plus de rebonds en 30 s avec 4 ballons de basket** – 307 – et du **dribble avec le plus de ballons de basket simultanément** (6), ex-æquo avec Joseph Odhiambo (USA). Sans surprise, l'un de ses projets est de jouer pour la WNBA, bien qu'elle envisage aussi de faire carrière dans l'archéologie...

Les idoles de Zaila sont également variées : LeBron James, Albert Einstein, Serena Williams et Malala Yousafzai (voir p. 174). La jeune fille est par ailleurs une grande lectrice, ce qui lui a été utile pour remporter la 1re session du concours d'orthographe Kaplan-Hexco Online Spelling Bee en 2020. Après 6 jours de compétition contre 88 concurrents, elle a gagné en épelant correctement le mot "Kachkaï" (nomades iraniens).

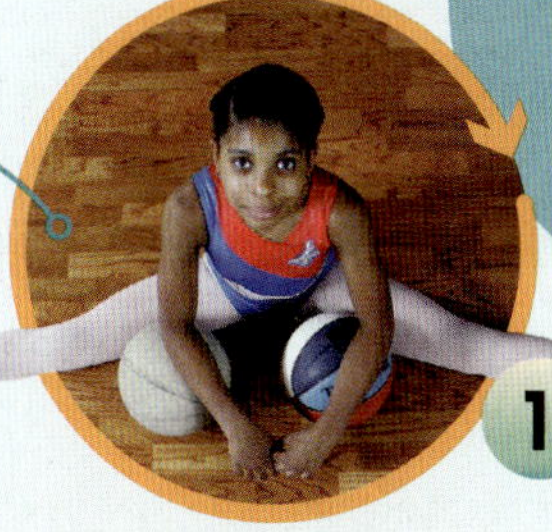

1. Polyvalente, Zaila est aussi douée en gymnastique. "J'ai toujours débordé d'énergie", confesse-t-elle.

2. Pendant son temps libre, Zaila s'entraîne au basket freestyle et joue pour l'équipe de son école, les Lady Eagles.

3. Zaila a remporté un impressionnant trophée à l'occasion du concours d'orthographe Kaplan-Hexco de 2020, et 10 000 $.

4. Les compétences en basket de Zaila ont séduit les légendaires Harlem Globetrotters (encore des idoles !). Elle a même pu jouer avec eux. "Au début, c'était flippant, mais j'oublie mon trac quand je fais des choses pour lesquelles je suis vraiment douée", a-t-elle révélé.

"C'est galvanisant de savoir que tu as accompli quelque chose que personne d'autre au monde n'a fait."

Comment en es-tu venue au basket ?
J'ai brièvement essayé d'autres activités comme la course et la batterie, mais j'aime la camaraderie qui caractérise les sports d'équipe comme le basket. J'ai commencé à 5 ans.

Est-ce difficile de caser l'entraînement en vue d'un record entre l'école et les loisirs ?
Ce n'est pas toujours évident. J'apprends à gérer mon temps au millimètre. Je fais plusieurs choses à la fois comme exercer mon dribble freestyle tout en travaillant mon orthographe. Et parfois, j'entraîne mon orthographe pendant les pauses au basket.

En août 2020, tu as gagné un concours d'orthographe virtuel. T'es-tu dit à un moment : "Je peux gagner" ?
Oui, quand c'était fini ! J'ai été surprise quand j'ai gagné. Maintenant que je sais que je peux me mesurer à d'autres concurrents, et que je peux remporter la victoire, j'ai gagné en confiance dans les concours d'orthographe.

Y a-t-il des points communs entre les compétitions de basket et d'orthographe ?
Oui, absolument. Les 2 requièrent beaucoup de pratique, de persévérance et de travail. Elles donnent des leçons de vie : comment étudier, atteindre un objectif et être un bon élément dans une équipe.

Qu'as-tu ressenti quand tu as battu ton 1er record ?
C'était génial. Vu le précédent record, la barre était placée très haut, ce qui représentait des années d'entraînement, j'étais donc supercontente de réaliser cet exploit.

Où conserves-tu tes certificats GWR, chez toi ?
Sur le mur, près de mon bureau. J'aime avoir des souvenirs de mes plus grandes réalisations, ça me motive.

Pour en savoir plus sur les jeunes détenteurs de records, rendez-vous sur : **guinnessworldrecords.com**

Guangdong Science Center

Lieu : île de Xiaoguwei, Guangzhou (Guangdong, CHN)

Création : 2008

Surface au sol : 126 513,6 m²

Expositions permanentes : 12

Coût de construction : env. 277 millions $

Visiteurs annuels : env. 2,2 millions

Voyage dans l'espace. Complexité du corps humain. Robots et réalité virtuelle (RV). Histoire du transport. Innovation éco-responsable. Voici ce qui vous attend dans ce musée chinois qui détient lui-même un record.

Avec une superficie de 126 500 m², le Guangdong Science Center est **le plus grand musée des Sciences**. Son statut a été reconfirmé en déc. 2020 quand la juge du GWR Angela Wu a remis un certificat au personnel du musée, notamment à plusieurs artistes interagissant avec le public (photo de droite).

Ce musée interactif, situé sur l'île de Xiaoguwei, au sein du campus de la Guangzhou University City, est un lieu de découverte à la fois pédagogique et ludique. La magie opère d'emblée avec une architecture saisissante : une structure à 5 modules rappelant une fleur de kapok (à gauche) – un symbole de Guangzhou. Des animations sur le thème de l'eau se déroulent sur un lac artificiel de 80 000 m², tandis qu'espèces végétales indigènes et sentiers de promenade parcourent le sol. La grande place, appelée Science Square, est consacrée aux expositions temporaires en extérieur.

À l'intérieur, 12 expositions permanentes (dont nous décrivons certaines ci-dessous) et plusieurs salles de cinéma de pointe vous attendent. L'une d'entre elles est équipée d'un IMAX 3D, une autre est dédiée aux expériences en 4D. On y trouve des simulateurs interactifs reproduisant les effets de conditions climatiques extrêmes et même de lancement de satellite. Le pavillon *History of Science & Technology in Lingnan* retrace les 6 000 ans de développement technologique dans la région. On ne sait par où commencer.

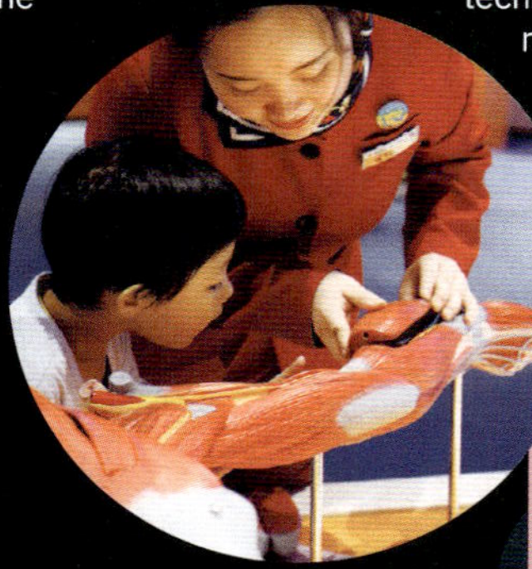

Corps humain
Les visiteurs découvrent le mécanisme biologique du corps et l'impact de notre mode de vie sur notre bien-être. Ils peuvent également percer les mystères de la technologie médicale. À gauche, un guide explique le rôle des muscles et des tendons dans le mouvement des membres. Ci-dessous, un jeune visiteur se familiarise avec les soins dentaires.

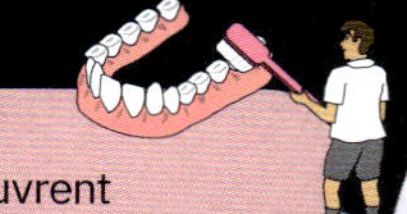

Rêves spatiaux
Cette exposition retrace l'histoire de notre fascination pour le vol, depuis les montgolfières et les deltaplanes jusqu'aux vaisseaux spatiaux. En explorant l'évolution de la technologie spatiale, les visiteurs peuvent même expérimenter la gravité artificielle – dans un cylindre (à gauche) qui fait culbuter lentement son occupant à 360°.

Monde des transports
Embarquez pour une visite éclair des différents modes de transport, voitures, trains et bateaux, tout en ayant un aperçu de ce qu'ils pourraient être dans le futur. L'une des attractions les plus populaires de ce hall est le "moteur à pédale". Dans ce jeu, les mouvements du pied sont transformés en énergie cinétique et reproduisent le rôle des pistons dans un moteur. Plus vous pédalez, plus votre voiture accélère et se lance dans une course virtuelle !

Parc numérique

Sans surprise, **le plus grand musée des Sciences** consacre une exposition aux dernières avancées en robotique (voir p. 146-147), aux interactions homme-ordinateur et à la RV. Les visiteurs peuvent interagir avec des automates, notamment une équipe de joueurs de football et des robots humanoïdes NAO (ci-dessus), capables d'apprendre le langage corporel… au point d'être d'excellents danseurs !

Expériences & découvertes

Cet espace propose plus de 60 expositions interactives. Parmi elles, l'EM Stage démontre les effets décoiffants de l'électromagnétisme, en recréant notamment les expériences classiques de pionniers tels que Benjamin Franklin et Nikola Tesla. Un kaléidoscope géant (à droite) renferme 6 miroirs et 2 ouvertures, une grande (permettant au visiteur de voir l'extérieur) et une petite (qui montre l'intérieur). Le tout donne lieu à un ensemble de réflexion bluffant des effets.

Green Homeland

Ceux qui ont la chance de ne jamais avoir subi le passage d'un typhon peuvent ressentir son incroyable puissance dans la soufflerie. Parmi les 45 autres expositions de ce pavillon, les visiteurs découvrent l'impact de la nature et de l'être humain sur le cycle du carbone, mais aussi l'influence de la Lune sur le mouvement des marées sur Terre.

Le toit ondulé du bâtiment se compose d'une alternance de panneaux métalliques et de bandes en verre qui offrent une lumière diffuse aux halls en contrebas.

Depuis son inauguration en 2008, le Guangdong Science Center a accueilli plus de 20 millions de visiteurs.

Pop culture

Le plus grand combat de jeu vidéo multi-joueurs
Conçu par CCP Games (ISL), *EVE Online* est un jeu de rôle en ligne massivement multi-joueurs (MMORPG) futuriste dont l'action se situe dans l'espace. Le 6 oct. 2020, 8 825 participants se sont affrontés dans une gigantesque bataille PvP (joueur contre joueur) inter vaisseaux spatiaux, baptisée "Fury at FWST-8" (en photo). 11 258 personnages issus de 114 alliances ont ainsi pris part à cet événement épique, qui a duré 14 h. Lors d'un point culminant du combat, on a dénombré pas moins de 6 557 joueurs simultanés – **le plus de concurrents pour une bataille PvP.**
Une autre bataille titanesque – dénommée "Massacre at M2-XFE" – s'est tenue les 30-31 déc. 2020. Cette confrontation de 14 h entre 2 des plus grandes coalitions de joueurs *EVE Online* a entraîné des pertes d'avoirs estimées à 23 000 milliards ISK (Interstellar Kredits, la monnaie utilisée dans le jeu), soit 378 012 $ en devise réelle. C'est donc **le combat de jeu vidéo le plus cher de l'histoire**.

Le "Massacre de M2-XFE", organisé le 31 déc. 2020, a également battu le record **du nombre de Titans perdus dans une bataille** (257).

SOMMAIRE

HELLO KITTY

La plus grande collection Hello Kitty
Masao Gunji de Chiba (JPN) a réuni 5 169 objets *Hello Kitty* différents dans son appartement (un peu encombré) de Yotsukaidō – collection constituée en plus de 35 ans.

Hello Kitty a été créée par l'illustratrice Yuko Shimizu en 1974 alors qu'elle travaillait pour l'agence de marques japonaise Sanrio, spécialisée dans la culture *kawaii* ("mignon") ; n'étant qu'une employée, Yuko n'a pas fait fortune grâce à sa création, même si la marque a généré à ce jour quelque 86 milliards $.

Kitty White n'est pas une féline, mais une écolière britannique qui vit "dans la proche banlieue de Londres". En revanche, elle possède bien une chatte nommée Charmmy.

MICKEY

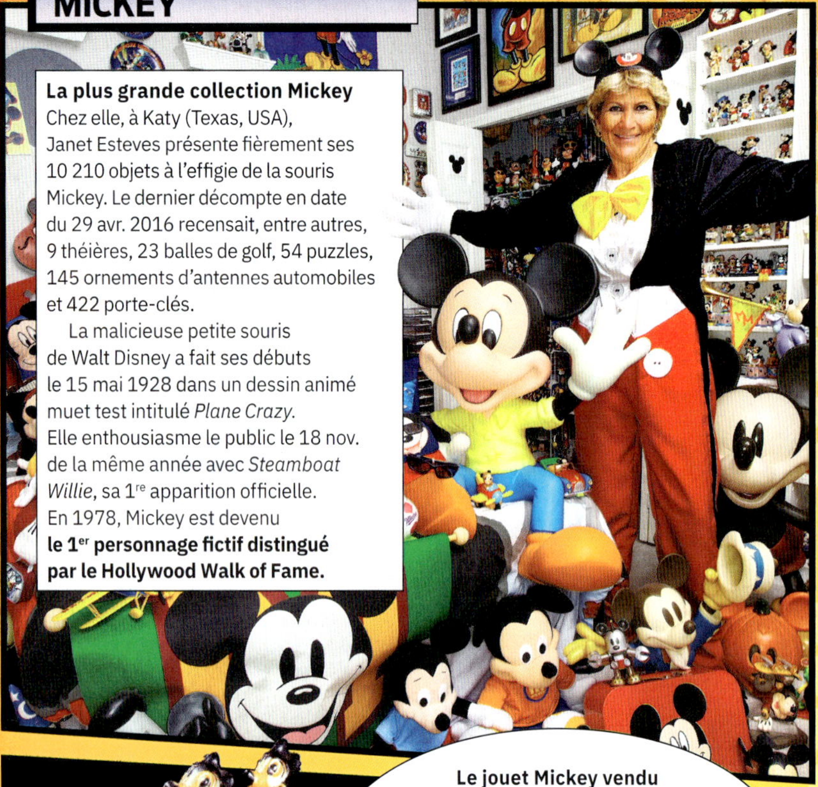

La plus grande collection Mickey
Chez elle, à Katy (Texas, USA), Janet Esteves présente fièrement ses 10 210 objets à l'effigie de la souris Mickey. Le dernier décompte en date du 29 avr. 2016 recensait, entre autres, 9 théières, 23 balles de golf, 54 puzzles, 145 ornements d'antennes automobiles et 422 porte-clés.

La malicieuse petite souris de Walt Disney a fait ses débuts le 15 mai 1928 dans un dessin animé muet test intitulé *Plane Crazy*. Elle enthousiasme le public le 18 nov. de la même année avec *Steamboat Willie*, sa 1re apparition officielle. En 1978, Mickey est devenu **le 1er personnage fictif distingué par le Hollywood Walk of Fame.**

Le jouet Mickey vendu le plus cher aux enchères est une moto Clockwork fabriquée en Allemagne vers 1939 pour le marché britannique. En oct. 2000, la figurine – dans sa boîte originale – a été adjugée 110 000 $ au collectionneur Donald Kaufman (USA).

WINNIE L'OURSON

Alan Alexander Milne (GBR) a prénommé sa création en hommage à une ourse noire du Canada baptisée Winnie (diminutif de Winnipeg), qui a vécu au zoo de Londres de 1915 à 1934, date de sa mort.

La plus grande collection de Winnie l'ourson
Aucun fan de l'ours fou de miel créé par A. A. Milne n'est plus passionné que Deb Hoffmann (Wisconsin, USA). Le 20 déc. 2020, sa collection dédiée à Winnie – alias Edward Bear – et ses amis de la forêt des Rêves bleus comptait 20 000 objets différents.

La 1re apparition papier de Winnie remonte à un poème de Milne intitulé *Teddy Bear*, paru en 1924 dans le magazine *Punch*. Plusieurs ouvrages à succès ont suivi – *Winnie l'ourson* (1926) et *La Maison de Winnie l'ourson* (1928) –, avant que Disney n'acquière les droits pour le cinéma et le merchandising en 1961.

POKÉMON

Le 1er Pokémon... Rhinoféros est la 1re créature dessinée par Ken Sugimori pour *Rouge/Bleu* (1996, ci-dessous, à droite).

Le plus grand... Du haut de ses 20 m, l'absorbeur d'énergie Éthernatos reste le personnage le plus grand du Pokédex.

Le plus petit... Avec leurs modestes 10 cm, les mini-monstres Flabébé (à gauche), Statitik (à droite), Bombydou, Guérilande, Cosmovum et Théffroi se partagent le record.

Le plus lent... Les 3 Pokémon les plus léthargiques sont Concombaffe (ci-dessus), Caratroc (ci-dessous, à gauche) et Goinfrex (ci-dessous, à droite), chacun affichant 5 de vitesse de base ; malgré son nom, Ramoloss affiche 15.

Le plus lourd... Le Pokédex liste les poids des Pokémon en kilo et en livre (à une décimale près) ; l'extra-dimensionnelle Bamboiselle (ci-dessus) et la jeune étoile Cosmovum (ci-dessous) pèsent 999,9 kg chacune.

Les cartes *Pokémon* les plus chères aux enchères : une carte de "Pikachu Illustrator" (en haut) datant de 1998 a été adjugée 25 000 000 ¥ (193 603 €) lors d'une vente chez ZenPlus (JPN), le 23 juill. 2020.
Dans le commerce : en oct. 2016, une réédition très limitée en or massif (24 carats) de la 1re carte de Pikachu coûtait 216 000 ¥ (1 672 €).

Le plus rapide à générer 100 millions $ par un jeu sur mobile
Lancé en Australie, Nouvelle-Zélande et aux États-Unis le 6 juill. 2016, *Pokémon GO* de Niantic, basé sur la localisation par GPS, a mis 20 jours à atteindre 100 millions $. C'est d'autant plus impressionnant que le jeu n'est sorti au Japon – berceau des *Pokémon* – que le 22 juill. 791 jours plus tard, les recettes franchissaient 2 milliards $.

Les jeux *Pokémon* les plus populaires restent les titres couplés pour Game Boy *Pokémon Version rouge* et *Version bleue* (Game Freak, 1996), avec 31,37 millions d'exemplaires vendus en août 2013. Commercialisés au Japon sous le titre *Pocket Monsters : Red & Green*, ils ont été les 1ers titres *Pokémon* disponibles à l'international.

En nov. 1999, *Pokémon* est devenu **le 1er jeu vidéo à faire la couverture du magazine *TIME*.** L'article du prestigieux hebdomadaire d'information alertait sur les dangers de la "Pokémania" tandis que, sur la couverture, Têtarde et ses amis remplaçaient politiciens et célébrités.

Les séries de jeux vidéo RPG les plus vendues
Au 28 sept. 2020, les séries *Pokémon* totalisaient 368,04 millions d'exemplaires vendus, selon VGChartz. Imaginés en 1995 par le concepteur de jeu vidéo Satoshi Tajiri (JPN), ces jeux de rôle au succès colossal ont donné naissance à une véritable industrie de jeux, films, manga, cartes de collection et licences de merchandising. Durant cette période assez brève, la marque a engendré plus de 100 milliards $ de recettes, devenant l'une des franchises média les plus lucratives – sinon la plus lucrative – devant Mickey et *Star Wars*.

Pikachu – le Pokémon le plus distinctif – défile depuis 2001 avec la célèbre parade de Thanksgiving organisée par Macy's à New York (USA). Ici, l'icône pop culture de 16 m flotte au-dessus des rues de Manhattan guidée par 90 Pokéfans.

La saga cinématographique la plus lucrative au box-office mondial
Les recettes des 12 films *Star Wars* atteignaient au total 10 320 189 178 $ au 16 mars 2021, selon The-Numbers.com. Ce montant inclut les ressorties ainsi que les éditions spéciales. S'appuyant sur 3 trilogies principales baptisées "Saga Skywalker" (ci-dessus), la série *Star Wars* retrace l'incessant combat opposant les Jedi et les Sith dans une galaxie très, très lointaine.

Le plus grand groupe costumé *Star Wars*
La 501e Légion (USA) comptait 14 141 membres dans ses rangs au 18 nov. 2020. Plus de 30 000 costumes ont reçu l'agrément officiel de la Légion. Le groupe, formé par Albin Johnson en 1997, se définissait comme un "fan-club de soldats impériaux" mais accepte aujourd'hui chasseurs de prime et alliés de l'Empire galactique.

La fortune personnelle la plus élevée obtenue grâce à une franchise cinéma
Le patrimoine net du créateur de *Star Wars,* George Lucas (USA), se montait à 6,4 milliards $ au 11 déc. 2020, selon *Forbes*. Il est photographié ici avec Kathleen Kennedy (USA), **la productrice cinéma la plus prospère au box-office mondial**. Les films produits par Kennedy – dont 5 *Star Wars* – ont rapporté 12,8 milliards $.

Steve Sansweet (USA) possède **la plus grande collection consacrée à l'univers *Star Wars***. Sur les 500 000 objets distincts rassemblés à Rancho Obi-Wan (Californie, USA), "seuls" 93 260 ont été vérifiés et catalogués.

Pour Steve, son article le plus précieux est un costume de Dark Vador, dont certains éléments apparaissent dans le film original *Star Wars* de 1977.

En 2020, grâce aux revenus cumulés de ses jouets et autres produits dérivés estimés à 20 milliards $ toutes époques confondues, *Star Wars* connaît **la campagne de merchandising cinématographique la plus fructueuse**.

Le plus gros versement de police d'assurance individuelle
Après le décès de Carrie Fisher le 27 déc. 2016, la Lloyds of London a versé 50 millions $ à Disney. Le studio avait contracté une police d'assurance pour se prémunir au cas où Fisher n'aurait pas pu reprendre le rôle de la princesse Leia dans les futurs opus *Star Wars* (Épisodes VII, VIII ou IX).

Le plus grand rassemblement d'individus déguisés en "Steve"
Le 12 sept. 2015, 337 fans ont revêtu le 1er masque joueur par défaut de *Minecraft* au MineVention, orchestré par O'Brien Event Management à Peterborough (GBR). "Steve" est le pseudonyme du personnage, suggéré par le créateur de *Minecraft,* Markus Persson. Un 2e masque joueur (féminin), Alex, a été ajouté en 2015.

La chaîne "DanTDM" du passionné de *Minecraft* Daniel Middleton (GBR) enregistre **le plus de vues pour une chaîne YouTube consacrée à *Minecraft*** – 17 832 739 882 au 16 mars 2021.

Un jeu très conventionnel...
Rien ne réjouit davantage la communauté *Minecraft* que de partager sa passion lors d'événements comme le MineCon 2015 (photo). **La 1re convention officielle *Minecraft*** reste le MineCon 2011, organisé le 18 nov. 2011 à Las Vegas (Nevada, USA). La Minefaire 2016 de Philadelphie (Pennsylvanie, USA) avait généré 12 140 entrées – devenant **la plus grande convention consacrée à un jeu vidéo unique.**

Les 10 gâteaux élaborés le plus vite avec une souris et un clavier dans *Minecraft* (en mode survie)
Le 3 avr. 2018, Joseph Garrett (GBR), alias le YouTubeur "stampylonghead", a confectionné 10 gâteaux en 3 min et 51 s, au siège du GWR de Londres (GBR). La carrière YouTube de Joseph a explosé quand il a posté des vidéos *Minecraft* comme "Stampy Cat". Sa chaîne comptait 9,79 millions d'abonnés au 2 janv. 2021.

Le plus long voyage *Minecraft*
Kurt J. Mac (USA) documente sur YouTube son périple dans les Far Lands de *Minecraft* depuis mars 2011. Le 31 août 2019, en appuyant sur la touche F3, il a révélé avoir parcouru 3 857 848 blocs (3,857 km). Le plus surprenant est qu'il reste à Kurt 70 % du chemin à parcourir. À des fins caritatives, il a mis en ligne plus de 800 vidéos détaillant sa traversée.

Le jeu vidéo le plus rentable
En mai 2020, Microsoft a déclaré avoir vendu 200 millions d'exemplaires de *Minecraft* (Mojang/Microsoft, 2011). Le jeu vidéo de construction a beau avoir 10 ans, sa popularité ne faiblit pas, comme le prouvent ses 126 millions d'utilisateurs actifs mensuels. D'après YouTube, les vidéos *Minecraft* ont généré 201 milliards de vues en 2020 – 3 fois plus que celles de *Fortnite* !

Ce paysage imaginaire d'une superficie de 17,13 m² constitue **le plus grand diorama *Minecraft* de LEGO®**. Il avait été érigé pour l'exposition Brick 2014 de Londres (GBR), les 27-30 nov. 2014.

ANPANMAN

Go ! Anpanman est diffusé au Japon depuis 1988 où il reste l'une des séries animées pour enfants les plus populaires. Le personnage d'Anpanman s'inspire des petits pains "anpan" (sur la photo à droite, un assortiment inspiré des personnages de la série). Imaginé par Takashi Yanase (JPN), *Go ! Anpanman* avait endossé plus de 2 300 rôles en oct. 2018, soit **le plus de personnages dans une série d'animation**. Il est apparu en 1973, dans un livre d'images manga.

SHŌNEN

Le magazine japonais le plus rentable

Selon les derniers chiffres révélés par l'Association japonaise des éditeurs de magazines, la revue manga la plus populaire est *Weekly Shōnen Jump* de Shueisha, avec 1,64 million d'exemplaires en circulation pour la période janv.-déc. 2019. Les ventes cumulées dépasseraient 7,5 milliards d'exemplaires. Le manga "Shōnen" vise un public adolescent et majoritairement masculin.

Kenshiro (à droite) est la vedette du manga *Ken le survivant*. La série a fait ses débuts dans *Weekly Shōnen Jump* entre 1983 et 1988 avant de devenir l'une des franchises média les plus lucratives, engrangeant plus de 20 milliards $.

PRINCESSES DISNEY

Les reines du dessin animé

Grâce à Walt Disney (USA) – qui, entre 1932 et 1969, a remporté **le plus d'Oscars** (26) – et à ses films animés à succès, le public a renoué avec les princesses de contes de fées. En 2000, la direction Disney a créé une franchise dérivée, baptisée Princesses Disney. Elle est estimée à env. 46 milliards $, dont la majeure partie provient des ventes lucratives de merchandising (photo).

Le jeu vidéo *Kingdom Hearts* le plus rapidement vendu

Les princesses Disney Raiponce, Ariel, Elsa et Anna figurent dans *Kingdom Hearts III*. D'après Square Enix, le jeu s'est vendu à plus de 5 millions d'exemplaires, physiques et digitaux, dans la semaine suivant sa commercialisation, le 29 janv. 2019. Ce jeu concurrence les ventes mondiales de *Kingdom Hearts* sorti en 2002 et de sa suite, parue en 2006.

L'animation la plus coûteuse

En raison d'une préproduction longue et erratique – alliée à l'utilisation d'effets spéciaux numériques sophistiqués –, *Raiponce* (USA, 2010) est le film d'animation le plus coûteux, avec un budget estimé à 260 millions $. Inspiré du conte de fées éponyme, il s'agit du 50e film des studios Disney. L'opus allait engranger 585 727 091 $ au box-office.

MARIO

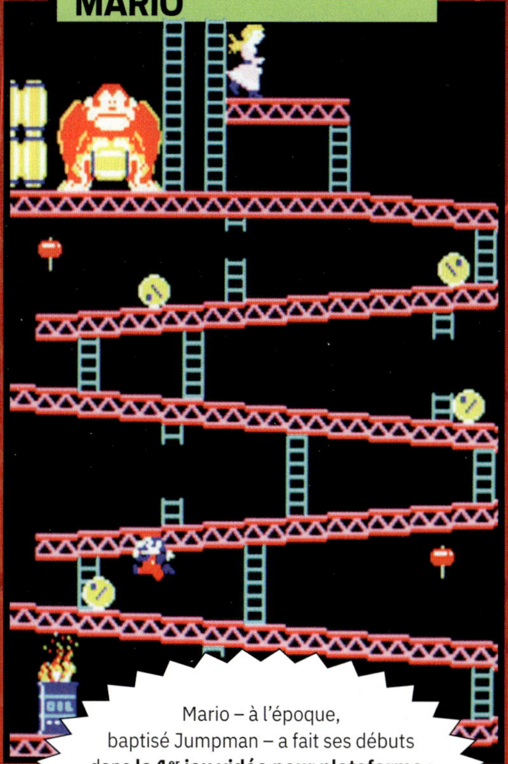

Mario – à l'époque, baptisé Jumpman – a fait ses débuts dans **le 1er jeu vidéo pour plateforme** : le jeu d'arcade *Donkey Kong* produit par Nintendo en 1981. C'était également le 1er jeu conçu par le développeur Shigeru Miyamoto.

Le personnage de jeu vidéo le plus omniprésent
Le plombier préféré du jeu vidéo avait participé à 237 titres de jeu vidéo au 24 nov. 2020, sans compter les remakes et ressorties. Il est représenté ici dans *Super Mario Odyssey*, paru en 2017. Il figurera prochainement dans *Super Mario 3D World + Bowser's Fury* – une réédition enrichie pour la Switch sortie en févr. 2021.

Super Mario Bros. (Nintendo, 1985) pour NES reste **le jeu vidéo *Mario* le plus lucratif**. D'après VGChartz, 40,24 millions d'exemplaires avaient été vendus au 11 janv. 2019.

Le personnage de jeu vidéo le plus prospère
En 2020, les frères Mario ont fêté leurs 35 ans. Au 30 sept. de la même année, 657,46 millions d'exemplaires des jeux vidéo où apparaissait Mario avaient été vendus, selon VGChartz. Ce chiffre ne tient pas compte des titres où il est invité, comme *NBA Street V3* et *SSX on Tour*. *Mario Kart Live: Home Circuit* pour la Switch (photo) – 15e volet de la série de courses de karting – a été commercialisé fin 2020.

Super Mario Kart a débuté sur SNES le 27 août 1992. Grâce à la sortie de *Mario Kart Live: Home Circuit* pour Switch 28 ans et 50 jours plus tard, le 16 oct. 2020 (voir à gauche), c'est devenu **la série de karting la plus pérenne**.

Mario Kart 8 Deluxe (2017) est **le titre pour Switch le plus rentable**, avec 28,99 millions d'exemplaires vendus au 30 sept. 2020, selon Nintendo.

DC

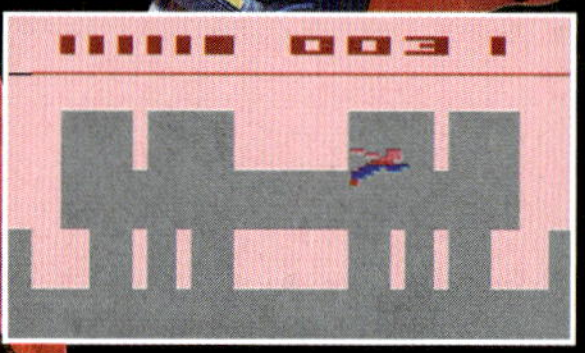

Le personnage de jeu vidéo le plus pérenne

En comptant *LEGO DC Super-Vilains* (à droite, en haut) de Traveller's Tales sorti le 16 oct. 2018, Superman participe à l'univers du jeu vidéo depuis 39 ans et 289 jours. L'homme d'acier y a fait ses débuts dans *Superman* pour l'Atari 2600 (à droite, en bas) en déc. 1978. Après avoir survécu en 1999 à la Kryptonite de *Superman 64*, il a repris du service en 2017 dans le jeu de combat *Injustice 2* (à droite).

Le plus d'Emmys pour une série de BD

11 trophées ont récompensé *Watchmen* (USA) de HBO, dont celui de la meilleure minisérie, lors des 72e Annual Primetime Emmy Awards du 20 sept. 2020. *Watchmen* reprend la série de DC Comics créée par Alan Moore et Dave Gibbons en 1986-1987 et y ajoute des intrigues mettant en scène les justiciers masqués.

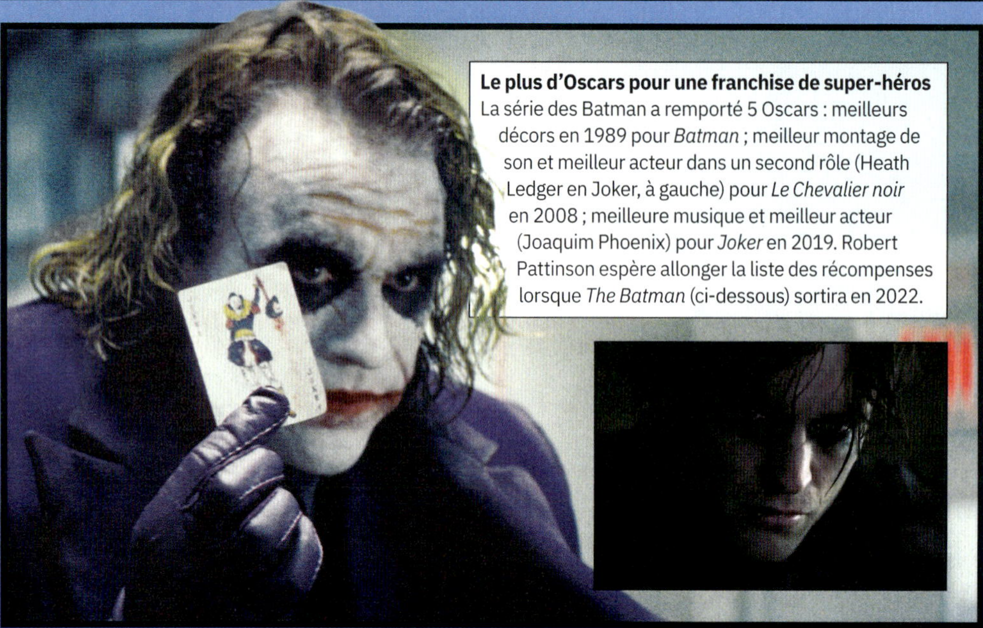

Le plus d'Oscars pour une franchise de super-héros

La série des Batman a remporté 5 Oscars : meilleurs décors en 1989 pour *Batman* ; meilleur montage de son et meilleur acteur dans un second rôle (Heath Ledger en Joker, à gauche) pour *Le Chevalier noir* en 2008 ; meilleure musique et meilleur acteur (Joaquim Phoenix) pour *Joker* en 2019. Robert Pattinson espère allonger la liste des récompenses lorsque *The Batman* (ci-dessous) sortira en 2022.

La saga de super-héros en jeu vidéo la plus rentable

Au 10 mars 2021, il s'était vendu 24,81 millions d'exemplaires de la *série Batman: Arkham* de Warner Bros. Interactive Entertainment, selon VGChartz. L'"Arkhamverse" se compose de 4 titres fondateurs et met en scène le chevalier ailé aux prises avec ses ennemis jurés. Un spin-off de *Suicide Squad* est prévu pour 2022.

Les plus grandes ailes mécaniques

Un costume cosplay Hawkman de DC atteint une envergure de 5,84 m. C'est l'œuvre d'Andy Holt (USA), qui a déployé ses ailes pour la 1re fois le 24 oct. 2019, à Irvine (Californie, USA). Le système est actionné par des vérins linéaires reliés à une télécommande manuelle.

La 1re équipe de super-héros

Les équipes de pourfendeurs du mal comme la Ligue de justice de DC (ressuscitée dans un film de 2017, en photo) dominent le grand écran. Elles doivent leur existence à All-Star Comics, précurseur de DC Comics. Déjà dans *All-Star Comics 3* (hiver 1940, encart), des héros comme Hawkman et Flash avaient constitué la Société de justice d'Amérique.

Le film qui a atteint 1 M $ le plus vite au box-office mondial
Avengers: Endgame (USA, 2019) a pulvérisé le box-office grâce à des recettes cumulées de 2 797 800 564 $. Le 22e volet de l'univers cinématographique Marvel est le 5e film à atteindre 2 milliards $ au niveau international. Sa ressortie estivale l'a aidé à dépasser *Avatar* (USA, 2009), qui dominait le palmarès depuis une décennie.

La **BD la plus rentable (édition unique)** est *X-Men #1* (Marvel Comics, 1991), avec 8 186 500 exemplaires vendus. Elle a été produite par Chris Claremont (GBR) et l'artiste Jim Lee (USA), qui avait conçu 5 couvertures assemblables différentes.

D'après les chiffres des distributeurs internationaux de BD Diamond Comic Distributors, Marvel Comics demeure **le plus important éditeur de BD**. Il possédait en effet plus de parts de marché au détail (40,3 %) que tout autre éditeur de BD à la fin 2019. DC Comics le suit avec 29,23 %.

Le Capitaine Marvel (USA, 1941, ci-dessus) a été le 1er film tiré d'une BD avec un héros costumé doté de pouvoirs surhumains.

Le film le plus rentable avec une super-héroïne
Captain Marvel (USA, 2019), avec Brie Larson dans le rôle de Carol Danvers/Vers/Captain Marvel, avait rapporté 1 129 727 388 $ au 10 mars 2021.

Le Captain Marvel original (aujourd'hui propriété de DC et rebaptisé *Shazam !*) a commencé sa carrière dans *Whiz Comics #2* (févr. 1940). En 1941, le personnage avait inspiré **le 1er film de super-héros**, avec Tom Tyler (à gauche) dans le rôle-titre.

Black Panther reste **le film original de super-héros le plus rentable**, avec des recettes cumulées de 1,33 milliard $ au box-office mondial.

Le 1er long-métrage de super-héros nominé pour l'Oscar du meilleur film
Black Panther (USA, 2018), avec Chadwick Boseman, a été un gros succès. S'il s'est incliné devant *Green Book : Sur les routes du Sud* (USA, 2018) à la 91e cérémonie des Oscars, il a remporté 3 statuettes (meilleurs costumes, décors et musique) – **le plus grand nombre d'Oscars pour un film de super-héros**.

WIZARDING WORLD

Accio! Victoria Maclean (GBR) possède **la plus grande collection consacrée à *Wizarding World*,** avec 3 686 objets au 28 févr. 2019. Elle collectionne depuis 18 ans tout ce qui touche aux franchises *Harry Potter* et *Animaux fantastiques*. La maquette japonaise plaquée or 24 carats du Vif d'or compte parmi ses plus précieuses acquisitions.

La pièce de Broadway la plus rentable
Harry Potter et l'enfant maudit avait généré 174 056 581 $ à Broadway au 10 mars 2021, plus que tout autre spectacle non musical. La pièce en 2 parties a été écrite par Jack Thorne, J. K. Rowling et John Tiffany (tous GBR). Selon les chiffres de Nielsen et NPD BookScan, le texte de la pièce (ci-dessous) s'était vendu à 9 237 886 exemplaires au 7 nov. 2020, devenant **la publication théâtrale la plus rentable** depuis le début du suivi des ventes de livres.

Les adaptations cinéma les plus rentables tirées d'une saga littéraire
Les 8 films *Harry Potter* (2001-2011) affichaient des recettes combinées mondiales de 7 684 330 574 $ au 10 mars 2021. Ce chiffre est basé sur la série des 7 ouvrages originaux écrits par J. K. Rowling et ne comprend pas les 2 spin-offs des *Animaux fantastiques*. Si l'on considère la totalité des titres de "Wizarding World", le montant atteint alors 9,2 milliards $.

La série de livres pour enfants la plus rentable
En févr. 2018, plus de 500 millions d'exemplaires des livres *Harry Potter* de J. K. Rowling avaient été vendus, selon l'éditeur Bloomsbury. Ce chiffre inclut les ventes des 7 volets de la série originale (à gauche) et des 3 volumes associés. Cette saga ensorcelée a été traduite dans plus de 80 langues.

Le 22 nov. 2017, inspirée par leur petit sorcier favori, l'école primaire de West Byford à Perth (AUS) a organisé **le plus grand rassemblement de personnes déguisées en Harry Potter**, une réunion envoûtante de 997 élèves agitant une baguette magique.

GRAND THEFT AUTO

Le produit de divertissement le plus rapide à générer 1 milliard $
Lorsque *Grand Theft Auto V* est sorti pour les consoles de salon le 17 sept. 2013, les ventes du jeu vidéo d'action-aventure criminelle n'ont mis que 3 jours pour atteindre le milliard $. Les développeurs de Rockstar affirment que 800 millions $ ont été générés en 24 h.

"Criminal Records" reste **l'épreuve la plus populaire de *Grand Theft Auto Online,*** avec 225,9 millions de parties au 14 oct. 2020. La course multijoueurs permet jusqu'à 8 participants de s'affronter

sur la piste entourant le pénitencier de Bolingbroke situé dans le Grand désert de Senora.

TRANSFORMERS

La plus importante collection consacrée à *Transformers*
AJ Ard (USA) a rassemblé 3 626 articles liés à *Transformers*. Outre des jouets, sa collection compte des BD, des cartes à échanger, des vêtements, des cerfs-volants et une lunch-box. Ce record a été confirmé le 9 janv. 2018 à Moreno Valley (Californie, USA). Parmi les objets les plus rares d'AJ se trouve une édition japonaise en métal injecté de l'Autobot Metalhawk.

La 1re figurine transformable Optimus Prime, sortie au Japon en 1984 sous le nom de "Battle Convoy", faisait partie de la ligne de jouets Diaclone. Considéré plus tard comme un Transformer, Prime symbolisait la vanité des "robots déguisés" avec, par exemple, le torse pare-chocs.

Le film de robot le plus rentable
Transformers : La Face cachée de la Lune (USA, 2011) a enregistré 1 123 794 079 $ de recettes mondiales – le 10e film au monde à dépasser le milliard $. Ce 3e volet en prises de vues réelles de la série robotique retraçait l'incessant conflit entre les Autobots – dont Optimus Prime (ci-contre) – et leurs ennemis, les Decepticon.

FORTNITE

Ninja, alias Richard Tyler Blevins (USA), est à la tête de **la chaîne Twitch la plus suivie**, avec 16 632 966 fans au 21 janv. 2021. Le joueur, qui bat des records de popularité depuis qu'il s'adonne à *Fortnite*, avait signé un contrat d'exclusivité avec la plateforme éphémère Mixer en 2019, avant de streamer de nouveau sur Twitch en 2020.

Le jeu vidéo le plus joué simultanément
Fortnite reste l'un des rares jeux capables de rassembler plus de 10 millions de joueurs en simultané. Un pic a été atteint le 1er déc. 2020, avec le *Fortnite Galactus* qui a attiré 15,3 millions de concurrents. La mission spéciale à thème Marvel permettait aux joueurs d'affronter Galactus – le Dévoreur de Mondes – ainsi que d'autres super-héros comme Iron Man et Wolverine.

Le succès pérenne de *Fortnite* s'explique notamment par des tournois très prisés comme le Winter Royale (en photo), ouvert à tous les joueurs de l'Arène, quel que soit leur classement.

Selon les statistiques *Fortnite* compilées par Tracker Network, **le record d'adversaires éliminés à la *Battle Royale* de *Fortnite*** était de 273 341 au 12 fév. 2021. Le détenteur du record, BH nixxxay (CAN), affichait un ratio Kill/Death de 9,39, se plaçant dans le top 0,1 %.

Twitch Ship (USA) revendiquait **le plus de victoires à la *Battle Royale* de *Fortnite*** – 22 764 –, au 12 févr. 2021, selon Tracker Network. C'est quasiment le double de n'importe quel autre joueur. Ship détient un ratio victoires de 51,9 % et se place juste derrière BH nixxxay pour les éliminations (voir à gauche).

Le 1er jeu vidéo de *Battle Royale* totalisant 250 millions de joueurs enregistrés
Le 20 mars 2019, Epic Games a révélé que la *Battle Royale* de *Fortnite* cumulait 250 millions de joueurs enregistrés. Ce chiffre a doublé en l'espace de 9 mois. Le jeu de tir gratuit au succès phénoménal ne cesse de contredire les prévisions qui lui promettent un plongeon de popularité. Le 6 mai 2020, Epic a précisé avoir atteint 350 millions de joueurs enregistrés.

Lancée le 26 sept. 2017, la *Battle Royale* de *Fortnite* avait alors un règlement très simple : 100 joueurs en ligne s'affrontaient et le dernier en vie remportait la partie. Depuis, le jeu est devenu une franchise globale qui vaut plus de 4,5 milliards $.

TOY STORY

GUNDAM

Le plus grand robot humanoïde mobile
En sept. 2020, un imposant robot Gundam de 18 m de haut a fait ses 1ers pas en public à Yokohama (JPN). Il a depuis été filmé en train de marcher, fléchir ses doigts et même s'agenouiller. Cet humanoïde de 22 t s'inspire du Gundam RX-78-2 de la série animée originale diffusée en 1979 à la télévision japonaise, *Mobile Suit Gundam*. On doit ce robot à GUNDAM GLOBAL CHALLENGE (JPN), association indépendante montée en 2014 pour célébrer le 40e anniversaire de la franchise.

Toy Story 4 (USA, 2019) reste **le film tout public le plus rentable**, avec des recettes mondiales au box-office de 1 073 394 813 $.

Le 1er long-métrage d'animation généré par ordinateur
Toy Story (USA, 1995) – 1er film produit par les studios Pixar – a été entièrement animé par ordinateur. Les aventures de Woody et Buzz l'Éclair (doublés en anglais par Tom Hanks et Tim Allen) ont rencontré un succès public phénoménal, générant plus de 360 millions $ et engendrant 3 autres volets. En déc. 2010, *Toy Story 3* (USA, 2010) est devenu **le 1er film d'animation à atteindre 1 milliard $**.

DRAGON BALL

Les plus hauts revenus obtenus grâce à *Dragon Ball FighterZ*
En oct. 2020, GO1, alias Goichi Kishida (JPN), avait remporté 62 882 $ grâce au jeu vidéo de combat en 3D de Bandai Namco. Le 3 août 2019, il a battu Dominique "SonicFox" McLean, décrochant sa 1re victoire à l'EVO Championship Series.
Un autre exploit sur *Dragon Ball* s'est concrétisé en 2020 avec **la partie de *Dragon Ball Z: Kakarot* (PC) la plus rapide**, réalisée par Ohh_Snap (USA) en 3 h, 55 min et 43 s, le 11 mars.

Dragon Ball a été imaginé par Akira Toriyama en 1984. Série manga parue dans *Shōnen Jump* (voir p. 192), elle a été suivie 10 ans plus tard par un dessin animé télévisé. La franchise pèse env. 30 milliards $. La photo représente le protagoniste de la série, Goku, un guerrier d'arts martiaux à la recherche d'une série de boules appelées Dragon Balls qui abritent des dragons pourvoyeurs de souhaits.

Cinéma

Tous les chiffres vérifiés sur TheNumbers.com au 20 avr. 2021, sauf mention contraire.

Le film le plus rentable
Avatar (USA/GBR, 2009) est ressorti sur les écrans chinois en 2020, stimulant ainsi ses recettes globales qui atteignaient 2,80 milliards $ au 16 mars 2021. L'épopée de science-fiction a repris à *Avengers: Endgame* (voir p. 195) le titre du film le plus lucratif de tous les temps. Quatre suites sont en préparation et la sortie d'*Avatar 2* est prévue pour 2022.

Oscars 2021
La cérémonie des 93e Oscars a été décalée de 2 mois en raison de la COVID-19. Elle s'est tenue le 25 avr. 2021 en grande pompe, et les nominés ont été incités à faire le déplacement. Parmi les nouveaux records (voir à droite et ci-dessous), on notera :
Le lauréat le plus âgé : sir Anthony Hopkins (GBR, né le 31 déc. 1937) avait 83 ans et 115 jours lorsqu'il a remporté le trophée du meilleur acteur pour son rôle dans *The Father* (GBR/FRA, 2020). **Le nominé en activité le plus âgé** reste Christopher Plummer (CAN, né le 13 déc. 1929), qui avait 88 ans lorsqu'il a été distingué en 2018 pour le rôle de J. Paul Getty dans *Tout l'argent du monde* (USA, 2017) ; décédé en févr. 2021, l'acteur a été honoré pendant l'intermède "In Memoriam" de la cérémonie.

Le plus de nominations pour une actrice noire : Viola Davis (USA) a reçu sa 4e distinction aux Oscars – pour la meilleure actrice – grâce à sa prestation dans *Le Blues de Ma Rainey* (USA, 2020). Davis avait déjà été nominée dans la même catégorie pour *La Couleur des sentiments* (USA, 2011) ; elle avait également obtenu une nomination pour le meilleur 2nd rôle féminin grâce à *Doute* (USA, 2008) et *Fences* (USA/CAN, 2016) – qui avait permis à Davis de remporter sa 1re victoire.
Les 1ers lauréats noirs pour les meilleurs maquillages et coiffures : Grâce au biopic de la chanteuse de blues Ma Rainey, les coiffeurs afro-américains Mia Neal et Jamika Wilson (toutes 2 USA) ont partagé le trophée avec le maquilleur Sergio Lopez-Rivera. La costumière du film, Ann Roth (USA, née le 30 oct. 1931), est devenue **la femme la plus âgée à remporter un Oscar de compétition**, à l'âge de 89 ans et 177 jours.

Les revenus les plus élevés pour un acteur
Selon les dernières estimations de *Forbes*, l'acteur/producteur Tyler Perry (USA) a perçu 97 millions $ entre les 1er juin 2019 et 2020. Artiste aux multiples talents, Perry est célèbre pour sa franchise *Madéa*, dans laquelle il interprète le personnage éponyme, une matrone à la langue bien pendue.
L'actrice de cinéma la mieux rémunérée reste Angelina Jolie (USA, encart), avec des revenus estimés à 35,5 millions $ pour la même période.

Le plus de femmes nominées à l'Oscar du meilleur réalisateur la même année
2 femmes ont été sélectionnées pour l'Oscar du meilleur réalisateur aux 93e Academy Awards de 2021. Chloé Zhao (CHN) a été choisie pour *Nomadland* (USA/DEU, 2020), avec Frances McDormand (ci-dessus) ; et Emerald Fennell (GBR) a été retenue pour *Promising Young Woman* (GBR/USA, 2020), avec Carey Mulligan (encart). Zhao a remporté la statuette, devenant **la 1re femme asiatique à remporter le titre de meilleur réalisateur. La 1re** (et la seule autre) femme lauréate du prix est Kathryn Bigelow (USA) pour *Démineurs* (USA, 2009).

Le plus jeune nominé aux BAFTA
En mars 2021, alors âgé de 8 ans et 320 jours, Alan S. Kim (USA, né le 23 avr. 2012) a été distingué par les membres de la British Academy of Film and Television Arts dans la catégorie du meilleur acteur dans un second rôle. Le coréano-américain n'avait que 7 ans lorsqu'il a obtenu le rôle de David Yi dans le film nominé aux Oscars, *Minari* (USA, 2020).
Lors de la cérémonie des BAFTA 2021 organisée le 11 avr., la vedette de *The Father*, Anthony Hopkins (voir à gauche), est devenue **le lauréat le plus âgé à décrocher le trophée du meilleur acteur principal**. Il avait 83 ans et 101 jours.

Le plus de cinémas (par pays)
L'industrie cinématographique a été touchée par la pandémie de la COVID-19. En Chine, 6 000 nouvelles salles ont tout de même vu le jour, pour un parc de 75 581 écrans répartis dans 12 700 complexes. En comparaison, les États-Unis comptent 40 998 écrans, d'après la National Association of Theatre Owners.

Le titre le plus long pour un film nominé aux Oscars
Le titre du faux documentaire *Borat, nouvelle mission filmée : Livraison bakchich prodigieux pour régime de l'Amérique au profit autrefois glorieuse nation Kazakhstan* (GBR/USA, 2020) compte 110 caractères en anglais (119 en français) et a été nominé pour le meilleur scénario adapté le 15 mars 2021. Maria Bakalova a aussi été sélectionnée dans la catégorie meilleure actrice dans un 2nd rôle pour son personnage de Tutar, la fille de Borat.

Les revenus les plus élevés au box-office cumulés par un individu...

Rôle	Nom	Revenus perçus
Acteur principal	Robert Downey Jr (USA)	14,39 milliards $
Actrice principale	Scarlett Johansson (USA)	13,65 milliards $
Acteur dans un 2nd rôle	Warwick Davis (GBR)	14,49 milliards $
Actrice dans un 2nd rôle (à l'écran)	Cate Blanchett (AUS)	8,07 milliards $
Actrice dans un 2nd rôle (voix)	Laraine Newman (USA)	8,38 milliards $
Réalisateur	Steven Spielberg (USA)	10,54 milliards $
Scénariste	Christopher Markus & Stephen McFeely (tous 2 USA ; partenariat)	9,36 milliards $
Producteur	Kevin Feige (USA)	22,55 milliards $
Producteur exécutif*	Louis D'Esposito (USA)	22,24 milliards $
Directeur de la photographie†	Dariusz Wolski (POL)	7,51 milliards $
Directeur artistique	Rick Carter (USA)	11,96 milliards $
Éditeur	Michael Kahn (USA)	11,96 milliards $
Compositeur	Hans Zimmer (DEU)	29,89 milliards $
Costumier	Judianna Makovsky (USA)	11,33 milliards $
Directeur de casting	Sarah Halley Finn (USA)	28,18 milliards $

**Les films de Stan Lee (USA, 1922-2018) ont généré 32,04 milliards $*
†Les films d'Andrew Lesnie (AUS, 1956-2015) ont rapporté 7,89 milliards $

Notre film imaginaire *Block Bu$ter !* rassemble les acteurs et les techniciens les plus rentables en activité à Hollywood, d'après les données fournies par TheNumbers.com (voir le tableau ci-dessous à gauche). En nous basant sur les plus grands succès en matière de production, création, genre, source et classification, nous avons concocté un long-métrage d'aventures en prises de vue réelles avec un scénario original et réservé aux plus de 13 ans. Faites sauter le pop-corn, éteignez vos portables et délectez-vous de ce qui devrait devenir le film le plus lucratif de tous les temps.

Musique

Le titre le plus streamé sur Spotify en 1 an
Les chansons de Bad Bunny (né Benito Ocasio, PRI) ont été streamés 8,3 milliards de fois en 2020. La star reggaeton, également catcheur WWE, a sorti 3 albums la même année, dont *YHLQMDLG* (**l'album le plus streamé** de 2020, avec 3,3 milliards d'écoutes). Il a dépassé le précédent record de Drake et ses 8,2 milliards de streams de 2018.

Le groupe le plus streamé sur Spotify
Au 27 avr. 2021, les chansons de BTS (KOR) avaient été streamées 16,3 milliards de fois sur Spotify. *Dynamite* (829,7 millions) et *Boy with Luv* (642,6 millions) sont les titres les plus populaires du groupe. Plus d'infos sur les icônes de la K-pop, p. 212-213.

Le plus de concerts donnés en 12 h (villes multiples)
Le 7 déc. 2019, Minhee Jones (GBR, né USA) a joué dans 8 lieux britanniques différents en une demi-journée : Abingdon, Milton Keynes, Banbury, Aylesbury, Northampton, Coventry, Wolverhampton et Stoke. Pour valider le record, les villes devaient compter au minimum 15 000 habitants et être éloignées de 50 km les unes des autres. L'initiative de l'artiste alt-pop visait à promouvoir les salles de spectacle dédiées à la musique underground et à répandre la magie de Noël.

La chanson cumulant le plus rapidement 100 millions de streams sur Spotify
Drivers License d'Olivia Rodrigo (USA) a mis 10 jours pour totaliser 100 millions de streams sur Spotify, entre les 8 et 17 janv. 2021. Le 1er single de l'actrice devenue chanteuse a rencontré un succès colossal et a dominé les charts du monde entier. C'est **le titre le plus streamé sur Spotify en 1 semaine**, avec 89 013 286 écoutes du 11 au 17 janv.

Le single digital le plus rentable (année en cours)
Blinding Lights de The Weeknd (né Abel Tesfaye, CAN) a généré 2,72 milliards "d'équivalences en abonnements de streaming" tous formats digitaux confondus en 2020, selon les révélations de la Fédération internationale de l'industrie phonographique le 9 mars 2021. Commercialisé le 29 nov. 2019, *Blinding Lights* a été N° 1 dans plus de 30 pays, ce qui en fait **le titre le plus streamé** de Spotify en 2020 (1,6 milliard). Aux États-Unis, la chanson a dominé le Hot 100 Songs du *Billboard* jusqu'à la fin de l'année et, au 1er mai 2021, elle avait même établi de nouveaux records avec **le plus de semaines aux Top 5** (43) et **Top 10** (57) **du Hot 100**.

Le groupe le plus suivi sur Spotify
Le groupe de rock Imagine Dragons (USA) comptait 33 795 204 followers sur Spotify au 27 avr. 2021. Ils ont été les 1ers artistes rock à cumuler 1 milliard de streams pour 2 chansons – *Believer* et *Thunder* –, tandis que leur méga succès de 2013, *Radioactive*, détient toujours **le record du nombre de semaines au Hot 100 du *Billboard***, avec 87 semaines non consécutives entre les 18 août 2012 et 10 mai 2014.

Le plus de nominations aux Premio Lo Nuestro (PLN) en 1 an (hommes)
Le chanteur reggaeton J. Balvin (COL) a été nominé 14 fois lors des 33e PLN Awards du 18 févr. 2021. Ses nominations comprenaient celle de l'artiste de l'année, de l'album de l'année (*Colores*) et de la chanson de l'année (*Morado*). Il n'a cependant remporté qu'un trophée, le grand vainqueur de la nuit étant Bad Bunny (à gauche), avec 7 récompenses. **Le record féminin** (et de manière générale) est de 15 nominations, attribuées à Natti Natasha (née Natalia Batista, DOM) aux 31e PLN Awards de 2019.

Le plus de titres classés directement N° 1 au Hot 100 du *Billboard*
Le 7 nov. 2020, *Positions* d'Ariana Grande (USA) est devenu le 5e N° 1 de la superstar pop entré directement à la 1re place du Hot 100 singles US. Les autres étaient *thank u, next*, *7 rings*, *Stuck with U* (*feat.* Justin Bieber) et *Rain on Me* avec Lady Gaga.

Avec le confinement mondial de 2020, Spotify a enregistré une hausse de 1 400 % des playlists "télétravail".

Les titres les plus streamés sur Spotify
Hommes : Au 27 avr. 2021, les titres du chanteur/rappeur Drake (CAN) avaient été streamés 37,9 milliards de fois sur Spotify. Sa chanson la plus populaire reste *One Dance*, avec 2,01 milliards de streams.
Femmes : Les chansons d'Ariana Grande (USA) ont été streamées 24,4 milliards de fois ; *7 rings* demeure son titre le plus demandé, avec 1,43 milliard de streams. Actuellement, elle est aussi **l'artiste musicale féminine la plus rentable**, avec des revenus estimés à 72 millions $ entre les 1er juin 2019 et 2020, selon Forbes.

L'album de Noël le plus populaire du XXIe siècle (GBR)
Christmas de Michael Bublé (CAN/ITA) s'était vendu au Royaume-Uni à 3 030 043 exemplaires au 9 janv. 2020, selon l'Official Charts Company. Sorti en 2011, *Christmas* retrouve chaque année le Top 10 anglais depuis 2015, totalisant 44 semaines au palmarès. L'album comprend les réinterprétations de *Jingle Bells* et *White Christmas*.

Le plus de trophées ARIA pour l'album de l'année
Tame Impala (né Kevin Parker, AUS) a remporté son 3e trophée pour l'album de l'année aux récompenses de l'Australian Recording Industry Association (ARIA) le 25 nov. 2020, grâce à *The Slow Rush*. Il égale ainsi le groupe rock Powderfinger (AUS), lauréat en 1999, 2001 et 2003.
Le quartet rock 5 Seconds of Summer (AUS) cumule, lui, **le plus de trophées ARIA pour la chanson de l'année** grâce à *Teeth* – leur 3e distinction à ce jour, obtenue à la même cérémonie.

L'artiste la plus âgée à entrer dans les charts singles anglais
Dame Vera Lynn (GBR, née 20 mars 1917) avait 103 ans et 62 jours lorsque *We'll Meet Again* est entré à la 55e place des charts de singles officiels anglais le 21 mai 2020, 1 mois avant son décès. La chanson avait rythmé les célébrations du 75e anniversaire du VE Day *(victoire du 8 mai 1945)* de 2020. Ce jour-là, Dame Vera est devenue **l'artiste la plus âgée présente dans les charts d'albums anglais**, lorsque *100* est de nouveau entré à la 30e place.

Le plus de décennies consécutives avec un N° 1 dans les charts albums anglais (femmes)
Kylie Minogue (AUS/GBR) a été N° 1 des charts albums officiels anglais pendant 5 décennies consécutives : années 1980 (*Kylie* ; *Enjoy Yourself*, encart), années 1990 (*Greatest Hits*), années 2000 (*Fever*), années 2010 (*Aphrodite* ; *Golden* ; *Step Back in Time – The Definitive Collection*) et années 2020 (*Disco*). Son 15e album studio, *Disco*, s'est hissé à la 1re place le 19 nov. 2020.

Le délai le plus court entre 2 nouveaux albums N° 1 au *Billboard* 200 US (femmes)
Taylor Swift (USA) a sorti 2 albums surprises en 2020, devenus N° 1 des charts albums 200 du *Billboard* US à 140 jours d'intervalle : *folklore*, le 8 août 2020, suivi de l'"album frère" *evermore*, le 26 déc. Les compilations de folk-pop, produites par Aaron Dessner, ont été créées pendant le confinement dû à la pandémie.

Le plus de billets vendus pour un concert en streaming live par une artiste solo
Dua Lipa (GBR) a écoulé 284 000 tickets pour son concert *Studio 2054*, streamé en direct le 27 nov. 2020. La production du spectacle à 4 tableaux aurait coûté 1,5 million $. Y ont participé en guest stars, des vedettes comme J. Balvin et Elton John.
Le record masculin est détenu par Louis Tomlinson (GBR), avec 160 000 billets vendus pour son concert de charité *Live from London* du 12 déc. 2020. L'ex-vedette du groupe One Direction a levé plus de 1 million $ pour les œuvres de bienfaisance.

Le plus de singles placés dans les charts US avant de décrocher un N° 1
Le 16 mai 2020, Nicki Minaj (TTO) a été N° 1 pour la 1re fois au Hot 100 US du *Billboard* grâce à sa 109e entrée dans les charts, *Say So*. La rappeuse doit cette place à sa participation au hit de Doja Cat (USA, née Amalaratna Dlamini) ; les 2 artistes sont ainsi devenues **le 1er duo de rap féminin N° 1 dans les charts de singles US**.

Le plus de nominations aux Grammy Awards
Avec 3 nominations de plus aux 63e Grammy Awards de 2021, Jay-Z (né Shawn Carter, USA) totalise 80 distinctions sur toute sa carrière, égalant le record du producteur Quincy Jones (USA) entre 1961 et 2019. L'épouse de Jay-Z, Beyoncé (voir à droite), le suit de près avec 79 nominations – **le plus de nominations aux Grammys (femmes)**.

Le plus de Grammys pour l'album de l'année remportés par un artiste
Le 14 mars 2021, Taylor Swift est devenue la 1re vocaliste à faire un triplé pour le Grammy de l'album de l'année grâce à *Fearless*, *1989* et *folklore* (voir en haut à droite). Elle rejoint un groupe très fermé : Frank Sinatra, Stevie Wonder et Paul Simon (tous USA).

Beyoncé et son époux Jay-Z totalisent **le plus de Grammys pour un couple marié** (51).

La note vocale la plus longue dans un single du hit-parade anglais (femmes)
Húsavík, interprété par l'acteur Will Ferrell (USA) et la chanteuse Molly Sandén (SWE) pour *Eurovision Song Contest: The Story of Fire Saga* (USA, 2020), comprend une note tenue 18 s. Le titre est resté 4 semaines dans les charts, culminant à la 59e place le 16 juill. 2020.
La note vocale la plus longue pour un hit single US est de 19,3 s et se trouve dans *When I'm with You* des rockers du groupe Sheriff (CAN), sorti en 1989.

Le plus de Grammy Awards remportés par une chanteuse
Beyoncé (USA) a remporté 4 trophées aux 63e Grammy Awards du 14 mars 2021, totalisant 28 statuettes dans sa carrière, soit 1 de plus que la vedette de bluegrass Alison Krauss. Beyoncé a été récompensée pour la meilleure prestation R&B (*BLACK PARADE*), la meilleure chanson de rap et la meilleure prestation de rap – pour sa participation à *Savage* de Megan Thee Stallion (ci-dessous, à droite) – et la meilleure vidéo musicale (*BROWN SKIN GIRL*). La vidéo mettant en scène la fille de Beyoncé, Blue Ivy Carter (USA, née le 7 janv. 2012), celle-ci est donc **la plus jeune artiste solo créditée d'un Grammy**, à l'âge de 9 ans et 66 jours.

Réseaux sociaux

Le million de followers le plus rapide sur Instagram
Rupert Grint (GBR) a attiré 1 million de fans en 4 h et 1 min après avoir rejoint Instagram le 10 nov. 2020. Le 1er post de l'acteur d'*Harry Potter* le représentait avec sa fille, Wednesday. L'exploit de Grint dépasse le record établi par le naturaliste télé David Attenborough (GBR, voir p. 54-55), qui avait réuni 1 million de followers en 4 h et 44 min, 2 mois plus tôt.

Les leaders des plateformes : les personnes les plus populaires des réseaux sociaux

Facebook	H	Cristiano Ronaldo (PRT)	124 726 150 likes
	F	Shakira (née Shakira Ripoll, COL)	111 705 557 likes
YouTube	H	PewDiePie (né Felix Kjellberg, SWE)	109 000 000 followers
	F	Diana (USA, née UKR) – *Kids Diana Show*	77 400 000 followers
Instagram	H	Cristiano Ronaldo (PRT)	277 859 815 followers
	F	Ariana Grande (USA)	232 322 350 followers
Twitter	H	Barack Obama (USA)	130 272 840 followers
	F	Katy Perry (née Katheryn Hudson, USA)	109 576 700 followers
Pinterest	F	Joy Cho (USA) – *Oh Joy*	14 866 413 followers
	H	Trey Ratcliff (USA)	6 419 152 followers
TikTok	F	Charli D'Amelio (USA, voir ci-contre)	113 600 000 followers
	H	Zach King (USA)	58 800 000 followers

Le youtubeur le mieux rémunéré
Ryan Kaji (USA) a touché 29,5 millions $ entre les 1er juin 2019 et 2020, selon Forbes. Alors âgé de 9 ans, ses vidéos le montrent en train de déballer des jouets et donner son avis, faire des sketchs (parfois avec des membres de sa famille) et des expériences scientifiques et donner des conseils de bricolage.

Il détient aussi **le plus de vues pour un individu sur YouTube (hommes)**. Les vidéos de la chaîne *Ryan's World* avaient été visionnées 46 636 891 195 fois au 22 avr. 2021.

Le plus d'abonnés pour un groupe sur YouTube
Le groupe BLACKPINK (KOR) compte 60,3 millions de followers sur YouTube depuis son inscription le 29 juin 2016. Plus de 86 millions de vues pour la première de la vidéo du single *How You Like That* du quartet ont été enregistrées en 1 jour. Mise en ligne le 26 juin 2020, elle est devenue **la vidéo la plus visionnée sur YouTube en 24 h**, avant d'être détrônée par d'autres artistes K-pop, les méga stars BTS (voir à droite).

La vidéo la plus vue sur YouTube
Baby Shark de Pinkfong (KOR) a été visionné 8 386 967 151 fois. Mis en ligne le 18 juin 2016, le titre entêtant est interprété par Hope Segoine (USA/KOR), qui avait 10 ans à l'époque. La vidéo met en scène 2 enfants acteurs (ci-dessus ; la fillette s'appelle Elaine Johnston) qui exécutent une chorégraphie sur la chanson. Le titre s'est classé n° 32 au Hot 100 du *Billboard* et n° 6 au Royaume-Uni.

Le plus de vues pour un individu sur YouTube
Anastasia Radzinskaya (RUS), 7 ans, affiche 56 548 162 410 vues grâce à sa chaîne enfantine *Like Nastya*.

Radzinskaya est **la youtubeuse la mieux rémunérée**, avec des revenus estimés à 18,5 millions $ entre les 1er juin 2019 et 2020.

La vidéo la plus regardée sur YouTube en 24 h
Le 22 août 2020, le clip du single *Dynamite* interprété par le boys band sud-coréen BTS a cumulé 101,1 millions de vues. (Plus d'infos sur BTS p. 212-213.)

La veille, plus de 3 millions d'utilisateurs visionnaient le clip en même temps, soit **le plus de spectateurs simultanés pour la première d'une vidéo**.

Le plus de spectateurs pour un concert DJ en streaming live sur Facebook
Le DJ David Guetta (FRA) a captivé 161 823 spectateurs pour son concert en ligne *United at Home*, streamé sur Facebook depuis Miami (Floride, USA), le 18 avr. 2020.

Le plus de followers pour un rat sur Instagram
Ice Cube, le rat miraculé, compte actuellement 25 745 fans sur Instagram. Le petit rongeur avait été secouru en janv. 2019 après avoir perdu ses pattes et sa queue à la suite d'engelures. Il a été sauvé des rues de Montréal (Québec, CAN) par Audrée-Rose Fallu Landry (CAN).

Les applications les plus téléchargées (janv.-nov. 2020. *Source : App Annie Intelligence*)

1. TikTok
2. Facebook
3. WhatsApp
4. Zoom
5. Instagram
6. Messenger
7. Google Meet
8. Snapchat
9. Telegram
10. Likee

Tous les records sont vérifiés au 22 avr. 2021 sauf mention contraire.

Le plus de chaînes YouTube comptant 100 000 abonnés (par individu)
Au 22 janv. 2021, Jack Welsh (GBR) avait créé 9 chaînes sur YouTube comptant chacune plus de 100 000 abonnés. Ses 1ers posts étaient dédiés aux contenus *Minecraft*. Aujourd'hui, ils concernent le gaming, le déballage de produits, les commentaires sur les voitures et des sujets divers. Sa chaîne principale est intitulée *JackSucksAtLife*.

Le tweet le plus liké
Au 1er sept. 2020, plus de 7,5 millions d'utilisateurs Twitter avaient réagi à un message confirmant le décès de l'acteur Chadwick Boseman (USA). Le tweet avait également révélé les 4 années de lutte de l'acteur contre le cancer. Boseman est notamment célèbre pour le très récompensé *Black Panther* (2018 ; voir p. 195) où il tenait le rôle principal ainsi que pour *Le Blues de Ma Rainey* (2020).

Le 1er TikTokeur comptant 100 millions de followers
Après avoir rejoint TikTok à l'été 2019, Charli D'Amelio (USA) a séduit son 100 millionième follower le 22 nov. 2020. Ses vidéos consistent en des play-back et des chorégraphies.
L'influenceuse a été couronnée "Personnalité préférée des réseaux sociaux (femmes)" aux 34e Nickelodeon Kids' Choice Awards, le 13 mars 2021 – et a eu droit à la douche de slime habituelle !

Le TikTokeur le mieux payé
Les revenus d'Addison Rae Easterling (USA) entre les 1er juin 2019 et 2020 sont estimés à 5 millions $, selon Forbes. Elle a accédé à la célébrité grâce à ses vidéos de danse devenues virales et qui lui ont valu de lucratifs contrats avec Reebok ou la marque de vêtements pour adolescents American Eagle.
Son rival **masculin**, Josh Richards (USA, encart), se définit comme "un ado borderline" œuvrant dans l'univers des médias. Il a gagné 1,5 million $ durant la même période.

Avec plus de 79,8 millions de fans sur TikTok, Easterling se place à la 2e place de la plateforme, derrière Charli D'Amelio (à gauche).

Le plus rapide à réunir 10 millions de followers sur Douyin
L'acteur et producteur de cinéma Andy Lau (CHN) a séduit 10 millions de fans en 12 h et 22 min sur ce réseau chinois, le 28 janv. 2021. La plateforme permet aux utilisateurs de créer de courtes vidéos, procéder à des recherches de produits incrustés dans les vidéos et faire des réservations.
À la fin de cette journée, Lau détenait le record du **plus de followers sur Douyin en 24 h** (19 569 754).

Le trailer cinéma le plus détesté sur YouTube
La bande-annonce officielle de *Sadak* 2 (IND, 2020) a totalisé 13 478 901 pouces vers le bas, suscités par la controverse et une campagne en ligne négative.
La vidéo la plus détestée sur la plateforme, toutes catégories confondues, reste *YouTube Rewind 2018: Everyone Controls Rewind,* avec 19 124 328 opinions négatives. La vidéo avait été clouée au pilori pour son contenu ringard et hors sujet.

Le tweet le plus cher aux enchères
Le 21 mars 2021, **le 1er tweet** – "just setting up my twttr", envoyé 15 ans plus tôt par le cofondateur de Twitter Jack Dorsey – a été vendu comme jeton non fongible (NFT) pour 2 915 835 $. Le gagnant de l'enchère était l'entrepreneur spécialisé dans les cryptomonnaies, Sina Estavi. Un jeton non fongible (NFT) est un certificat virtuel qui authentifie un bien/fichier spécifique. Le propriétaire est inscrit sur un registre numérique, de sorte que le jeton ne puisse être ni dupliqué ni dérobé. Grâce au NFT, il est possible de posséder des tweets, mèmes, clips "originaux" ou **l'œuvre d'art numérique la plus onéreuse** (voir p. 173).

Les dépenses les plus élevées sur les applications (janv.-nov. 2020. *Source : App Annie Intelligence*)

1. Tinder
2. TikTok
3. YouTube
4. Disney+
5. Tencent Video
6. Netflix
7. iQIYI
8. Google One
9. BIGO LIVE
10. Pandora Music

Techno Gaming

100 %

La 1re console
Lancée en 1972, la Magnavox Odyssey était un simple appareil alimenté par piles et qui fonctionnait via une télévision. Malgré des ventes décevantes, elle est considérée comme l'annonciatrice de la révolution de l'ordinateur personnel et du jeu vidéo.

La console la plus onéreuse (indexé sur l'inflation)
En tenant compte de l'inflation, l'infortunée 3DO serait la console de jeux la plus chère de tous les temps. Lancée le 4 oct. 1993, son prix était de 699,99 $. Au 31 déc. 2020, elle aurait coûté 1 251 $. Ce tarif explique peut-être l'abandon de sa production en 1996.

La plus petite manette de jeu fonctionnelle
Le 12 févr. 2018, le moddeur de console Madmorda (USA) a dévoilé une manette pour la GameCube de Nintendo mesurant 63 mm de large, 45 mm de haut et 31 mm de profondeur. L'appareil est entièrement fonctionnel – rumble compris. Madmorda est parti du porte-clés d'une manette GameCube à laquelle il a ajouté des éléments imprimés en 3D comme les boutons L, R et Z.

Le plus de boutons sur une manette de jeu
La manette Fender Mustang PRO-Guitar pour *Rock Band 3* (2010) de Mad Catz possède 113 boutons – représentant toutes les combinaisons de doigtés possibles sur une guitare à 17 frettes. Elle comporte plus de touches que tout autre périphérique dans l'histoire des consoles, et même davantage encore qu'un clavier de PC standard.

Le plus grand joystick
Cette version grand format d'une manette standard pour Atari CX40 mesure 2,74 m de haut – quasiment 14 fois la taille de l'originale. Baptisée "[giantJoystick]", elle a été conçue par Mary Flanagan (USA) en 2006. L'ambition de l'artiste était de "produire un objet à échelle d'enfant" et de "générer débats et jeux de groupes". Fabriqué en bois, acier et caoutchouc, le joystick géant est actuellement exposé au Centre d'art et de technologie des médias de Karlsruhe (DEU).

La 1re console de 9e génération
La Xbox Series X (et sa variante plus abordable, la Series S) de Microsoft a été lancée le 10 nov. 2020, devançant de 2 jours sa rivale, la PlayStation 5 de Sony. La Nintendo Switch, bien que succédant à la Wii U de 8e génération, n'est pas considérée comme une console de 9e génération mais comme une console hybride portable/salon (voir ci-contre).

La marque de console de salon la plus vendue
Au 18 déc. 2020, 465,31 millions de PlayStation avaient trouvé acquéreur, selon les chiffres fournis par VGChartz. (Ce total n'englobe que les chiffres provisoires de la PlayStation 5 ; voir ci-contre.) Fabriquée par Sony Interactive Entertainment (USA), la console a fait ses débuts au Japon en 1994. Les ventes de l'enseigne PlayStation atteignent même 562,61 millions lorsque l'on inclut les PlayStation Portable et PlayStation Vita.

D'après VGChartz, **la console la plus vendue** reste la PlayStation 2 (2000) de Sony. Plus de 157,68 millions d'exemplaires ont été vendus dans le monde au cours de ses 13 années de commercialisation.

Les générations de console se renouvellent tous les 6 ans env., lorsque les fabricants commercialisent de nouveaux équipements hardware fiables.

La 1re manette de jeu accessible à tous
Autrefois, les joueurs à mobilité réduite devaient faire preuve d'imagination pour utiliser les manettes existantes, mais la Xbox Adaptive Controller (XAC) a été conçue pour s'adapter à tous. Microsoft a entamé le développement de la manette en 2015 avant de la lancer le 4 sept. 2018. Le boîtier rectangulaire comprend des ports correspondant à ceux d'une manette pour Xbox One et permet le raccordement de quasiment n'importe quelle combinaison d'accessoires et manettes spécifiques (médaillons) vers une Xbox ou un PC.

Le plus gros appareil Game & Watch opérationnel
Thomas Tilley (AUS) a créé une console Game & Watch de 1,93 m de long, 1,16 m de large et 0,14 m de profondeur – chiffres vérifiés à Port Elliot (AUS), le 21 oct. 2017. Elle embarque le jeu *Octopus*, alias *Mysteries of the Sea* et *Mysteries of the Deep*, créé par Nintendo.

La console portable la plus vendue
Selon les derniers chiffres disponibles, la DS de Nintendo s'est vendue à plus de 154,88 millions d'exemplaires. La console a été lancée le 21 nov. 2004 en Amérique du Nord et 1 mois plus tard au Japon.

Le 1er périphérique de vibration
Le Rumble Pak est sorti en avr. 1997 pour coïncider avec le lancement du jeu vidéo de rail-shooter *Star Fox 64* produit par Nintendo. Il s'insérait dans le port d'extension de la manette et offrait au joueur des effets additionnels. La 1re manette possédant un tel périphérique intégré a été la DualShock de Sony, commercialisée en nov. 1997.

La 1re console compatible Internet
La Dreamcast de Sega est sortie le 27 nov. 1998. Il existait déjà des périphériques directs ou indirects faisant office d'adaptateurs de modem dans les années 1990, mais la Dreamcast a été la 1re à intégrer cette fonctionnalité. Son port de ligne téléphonique était un module amovible incluant un modem de 56 kilobits que les joueurs utilisaient pour se connecter au SegaNet.

Le plus grand écran sur une console portable
La console hybride Nintendo Switch portable/salon dispose d'un écran de 157 mm. Commercialisée le 3 mars 2017, la Switch a détrôné la PlayStation Vita, dont l'écran ne mesurait que 127 mm lors de sa sortie japonaise, le 17 déc. 2011. La Switch pèse env. 297 g, sans la manette.

Les 1res consoles ayant un disque dur SSD
Les Series X et Series S de la Xbox (voir ci-contre) intègrent un disque dur SSD. La capacité du disque de la Series X est de 1 To et de 512 Go pour la Series S, moins onéreuse. Les 2 consoles disposent d'un port permettant une extension de mémoire externe de 1 To.

En août 2018, pour fêter le cap des 500 millions de PlayStation vendues, Sony a lancé une édition limitée 500 millions de sa console PS4 Pro, dotée d'un disque dur de 2 To – **la plus grande capacité de stockage pour une console de jeux**.

Les consoles les plus vendues
- **1re génération** : Magnavox Odyssey (1972-1975), conçue par Ralph Baer (USA), 330 000 exemplaires (voir ci-contre).
- **2e génération** : Atari 2600 (1977-1992), 27,64 millions d'exemplaires.
- **3e génération** : Nintendo Entertainment System (NES ; 1983-2003), 61,91 millions d'exemplaires.
- **4e génération** : Super Nintendo Entertainment System (SNES ; 1990-2003), 49,1 millions d'exemplaires.
- **5e génération** : Sony PlayStation (1994-2006), 102,5 millions d'exemplaires.
- **6e génération** : Sony PlayStation 2 (2000-2013), 157,68 millions d'exemplaires.
- **7e génération** : Nintendo Wii (2006-2013), 101,64 millions d'exemplaires.

La plus grande Game Boy
Ilhan Ünal (BEL) a imaginé une version géante de cette console culte. Ses mensurations (1,01 m de haut, 0,62 m de large et 0,2 m de profondeur) ont été confirmées à Anvers (BEL), le 13 nov. 2016.

Conçue par Jeroen Domburg (NLD), **la plus petite Game Boy** mesure 54 mm de long – chiffre certifié à Shanghai (CHN), le 15 déc. 2016.

La taille de la PS5 s'explique par une volonté de maintenir la console au frais sans recourir à de bruyants ventilateurs.

La console de 8e génération la plus vendue
Au 30 sept. 2020, la PlayStation 4 (PS4, ci-dessus) s'était vendue à 113,5 millions d'exemplaires. Sa principale rivale, la Xbox One, totalisait env. 50 millions d'exemplaires vendus. La PS4 a été lancée le 15 nov. 2013.

La PlayStation 5 (à droite), entrée sur le marché le 12 nov. 2020, reste **la plus grande console**. Ses dimensions approximatives sont 390 x 260 x 104 mm, dominant d'autres machines pourtant réputées massives comme la Xbox originale ou la version de lancement de la PS3.

eSports et streaming

La 1re compétition de jeu vidéo
Les Intergalactic *Spacewar* Olympics se sont tenus le 19 oct. 1972 au Laboratoire d'intelligence artificielle de l'université de Stanford (Californie, USA). Quelque 24 joueurs auraient alors participé au jeu de combat créé en 1962, *Spacewar*. Considéré comme **le 1er événement eSports**, la compétition a été remportée par Bruce Baumgart, jeune diplômé de Stanford, qui s'est vu attribuer un abonnement d'un an au magazine *Rolling Stone* – le sponsor du tournoi. Voir p. 148 pour plus de détails.

La gameuse la plus suivie sur Twitch
Pokimane, alias Imane Anys (CAN, née MAR), totalisait 7 230 762 followers sur Twitch au 8 févr. 2021, se plaçant ainsi dans le Top 10 de tous les streamers de la plate-forme. Elle a démarré sa chaîne en 2013, se faisant un nom grâce à *League of Legends* et *Fortnite*, et a remporté le Shorty Award du Streamer Twitch de l'année en 2018.

Le score le plus élevé sur *Donkey Kong*
Les concours de scores aux jeux d'arcade étaient les eSports des années 1980 et ont toujours leurs fans. Le 15 juin 2020, Robbie Lakeman (USA) a cumulé 1 260 700 points à *Donkey Kong*, le jeu culte de Nintendo créé en 1981. Lakeman a streamé en direct son record mondial pendant 4 h sur Twitch.

Le public le plus nombreux pour un tournoi d'eSports
Le championnat mondial *League of Legends* 2015 a attiré 334 millions de visiteurs uniques lors de sa retransmission en direct via des chaînes Internet et télévisées pendant 4 semaines, en oct. 2015. La compétition comportait 73 matchs organisés dans différents sites d'Europe, notamment au Royaume-Uni, en France ou en Allemagne. Selon l'éditeur Riot Games, chaque rencontre a séduit en moyenne 4,2 millions de spectateurs simultanés.

Le plus de spectateurs pour une équipe débutante sur Twitch
Le 19 oct. 2020, la femme politique Alexandria Ocasio-Cortez (USA) s'est connectée à Twitch pour jouer à *Among Us* (Innersloth, 2018). Cet événement de sensibilisation électorale a attiré un pic de 439 000 visiteurs simultanés. Elle avait été rejointe par les streamers HasanAbi et Pokimane (à gauche) ainsi que sa consœur députée, Ilhan Omar. Ocasio-Cortez est une joueuse avertie puisqu'elle a atteint le niveau Argent III sur *League of Legends* en juill. 2020.

Le créateur de contenu le plus suivi sur Steam
Luke Millanta (AUS) comptait 121 754 followers sur le service de distribution digital de Valve – chiffre vérifié le 23 sept. 2020. Au cours de ses 6 années de contribution, il a travaillé avec des marques comme Fnatic et Razer et créé du contenu pour des jeux tels que *Counter-Strike: Global Offensive*, *Team Fortress 2* et *Dota 2*. Luke est photographié avec son certificat GWR, pour lequel "il a trouvé une place privilégiée sur son mur".

Les revenus les plus élevés pour une équipe eSports
Team Liquid avait perçu 36 233 860 $ provenant de 1 900 tournois, au 8 févr. 2021. L'organisation d'eSports a été fondée aux Pays-Bas en 2000. Son pool compte plus de 60 joueurs à travers le monde chargés de participer à 14 des jeux les plus populaires. Liquid a obtenu son plus gros gain lorsque son équipe européenne *Dota 2* a remporté le jackpot à l'International 2017, empochant plus de 10,8 millions $. Elle a également rencontré de grands succès sur *Counter-Strike: Global Offensive* et *League of Legends*.

Le plus de défaites pour une équipe eSports
Les Shanghai Dragons (CHN) ont perdu 42 matchs d'affilée à l'*Overwatch* League, entre 2018 et 2019. Les Dragons ont terminé la saison 2018 avec un record sans victoire de 0-40. Leur malchance prendra fin le 22 févr. 2019 grâce à un important remaniement dans la composition de l'équipe qui leur offrira une victoire 3-1 sur les Boston Uprising.

La dotation eSports la plus élevée pour une compétition unique
Une dotation totale de 40 018 195 $ a été constituée entre les 22 mai et 9 oct. 2020 pour l'International 2020. La pandémie de COVID-19 ayant entraîné l'annulation de l'événement, les joueurs doivent patienter pour tenter de décrocher le méga pactole. Ce prix a été financé par les achats in-game du jeu de stratégie multijoueurs de Valve, *Dota 2*.
S'il existe un joueur incollable sur *Dota 2*, c'est bien N0tail, alias Johan Sundstein (DNK, encart). **Joueur eSports le mieux rétribué**, il avait cumulé 6 944 322 $ au 12 nov. 2020, selon eSportsearnings.com.

Le plus de Primetime Emmys du meilleur animateur d'émission de téléréalité/concours
RuPaul Charles (USA) – décrit par le magazine *TIME* comme la "drag-queen la plus influente" du monde – a remporté son 5e Emmy consécutif pour *RuPaul's Drag Race* (Logo TV, VH1 ; USA), le 20 sept. 2020. Au total, l'émission aura été nominée pour 39 Emmy Awards et en aura décroché 19.

Le plus de visionnages d'un film en salle
Le mega-fan Marvel, Ramiro Alanis (USA), a vu *Avengers: Endgame* 191 fois au cinéma de Riverview (Floride, USA) entre les 25 avr. et 29 juill. 2019. Le coach sportif a visionné l'épopée de 3 h à 5 reprises rien que durant le week-end de sa sortie ! Il double ainsi quasiment le précédent record de Joanne Connor (AUS) et ses 108 visionnages de *Bohemian Rhapsody* (GBR/USA, 2018).

La série criminelle télé la plus pérenne
Tatort ("Sur le lieu du crime") – diffusée pour la 1re fois sur Das Erste (DEU) – a célébré son 50e anniversaire le 29 nov. 2020. Il s'agit de la série dramatique la plus pérenne de la télévision allemande, tous genres confondus.

Le plus grand recueil de BD publié
Kodansha (JPN) a commercialisé une version gigantesque de sa BD populaire, *L'Attaque des Titans*. Chaque page mesurait 1 x 0,7 m, comme cela a été confirmé le 13 avr. 2021. C'est plus de 6 fois la taille d'un *tankōbon* (anthologie de chapitres de manga) classique. La BD a inspiré une série animée à succès, elle-même devenue **la série télé animée la plus demandée** (voir à droite).

La plus grande collection de consoles de jeux fonctionnelles
Au 26 oct. 2019, la gameuse Linda Guillory, de Garland (Texas, USA), avait réuni 2 430 consoles – dont des mini-versions pour plateau de titres d'arcade cultes comme *PAC-Man* (Coleco, 1981), *King Kong* (Tigervision, 1982) et *Adventure Vision* (Entex, 1982). Ses trésors vintage comprennent **la plus grande collection de machines de jeu LCD** : 1 599 appareils.

Les plus chers...
Couronne de déguisement : une couronne en plastique à 6 $ portée par le défunt artiste hip-hop The Notorious B.I.G. (né Christopher Wallace) lors d'une séance photo pour son album *King of New York* a été vendue 594 750 $ chez Sotheby's, le 16 sept. 2020.
Jeu vidéo : un exemplaire scellé de *Super Mario Bros.* pour NES (Nintendo, 1985) a trouvé preneur pour 666 000 $ le 2 avr. 2021 lors d'une vente on line organisée par Heritage Auctions.

Le plus de semaines N° 1 des ventes digitales de musique du *Billboard*
Le 10 avr. 2021, *Dynamite* de BTS (KOR) fêtait sa 18e semaine cumulée dans les meilleures ventes digitales de musique du *Billboard*. Le titre a dépassé les 17 semaines de *Despacito*, la chanson de Luis Fonsi, Daddy Yankee et Justin Bieber, sortie en 2017.

Dynamite a été présent **le plus de semaines dans le Hot 100 US pour un titre de K-pop** : 32 semaines, à la même date. D'autres records pulvérisés par les Bangtan Boys à la page suivante.

Évaluation des requêtes : Parrot Analytics
Afin d'évaluer les séries télé les plus populaires, GWR s'est associé aux experts de Parrot Analytics qui utilisent un système de mesures baptisé "Expressions de demandes" pour définir les émissions les plus plébiscitées sur une période donnée. Ces mesures sont basées sur les streams et sur les autres formes de participation comme les commentaires et les likes. La popularité d'une série est établie en comparant les demandes pour cette série à des repères. Par exemple, *The Mandalorian* (à droite) est 57,6 fois plus "demandée" que la moyenne des séries télé.

Global TV : les plus demandés...

Genre	Demandes	Titre
Drame	74,1	*Game of Thrones* (HBO, USA)
Adaptation BD	62,0	*The Walking Dead* (AMC, USA)
Science-fiction	57,6	*The Mandalorian* (Disney+, USA ; à droite)
Animation	52,7	*Attack on Titan* (MBS, JPN)
Sitcom et comédie	49,9	*Brooklyn Nine-Nine* (FOX, USA)
Drame médical	47,8	*Grey's Anatomy* (ABC, USA)
Super-héros	45,4	*The Boys* (Amazon Prime, USA ; ci-dessus)
Pour enfants	40,8	*SpongeBob SquarePants* (Nickelodeon, USA)
Nouvelle série	28,8	*Raised by Wolves* (HBO Max, USA)
Documentaire	27,0	*The Last Dance* (ESPN, USA)

Parrot Analytics, 1er mars 2020-28 févr. 2021

La 1re saison de *The Mandalorian* aurait coûté 100 millions $, soit 12,5 millions $ par épisode!

La série télé originale numérique la plus populaire
Le spin-off de *Star Wars* produit par Disney+, *The Mandalorian* (USA), était 57,6 fois plus populaire que n'importe quelle série télé typique au 28 févr. 2021. C'est donc devenu **la série d'action et d'aventure** ainsi que **de science-fiction la plus demandée**. L'histoire se situe avant l'*Épisode VII : Le Réveil de la Force* et suit le mercenaire Din Djarin ("Mando") – joué par Pedro Pascal – et son acolyte alien, animé par la Force, Grogu ("Bébé Yoda").

BTS

Le boys band coréen BTS – groupe composé de RM, Jin, Suga, J-Hope, Jimin, V et Jungkook – est le fer de lance de la K-pop. Il enregistre les meilleures ventes asiatiques et est en route pour conquérir la planète. 2020 l'a vu confirmer son statut de plus grand groupe du monde actuel.

Formé entre 2010 et 2012, BTS a sorti son 1er album, *2 Cool 4 Skool*, le 12 juin 2013. Le mélange de pop flamboyante et de sincérité a touché la corde sensible du public et le groupe s'est rapidement entouré de son "ARMY" – armée de fans dévoués. L'ARMY est particulièrement active sur les réseaux sociaux qui ont contribué à la plupart des records du groupe.

Devenu la plus grande sensation de la pop asiatique, BTS a jeté son dévolu sur les États-Unis. Le 2 juin 2018, le groupe devient **le 1er artiste de K-pop N° 1 du classement des ventes d'albums aux États-Unis** – avec le N° 1 au *Billboard* 200 *Love Yourself: Tear*.

En 2020, BTS monte en puissance. Le groupe sort 2 albums à succès, remporte des trophées décernés par l'industrie à l'étranger et en Corée, organise des concerts en ligne qui battent tous les records et la vidéo *Dynamite* triomphe sur Internet (voir p. 211). Le 4 mars 2021, pour couronner son succès, BTS est nommé par la Fédération internationale de l'industrie phonographique Artiste mondial de l'année 2020. Le monde lui appartient !

CARTE D'IDENTITÉ
Nom : BTS
Nationalité : sud-coréenne
Début : 2013
Membres : Kim Nam-joon, Kim Seok-jin, Min Yoon-gi, Jung Ho-seok, Park Ji-min, Kim Tae-hyung, Jeon Jung-kook
Nombre d'albums vendus : env. 20 millions
Récompenses musicales :
- ***Billboard* :** 5
- **MTV Europe :** 10
- **Mnet Asian :** 33

7

1

2

3

4

En coréen, BTS signifie Bangtan Sonyeondan, "boy-scouts blindés".

Jin (Kim Seok-jin)
Jimin (Park Ji-min)
J-Hope (Jung Ho-seok)

5

6

Découvrez plus d'informations sur BTS dans la section Hall of Fame sur **www.guinnessworldrecords.com/2022**

1. Le 22 août 2020, la vidéo officielle de *Dynamite* est devenue **le clip le plus vu sur YouTube en 24 h**, avec 101 100 000 vues le jour de sa sortie.

2. Les fans de BTS se font appeler ARMY – les "Adorable Representative MC for Youth" (adorables animateurs représentant la jeunesse). La ferveur de leur soutien a permis au groupe de remporter 4 fois la catégorie "Top Social Artist" des *Billboard* Music Awards de 2017 à 2020.

3. Le 24 sept. 2018, les BTS se sont adressés à l'Assemblée générale des Nations unies pour le lancement de Generation Unlimited, qui promeut l'éducation et l'apprentissage des jeunes.

4. BTS a triomphé lors du Mnet Asian Music Awards de 2020, contraint à un strict protocole sanitaire, et a encore allongé la liste de ses records avec **le plus de *daesang* ("grand prix")** : 13.

5. *BANG BANG CON: THE LIVE*, concert de BTS diffusé en ligne pendant le confinement le 14 juin 2020, a attiré 756 000 fans – **le plus de billets vendus pour un concert diffusé en direct**.

6. Le 7e album de BTS, *Map of the Soul: 7*, s'est écoulé à 4 440 818 exemplaires dans leur pays natal jusqu'en mars 2021 – ce qui en fait **l'album le plus vendu en Corée du Sud**.

Victoria & Albert Museum

VAM.AC.UK

Lieu : Cromwell Road, Kensington & Chelsea, Londres (GBR)
Création : 1852
Superficie : 12 ha
Collection : 2,3 millions d'objets
Galeries : 145
Exposition la plus populaire : *Christian Dior: Designer of Dreams (2019)* 594 994 visiteurs
Visiteurs annuels : 3,9 millions (2019)

Depuis près de 170 ans, l'objectif du plus ancien musée d'arts décoratifs et de design au monde est de divertir et d'instruire ses visiteurs. Sa collection, qui compte plus de 2 millions d'objets, célèbre les 5 000 ans de créativité humaine – des céramiques de l'Antiquité aux objets personnels des rock stars du xxe siècle.

L'idée de créer un musée est née d'une volonté de faire connaître l'art et le design au public anglais. Henry Cole, le fondateur et directeur, veut en faire une "salle de classe pour tous". D'abord appelé Museum of Manufactures, il est inauguré à la Marlborough House de Londres en mai 1852. Cinq ans plus tard, il est transféré là où il se trouve aujourd'hui et rebaptisé South Kensington Museum. Le musée mise sur l'innovation : c'est le premier en son genre à recueillir des photographies en tant qu'art, à proposer à ses visiteurs des rafraîchissements et à utiliser l'éclairage au gaz – permettant au musée d'ouvrir le soir, dans l'espoir d'y attirer plus de travailleurs.

Le 17 mai 1899, le musée change une fois de plus de nom et devient le Victoria and Albert Museum (the V&A). La reine Victoria en personne pose la première pierre du bâtiment conçu par Aston Webb – sa dernière cérémonie publique. Au cours de la Seconde Guerre mondiale, une partie de la collection du muséum sera déplacée en lieu sûr dans les tunnels de l'Aldwych Underground.

Aujourd'hui, les visiteurs du V&A peuvent parcourir 11 km de galeries. Les millions de personnes qui franchissent ses portes chaque année témoignent de sa popularité constante et de l'accomplissement du grand dessein d'Henry Cole.

La carte de vœux d'Henry Cole
En 1843, le fondateur du V&A a demandé à l'artiste John Callcott Horsley de concevoir une illustration festive qu'il pourrait envoyer à ses amis. Il crée ainsi **la 1re carte de vœux imprimée**, représentant une famille portant un toast. Un millier d'exemplaires personnalisables sont produits. En 2001, un original a été vendu par les commissaires-priseurs Henry Aldridge & Son (GBR) pour 22 000 £, ce qui en fait **la carte de vœux la plus chère vendue aux enchères**.

Le costume de mariage de Jacques II
La British Galleries du V&A expose le manteau et les hauts-de-chausses portés par le Duke of York (futur Jacques II) lors de son mariage avec Marie de Modène le 21 nov. 1673, à Douvres (Kent, GBR). C'est l'un des plus anciens costumes de mariage conservés ; il annonce un nouveau style de mode anglais s'inspirant du manteau militaire français appelé "justaucorps".

Le Grand Lit de Ware
Mesurant 2,67 m de haut, 3,26 m de large et 3,38 m de profondeur, **le plus grand lit à baldaquin** pourrait accueillir 4 couples en même temps. Il a été réalisé vers 1590 pour une auberge de Ware (Hertfordshire, GBR) – sans doute pour y attirer les voyageurs. Les hôtes gravaient souvent leurs initiales dans les colonnes et les têtes de lit.

Le tapis d'Ardabil
Un tapis persan exposé dans la salle des arts islamiques du V&A porte une inscription le datant de 946 selon le calendrier musulman (1539-1540 de notre ère) – **le plus ancien tapis daté**. Il s'agit de l'un des 2 tapis commandés par le souverain d'Iran, le Shah Tahmasp, pour le lieu saint de son ancêtre, Sheikh Safi al-Din, dans la cité d'Ardabil.

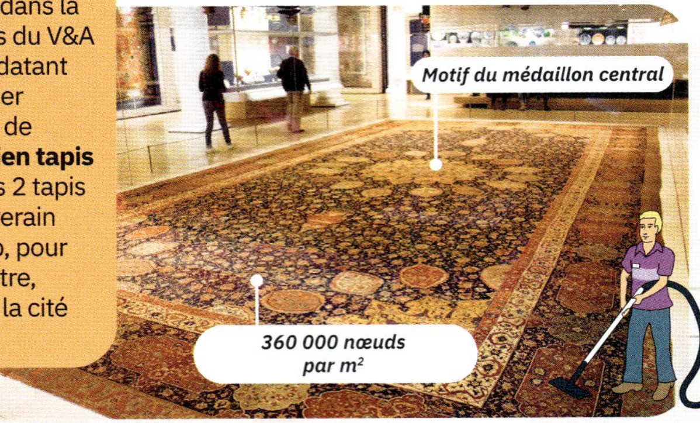

Elton John
Une galerie de photos du V&A porte le nom du célèbre chanteur et compositeur Elton John et de son époux David Furnish. La star – dont *Something About the Way You Look Tonight/Candle in the Wind 1997* est **le single le plus vendu depuis la création du hit-parade**, avec 33 millions de ventes dans le monde – a aussi fait don de paires de lunettes de sa collection au V&A (encart).

Monture ornée de diamants

La photographie de Parliament Street
Une image de Parliament Street prise depuis Trafalgar Square est l'une des plus anciennes photographies de Londres. Elle fait partie d'une série prise par un certain Monsieur de Saint Croix, de passage en sept. 1839 pour présenter une invention française, le daguerréotype, qui permet de former une image sur une plaque de cuivre recouverte d'une couche d'argent.

Les Trois Grâces
Le chef-d'œuvre néoclassique en marbre d'Antonio Canova a été sculpté pour un collectionneur anglais entre 1815 et 1817. La sculpture, appelée *Les Trois Grâces*, a été achetée conjointement par le V&A et la National Gallery of Scotland en 1994 pour 7,5 m £. À l'époque, il s'agissait de **la sculpture la plus chère** – un record depuis attribué à *L'Homme au doigt* d'Alberto Giacometti, vendue 141,2 m $ en 2015.

Les trois filles de Zeus : Euphrosyne, Aglaé et Thalie

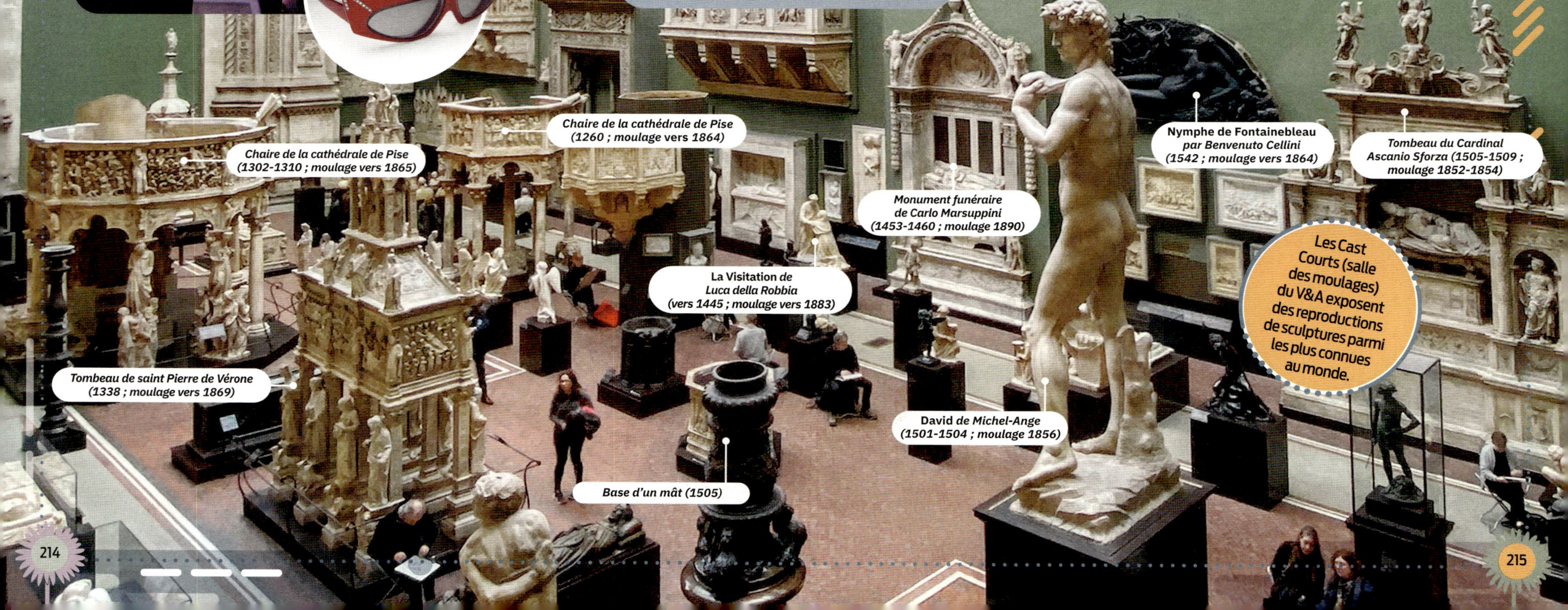

Chaire de la cathédrale de Pise (1302-1310 ; moulage vers 1865)

Chaire de la cathédrale de Pise (1260 ; moulage vers 1864)

Monument funéraire de Carlo Marsuppini (1453-1460 ; moulage 1890)

Nymphe de Fontainebleau par Benvenuto Cellini (1542 ; moulage vers 1864)

Tombeau du Cardinal Ascanio Sforza (1505-1509 ; moulage 1852-1854)

La Visitation de Luca della Robbia (vers 1445 ; moulage vers 1883)

Tombeau de saint Pierre de Vérone (1338 ; moulage vers 1869)

David de Michel-Ange (1501-1504 ; moulage 1856)

Base d'un mât (1505)

Les Cast Courts (salle des moulages) du V&A exposent des reproductions de sculptures parmi les plus connues au monde.

Le plus jeune athlète mondial de l'année
Armand Duplantis (SWE, né USA le 10 nov. 1999) a été sacré meilleur athlète masculin de l'année à 21 ans et 25 jours, lors d'une cérémonie virtuelle le 5 déc. 2020. Jeune star de l'athlétisme, le perchiste a gagné les 16 compétitions qu'il a disputées en 2020 et est devenu le 2e sportif à franchir 10 fois les 6 m en 1 saison. Duplantis a signé **le saut à la perche le plus haut** – 6,18 m – en salle, le 15 févr. (voir p. 225). Il a également réalisé le saut le plus haut en plein air à 6,15 m, le 17 sept. à Rome (ITA), bien que World Athletics ne reconnaisse pas ce record du monde, puisque la performance en salle est plus élevée.

SOMMAIRE

Fils d'un perchiste et d'une heptathlète, Duplantis pratique le saut à la perche depuis l'âge de 3 ans.

Football américain

Le moins de matchs pour atteindre 100 passes de touchdown
Le 8 nov. 2020, Patrick Mahomes lançait sa 100e passe en NFL lors de son 40e match avec les Kansas City Chiefs, remporté 33-31 face aux Carolina Panthers. C'est 4 matchs de moins que Dan Marino. Six semaines avant, le 28 sept., Mahomes avait signé **le moins de matchs pour atteindre 10 000 yards à la passe** (34).

Ces records sont issus de la National Football League (NFL). Tous les joueurs et toutes les équipes sont américains, sauf mention contraire.

Le plus de yards à la passe en carrière
Le quarterback Drew Brees a pris sa retraite en mars 2021 avec un total de 80 358 yards à la passe depuis ses débuts en 2001, et **le plus de passes réussies** (7 142). Entre le 18 oct. 2009 et le 25 nov. 2012, il a aussi réussi **le plus de matchs d'affilée à lancer une passe de touchdown** (54).

L'entraîneur le plus âgé
Romeo Crennel (né le 18 juin 1947) avait 73 ans et 199 jours quand il a coaché les Houston Texans, défaits 41-38 par les Tennessee Titans, le 3 janv. 2021. Crennel avait déjà battu le record de George Halas remontant au 17 déc. 1967.

Le plus de touchdowns en carrière
Le receveur écarté Jerry Rice est arrivé au bout du terrain 208 fois en 303 matchs avec les San Francisco 49ers (à droite), les Oakland Raiders et les Seattle Seahawks de 1985 à 2004. Il compte **le plus de touchdowns en Super Bowl** (8). Sélectionné par les 49ers lors de la draft 1985, Rice a gagné 3 Super Bowls et a joué 20 saisons, établissant de nombreux records à la réception.

Le plus de matchs d'affilée avec un placage
À la fin de la saison 2020 de NFL, la défense des Pittsburgh Steelers avait plaqué le quarterback adverse dans 73 matchs consécutifs. La série a commencé le 6 nov. 2016 contre les Baltimore Ravens. Au moins 29 défenseurs y ont contribué, à commencer par T. J. Watt. Les Steelers ont battu le record des Tampa Bay Buccaneers de 69 placages entre 1999 et 2003.

Les meilleurs en carrière NFL

Le plus de...	Record	Nom	Carrière
Yards à la réception	22 895	Jerry Rice (ci-dessus)	1985-2004
Yards à la course	18 355	Emmitt Smith	1990-2004
Passes de touchdown	581	Tom Brady	2000-
Field goals	599	Adam Vinatieri	1996-2019
Placages	200	Bruce Smith	1985-2003
Interceptions	81	Paul Krause	1964-1979
Matchs joués	382	Morten Andersen (DNK)	1982-2007

Le moins de matchs pour atteindre 400 passes de touchdown
Le 6 déc. 2020, Aaron Rodgers a adressé sa 400e passe en carrière pour son 193e match de NFL avec les Green Bay Packers. Le 19 déc., il a signé sa 40e passe de la saison lors de la victoire 24-16 contre les Carolina Panthers. C'était la 3e fois que Rodgers atteignait ce jalon (après 2011 et 2016), **le plus de saisons à au moins 40 passes de touchdown**.

Le plus de réceptions dans les 100 premiers matchs
Keenan Allen a reçu 624 passes dans ses 100 premiers matchs de NFL, de 2013 à 2020, avec les San Diego/Los Angeles Chargers.

Le plus de retours de kickoff avec touchdown
Le 16 nov. 2020, Cordarrelle Patterson a joué son 8e retour de kickoff avec touchdown, avec une course de 104 yards pour les Chicago Bears contre les Minnesota Vikings. Il a égalé le record de Joshua Cribbs et Leon Washington.

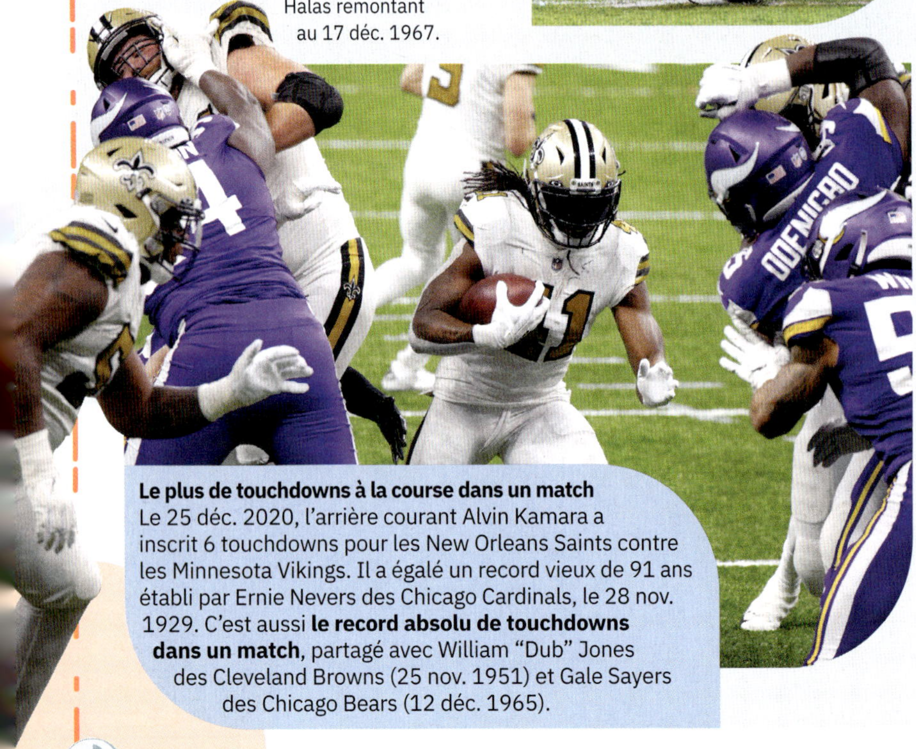

Le plus de touchdowns à la course dans un match
Le 25 déc. 2020, l'arrière courant Alvin Kamara a inscrit 6 touchdowns pour les New Orleans Saints contre les Minnesota Vikings. Il a égalé un record vieux de 91 ans établi par Ernie Nevers des Chicago Cardinals, le 28 nov. 1929. C'est aussi **le record absolu de touchdowns dans un match**, partagé avec William "Dub" Jones des Cleveland Browns (25 nov. 1951) et Gale Sayers des Chicago Bears (12 déc. 1965).

Le plus de Super Bowls gagnés par un quarterback
En 2021, Tom Brady a décroché un 7e titre en Super Bowl pour sa 1re saison avec les Tampa Bay Buccaneers. Il s'était imposé 6 fois avec les New England Patriots de 2002 à 2019. À 43 ans, il a amélioré d'autres records en Super Bowls, dont **le plus de participations** (10), **le plus de passes réussies** (277), **le plus de passes de touchdown** (21) et **le plus de titres de MVP** (5).

Baseball

Henry "Hank" Aaron (1934-2021)
La légende du baseball Henry Aaron est décédée le 22 janv. 2021. En 23 saisons de MLB de 1954 à 1976 (dont 21 avec les Milwaukee/Atlanta Braves), il a établi plusieurs records, comme **le plus de points produits** (2 297) et **le plus de bases touchées** (6 856). Il avait battu le record du **plus de home runs** de Babe Ruth, et son total de 755 n'est devancé que par les 762 de Barry Bonds.

Ces records sont issus de la Major League Baseball (MLB). Tous les joueurs et toutes les équipes sont américains, sauf mention contraire.

Le match en 9 manches le plus long
Les New York Yankees et les Cleveland Indians ont joué 4 h et 50 min, lors des Wild Card Series, le 30 sept. 2020. Les Yankees se sont imposés 10-9. Ce match a duré 5 min de plus que le précédent record, entre les Yankees et les Boston Red Sox, le 18 août 2006.

Le match le plus long s'est joué entre les Chicago White Sox et les Milwaukee Brewers, les 8-9 mai 1984. Chicago avait fini par gagner 7-6 au bout de la 25e manche, après 8 h et 6 min de jeu.

Le moins de manches pour qu'un lanceur atteigne 100 strikeouts en 1 saison
Shane Bieber des Cleveland Indians a signé 100 strikeouts lors de la saison 2020 en 62,3 manches. C'est mieux que les 63 manches de Max Scherzer en 2018. Bieber a ensuite remporté le prix Cy Young Award 2020 du meilleur lanceur de la ligue américaine.

Le plus de strikeouts par une équipe en 1 match de playoff (9 manches)
Les lanceurs des Tampa Bay Rays ont infligé 18 strikeouts aux batteurs des New York Yankees au Match 2 de l'American League Division Series, le 6 oct. 2020. Tyler Glasnow en a signé 10 en 5 manches ; Nick Anderson 4 ; Diego Castillo (DOM) et Pete Fairbanks 2 chacun.

Le plus de strikeouts en playoffs pour un lanceur
Clayton Kershaw a enregistré 207 strikeouts en playoffs pour les Los Angeles Dodgers depuis 2008. Il a dépassé Justin Verlander (205) lors du Match 5 des World Series 2020 contre les Tampa Bay Rays, son 37e match de playoff. Les Dodgers ont remporté les World Series 4-2 et Kershaw son 1er titre de champion.

Henderson était connu pour taper de la main droite alors qu'il lançait de la gauche.

Le plus de bases volées en carrière
Rickey Henderson a volé 1 406 bases de 1979 à 2003, ce qui lui a valu le surnom de "Man of Steal". Aucun autre joueur dans l'histoire de la MLB a dépassé 1 000 bases. Rien qu'en 1982, Henderson en a pris 130, **record sur une saison.** Double champion des World Series, il a joué pour 9 franchises et totalise **le plus de points** (2 295) et de **leadoff homeruns** (81).

Le plus de homeruns d'affilée en 1 manche (équipe)
Le 16 août 2020, les Chicago White Sox ont frappé 4 missiles consécutifs contre les St Louis Cardinals. Les batteurs Yoan Moncada, Yasmani Grandal, José Abreu (tous CUB) et Eloy Jiménez (DOM) ont réussi l'exploit à la 5e manche. Une performance déjà réalisée à 9 reprises.

Le plus de homeruns en 1 manche (équipe) est de 5, ce qui a été accompli 7 fois, la dernière en date par les New York Yankees, lors de la 4e manche de leur victoire 10-7 contre les Toronto Blue Jays, le 17 sept. 2020. Les batteurs Brett Gardner, DJ LeMahieu, Luke Voit, Giancarlo Stanton et Gleyber Torres (VEN) ont tous renvoyé les balles de Chase Anderson, le lanceur des Blue Jays.

Le plus de points en 1 manche de playoff
Le 14 oct. 2020, les Los Angeles Dodgers ont signé 11 pts dans la 1re manche du Match 3 de National League Championship Series contre les Atlanta Braves. Ils ont surpassé les St Louis Cardinals 2019, Anaheim Angels 2002, Detroit Tigers 1968 et Philadelphia Athletics 1929 (10 chacun). Les Dodgers ont ensuite remporté le match 15-3.

Le plus de matchs avec 3 homeruns
Mookie Betts des Los Angeles Dodgers a réussi son 6e triplé de homeruns le 13 août 2020, contre les San Diego Padres. Il fait aussi bien que Johnny Mize et Sammy Sosa (DOM), mais en beaucoup moins de matchs (813, contre 1 884 et 2 354 respectivement). Betts est aussi joueur professionnel de bowling.

Le plus de homeruns en 1 saison de playoffs
Randy Arozarena (CUB) a frappé 10 homeruns pour les Tampa Bay Rays lors des playoffs 2020 – 2 de plus que le record précédent. Il en a réussi 4 contre les Houston Astros en American League Championship Series et a été désigné MVP. Arozarena a aussi signé **le plus de points en 1 saison de playoffs** (29) permettant aux Rays de disputer les World Series.

Basket-ball

Ces records sont issus de la National Basketball Association (NBA). Tous les joueurs et toutes les équipes sont américains, sauf mention contraire.

Le plus de titres en NBA
Les Los Angeles Lakers ont gagné leur 17e titre NBA en 2020, égalant la performance des Boston Celtics de 1957 à 2008. Les Lakers ont aussi réalisé **le plus de participations aux finales** (32).

Le plus de points inscrits pour des débuts en play-offs
Le 17 août 2020, Luka Dončić (SVN) a marqué 42 pts pour les Dallas Mavericks durant le match de 1er tour de Conférence ouest contre les Los Angeles Clippers. Dončić a battu le record de George Mikan (37 pts) qui tenait depuis plus de 70 ans.

Le plus de 3 points en 1 match (équipe)
Le 29 déc. 2020, les Milwaukee Bucks ont réussi 29 tirs en dehors de la raquette lors de leur victoire 144-97 contre le Heat de Miami. Douze joueurs ont marqué, sur 51 tirs. **Le record individuel** est de 14, par Klay Thompson pour les Golden State Warriors contre les Chicago Bulls, le 29 oct. 2018.

Le plus gros avantage à la mi-temps
Le 27 déc. 2020, les Dallas Mavericks menaient de 50 pts à l'issue du 2e quart-temps contre les Clippers (77-27). Les Mavericks ont gagné 124-73.

Le plus de titres de MVP en finales avec différentes équipes
En 2020, LeBron James, des LA Lakers, a été désigné meilleur joueur des finales pour la 4e fois (encart). Déjà titré avec le Heat de Miami (2012 et 2013) et les Cleveland Cavaliers (2016), James continue d'écrire l'histoire du basket américain. Le joueur, 17 fois All-Star, compte à présent **le plus de participations** (260), **de minutes jouées** (10 811) et **de points en play-offs** (7 491).

Le plus jeune joueur à réussir un triple-double
LaMelo Ball (né le 22 août 2001) avait 19 ans et 140 jours quand il a réussi 22 pts, 12 rebonds et 11 passes pour les Charlotte Hornets, victorieux 113-105 des Atlanta Hawks, le 9 janv. 2021. Son frère aîné, Lonzo, avait détenu le même record de nov. 2017 à avr. 2018.

Abdul-Jabbar domine aussi la NBA **au nombre de minutes jouées** (57 446) **et de fautes** (4 657).

Le plus de points en carrière
Kareem Abdul-Jabbar (né Ferdinand Lewis Alcindor Jr) a inscrit 38 387 pts pour les Milwaukee Bucks et les Lakers entre 1969 et 1989. Le centre de 2,18 m, célèbre pour son skyhook (à droite), a marqué 6 712 lancers francs et **le plus de paniers** (15 837), dont un seul depuis la zone des 3 points.

Le plus d'assists en carrière
Le meneur John Stockton a offert 15 806 passes en 1 504 matchs pour l'Utah Jazz, de 1984 à 2003. Il a notamment signé **le record sur une saison** (1 164 en 1990-1991). En défense, il a réussi **le plus d'interceptions** (3 265). Il a formé l'un des plus grands duos du basket avec Karl Malone (en haut à gauche), recordman du **plus de lancers francs réussis** (9 787).

Le plus de titres en WNBA
Le Seattle Storm a décroché son 4e championnat WNBA en oct. 2020 en écrasant les favoris Las Vegas Aces 3-0 en finales. Seattle rejoint le club très privé des quadruples vainqueurs avec les Houston Comets et les Minnesota Lynx.
En battant les Aces 92-59, le 6 oct., le Storm a réussi **l'écart le plus large en 1 match des finales WNBA** (33 pts).

Le plus d'assists pour une joueuse en 1 match WNBA
Courtney Vanderstoot a distribué 18 passes lors du succès 100-77 du Chicago Sky contre l'Indiana Fever, le 31 août 2020. Elle a battu le record précédent de 16 passes, par Ticha Penicheiro (PRT) en 1998 et 2002.

Le plus de rebonds en carrière WNBA
Sylvia Fowles a récupéré 3 400 rebonds depuis 2008. La centre de 1,98 m, qui a joué pour le Chicago Sky et les Minnesota Lynx, a dépassé le record de Rebekkah Brunson (3 356), le 28 juill. 2020. En 2018, Fowles avait établi **le record sur 1 saison** (404). Elle a été désignée 3 fois meilleure défenseure de l'année. Pour plus de records en carrière, consultez le tableau ci-dessous.

RECORDS EN CARRIÈRE WNBA

Le plus de...	Record	Nom	Carrière
Points	8 931	Diana Taurasi	2004-
3 points	1 164	Diana Taurasi	2004-
Lancers francs	2 125	Diana Taurasi	2004-
Assists	2 888	Sue Bird	2002-
Interceptions	1 074	Tamika Catchings	2002-2016
Contres	877	Margo Dydek (POL)	1998-2008
Matchs	519	Sue Bird	2002-

Hockey sur glace

Le plus de minutes sur la glace en 1 match de play-off
Le défenseur des Columbus Blue Jackets Seth Jones (USA) est resté 65 min et 6 s sur la glace au Match 1 du 1er tour contre le Tampa Bay Lightning, le 11 août 2020. Les Blue Jackets ont perdu le 4e match le plus long de NHL 3-2 en 5e prolongation. Ce match-marathon a aussi vu le gardien des Blue Jackets Joonas Korpisalo (FIN, ci-dessous) réussir **le plus d'arrêts en un match de play-off** (85).

Le plus de matchs joués
Le 19 avr. 2021, Patrick Marleau a battu le record de Gordie Howe établi 41 ans auparavant en disputant son 1 768e match de NHL. C'était la 23e saison de Marleau, qui a défendu les couleurs des San Jose Sharks, Toronto Maple Leafs et Pittsburgh Penguins. Ce 1 768e match était son 899e d'affilée – 2e série la plus longue en cours en NHL.

Ces records sont issus de la National Hockey League (NHL). Tous les joueurs et toutes les équipes sont canadiens, sauf mention contraire.

Le plus de victoires pour un gardien en 1 saison de play-off
Andrei Vasilevskiy (RUS) a enchaîné 18 succès en play-offs quand le Tampa Bay Lightning a soulevé la Stanley Cup en 2020. Il a disputé tous les matchs, y compris les tours de qualification supplémentaires introduits cette année, pour un total de 1 708 min et 12 s de jeu.

Le plus de mises en échec en carrière
Au 12 avr. 2021, Dustin Brown (USA) totalisait 3 526 mises en échec de joueurs adverses avec les Los Angeles Kings, et ce depuis 2005-2006, quand la NHL a commencé à recueillir des données fiables.

Le plus de mises en échec en 1 match est de 15, par Nikita Zadorov (RUS), le 22 mars 2018. Il jouait pour le Colorado Avalanche, battu 7-1 par les Kings.

Le plus de tirs au but
Le 29 févr. 2020, Jonathan Toews a aidé les Chicago Blackhawks à battre les Florida Panthers grâce à son 50e tir au but. Ces séances ont été introduites en NHL lors de la saison 2005-2006 pour départager un match après les prolongations.

Le plus de tirs au but victorieux est de 23, par Frans Nielsen (DNK), pour les New York Islanders et les Detroit Red Wings.

Le plus de saisons comme meilleur marqueur
Alex Ovechkin (RUS) des Washington Capitals a terminé la saison 2019-2020 (abrégée pour cause de COVID) au sommet du classement des buteurs pour la 9e fois. Il a inscrit 48 buts, à égalité avec David Pastrňák (CZE) des Boston Bruins.

Le 30 janv. 2021, Ovechkin a amélioré son record du **plus de buts en prolongations de saison régulière** avec un 24e but décisif. Les Capitals ont battu les Boston Bruins 4-3.

Le plus de victoires pour un gardien
Martin Brodeur a remporté 691 matchs avec les New Jersey Devils et St Louis Blues du 26 mars 1992 au 2 janv. 2015. En 22 saisons de NHL (dont 21 avec les Devils), il a remporté 3 fois la Stanley Cup et a totalisé **le plus de matchs pour un gardien** (1 266) et **le plus de clean sheets** (125). Il a aussi inscrit 3 buts en carrière, plus que tout autre gardien.

Le plus de...
Matchs disputés d'affilée : 964, par Doug Jarvis, du 8 oct. 1975 au 10 oct. 1987.
Équipes représentées : 12, par Mike Sillinger, entre 1990 et 2009.
Minutes de pénalité : 3 971, par Dave "Tiger" Williams en 962 matchs, entre 1974 et 1988.
Points marqués en prolongations : 37, par Patrik Eliáš (CZE), pour les New Jersey Devils, de 1995 à 2016.
Tirs cadrés : 6 206, par Ray Bourque, pour les Boston Bruins, de 1979 à 2001.
Titres en Stanley Cup (joueurs) : 11, par Henri Richard, pour les Canadiens de Montréal, entre 1956 et 1973.
Matchs entraînés : 2 141, par Scotty Bowman, de 1967 à 2002.
Trophées Lady Byng : 7, par Frank Boucher, de 1928 à 1935. Le trophée Lady Byng récompense chaque saison le joueur qui a fait preuve du plus grand fair-play.

Le plus de buts
Wayne Gretzky a marqué à 894 reprises entre 1979 et 1999 avec les Edmonton Oilers, Los Angeles Kings, St Louis Blues et New York Rangers. Peu de sportifs ont autant dominé leur discipline. Gretzky compte aussi **le plus de triplés** (50), **le plus de passes décisives** (1 963) et **le plus de points** (2 857). En 1985-1986, "The Great One" a signé **le plus de points en 1 saison** (215) avec les Oilers. Aucun autre joueur n'a jamais passé la barre de 200 points en 1 saison de NHL. Gretzky l'a fait 4 fois.

Football

Le plus de buts comme capitaine en coupe du monde FIFA
Diego Maradona a marqué 6 fois pour l'Argentine en coupe du monde entre 1986 et 1994. Harry Kane en a fait autant pour l'Angleterre en 2018. Au tournoi 1986 au Mexique, Maradona a fait triompher son équipe grâce à son talent, sa vision et son leadership extraordinaires – sans oublier son attrait pour la controverse –, devenant une légende du sport. Il est décédé le 25 nov. 2020.

Le plus de victoires de suite en Ligue des champions
Le Bayern Munich (DEU) a gagné 15 rencontres européennes consécutives entre le 18 sept. 2019 et le 25 nov. 2020. Les Bavarois ont décroché le titre en 2019-2020, devenant les 1ers à gagner tous les matchs de la saison. Ils ont finalement concédé le nul 1-1 contre l'Atlético Madrid le 1er déc. 2020. Plus d'informations sur le Bayern à droite.

Le plus de saisons consécutives à marquer en Ligue des champions
Le 20 oct. 2020, Lionel Messi (ARG) a trouvé les filets pour la 16e saison de suite en Ligue des champions en transformant un penalty pour Barcelone contre Ferencváros. Seul Karim Benzema (FRA) fait aussi bien après avoir marqué pour le Real Madrid contre le Borussia Mönchengladbach le 27 oct. 2020.

Benzema compte 70 buts dans la compétition et Messi 120. L'Argentin est devancé par son grand rival Cristiano Ronaldo (PRT), auteur de 134 buts en 176 matchs, **le plus de buts en Ligue des champions**. Ronaldo et Messi partagent **le record du plus de triplés** dans la compétition (8 chacun).

Le plus jeune en Ligue des champions de l'UEFA
Youssoufa Moukoko (DEU, né CAM le 20 nov. 2004) n'avait que 16 ans et 18 jours quand il est entré pour le Borussia Dortmund contre le Zénith Saint-Pétersbourg, le 8 déc. 2020. Dix jours après, il est devenu **le plus jeune buteur de Bundesliga** en marquant contre l'Union Berlin à 16 ans et 28 jours.

Le plus de championnats nationaux féminins consécutifs
Le SFK 2000 Sarajevo a remporté 18 titres d'affilée dans l'élite de Bosnie-Herzégovine entre 2002-2003 et 2019-2020. Le dernier en date – confirmé le 1er juin 2020 après une saison abrégée par la COVID-19 – lui a permis de dépasser le record du club des Féroé KÍ Klaksvík Kvinnur de 2000 à 2016.

Le record masculin est détenu par Tafea FC, un club des Vanuatu, dans le Pacifique sud. L'équipe a décroché les 15 dernières éditions du championnat Port Vila, organisé en 1994–2007 et en 2008-2009.

Le plus de matchs en Serie A
Gianluigi Buffon (ITA) a disputé 656 matchs dans l'élite italienne du 19 nov. 1995 au 21 avr. 2021. Le gardien champion du monde est revenu en Italie en 2019 et a dépassé Paolo Maldini en jouant sa 648e rencontre de Serie A le 4 juill. 2020. Buffon a aussi gagné un 10e Scudetto avec la Juventus – **le plus de titres de Serie A pour un joueur**.

Le plus de victoires en Ligue des champions CAF
Le 27 nov. 2020, les Égyptiens d'Al Ahly ont remporté leur 9e titre en Ligue des champions de la Confédération africaine de football (CAF) contre leurs compatriotes de Zamalek 2-1, grâce à un but de Mohamed Magdy à la 86e minute. L'ancienne coupe d'Afrique des clubs champions, créée en 1964, se déroule tous les ans et regroupe les meilleures équipes du continent africain.

En sept. 2020, Al Ahly a amélioré son record du **plus de titres de champion d'Égypte** (42), toujours 13 titres nationaux de moins que les Rangers en Écosse (ci-dessous).

Le plus de buts en Ligue des champions AFC
Le buteur Lee Dong-gook (KOR) a marqué 37 fois en Ligue des champions de la Confédération asiatique de football (AFC) entre 2010 et 2019 avec le club coréen Jeonbuk Hyundai Motors.

Le plus de titres en championnat
Les Rangers ont validé leur 55e trophée en 1re division écossaise le 7 mars 2021 – leur 1er titre depuis 10 ans. C'est la 1re fois que le championnat est décidé aussi tôt. Les Rangers passent devant Linfield, qui a gagné son 54e titre en Irlande du Nord à la même date.

Le plus de buts en sélection pour un défenseur (hommes)
Sergio Ramos a marqué 23 buts pour l'Espagne du 12 oct. 2005 au 6 sept. 2020. Le défenseur central a signé un doublé contre l'Ukraine en Ligue des Nations de l'UEFA 2020 pour dépasser Daniel Passarella (ARG ; 22). En 2018-2019, Ramos avait signé 8 buts en 9 rencontres internationales.

Le plus de Ligues des champions féminines de l'UEFA
Les joueuses de l'Olympique Lyonnais féminin ont soulevé leur 7e trophée le 30 août 2020 grâce à leur victoire 3-1 en finale contre le VfL Wolfsburg. Les Lyonnaises Eugénie Le Sommer, Wendie Renard et Sarah Bouhaddi (toutes FRA, encart, de gauche à droite) ont été de tous les succès et détiennent **le record individuel. Le record masculin** est de 6, pour Francisco Gento avec le Real Madrid entre 1956 et 1966.

La plus jeune buteuse pour un 1er match de championnat américain (NWSL)
Trinity Rodman (USA, née le 20 mai 2002) avait 18 ans et 325 jours quand elle a marqué pour le Washington Spirit le 10 avr. 2021. Fille du légendaire basketteur Dennis Rodman, Trinity a frappé 5 min après son entrée.
La plus jeune buteuse de NWSL est Ellie Carpenter (AUS, née le 28 avr. 2000), à 18 ans et 21 jours, le 19 mai 2018.

Le plus jeune joueur de Liga
Luka Romero (ARG, née MEX le 18 nov. 2004) a été aligné par le RCD Majorque à 15 ans et 219 jours contre le Real Madrid, le 24 juin 2020.

Le plus jeune joueur à 100 buts en Ligue 1
Le 21 mars 2021, Kylian Mbappé (FRA, né le 20 déc. 1998) s'est fendu d'un doublé pour le Paris Saint-Germain contre Lyon pour passer la barre des 100 buts en L1 à 22 ans et 91 jours. C'est 1 an de moins qu'Hervé Revelli avec l'ASSE en 1969. Mbappé avait marqué 16 buts avec Monaco avant de rejoindre le PSG en 2017.

Le but le plus rapide en Serie A
Rafael Leão (PRT) a marqué après 6,76 s de jeu pour l'AC Milan contre Sassuolo, le 20 déc. 2020, au Mapei Stadium de Reggio Emilia (ITA). C'était le but le plus rapide des 5 grands championnats européens :
- **Premier League** : 7,69 s, par Shane Long (IRL) pour Southampton contre Watford, le 23 avr. 2019.
- **Liga** : 7,8 s, par Joseba Llorente (ESP) pour le Real Valladolid contre l'Espanyol, le 20 janv. 2008.
- **Ligue 1** : 8 s, par Michel Rio (FRA) pour Caen contre Cannes, le 15 févr. 1992.
- **Bundesliga** : 9 s, par Karim Bellarabi (DEU) pour le Bayer 04 Leverkusen contre le Borussia Dortmund, le 23 août 2014 ; et Kevin Volland (DEU) pour Hoffenheim contre le Bayern Munich, le 22 août 2015.

Le meilleur buteur de Premier League le plus âgé
L'attaquant de Leicester City Jamie Vardy (GBR, né le 11 janv. 1987) a terminé meilleur buteur de la saison 2019-2020 avec 23 unités, décrochant le Soulier d'or le 26 juill. 2020, à 33 ans et 197 jours.

Le plus de titres en Bundesliga (joueur)
Le 8 mai 2021, David Alaba (AUT) et Thomas Müller (DEU) ont soulevé leur 10e trophée avec le Bayern Munich – c'est un de plus que 5 de leurs coéquipiers actuels ou passés. Depuis 2012-2013, le rouleau compresseur munichois a accumulé **le plus de titres d'affilée en Bundesliga** (9).

Le score le plus large en Eredivisie
Le 24 oct. 2020, en championnat néerlandais, l'AFC Ajax a écrasé le VVV-Venlo 13-0 à l'extérieur. Lassina Traoré a inscrit un quintuplé.

Le plus de buts en Super League féminine anglaise
Vivianne Miedema (NLD), joueuse d'Arsenal, a marqué 59 fois dans l'élite féminine anglaise. Elle a dépassé le record de Nikita Parris (49 buts), le 18 oct. 2020, avec un triplé dans le derby contre Tottenham. Miedema détient aussi **le record de buts sur 1 saison** (22), en 2018-2019. Le 1er déc. 2019, elle a établi **le record en 1 match** avec un sextuplé quand Arsenal a broyé Bristol City 11-1 (photo).

Miedema a fait ses débuts dans le football néerlandais en 2011, à seulement 15 ans.

Athlétisme

ÉPREUVES SUR PISTE

HOMMES	Temps/Distance	Nom	Lieu	Date
100 m	9''58	Usain Bolt (JAM)	Berlin (DEU)	16 août 2009
200 m	19''19	Usain Bolt (JAM)	Berlin (DEU)	20 août 2009
400 m	43''03	Wayde van Niekerk (ZAF)	Rio de Janeiro (BRA)	14 août 2016
800 m	1'40''91	David Rudisha (KEN)	Londres (GBR)	9 août 2012
1 000 m	2'11''96	Noah Ngeny (KEN)	Rieti (ITA)	5 sept. 1999
1 500 m	3'26''00	Hicham El Guerrouj (MAR)	Rome (ITA)	14 juill. 1998
1 mile	3'43''13	Hicham El Guerrouj (MAR)	Rome (ITA)	7 juill. 1999
2 000 m	4'44''79	Hicham El Guerrouj (MAR)	Berlin (DEU)	7 sept. 1999
3 000 m	7'20''67	Daniel Komen (KEN)	Rieti (ITA)	1er sept. 1996
5 000 m	12'35''36	Joshua Cheptegei (UGA)	Fontvieille (MON)	14 août 2020
10 000 m	26'11''00	Joshua Cheptegei (UGA)	Valence (ESP)	7 oct. 2020
20 000 m	56'26''00	Haile Gebrselassie (ETH)	Ostrava (CZE)	27 juin 2007
1 h	21 330 m	Mo Farah (GBR)	Bruxelles (BEL)	4 sept. 2020
25 000 m	1 h 12'25''	Moses Cheruiyot Mosop (KEN)	Eugene (USA)	3 juin 2011
30 000 m	1 h 26'47''40	Moses Cheruiyot Mosop (KEN)	Eugene (USA)	3 juin 2011
3 000 m steeple	7'53''63	Saif Saaeed Shaheen (QAT)	Bruxelles (BEL)	3 sept. 2004
110 m haies	12''80	Aries Merritt (USA)	Bruxelles (BEL)	7 sept. 2012
400 m haies	46''78	Kevin Young (USA)	Barcelone (ESP)	6 août 1992
Relais 4 x 100 m	36''84	Jamaïque (Nesta Carter, Michael Frater, Yohan Blake, Usain Bolt)	Londres (GBR)	11 août 2012
Relais 4 x 200 m	1'18''63	Jamaïque (Nickel Ashmeade, Warren Weir, Jermaine Brown, Yohan Blake)	Nassau (BHS)	24 mai 2014
Relais 4 x 400 m	2'54''29	USA (Andrew Valmon, Quincy Watts, Butch Reynolds, Michael Johnson)	Stuttgart (DEU)	22 août 1993
Relais 4 x 800 m	7'02''43	Kenya (Joseph Mutua, William Yiampoy, Ismael Kombich, Wilfred Bungei)	Bruxelles (BEL)	25 août 2006
Relais 4 x 1 500 m	14'22''22	Kenya (Collins Cheboi, Silas Kiplagat, James Kiplagat Magut, Asbel Kiprop)	Nassau (BHS)	25 mai 2014

FEMMES	Temps/Distance	Nom	Lieu	Date
100 m	10''49	Florence Griffith-Joyner (USA)	Indianapolis (USA)	16 juill. 1988
200 m	21''34	Florence Griffith-Joyner (USA)	Séoul (KOR)	29 sept. 1988
400 m	47''60	Marita Koch (RDA)	Canberra (AUS)	6 oct. 1985
800 m	1'53''28	Jarmila Kratochvílová (TCH)	Munich (DEU)	26 juill. 1983
1 000 m	2'28''98	Svetlana Masterkova (RUS)	Bruxelles (BEL)	23 août 1996
1 500 m	3'50''07	Genzebe Dibaba (ETH)	Fontvieille (MON)	17 juill. 2015
1 mile	4'12''33	Sifan Hassan (NLD)	Fontvieille (MON)	12 juill. 2019
2 000 m	5'23''75 (i)	Genzebe Dibaba (ETH)	Sabadell (ESP)	7 févr. 2017
3 000 m	8'06''11	Wang Junxia (CHN)	Pékin (CHN)	13 sept. 1993
5 000 m	14'06''62	Letesenbet Gidey (ETH)	Valence (ESP)	7 oct. 2020
10 000 m	29'17''45	Almaz Ayana (ETH)	Rio de Janeiro (BRA)	12 août 2016
20 000 m	1 h 05'26''60	Tegla Loroupe (KEN)	Borgholzhausen (DEU)	3 sept. 2000
1 h	18 930 m	Sifan Hassan (NLD)	Bruxelles (BEL)	4 sept. 2020
25 000 m	1 h 27'05''90	Tegla Loroupe (KEN)	Mengerskirchen (DEU)	21 sept. 2002
30 000 m	1 h 45'50''00	Tegla Loroupe (KEN)	Warstein (DEU)	6 juin 2003
3 000 m steeple	8'44''32	Beatrice Chepkoech (KEN)	Fontvieille (MON)	20 juill. 2018
100 m haies	12''20	Kendra Harrison (USA)	Londres (GBR)	22 juill. 2016
400 m haies	52''16	Dalilah Muhammad (USA)	Doha (QAT)	4 oct. 2019
Relais 4 x 100 m	40''82	USA (Tianna Madison, Allyson Felix, Bianca Knight, Carmelita Jeter)	Londres (GBR)	10 août 2012
Relais 4 x 200 m	1'27''46	USA "Blue" (LaTasha Jenkins, LaTasha Colander-Richardson, Nanceen Perry, Marion Jones)	Philadelphie (USA)	29 avr. 2000
Relais 4 x 400 m	3'15''17	URSS (Tatyana Ledovskaya, Olga Nazarova, Mariya Pinigina, Olga Bryzgina)	Séoul (KOR)	1er oct. 1988
Relais 4 x 800 m	7'50''17	URSS (Nadezhda Olizarenko, Lyubov Gurina, Lyudmila Borisova, Irina Podyalovskaya)	Moscou (RUS)	5 août 1984
Relais 4 x 1 500 m	16'27''02	Nike/Bowerman Track Club (Colleen Quigley, Elise Cranny, Karissa Schweizer, Shelby Houlihan, tous USA)	Portland (USA)	31 juill. 2020

Nationalités à la date de la performance.

(i) Performance en salle
Depuis 1998, World Athletics (anciennement IAAF) a déclaré que les records du monde pouvaient être établis dans des installations "avec ou sans toit". Les temps, hauteurs et distances réalisés en salle comptent donc comme records extérieurs, à certaines conditions (par ex. pas de pistes incurvées).

Le 5 000 m le plus rapide (hommes)
Joshua Cheptegei (UGA) a couru 5 000 m en 12 min et 35,36 s, le 14 août 2020, au stade Louis II de Monaco, soit une moyenne de 4 min et 3 s par mile. C'était le 1er de 2 vieux records de Kenenisa Bekele (ETH) que Cheptegei a battus en 2020 : le 7 oct., il a signé **le 10 000 m le plus rapide** en 26 min et 11 s, soit 6 s de mieux que précédemment.

La plus longue distance en 1 h (hommes)
Mo Farah (GBR, né SOM) a établi son 1er record du monde sur piste extérieure le 4 sept. 2020 à 37 ans, parcourant 21 330 m – plus qu'un semi-marathon – en 60 min. L'épreuve, rarement disputée, s'est tenue au meeting de Diamond League, à Bruxelles (BEL). Des LED aidaient les coureurs à suivre le rythme record.

La plus longue distance en 1 h (femmes)
Sifan Hassan (NLD, née ETH) a couru 18 930 m en 60 min, le 4 sept. 2020, à Bruxelles (BEL). À 1 min de la fin, elle a distancé Brigid Kosgei (en haut, à gauche) – ensuite disqualifiée pour une sortie de piste. Hassan, championne du monde 2019 sur 1 500 m et 10 000 m, détient les records du monde dans 3 épreuves.

COURSES SUR ROUTE

HOMMES	Temps	Nom	Lieu	Date
5 km	12'51''	Joshua Cheptegei (UGA)	Monaco	16 févr. 2020
10 km	26'24''	Rhonex Kipruto (KEN)	Valence (ESP)	12 janv. 2020
Semi-marathon	57'32''	Kibiwott Kandie (KEN)	Valence (ESP)	6 déc. 2020
Marathon	2 h 01'39''	Eliud Kipchoge (KEN)	Berlin (DEU)	16 sept. 2018
100 km	6 h 09'14''	Nao Kazami (JPN)	Lac Saroma (JPN)	24 juin 2018
Relais sur route	1 h 57'06''	Kenya (Josephat Ndambiri, Martin Mathathi, Daniel Muchunu Mwangi, Mekubo Mogusu, Onesmus Nyerere, John Kariuki)	Chiba (JPN)	23 nov. 2005

FEMMES	Temps	Nom	Lieu	Date
5 km	14'44'' (Wo)	Sifan Hassan (NLD)	Monaco	17 févr. 2019
	14'43'' (Mx)	Beatrice Chepkoech (KEN)	Monaco	14 févr. 2021
10 km	30'29'' (Wo)	Asmae Leghzaoui (MAR)	New York (USA)	8 juin 2002
	29'43'' (Mx)	Joyciline Jepkosgei (KEN)	Prague (CZE)	9 sept. 2017
Semi-marathon	1 h 05'16'' (Wo)*	Peres Jepchirchir (KEN)	Gdynia (POL)	17 oct. 2020
	1 h 04'02'' (Mx)*	Ruth Chepngetich (KEN)	Istanbul (TUR)	4 avr. 2021
Marathon	2 h 17'01'' (Wo)	Mary Keitany (KEN)	Londres (GBR)	23 avr. 2017
	2 h 14'04'' (Mx)	Brigid Kosgei (KEN)	Chicago (USA)	13 oct. 2019
100 km	6 h 33'11''	Tomoe Abe (JPN)	Lac Saroma (JPN)	25 juin 2000
Relais sur route	2 h 11'41''	Chine (Jiang Bo, Dong Yanmei, Zhao Fengting, Ma Zaijie, Lan Lixin, Li Na)	Pékin (CHN)	28 févr. 1998

Le semi-marathon le plus rapide (femmes, mixte)*
Le 4 avr. 2021, Ruth Chepngetich (KEN) a remporté le semi N Kolay d'Istanbul (TUR) en 1 h, 4 min et 2 s. World Athletics sépare les records féminins de course sur route en "femmes uniquement" (Wo) et "mixtes" (Mx), cette dernière catégorie étant censée conférer un avantage puisque les femmes courent avec les hommes.

Le 50 km marche sur route le plus rapide (femmes)
Le 9 mars 2019, Liu Hong (CHN) est devenue la 1re femme à passer sous la barre des 4 h en 50 km marche sur route, terminant le Grand Prix chinois en 3 h, 59 min et 15 s. Elle a détenu **le record du 20 km** pendant 6 ans, avant de le céder à Yang Jiayu le 20 mars 2021.

COURSES À PIED

HOMMES	Temps	Nom	Lieu	Date
20 000 m	1 h 17'25''6	Bernardo Segura (MEX)	Bergen (NOR)	7 mai 1994
20 km (route)	1 h 16'36''	Yusuke Suzuki (JPN)	Nomi (JPN)	15 mars 2015
30 000 m	2 h 01'44''1	Maurizio Damilano (ITA)	Cuneo (ITA)	3 oct. 1992
50 000 m	3 h 35'27''2	Yohann Diniz (FRA)	Reims (FRA)	12 mars 2011
50 km (route)	3 h 32'33''	Yohann Diniz (FRA)	Zurich (CHE)	15 août 2014

FEMMES	Temps	Nom	Lieu	Date
10 000 m	41'56''23	Nadezhda Ryashkina (URSS)	Seattle (USA)	24 juill. 1990
20 000 m	1 h 26'52''3	Olimpiada Ivanova (RUS)	Brisbane (AUS)	6 sept. 2001
20 km (route)	1 h 23'49''*	Yang Jiayu (CHN)	Huangshan (CHN)	20 mars 2021
50 km (route)	3 h 59'15''	Liu Hong (CHN)	Huangshan (CHN)	9 mars 2019

**En attente de validation par World Athletics.*

ÉVÉNEMENTS EN PLEIN AIR

HOMMES	Distance/Points	Nom	Lieu	Date
Saut en hauteur	2,45 m	Javier Sotomayor (CUB)	Salamanque (ESP)	27 juill. 1993
Saut à la perche	6,18 m (i)	Armand Duplantis (SWE)	Glasgow (GBR)	15 févr. 2020
Saut en longueur	8,95 m	Mike Powell (USA)	Tokyo (JPN)	30 août 1991
Triple saut	18,29 m	Jonathan Edwards (GBR)	Göteborg (SWE)	7 août 1995
Poids	23,12 m	Randy Barnes (USA)	Los Angeles (USA)	20 mai 1990
Disque	74,08 m	Jürgen Schult (GDR)	Neubrandenburg (DEU)	6 juin 1986
Marteau	86,74 m	Yuriy Sedykh (URSS)	Stuttgart (DEU)	30 août 1986
Javelot	98,48 m	Jan Železný (CZE)	Jena (DEU)	25 mai 1996
Décathlon†	9 126 points	Kevin Mayer (FRA)	Talence (FRA)	15-16 sept. 2018

† 100 m : 10,55 s ; saut en longueur : 7,80 m ; poids : 16,00 m ; saut en hauteur : 2,05 m ; 400 m : 48,42 s ; 110 m haies : 13,75 s ; disque : 50,54 m ; perche : 5,45 m ; javelot : 71,90 m ; 1 500 m : 4 min et 36,11 s

FEMMES	Distance/Points	Nom	Lieu	Date
Saut en hauteur	2,09 m	Stefka Kostadinova (BGR)	Rome (ITA)	30 août 1987
Saut à la perche	5,06 m	Yelena Isinbayeva (RUS)	Zurich (CHE)	28 août 2009
Saut en longueur	7,52 m	Galina Chistyakova (URSS)	Leningrad (URSS)	11 juin 1988
Triple saut	15,50 m	Inessa Kravets (UKR)	Göteborg (SWE)	10 août 1995
Poids	22,63 m	Natalya Lisovskaya (URSS)	Moscou (URSS)	7 juin 1987
Disque	76,80 m	Gabriele Reinsch (GDR)	Neubrandenburg (DEU)	9 juill. 1988
Marteau	82,98 m	Anita Włodarczyk (POL)	Varsovie (POL)	28 août 2016
Javelot	72,28 m	Barbora Špotáková (CZE)	Stuttgart (DEU)	13 sept. 2008
Heptathlon††	7 291 points	Jacqueline Joyner-Kersee (USA)	Séoul (KOR)	23-24 sept. 1988

††† 100 m haies : 12,69 s ; saut en hauteur : 1,86 m ; poids : 15,80 m ; 200 m : 22,56 s ; saut en longueur : 7,27 m ; javelot : 45,66 m ; 800 m : 2 min et 8,51 s

Décathlon†††	8 358 points	Austra Skujytė (LTU)	Columbia (USA)	14-15 avr. 2005

††† 100 m : 12,49 s ; saut en longueur : 6,12 m ; poids : 16,42 m ; saut en hauteur : 1,78 m ; 400 m : 57,19 s ; 100 m haies : 14,22 s ; disque : 46,19 m ; perche : 3,10 m ; javelot : 48,78 m ; 1 500 m : 5 min et 15,86 s

Le saut à la perche le plus haut (hommes)
Le 15 févr. 2020, Armand Duplantis (SWE, né USA) a réalisé un saut à 6,18 m, au Grand Prix Müller en salle, à Glasgow (GBR). C'était la 2e fois en 1 semaine que le perchiste surnommé "Mondo" battait le record du monde de l'épreuve établi 6 ans plus tôt. Voir p. 216-217 pour en savoir plus.

Handisport

Le 2 000 m le plus rapide en skiff simple (hommes, PR1)
Le 1er sept. 2019, Roman Polianskyi (UKR) a gagné la finale de simple masculin en skiff PR1 en 9 min et 12,99 s, aux mondiaux d'aviron, à Linz-Ottensheim (AUT). Polianskyi (ci-dessus en 2020) a amélioré de 4 s le record du monde précédent. Ancien paracanoéiste, il est passé à l'aviron en 2013.

En plus de ses 2 titres paralympiques en saut en longueur, Rehm a aussi remporté l'or au relais 4 x 100 m.

Le saut en longueur le plus grand (T64, hommes)
Markus Rehm (DEU), dit "Blade Jumper", a sauté à 8,48 m, le 25 août 2018, aux mondiaux d'athlétisme handisport de Berlin (DEU). C'est plus loin que les sauts victorieux des 2 JO précédents. Rehm a perdu sa jambe droite lors d'un accident de wakeboard et court avec une prothèse en fibres de carbone.

Le 1er grand chelem aux World Marathon Majors
La coureuse en fauteuil Manuela Schär (CHE) a gagné chaque étape du Series XII des World Marathon Majors du 16 sept. 2018 au 28 avr. 2019, s'imposant à Berlin, Chicago, New York, Tokyo, Boston et Londres (ci-contre). Elle a réalisé **le marathon en fauteuil le plus rapide (T54, femmes)** – 1 h, 35 min et 42 s –, le 17 nov. 2019, à Oita (JPN).

Le 1er para-athlète à participer aux jeux Olympiques
Le gymnaste George Eyser (USA, né DEU) a disputé les JO 1904 à Saint-Louis (USA) avec une prothèse de jambe en bois. Le 28 oct., il a décroché 6 médailles en 1 journée, dont l'or en grimper de corde, saut de cheval et barres parallèles.

Le mouvement paralympique est né le 29 juill. 1948 quand une épreuve de tir à l'arc en fauteuil a été organisée à l'occasion de l'inauguration des JO de Londres. Les 1ers jeux Paralympiques ont eu lieu les 18-25 sept. 1960, à Rome (ITA). **Le 1er paralympien engagé aux JO** était Neroli Fairhall (NZL), qui s'est qualifiée en tir à l'arc féminin individuel aux JO 1984 après avoir disputé les jeux Paralympiques d'été en 1972 et 1980.

Le 1er médaillé olympique et paralympique
En 1991, le médaillé de bronze en escrime Pál Szekeres (HUN) a été blessé lors d'un accident de bus. Il est devenu bretteur en fauteuil et a disputé 5 jeux Paralympiques, de 1992 à 2008, décrochant 3 médailles d'or et 3 de bronze.

Le plus de médailles paralympiques
La nageuse Trischa Zorn (USA) totalise 55 médailles en 7 jeux Paralympiques, de 1980 à 2004. Zorn, née avec une déficience visuelle, compte 5 médailles de bronze, 9 d'argent et 41 d'or – **le plus de médailles d'or paralympiques**. En 2012, elle a fait son entrée au Panthéon paralympique international.

Le plus de médailles paralympiques (hommes) est de 34, par Heinz Frei (CHE), de 1984 à 2016, dont 15 en or. Frei a disputé les jeux Paralympiques d'été en athlétisme et cyclisme sur route, et a glané 8 autres médailles en ski de fond aux jeux Paralympiques d'hiver.

Le marathon en fauteuil le plus rapide (T54, hommes)
Heinz Frei a remporté le marathon international en fauteuil d'Oita (JPN) en 1 h, 20 min et 14 s, le 31 oct. 1999. C'est le meilleur temps masculin en fauteuil sur un parcours éligible au record. Marcel Hug (CHE) a gagné le marathon de Boston 2017 (non éligible en raison de son dénivelé négatif et de sa distance totale) en 1 h, 18 min et 4 s. Le 22 oct. 2020, Daniel Romanchuk (USA) a effectué un marathon de New York virtuel en 1 h, 13 min et 57 s. Il a couru seul sur un parcours dans le centre de l'Illinois (USA).

Le 200 m contre-la-montre le plus rapide en paracyclisme (hommes, C1)
Ricardo Ten Argilés (ESP) a couvert 200 m en 12,325 s, le 31 janv. 2020, aux mondiaux de paracyclisme sur piste, à Milton (CAN). Triple champion paralympique en natation, Ten Argilés n'a commencé le cyclisme qu'en 2017. Il a été amputé des deux bras et d'une jambe sous le genou après un accident dans son enfance.

En 2019, Ricardo Ten Argilés a reçu la médaille d'or de l'Ordre royal du mérite sportif en Espagne.

La plus grande distance en paracyclisme en 1 h (C5, femmes)

Le 28 févr. 2015, Sarah Storey (GBR) a parcouru 45,502 km en 60 min, à Londres (GBR). Elle a raté le record féminin absolu de l'heure de l'UCI de 563 m. Fin 2020, Storey comptait 38 titres mondiaux et 14 titres paralympiques en natation et en cyclisme (sur route et sur piste).

Le plus de titres aux mondiaux féminins de basket-ball en fauteuil

Le Canada est quintuple champion du monde en basket-fauteuil féminin, avec des titres en 1994, 1998, 2002, 2006 et 2014.

Le **record masculin** est de 6, par les États-Unis.

Le plus de titres aux mondiaux de rugby-fauteuil

Surnommé "murderball" en raison du grand nombre de contacts physiques, le rugby-fauteuil est un sport mixte pour athlètes quadriplégiques. Les États-Unis ont gagné le titre mondial 4 fois, en 1995, 1998, 2006 et 2010.

Le 1er porte-drapeau aux jeux Olympiques et Paralympiques

La nageuse Natalie du Toit (ZAF) a perdu sa jambe gauche à 17 ans dans un accident de scooter en févr. 2001. À peine 18 mois plus tard, elle se qualifiait aux jeux du Commonwealth. Elle a gagné 5 médailles d'or aux jeux Paralympiques de Pékin 2008 (CHN) et s'est qualifiée pour le 10 km en eau libre des JO 2008. Elle était porte-drapeau de l'Afrique du Sud pour les 2 Jeux.

PARA-HALTÉROPHILIE

HOMMES	Poids soulevé	Nom	Lieu	Date
– 49 kg	183,5 kg	Lê Văn Công (VNM)	Mexico (MEX)	4 déc. 2017
– 54 kg	205 kg	Sherif Osman (EGY)	Dubaï (UAE)	6 avril 2014
– 59 kg	211 kg	Sherif Osman (EGY)	Rio de Janeiro (BRA)	9 sept. 2016
– 65 kg	221 kg	Paul Kehinde (NGA)	Dubaï (UAE)	19 févr. 2018
– 72 kg	229 kg	Roohallah Rostami (IRN)	Jakarta (IDN)	9 oct. 2018
– 80 kg	240 kg	Majid Farzin (IRN)	Rio de Janeiro (BRA)	12 sept. 2016
– 88 kg	234 kg	Ye Jixiong (CHN)	Jakarta (IDN)	11 oct. 2018
– 97 kg	243 kg	Mohamed Eldib (EGY)	Dubaï (UAE)	18 févr. 2016
– 107 kg	247 kg	Sodnompiljee Enkhbayar (MNG)	Noursoultan (KAZ)	18 juill. 2019
+ 107 kg	310 kg	Siamand Rahman (IRN)	Rio de Janeiro (BRA)	14 sept. 2016
FEMMES	**Poids soulevé**	**Nom**	**Lieu**	**Date**
– 41 kg	104,5 kg	Cui Zhe (CHN)	Noursoultan (KAZ)	13 juill. 2019
– 45 kg	118 kg	Guo Lingling (CHN)	Noursoultan (KAZ)	13 juill. 2019
– 50 kg	131 kg	Esther Oyema (NGA)	Gold Coast (AUS)	10 avril 2018
– 55 kg	132 kg	Mariana Shevchuk (UKR)	Manchester (UK)	25 mars 2021
– 61 kg	142 kg	Lucy Ejike (NGA)	Rio de Janeiro (BRA)	11 sept. 2016
– 67 kg	140,5 kg	Tan Yujiao (CHN)	Jakarta (IDN)	9 oct. 2018
– 73 kg	150 kg	Souhad Ghazouani (FRA)	Aleksine (RUS)	25 mai 2013
– 79 kg	142 kg	Bose Omolayo (NGA)	Noursoultan (KAZ)	17 juill. 2019
– 86 kg	150 kg	Folashade Oluwafemiayo (NGA)	Noursoultan (KAZ)	18 juill. 2019
+ 86 kg	160 kg	Josephine Orji (NGA)	Rio de Janeiro (BRA)	14 sept. 2016

Le powerlift handisport le plus lourd (– 59 kg, hommes)

Le 9 sept. 2016, Sherif Osman (EGY) a gagné l'or dans la catégorie 59 kg avec un poids de 211 kg aux jeux Paralympiques de Rio (BRA). Osman, qui a contracté la polio à 9 mois, est actuellement le seul para-athlète à détenir des records du monde dans plus d'une catégorie au programme paralympique (54 et 59 kg).

Le plus de titres aux jeux Paralympiques d'hiver (pays)

La Norvège a décroché 136 médailles d'or aux jeux Paralympiques d'hiver de 1976 à 2018. Les Scandinaves ont dominé le tableau des médailles de 4 éditions : 1980, 1988, 1994 et 1998.

Ce total est dû à Ragnhild Myklebust (à droite), qui détient **le plus de titres aux jeux Paralympiques d'hiver (individuel)** – 22 – en ski de fond, course sur luge et biathlon, de 1988 à 2002. Elle compte aussi 3 médailles d'argent et 2 de bronze pour totaliser **le plus de médailles aux jeux Paralympiques d'hiver (individuel)** – 27.

Boxe

Le plus de titres mondiaux dans différentes catégories
Le 13 nov. 2010, Manny Pacquiao (PHL, à droite) a battu Antonio Margarito en super-welters pour glaner un titre mondial dans une 8e catégorie. Il a gagné sa 1re ceinture en mouches avant de monter en catégorie et de battre d'excellents combattants comme Marco Antonio Barrera (plumes) et Miguel Cotto (welters).

Le plus de titres mondiaux simultanés en catégories de poids traditionnelles
Les 8 catégories de poids traditionnelles ou "glamour" ont été codifiées par le National Sporting Club de Londres vers 1909-1910. Dans l'histoire, un seul boxeur a détenu 3 titres en même temps : Henry "Homicide Hank" Armstrong (USA). En battant Lou Ambers, le 17 août 1938, il est devenu champion du monde welters, plumes et légers. En 1940, Armstrong a tenté de conquérir une 4e catégorie, en poids moyens, mais a dû se contenter d'un nul contre le champion Ceferino Garcia.

Le plus de récupérations de ceintures
Sugar Ray Robinson (USA, né Walker Smith Jr) a été champion du monde des poids moyens à 5 occasions. Il a récupéré la ceinture pour la 4e et dernière fois le 25 mars 1958 contre Carmen Basilio, au Chicago Stadium (USA). Robinson n'a perdu qu'un seul de ses 123 combats et a été élu meilleur boxeur *pound for pound* par ESPN et le magazine *The Ring*.

La 1re championne incontestée dans 2 catégories
Le 5 mars 2021, Claressa Shields (USA) est devenue la championne incontestée en poids moyens et super-moyens dès son 11e combat professionnel. Après avoir battu Marie-Eve Dicaire, Shields a ajouté les ceintures IBF et WBA en super-moyens à ses titres WBC et WBO. Elle était devenue championne unifiée des poids moyens après sa victoire contre Christina Hammer, le 13 avr. 2019.

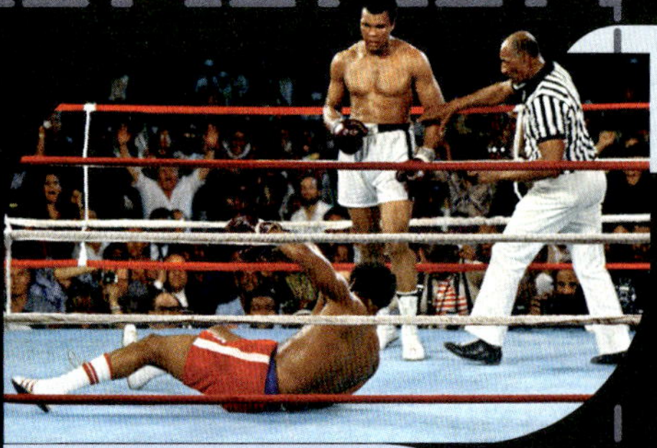

Le plus de participations au "Combat de l'année" *The Ring*
Mohamed Ali (USA, né Cassius Clay) est monté 6 fois dans l'arène du "Combat de l'année" organisé par le magazine *The Ring*, de 1963 à 1978, pour 4 victoires. Il a notamment vaincu George Foreman en 1974 lors du "Rumble in the Jungle" (ci-dessus) et Joe Frazier en 1975 pour le "Thrilla In Manila".

Le plus jeune champion du monde
Wilfred Benítez (PRI, né USA le 12 sept. 1958) avait 17 ans et 176 jours quand il a gagné le titre WBA super-légers, le 6 mars 1976, à San Juan (PRI). Il était passé pro à 15 ans et avait gagné ses 25 premiers combats avant son titre.

Le moins de combats pour devenir champion
Le 11 oct. 2008, Choi Hyun-mi (KOR, née PKR) a pris la ceinture vacante WBA en poids plumes dès son 1er combat professionnel. Née le 7 nov. 1990, elle est aussi devenue **la plus jeune championne du monde**, à 17 ans et 339 jours. Elle avait fui la Corée du Nord 4 ans plus tôt.

Le plus de défenses du titre consécutives
Cecilia Brækhus (NOR, née COL) a défendu son titre welters féminin 25 fois entre le 30 mai 2009 et le 30 nov. 2019. Elle a égalé le légendaire Joe Louis (USA, encart) en poids lourds, du 30 août 1937 au 25 juin 1948. Louis a été **le champion du monde au plus long règne**, gardant sa ceinture 11 ans et 252 jours.

Le plus jeune vainqueur des World Boxing Super Series
Naoya Inoue (JPN, né le 10 avr. 1993) a gagné la division poids coqs des World Boxing Super Series, le 7 nov. 2019, à 26 ans et 211 jours. Il a battu Nonito Donaire lors du "Combat de l'année" de *The Ring* (voir ci-dessus).

Le plus jeune champion du monde incontesté
Le 17 oct. 2020, Teófimo López (USA, né le 30 juill. 1997) a unifié les titres mondiaux WBO, WBA, WBC "Franchise" et IBF en poids légers à 23 ans et 79 jours. Surnommé "The Takeover", López a battu Vasyl Lomachenko sur décision unanime lors du combat d'unification (ci-contre). Il est devenu le plus jeune des 9 champions incontestés couronnés depuis la création de la WBO en 1988.

Sports artistiques

La 1re discipline olympique d'hiver
Seize ans avant les 1ers JO d'hiver, le patinage artistique a été inclus au programme des JO 1908 de Londres (GBR). L'épreuve s'est déroulée sur la patinoire de Knightsbridge en octobre, plusieurs mois après la fin des Jeux.

Le plus de médailles olympiques (femmes)
La gymnaste Larisa Latynina (URSS) a gagné 18 médailles de 1956 à 1964 : 9 en or, 5 en argent et 4 en bronze.
Le plus de médailles olympiques en 1 édition (femmes) est de 7, par la gymnaste Maria Gorokhovskaya (URSS)en 1952 : 2 en or et 5 en argent, à Helsinki (FIN).

Le 1er 10 décerné en gymnastique olympique
Le 18 juill. 1976, Nadia Comăneci (ROM) a reçu à 14 ans une note parfaite pour sa routine aux barres asymétriques par équipe à Montréal (CAN).

Le meilleur score total en programme court de patinage artistique (hommes)
Le 7 févr. 2020, Yuzuru Hanyu (JPN) a obtenu 111,82 pts pour son programme court au championnat des 4 continents à Séoul (KOR). Le double champion olympique a repris sa routine des JO d'hiver 2018. C'était la 10e fois qu'Hanyu établissait un score record en programme court, ici avec un numéro de 2 min et 40 s contenant 7 éléments fixes.

Biles a donné son nom à 4 figures : 2 au sol, 1 à la poutre et 1 au cheval d'arçons.

Le plus de titres mondiaux et olympiques en gymnastique
Simone Biles (USA) a gagné 23 médailles d'or de 2013 à 2019. Elle en a glané 4 lors de sa seule participation aux JO à ce jour, en 2016, et compte **le plus de médailles d'or aux mondiaux de gymnastique artistique** – 19. Elle a égalé un record avec 5 titres lors d'une même édition, en 2019, à Stuttgart (DEU).

Le plus de médailles d'or aux mondiaux de gymnastique rythmique
La gymnaste Yevgeniya Kanayeva (RUS) a gagné 17 titres en 4 éditions de 2007 à 2011. En 2009, elle a réussi une performance inédite en raflant les 5 épreuves individuelles (ballon, cerceau, ruban, corde et multiple) ainsi que l'épreuve d'équipe. Elle a réédité cette prouesse en 2011. Kanayeva a aussi gagné le titre olympique au concours individuel multiple en 2008 et 2012.

Le plus de participations consécutives aux JO pour une gymnaste
Oksana Chusovitina (UZB, née le 19 juin 1975) a disputé 7 éditions des JO entre 1992 et 2016. Elle a participé au saut de cheval à Rio 2016, devenant **la gymnaste olympique la plus âgée**, à 41 ans et 56 jours.

Le plus de médailles olympiques en patinage artistique
Tessa Virtue et Scott Moir (tous 2 CAN) ont gagné 5 médailles entre 2010 et 2018. Le duo a décroché 2 médailles d'or et 1 d'argent en danse sur glace, ainsi que 1 en or et 1 en argent par équipe. Moir a égalé le record de **titres olympiques en patinage artistique (hommes)** établi par Gillis Grafström (SWE) entre 1920 et 1928. Virtue détient **le record féminin** avec Sonja Henie (NOR), 3 fois championne entre 1928 et 1936, et la patineuse Irina Rodnina (URSS), avec 3 titres dans l'épreuve en couple entre 1972 et 1980.

Le plus de titres olympiques en natation artistique
La Russie a obtenu 10 des 17 médailles d'or en jeu dans cette discipline anciennement baptisée natation synchronisée depuis ses débuts olympiques en 1984. Les Russes ont obtenu ces 10 titres à la suite, gagnant toutes les épreuves de 2000 à 2016. Les nageuses Anastasia Davydova (2004-2012), Svetlana Romashina et Natalia Ishchenko (2008-2016) comptent **le plus de titres olympiques en natation artistique (individuel)** : 5 chacune.

Le plus de titres mondiaux individuels en tumbling
Jia Fangfang (CHN) a été sacrée 5 fois championne du monde de tumbling, de 2011 à 2018, et 5 autres fois en équipe. Le tumbling fait partie des championnats du monde de trampoline depuis 1976. **Le plus de titres individuels aux mondiaux de trampoline** est de 5, par Judy Wills Cline (USA), Irina Karavaeva et Alexander Moskalenko (tous 2 RUS).

Tennis

Le 1er Grand Chelem de l'ère Open
L'édition 1968 de Roland-Garros (27 mai-9 juin) a inauguré l'ère Open, permettant aux professionnels comme aux amateurs de disputer les tournois les plus prestigieux. Ken Rosewall s'est imposé en simple chez les messieurs. Le titre dames a été raflé par Nancy Richey, une amatrice qui n'a donc pu conserver son prix de 5 000 francs.

Les revenus annuels les plus élevés (femmes)
Naomi Osaka (JPN) a gagné 37,4 m $ en 12 mois jusqu'au 1er juin 2020, selon Forbes. Ce sont **les gains annuels les plus élevés pour une athlète féminine**, devant les 29,7 m $ de Maria Sharapova en 2014-2015. Le pactole d'Osaka se divise en 34 m $ en contrats de sponsoring et 3,4 m $ de gains en tournoi. Elle a remporté son 4e tournoi du Grand Chelem à l'Open d'Australie en févr. 2021.

Le plus de titres en Grand Chelem (hommes, simple)
Le 11 oct. 2020, Rafael Nadal (ESP, à droite) a soulevé son 20e trophée du Grand Chelem en battant Novak Djokovic (SRB, voir à gauche) en finale de Roland-Garros. C'était son 13e succès sur la terre battue parisienne, **le plus de titres d'un même Grand Chelem en simple**.
Il compte aussi 4 victoires à l'US Open, 2 à Wimbledon et 1 à l'Open d'Australie.
Roger Federer (CHE, ci-dessous) détient aussi 20 Grands Chelems, dont **le plus de titres à Wimbledon (hommes, simple)** (8). Il compte 6 titres en Australie, 5 aux États-Unis et 1 en France.

Le plus de titres en simple messieurs
Jimmy Connors (USA) a gagné 109 tournois en simple entre 1972 et 1996 – 6 de plus que son dauphin, Roger Federer. Connors compte aussi **le plus de matchs gagnés en simple (ère Open)** (1 274).
John McEnroe (USA) a remporté **le plus de titres masculins** (155) – 77 titres en simple et 78 en double, dont 17 en Grand Chelem.

Le plus de titres du Grand Chelem en fauteuil
Le 13 sept. 2020, Shingo Kunieda (JPN) a décroché un 45e titre du Grand Chelem en battant Alfie Hewett en finale masculine de l'US Open. La victoire de Kunieda lui permet de devancer Esther Vergeer (voir p. 241).

Le plus de semaines comme nº 1 (hommes, simple)
Au 5 avr. 2021, Novak Djokovic (SRB) avait dominé le classement mondial pendant 315 semaines après avoir dépassé le record de Roger Federer (310) le 8 mars. Le 21 févr. 2021, Djokovic a amélioré son record du **plus de titres à l'Open d'Australie (hommes, simple)** à 9 en battant Daniil Medvedev 7-5, 6-2, 6-2. Après cette 18e victoire en Grand Chelem, il n'est plus qu'à 2 succès de ses grands rivaux (voir ci-dessus). Djokovic possède aussi **les gains en carrière les plus élevés** (147 744 252 $), au 5 avr. 2021.

Le plus de titres WTA
Martina Navratilova (USA, née CZE) a engrangé 167 titres en simple et 177 en double sur le tour WTA (Women's Tennis Association) de 1975 à 2006. Parmi ses 344 succès, elle a gagné 18 titres du Grand Chelem en simple et **le plus de titres du Grand Chelem en double** (41, 31 en double féminin et 10 en mixte). Aucun autre joueur, homme ou femme, n'égale ses 59 titres du Grand Chelem dans l'ère Open. **Le plus de titres du Grand Chelem** reste 64, par Margaret Court (AUS) entre 1960 et 1975.

Le plus de matchs du Grand Chelem gagnés en simple
Le 16 févr. 2021, Serena Williams (USA) a battu Simona Halep en quarts de l'Open d'Australie pour revenir à hauteur de Roger Federer avec une 362e victoire en simple en Grand Chelem. Williams n'est toujours qu'à une longueur du **plus de titres féminins du Grand Chelem en simple** (24), par Margaret Court (AUS). Elle a aussi triomphé 16 fois en double (14 avec sa sœur Venus) et 4 fois aux jeux Olympiques.

Williams est la seule athlète à avoir gagné les 4 Grands Chelems et les JO, à la fois en simple et en double.

Cricket

Le plus de courses en carrière
Sachin Tendulkar (IND) a inscrit 15 921 courses en 329 manches, entre 1989 et 2013 – plus de 2 500 runs de plus que son rival le plus proche, Ricky Ponting (AUS). Tendulkar, le "Petit Maître", a fait ses débuts en test à 16 ans, le 15 nov. 1989, et a disputé 200 matchs pour une moyenne de 53,78. Il a signé 6 doubles centuries et **le plus de centuries en test** (51).

Le plus de courses en 1 manche (femmes)
Les 15-16 mars 2004, Kiran Baluch (PAK) a marqué 242 runs dans sa 1re manche contre l'équipe des Indes occidentales, au Stade national de Karachi (PAK). Elle a joué 488 balles et a signé 38 quatre. En ouverture, Baluch a marqué un 241 avec Sajjida Shah, **la plus jeune joueuse de test**. Shah (née le 3 févr. 1988) a fait ses débuts contre l'Irlande le 30 juill. 2000, à 12 ans et 178 jours.

Le plus d'éliminations en carrière pour un gardien
Mark Boucher (ZAF) a éliminé 555 batteurs en 147 matchs entre le 19 oct. 1997 et le 27 mars 2012. Avec 532 catchs, il devance de 153 unités son dauphin, Adam Gilchrist. Boucher a aussi délogé 23 batteurs. En outre, il a pris un unique lancer, celui de Dwayne Bravo, des Indes occidentales, le 3 mai 2005.

La manche la plus prolifique (équipe)
Les 4-6 août 1997, le Sri Lanka a signé un 952 à 6 contre l'Inde au R. Premadasa Stadium de Colombo. Sanath Jayasuriya a été le meilleur marqueur avec 340 pts, 7e meilleure performance individuelle de l'histoire. Le match s'est terminé sur un nul.

La manche la plus prolifique (joueur)
Brian Lara (TTO) a marqué un 400 not out pour les Indes occidentales contre l'Angleterre, à l'Antigua Recreation Ground les 10-12 avr. 2004. Il a notamment réussi 4 six et 43 quatre.
La manche individuelle la plus longue est celle de Hanif Mohammad (PAK), avec 337 pts contre les Indes occidentales, à Bridgetown (BRB), les 20-23 janv. 1958. Elle a duré 16 h et 10 min.

La meilleure 4e manche pour un début
Kyle Mayers (BRB) a marqué un 210 not out pour son 1er match avec les Indes occidentales contre le Bangladesh, à Chattogram, les 6-7 févr. 2021. Après avoir marqué 40 pts pour sa 1re manche, son double century a aidé les visiteurs à gagner.

Le plus de guichets en 1 manche
Deux lanceurs ont pris 10 guichets en un test : Jim Laker (GBR), contre l'Australie les 30-31 juill. 1956, à Old Trafford (GBR), et Anil Kumble (IND), contre le Pakistan, le 7 févr. 1999, à New Delhi (IND).
Le record féminin est de 8, par la gauchère Neetu David (IND) contre l'Angleterre, à Jamshedpur (IND), les 26-27 nov. 1995.

Le plus de guichets par un lanceur contre une même équipe
Shane Warne (AUS) a pris 195 guichets en 36 matchs contre l'Angleterre entre 1993 et 2007. Il en a pris un lors de son 1er essai aux Ashes, baptisé "la balle du siècle", à Mike Gatting, le 4 juin 1993.

Le plus jeune lanceur à prendre un hat-trick
Le lanceur Naseem Shah (PAK, né le 15 févr. 2003) a pris 3 guichets consécutifs au Bangladesh, à l'âge de 16 ans et 359 jours, le 9 févr. 2020.

La meilleure moyenne à la batte en carrière
Sir Don Bradman (AUS) présentait une moyenne de 99,94 en 52 tests pour l'Australie entre 1928 et 1948. Aucun joueur ne s'est jamais approché de ces chiffres. Bradman a frappé 6 996 courses, dont **le plus de doubles centuries** (12). Il a été éliminé pour un zéro pointé lors de sa dernière manche au UK's Oval, le 14 août 1948, alors qu'il lui aurait suffi de 4 runs pour avoir une moyenne de 100.

Anderson a pris 103 guichets au Lord's – **le plus de guichets en test pour un lanceur rapide dans un même stade.**

Le plus de guichets par un lanceur rapide
Au 6 mars 2021, James Anderson (GBR) a pris 614 guichets en test. Il avait ouvert son compteur avec 5 guichets contre le Zimbabwe en mai 2003. Dix-huit ans plus tard, âgé de 38 ans, il a pris son 600e scalp lors du 3e test de l'Angleterre contre le Pakistan, à l'Ageas Bowl (GBR). Lanceur rapide, Anderson est au 4e rang du classement des guichets pris, derrière 3 tourneurs. Le détenteur du **plus de guichets en test** est Muttiah Muralitharan (LKA), avec 800 en 133 matchs, de 1992 à 2010.

Golf

Le plus jeune n° 1
Lydia Ko (NZL, née KOR, 24 avr. 1997) a atteint le sommet du classement mondial féminin à 17 ans et 284 jours, le 2 févr. 2015. Déjà **plus jeune championne du LPGA Tour** – à 15 ans et 124 jours, le 26 août 2012 –, Ko est aussi devenue **la plus jeune championne d'un Majeur féminin**, quand elle a gagné l'Evian Championship le 13 sept. 2015, à 18 ans et 142 jours.

Le tour le plus bas sur le PGA Tour
Jim Furyk (USA) a terminé ses 18 trous en 58 coups, le 7 août 2016, au Travelers Championship de Cromwell (Connecticut, USA). Il a réussi 10 birdies (dont 7 consécutifs) et 1 eagle, totalisant 24 putts. C'est le score le plus bas des plus de 600 000 tours joués sur le circuit.

Le record LPGA est de 59, par Annika Sörenstam (SWE), le 16 mars 2001, au Standard Register PING.
Le record du Tour européen est aussi de 59, par Oliver Fisher (GBR), au Portugal Masters du 21 sept. 2018.

Le plus de participations au Tour européen PGA
Au 7 févr. 2021, Miguel Ángel Jiménez (ESP) avait pris part à 712 tournois du Tour européen depuis le 20 oct. 1983, empochant env. 24 m € de gains. Jiménez compte aussi **le plus de trous-en-un sur le Tour européen** – 10.

Le putt le plus long sur le PGA Tour
Le 27 janv. 2008, Craig Barlow (USA) a rentré un putt de 33,9 m au Buick Open, organisé à Torrey Pines (San Diego, USA).

Le plus de matchs gagnés en...
Ryder Cup : 23, par Nick Faldo (GBR) de 1977 à 1997.
Solheim Cup : 22, par Annika Sörenstam (SWE) de 1994 à 2007 ; et Laura Davies (GBR) de 1990 à 2011.
Walker Cup : 18, par Jay Sigel (USA) de 1977 à 1993.
Curtis Cup : 18, par Carol Semple Thompson (USA) de 1974 à 2002.

La moyenne au drive la plus longue sur le PGA Tour (saison)
Bryson DeChambeau (USA) a signé une moyenne de 294,5 m au drive lors de la saison 2019-2020 du PGA Tour. Le golfeur a fait parler de lui en transformant son physique pour pouvoir dominer les parcours.
Le 20 sept. 2020, DeChambeau a gagné son 1er Majeur, l'US Open, avec 6 coups d'avance et une moyenne de 297 m au drive.

Le score total le plus bas au Masters
Le 15 nov. 2020, Dustin Johnson (USA) s'est octroyé la victoire à l'Augusta National Golf Club avec un score de 268 (-20) sur les 72 trous. Le tournoi avait été reporté pour cause de COVID-19, et Johnson a parfaitement exploité les greens plus doux de l'automne. L'ancien n° 1 a mené de bout en bout, dominant chaque tour et devenant le 1er joueur à rendre une carte de -20 au Masters.

Le score le plus bas dans un tour d'un Majeur
Le 11 sept. 2014, Kim Hyo-joo (KOR) a signé un 61 au 1er tour de l'Evian Championship 2014, à Évian-les-Bains (FRA). Pour terminer à 10 sous le par, elle a signé 10 birdies. Elle a remporté le tournoi d'un coup.
Le record masculin est de 62, par Branden Grace (ZAF), le 22 juill. 2017, à l'Open Championship joué au Royal Birkdale (GBR).

Le plus de Majeurs remportés
Jack Nicklaus (USA) a gagné 18 Majeurs entre 1962 et 1986. Le "Golden Bear" a gagné chacun des 4 tournois au moins 3 fois et compte **le plus de victoires aux Masters** (6), **au championnat PGA** (5, avec Walter Hagen [USA]) et **à l'US Open** (4, avec Willie Anderson [GBR], Bobby Jones et Ben Hogan [tous 2 USA]).

Le plus de gains en carrière PGA Tour
Au 25 janv. 2021, Tiger Woods avait accumulé 120 851 706 $ sur le PGA Tour. C'est presque 30 m $ de plus que son 1er rival, Phil Mickelson. Woods, vainqueur de 15 Majeurs (devancé uniquement par Jack Nicklaus, en haut, à gauche), a égalé les 82 succès de Sam Snead sur le tour. Il détient aussi **le plus de semaines comme n° 1** – 683, en 11 fois. C'est plus du double de son dauphin, Greg Norman (331 semaines).

LEADERS DES TOURS

	PGA TOUR	TOUR EUROPÉEN PGA	LPGA TOUR
Victoires (carrière)	82 (Sam Snead, USA ; Tiger Woods, USA)	50 (Seve Ballesteros, ESP)	88 (Kathy Whitworth, USA)
Victoires (année)	18, en 1945 (Byron Nelson, USA)	6, en 1986 (Seve Ballesteros, ESP)	13, en 1963 (Mickey Wright, USA)
Score (72 trous)	253 (Justin Thomas, USA)	257 (Andy Sullivan, GBR)	257 (Kim Sei-young, KOR)
Sous le par (72 trous)	-31 (Ernie Els, ZAF)	-29 (Ernie Els, ZAF)	-31 (Kim Sei-young, KOR)
Gains en carrière	120 851 706 $ (Tiger Woods, USA)	37 946 253 € (Lee Westwood, GBR)	22 577 025 $ (Annika Sörenstam, SWE)

Sports de plein air

Le plus de réceptions en boomerang d'endurance
Manuel Schütz (CHE) a lancé et rattrapé un boomerang 81 fois en 5 min, le 2 oct. 2005, à Milan (ITA). Schütz (ici en 2017) détient plusieurs records du monde de la discipline, reconnue par la Fédération internationale de boomerang. Il a notamment réalisé **le lancer le plus lointain de boomerang de distance** : 238 m au point le plus loin du jet, le 1er mai 1999, à Kloten (CHE).

Le saut le plus haut sur un bâton sauteur
Le 20 nov. 2018, Dmitry Arsenyev (RUS) s'est envolé au-dessus d'une barre à 3,40 m de hauteur, à Rome (ITA). Ancien champion de freestyle au Pogopalooza, Arsenyev détient plusieurs records GWR au bâton, dont **le plus de stickflips consécutifs** – 26, le 5 nov. 2017, à Wilkinsburg (USA) – et **le plus de backflips consécutifs sans les mains** – 11, réussis le 8 juin 2020, à Saint-Pétersbourg (RUS).

Le lancer de frisbee le plus lointain
Le 28 mars 2016, David Wiggins Jr (USA) a lancé un frisbee à 338 m, au High Desert Distance Challenge de Primm (USA). Il a profité d'un vent favorable de 61 km/h pour exploser le record précédent. Jennifer Allen (USA) détient le record féminin avec 173,3 m, réussi 2 jours plus tôt lors de la même épreuve. Les 2 lancers ont été validés par la Fédération mondiale de frisbee.

Le plus de titres mondiaux en lancer de fer à cheval
Alan Francis (USA) a été couronné champion masculin 24 fois au tournoi mondial de l'Association nationale des lanceurs de fer à cheval entre 1989 et 2019. L'édition 2020 a été annulée pour cause de COVID-19.

Le cornhole le plus long
Les joueurs de cornhole doivent envoyer un sac de grains de maïs dans un trou à l'extrémité d'une planche inclinée. Le 28 juill. 2020, Joshua Biggers (USA) a mis dans le mille à 16,764 m, à Clearwater (USA).

Le plus de sauts consécutifs sur un bâton sauteur
Le 2 juill. 2015, Jack Sexty (GBR) a enchaîné 88 047 sauts consécutifs au Pogopalooza 2015, au Paine's Park de Philadelphie (USA). Le marathon de Sexty a duré 10 h et 20 min, soit une moyenne de 2,5 sauts/s.

Le plus long saut sur un bâton sauteur est de 5,52 m, par Dalton Smith (USA), le 18 mai 2019, à Tokyo (JPN).

Le plus de mondiaux de croquet
Le 23 févr. 2020, Reg Bamford (ZAF) a gagné son 5e championnat mondial à Melbourne (AUS). C'est autant que Robert Fulfort (GBR) entre 1990 et 2002.

Toujours à Melbourne, Stephen Mulliner (GBR) a amélioré son record de participations aux mondiaux de croquet – 16. Il n'a raté qu'un seul tournoi à ce jour et a remporté l'édition 2016.

Le 100 m avec un œuf dans une cuillère le plus rapide
Spécialiste de courses de haies, Sally Pearson (AUS) a terminé ce classique en 16,59 s, le 23 sept. 2013, à Sydney (AUS).

Le plus de gains en carrière sur le Tour professionnel de disc golf
Le disc golf partage de nombreux points communs avec le golf. Au lieu de rentrer une balle, les joueurs essaient de mettre un frisbee dans un panier. Au 8 mars 2021, Paul McBeth (USA, ci-dessus) avait empoché 511 880 $. Il a gagné 130 épreuves depuis 2006, dont 5 championnats du monde.

Le plus de victoires aux mondiaux PDGA (hommes) est de 12, par Ken Climo en 1990-1998, 2000, 2002 et 2006. **Le record féminin** est de 5, par Elaine King, Juliana Korver et Paige Pierce (toutes USA). Pierce a remporté son 5e titre en 2019 (ci-contre).

Le plus de points en un tour de 1440 de tir à l'arc (poulies, hommes)
Le 30 août 2020, Mike Schloesser (NLD) a obtenu 1 421 pts pour son épreuve 1440, à Boekel (NLD). L'épreuve consiste à tirer 4 séries de 36 flèches à une distance croissante. Schloesser a signé un 360 sur 360 à 30 m, 353 à 50 m, 356 à 70 m et 352 à 90 m, battant un record du monde vieux de 11 ans.

Le relais de bûcheronnage le plus rapide
L'Australie a gagné la demi-finale des mondiaux par équipe de bûcheronnage sportif Stihl à grands coups de hache en 45,10 s, le 19 oct. 2018, à Liverpool (GBR).
Le relais par équipe comporte 4 épreuves : tronçonnage, hache horizontale, scie passe-partout et hache à la verticale (ci-contre).
Les "Chopperoos" – Jamie Head, Brayden Meyer, Brad de Losa et Glen Gillam – ont battu les États-Unis en finale (ci-dessous).

Formule 1

Le plus de départs pour un constructeur
La Scuderia Ferrari (ITA) a pris part à 1 010 Grands Prix de Formule 1 entre le 21 mai 1950 et le 18 avr. 2021. Le “cheval cabré” a fêté sa 1 000e course au GP de Toscane 2020. Pour marquer l’occasion, les 2 voitures avaient une livrée bordeaux (ci-dessus) à l’image de la 125 S, la toute 1ère Ferrari construite en 1947. L’écurie italienne détient **le plus de victoires** (238) et **le plus de titres des constructeurs** (16).

Le plus de départs (hommes)
Au 18 avr. 2021, Kimi Räikkönen (FIN) avait disputé 331 courses de F1 depuis ses débuts au Grand Prix d’Australie 2001. Il a dépassé les 322 départs de Rubens Barrichello au GP de l’Eifel 2020. Räikkönen a couru pour Sauber, McLaren, Ferrari (2 fois), Lotus et Alfa Romeo. Il a décroché le titre de champion en 2007 et a remporté 21 courses.

Le plus de départs (femmes)
Maria “Lella” Lombardi (ITA) a disputé 12 courses entre le 1er mars 1975 et le 15 août 1976. Elle est l’une des 2 seules femmes à avoir couru en F1. Avec l’équipe March-Ford, Lombardi a marqué un demi-point en terminant 6e du GP d’Espagne interrompu, le 27 avr. 1975. À ce jour, elle est la seule femme à avoir inscrit des points en Formule 1.

La vitesse moyenne la plus élevée sur un tour
Le 1er sept. 2018, la Ferrari de Kimi Räikkönen (FIN, voir ci-dessus) a pris la pole du GP d’Italie à Monza grâce à une vitesse moyenne de 263,5 km/h pour son tour de qualification, soit 1 min et 19,119 s pour parcourir les 5,7 km du circuit.

La vitesse moyenne la plus élevée en course est de 247,5 km/h, pour la Ferrari de Michael Schumacher (DEU), le 14 sept. 2003, également à Monza.

Le circuit le plus long
Le GP de Pescara 1957 se déroulait sur un circuit routier de 25,8 km dans les collines de Pescara (ITA). Organisée le 18 août, la course a été remportée par Stirling Moss. Jack Brabham a même fait le plein de sa Cooper-Climax dans une station essence !

Le plus jeune vainqueur de course
Max Verstappen (NLD, né BEL le 30 sept. 1997) a remporté le GP d’Espagne 2016, à Montmeló, à l’âge de 18 ans et 228 jours. Le Néerlandais est aussi **le plus jeune pilote à gagner un point**, au GP de Malaisie, le 29 mars 2015, alors qu’il n’avait que 17 ans et 180 jours.

Le plus de victoires consécutives au même Grand Prix
Ayrton Senna (BRA) a gagné 5 fois de suite à Monaco, entre 1989 et 1993, pour McLaren : un record égalé par Lewis Hamilton (GBR) sur le GP d’Espagne entre 2017 et 2021. Senna était surnommé le “Roi de Monaco” grâce à ses performances légendaires sur le circuit urbain où il s’est imposé 6 fois en tout.
Il compte aussi **le plus de pole positions d’affilée** (8), entre le GP d’Espagne 1988 et le GP des États-Unis 1989.

Le champion le plus âgé
Juan Manuel Fangio (ARG, né le 24 juin 1911) a gagné son 5e et dernier titre en F1 le 4 août 1957, à 46 ans et 41 jours. Légende du sport automobile, Fangio a gagné 24 courses sur 51 participations et a été sacré champion avec 4 écuries : Alfa Romeo, Ferrari, Mercedes-Benz et Maserati.

Le champion le plus jeune est Sebastian Vettel (DEU, né le 3 juill. 1987), champion pour la 1re fois le 14 nov. 2010, à 23 ans et 134 jours.

Le plus de courses avant une victoire
Le 6 déc. 2020, Sergio Pérez (MEX), pilote de Racing Point, a triomphé au GP de Sakhir (Bahreïn) pour sa 190e course en F1. Dernier au classement après un carambolage au 1er tour, il a dépassé tout le monde pour s’imposer.

Le plus de victoires
Lewis Hamilton (GBR) comptait 98 victoires en F1 au 9 mai 2021. Il a dépassé le record de 91 succès de Michael Schumacher au GP du Portugal 2020 et a égalé **le plus de titres de champion** de l’Allemand en décrochant sa 7e couronne, avec Mercedes. Hamilton détient aussi **le plus de pole positions** (100), au 8 mai 2021. Toutefois, sa série du **plus de départs d’affilée** (265) s’est achevée lorsqu’il a manqué le GP de Sakhir le 6 déc. 2020.

X-Games

La plus jeune médaillée
Cocona Hiraki (JPN, née le 26 août 2008) a pris l'argent au Skateboard Park féminin à 10 ans et 341 jours, le 2 août 2019. Elle a été battue par Misugu Okamoto, 13 ans, lors du plateau le plus jeune de l'histoire des X-Games. Hiraki est **la plus jeune participante aux X-Games (femmes)**. Pour plus d'informations sur le recordman absolu, Gui Khury, voir p. 179.

Le plus de médailles (femmes)
Aux X-Games d'Aspen 2021, Jamie Anderson (USA) s'est imposée en Snowboard Slopestyle et Big Air en décrochant 19 médailles – 8 en or, 7 en argent et 4 en bronze. Elle en a glané 16 en Slopestyle. Anderson n'est qu'à une longueur du snowboardeur Mark McMorris (CAN), qui détient **le plus de médailles dans les X-Games (disciplines d'hiver)**.

Les plus jeunes champions des X-Games

ÉTÉ	Âge	Nom	Épreuve
Hommes	12 ans et 229 jours	Tom Schaar (USA, né le 14 sept. 1999)	Mini Mega (2012)
Femmes	13 ans et 1 jour	Brighton Zeuner (USA, née le 14 juill. 2004)	Skateboard Park (2017)
HIVER	**Âge**	**Nom**	**Épreuve**
Hommes	15 ans et 225 jours	Tucker Hibbert (USA, né le 24 juin 1984)	Snowmobile SnoCross (2000)
Femmes	13 ans et 193 jours	Kokomo Murase (JPN, née le 7 nov. 2004)	Snowboard Big Air (2018)

Le 1er médaillé d'or
Le 25 juin 1995, Justin Seers (AUS) a gagné l'épreuve de saut en ski nautique pieds nus pour devenir le 1er champion des "Jeux extrêmes". Il a battu le quadruple champion du monde Ron Scarpa dans une finale en tête à tête au Roger Williams Park de Providence (USA).

Le plus de médailles d'or
Shaun White (USA) a gagné 15 titres de 2003 à 2013. Il compte **le plus de titres en disciplines d'hiver** (13 en snowboard) et 2 en Skateboard Vert, aux Summer X-Games 2007 et 2011.

Le plus de médailles en ski
Henrik Harlaut (SWE) a gagné l'épreuve de Knuckle Huck aux X-Games d'Aspen 2021, décrochant sa 13e médaille (8 en or et 5 en argent). Il a dépassé les 11 médailles de Tanner Hall en prenant l'or aux X-Games d'Aspen 2020.

Le plus de médailles en moto X
Nate Adams (USA) a totalisé 19 médailles aux X-Games, entre 2003 et 2015. Il s'est remis de graves blessures à l'épaule pour amasser 5 médailles d'or (2 en Freestyle, 3 en Speed & Style), 6 en argent et 8 en bronze.
Le plus de titres d'affilée dans une discipline de moto X est de 4, par Jarryd McNeil (AUS) en Step Up, de 2016 à 2019.

Le médaillé le plus âgé
Chris Devlin-Young (USA, né le 26 déc. 1961) s'est imposé en monoski X à 53 ans et 27 jours, aux X-Games d'Aspen 2015, le 22 janv. Paralysé après un accident d'avion lorsqu'il servait pour les garde-côtes américains, il est devenu double champion de ski paralympique. Il a battu le record précédent – d'Angelika Castenada au X Venture Race 1996 – de quelques jours.
Le participant le plus âgé aux X-Games est John Buffum (USA, né le 4 oct. 1943), qui avait 63 ans et 305 jours lorsqu'il a disputé l'épreuve de rallye aux X-Games de Los Angeles 2007.

Le plus de titres lors d'une édition
3 athlètes ont été sacrés 3 fois dans une même compétition : Dave Mirra (USA) en 1998 en BMX Vert, Vert Doubles et Park ; Rodil de Araujo (BRA) en 2002 en Skateboard Park, Street et Street Best Trick ; et Travis Pastrana (USA) en 2006 en rallye, Moto X Freestyle et Moto X Best Trick. Lors d'une prestation passée à la postérité des X-Games, Pastrana a gagné le Best Trick en réalisant **le 1er double backflip sur une moto**.

Le plus de médailles (hommes)
Le skateur Bob Burnquist (BRA) a remporté 30 médailles de 1997 à 2015 : 14 en or, 8 en argent et 8 en bronze. Il a disputé tous les Summer X-Games depuis leur création en 1995 jusqu'en 2017 – **le plus de participations** (26). Parmi ses temps forts, son run ahurissant en Vert qui lui a valu l'or en 2001, lors duquel il a marqué 98,00 points et décrit par Tony Hawk comme "le meilleur run de Vert jamais vu".

Le plus de médailles d'or pour des débuts (femmes)
La skieuse freestyle Eileen Gu (CHN, née USA, alias Gu Ailing) a été titrée 2 fois aux X-Games d'Aspen 2021, pour sa 1re participation. À 17 ans, elle s'est imposée en Superpipe et Slopestyle, et a pris la 3e place en Big Air. Gu est aussi une pianiste de talent et une coureuse de cross ; elle a posé pour *Vogue China* et a intégré l'université de Stanford en avance.

Natation

La Fédération mondiale de natation FINA reconnaît les records du monde établis dans 2 types de piscines : le grand bassin (50 m) et le petit bassin (25 m). Sur cette page, nous mettons l'accent sur les records en petit bassin, dont beaucoup ont été améliorés lors de l'International Swimming League (ISL) 2020, à Budapest (HUN).

Le relais mixte 4 x 50 m nage libre le plus rapide
Les records des relais mixtes nage libre sont reconnus par la FINA depuis 2014. L'équipe de Caeleb Dressel, Ryan Held, Mallory Comerford et Kelsi Dahlia (USA) a nagé le 4 x 50 m en 1 min et 27,89 s, le 12 déc. 2018, à Hangzhou (CHN).

Le record du relais mixte 4 nages est de 1 min et 36,22 s, par l'équipe russe composée de Kliment Kolesnikov (dos), Vladimir Morozov (brasse), Arina Surkova (papillon) et Maria Kameneva (nage libre), le 5 déc. 2019, à Glasgow (GBR).

Le 100 m dos le plus rapide en petit bassin (hommes)
Kliment Kolesnikov (RUS) a porté l'équipe d'Energy Standard à la victoire du relais 4 x 100 m 4 nages en phase finale de l'ISL. En nageant ses 4 longueurs en 48,58 s. Kolesnikov a repris le record du monde à Xu Jiayu (CHN) après l'avoir déjà battu le 22 déc. 2017, quand il n'avait que 17 ans.

Le 50 m dos le plus rapide en petit bassin (femmes)
Le 14 nov. 2020, Kira Toussaint (NLD) de London's Roar a gagné le 50 m dos féminin en 25,60 s, dans la 1re demi-finale d'ISL. Elle a égalé son temps le 18 déc. 2020. Elle se démarque par ses battements de pieds atypiques, qu'elle réalise en étant sur le côté.

Le 100 m 4 nages individuel le plus rapide en petit bassin (hommes)
Caeleb Dressel (USA) a survolé le 100 m 4 nages masculin en 49,28 s en phase finale de l'ISL, le 22 nov. 2020. C'est presque 1 s de mieux que n'importe qui d'autre dans l'épreuve. Dressel a aidé son équipe, les Cali Condors, à remporter le titre 2020 et a été désigné Meilleur nageur avec 4 temps records dans la compétition.

COURSES (PETIT BASSIN)

HOMMES	Temps	Nom	Lieu	Date
50 m nage libre	20''16	Caeleb Dressel (USA)	Budapest (HUN)	21 nov. 2020
100 m nage libre	44''94	Amaury Leveaux (FRA)	Rijeka (HRV)	13 déc. 2008
200 m nage libre	1'39''37	Paul Biedermann (DEU)	Berlin (DEU)	15 nov. 2009
400 m nage libre	3'32''25	Yannick Agnel (FRA)	Angers (FRA)	15 nov. 2012
800 m nage libre	7'23''42	Grant Hackett (AUS)	Melbourne (AUS)	20 juill. 2008
1 500 m nage libre	14'08''06	Gregorio Paltrinieri (ITA)	Netanya (ISR)	4 déc. 2015
4 x 100 m nage libre	3'03''03	USA (Caeleb Dressel, Blake Pieroni, Michael Chadwick, Ryan Held)	Hangzhou (CHN)	11 déc. 2018
4 x 200 m nage libre	6'46''81	Brésil (Luiz Altamir Melo, Fernando Scheffer, Leonardo Coelho Santos, Breno Correia)	Hangzhou (CHN)	14 déc. 2018
50 m papillon	21''75	Nicholas Santos (BRA)	Budapest (HUN)	6 oct. 2018
100 m papillon	47''78	Caeleb Dressel (USA)	Budapest (HUN)	21 nov. 2020
200 m papillon	1'48''24	Daiya Seto (JPN)	Hangzhou (CHN)	11 déc. 2018
50 m dos	22''22	Florent Manaudou (FRA)	Doha (QAT)	6 déc. 2014
100 m dos	48''58	Kliment Kolesnikov (RUS)	Budapest (HUN)	21 nov. 2020
200 m dos	1'45''63	Mitch Larkin (AUS)	Sydney (AUS)	27 nov. 2015
50 m brasse	25''25	Cameron van der Burgh (ZAF)	Berlin (DEU)	14 nov. 2009
100 m brasse	55''34	Ilya Shymanovich (BLR)	Brest (BLR)	19 déc. 2020
200 m brasse	2'00''16	Kirill Prigoda (RUS)	Hangzhou (CHN)	13 déc. 2018
100 m 4 nages	49''28	Caeleb Dressel (USA)	Budapest (HUN)	22 nov. 2020
200 m 4 nages	1'49''63	Ryan Lochte (USA)	Istanbul (TUR)	14 déc. 2012
400 m 4 nages	3'54''81	Daiya Seto (JPN)	Las Vegas (USA)	20 déc. 2019
4 x 100 m 4 nages	3'19''16	Russie (Stanislav Donets, Sergey Geybel, Evgeny Korotyshkin, Danila Izotov)	Saint-Pétersbourg (RUS)	20 déc. 2009

FEMMES	Temps	Nom	Lieu	Date
50 m nage libre	22''93	Ranomi Kromowidjojo (NLD)	Berlin (DEU)	7 août 2017
100 m nage libre	50''25	Cate Campbell (AUS)	Adélaïde (AUS)	26 oct. 2017
200 m nage libre	1'50''43	Sarah Sjöström (SWE)	Eindhoven (NLD)	12 août 2017
400 m nage libre	3'53''92	Ariarne Titmus (AUS)	Hangzhou (CHN)	14 déc. 2018
800 m nage libre	7'59''34	Mireia Belmonte (ESP)	Berlin (DEU)	10 août 2013
1 500 m nage libre	15'18''01	Sarah Köhler (DEU)	Berlin (DEU)	16 nov. 2019
4 x 100 m nage libre	3'26''53	Pays-Bas (Inge Dekker, Femke Heemskerk, Maud van der Meer, Ranomi Kromowidjojo)	Doha (QAT)	5 déc. 2014
4 x 200 m nage libre	7'32''85	Pays-Bas (Inge Dekker, Femke Heemskerk, Ranomi Kromowidjojo, Sharon van Rouwendaal)	Doha (QAT)	3 déc. 2014
50 m papillon	24''38	Therese Alshammar (SWE)	Singapour	22 nov. 2009
100 m papillon	54''61	Sarah Sjöström (SWE)	Doha (QAT)	7 déc. 2014
200 m papillon	1'59''61	Mireia Belmonte (ESP)	Doha (QAT)	3 déc. 2014
50 m dos	25''60	Kira Toussaint (NLD)	Budapest (HUN)	14 nov. 2020
			Amsterdam (NLD) *	18 déc. 2020
100 m dos	54''89	Minna Atherton (AUS)	Budapest (HUN)	27 oct. 2019
200 m dos	1'58''94	Kaylee McKeown (AUS)	Brisbane (AUS)	28 nov. 2020
50 m brasse	28''56	Alia Atkinson (JAM)	Budapest (HUN)	6 oct. 2018
100 m brasse	1'02''36	= Rūta Meilutytė (LTU)	Moscou (RUS)	12 oct. 2013
		= Alia Atkinson (JAM)	Doha (QAT)	6 déc. 2014
			Chartres (FRA)	26 août 2016
200 m brasse	2'14''57	Rebecca Soni (USA)	Manchester (GBR)	18 déc. 2009
100 m 4 nages	56''51	Katinka Hosszú (HUN)	Berlin (DEU)	7 août 2017
200 m 4 nages	2'01''86	Katinka Hosszú (HUN)	Doha (QAT)	6 déc. 2014
400 m 4 nages	4'18''94	Mireia Belmonte (ESP)	Eindhoven (NLD)	12 août 2017
4 x 100 m 4 nages	3'44''52	USA (Olivia Smoliga, Lilly King, Kelsi Dahlia, Erika Brown)	Budapest (HUN)	21 nov. 2020

En attente de validation par la FINA

Tour de France

Le plus de victoires d'étapes
Eddy Merckx (BEL) a gagné 34 étapes sur le Tour de 1969 à 1975. "Le Cannibale" a dominé la course et reste le seul coureur à avoir gagné au général, aux points et à la montagne la même année (1969). Il n'a pas participé en 1973 et était blessé en 1975. Merckx compte aussi **le plus de victoires au Tour de France** – 5, en 1969-1972 et 1974. Il partage ce record avec Jacques Anquetil (FRA) entre 1957 et 1964 ; Bernard Hinault (FRA) entre 1978 et 1985 ; et Miguel Indurain (ESP) en 1991-1995.

La course la plus serrée
Le Tour 1989 a été remporté par Greg LeMond (USA, ci-dessus, à gauche) en 87 h, 38 min et 35 s – soit 8 s de moins que Laurent Fignon (FRA, à droite). LeMond a débuté la dernière étape avec un retard de 50 s, mais a réussi le meilleur temps de l'époque au contre-la-montre individuel pour distancer son rival. Les 2 coureurs n'ont jamais été séparés de plus de 1 min pendant cette édition.

La plus grande affluence à un événement sportif
Le Tour de France attire entre 10 et 12 millions de spectateurs chaque année, d'après le quotidien sportif *L'Équipe*.

Le plus jeune vainqueur
Henri Cornet (FRA, né le 4 août 1884) a remporté le Tour de France 1904 à 19 ans et 355 jours. Cornet est arrivé 5e du général, mais a été sacré champion après la disqualification des 4 premiers.

L'édition la plus longue
Le tracé du Tour 1926 mesurait 5 745 km le long des frontières françaises dans le sens inverse des aiguilles d'une montre. La 10e étape – 326 km de montagne, de Bayonne à Luchon – est considérée comme la plus dure de l'histoire et a été remportée par le futur champion Lucien Buysse en 17 h, 12 min et 4 s.

Le contre-la-montre individuel le plus rapide
Le 4 juill. 2015, Rohan Dennis (AUS) a gagné la 1re étape du Tour de France avec une vitesse moyenne de 55,446 km/h. Il a couvert les 13,8 km, à Utrecht (NDL), en 14 min et 56 s.

Le contre-la-montre par équipe le plus rapide
est signé Orica GreenEDGE (AUS), le 2 juill. 2013, à Nice (FRA). Les coureurs ont couvert les 25 km à une moyenne de 57,841 km/h.

La plus longue échappée en solitaire (après-guerre)
Le 11 juill. 1947, Albert Bourlon (FRA) distance le peloton et pédale 253 km seul pour remporter l'étape entre Carcassonne et Luchon. Il l'a terminée en 8 h, 10 min et 11 s, soit plus de 16 min devant les autres, pour signer sa seule victoire d'étape sur le Tour. Pendant la Seconde Guerre mondiale, Bourlon avait remporté la classique Bucarest-Ploieşti-Bucarest après avoir fui un camp de prisonniers de guerre allemand.

Le plus de...
Victoires au classement du meilleur grimpeur : 7, par Richard Virenque (FRA) en 1994-1997, 1999 et 2003-2004.
Victoires au classement du meilleur jeune : 3, par Jan Ullrich (DEU) en 1996-1998 et Andy Schleck (LUX) en 2008-2010.
Victoires d'étapes au sprint : 30, par Mark Cavendish (GBR) de 2008 à 2016.
Participations : 18, par Sylvain Chavanel (FRA) de 2001 à 2018.
Courses terminées : 16, par Sylvain Chavanel et Hendrik "Joop" Zoetemelk (NLD), en 1970-1986.

Le plus de victoires au classement par points
Depuis 1953, des points sont attribués aux coureurs du Tour de France en fonction de leur classement à chaque étape, avec des bonus pour les sprints intermédiaires sur certaines étapes. Le leader de cette catégorie porte traditionnellement le maillot vert. Peter Sagan (SVK, au centre) a dominé ce classement à 7 reprises, en 2012-2016 et 2018-2019. Il a signé 12 victoires d'étape.

Sports extrêmes

La plus grande formation de wingsuit sans contact (validé FAI)
Le 17 oct. 2015, 61 parachutistes emmenés par Taya Weiss (USA) ont formé un diamant coloré à 1 676 m au-dessus de Perris Valley (Californie, USA). Des juges de la Fédération aéronautique internationale (FAI) étaient sur place pour vérifier que chacun respectait sa distance de vol sans s'accrocher à ses voisins.

La vitesse la plus élevée en parachute (femmes, validé FAI)
Le 6 nov. 2017, Amber Forte (NOR, née GBR) a atteint 283,7 km/h en coupe du monde FAI de Wingsuit, à Overton (Nevada, USA). Les wingsuits sont des combinaisons de vol conçues pour augmenter la portance. Lorsque le parachute est déployé, les pilotes peuvent dézipper leurs ailes afin de mieux contrôler la descente.

La vitesse la plus élevée en ski (femmes)
Le 26 mars 2016, Valentina Greggio (ITA) a atteint 247,083 km/h à Vars (FRA). Le ski de vitesse remonte au XIXe siècle. Les craintes pour la sécurité des participants ont jusqu'à présent empêché cette discipline de figurer aux jeux Olympiques.

Le plus de victoires au Red Bull Cliff Diving World Series
Gary Hunt (FRA, né GBR) a remporté la compétition de plongeon de haut vol 8 fois entre 2010 et 2019. Son meilleur classement général à ce jour est une 2e place. En sept. 2020, Hunt a changé de nationalité dans l'espoir de concourir pour la France à l'épreuve de plongeon à 10 m aux JO 2024 à Paris (FRA).

Le plus rapide en...
Ski de vitesse
Le 26 mars 2016, Ivan Origone (ITA) a été flashé à 254,958 km/h aux Speed Masters de Vars (FRA). Aucun humain dans un véhicule non motorisé sur la terre ferme n'a atteint de telles vitesses. Ivan a battu le record établi par son frère aîné, Simone, en parcourant un tronçon de 100 m en bout de course en 1,41 s. Le record féminin a été battu le même jour (voir ci-dessus).

Ski de vitesse sur sable
Henrik May (NAM, né RDA) a skié à 92,12 km/h sur les dunes de Swakopmund (NAM), le 31 mai 2010. Enfant, May était adepte de combiné nordique. Après s'être installé en Namibie en 1998, il a échangé la neige pour le sable du désert. "C'est un peu comme skier dans la poudreuse, a-t-il dit, mais vous ne vous enfoncez pas autant."

Planche à voile de vitesse
Antoine Albeau (FRA) a atteint 53,27 nœuds (98,65 km/h) à Lüderitz (NAM), le 2 nov. 2015. C'est l'un des nombreux records de vitesse à la voile battus dans la fosse de 800 m construite à Lüderitz. Celle-ci offre la combinaison idéale de vents forts et d'eaux calmes. La prouesse d'Albeau a été vérifiée par le World Sailing Speed Record Council (WSSRC).

Le record féminin, établi au même endroit, est de 46,49 nœuds (86,09 km/h), par la véliplanchiste Zara Davis (GBR), le 22 nov. 2017.

Voile de vitesse (500 m)
Le 24 nov. 2012, Paul Larsen (AUS) a piloté le *Vestas SailRocket 2* à 65,45 nœuds (121,21 km/h) à Walvis Bay (NAM). Il a parcouru 500 m en 14,85 s. Dix ans plus tard, son record pourrait tomber : en 2022, une équipe d'ingénieurs suisses espère que son engin *SP80*, propulsé par une aile de kite géante, dépassera 80 nœuds.

Le plus de victoires au Marathon des Sables
Organisé depuis 1986, le Marathon des Sables est une course d'ultradistance de 6 jours et 250 km à travers le désert du Sahara (MAR). Lahcen Ahansal (MAR, à dr.) l'a gagné 10 fois, en 1997 et 1999-2007. Son frère Mohamad, quintuple champion, est aussi détenteur du **meilleur temps** : 16 h, 22 min et 29 s, en 1998.

L'apnée No Limit la plus profonde

Herbert Nitsch (AUT, en bas à dr.) est descendu à 214 m avec une gueuse au large de Spetses (GRC), le 14 juin 2007. C'est le plongeon le plus profond de l'histoire. Le 6 juin 2012, en essayant de battre son record, Nitsch a perdu conscience, victime d'un accident de décompression. Il est resté en fauteuil roulant 6 mois. Les records d'apnée No limit, où le moyen de propulsion est libre, ne sont plus reconnus par la fédération des plongeurs apnéistes AIDA.

La plus grande vague surfée (femmes)

Le 11 févr. 2020, Maya Gabeira (BRA) a chevauché une vague de 22,4 m lors du Tow Surfing Challenge à Nazaré (PRT), en World Surf League. La plage de Praia do Norte attire les surfeurs du monde entier depuis que Garrett McNamara a glissé sur une vague de 23,77 m en 2011, record de l'époque. Ces vagues géantes sont creusées par un canyon sous-marin qui dirige le courant vers la côte.

Plongée en apnée

DISCIPLINES DE PROFONDEUR HOMMES	Profondeur	Nom	Lieu	Date
Poids constant monopalme	130 m	Alexey Molchanov (RUS)	Long Island (BHS)	18 juill. 2018
Poids constant bipalme	110 m	Alexey Molchanov (RUS)	Sharm-el-Sheikh (EGY)	26 nov. 2020
Poids constant sans palmes	102 m	William Trubridge (NZL)	Long Island (BHS)	20 juill. 2016
Poids variable	150 m	Walid Boudhiaf (TUN)	Sharm-el-Sheikh (EGY)	17 janv. 2021
No limit	214 m	Herbert Nitsch (AUT)	Spetses (GRC)	14 juin 2007
Immersion libre	125 m	Alexey Molchanov (RUS)	Long Island (BHS)	24 juill. 2018

DISCIPLINES DE PROFONDEUR FEMMES	Profondeur	Nom	Lieu	Date
Poids constant monopalme	114 m	Alenka Artnik (SVN)	Sharm-el-Sheikh (EGY)	7 nov. 2020
Poids constant bipalme	92 m	Alenka Artnik (SVN)	Panglao (PHL)	11 juin 2019
Poids constant sans palmes	73 m	Alessia Zecchini (ITA)	Long Island (BHS)	22 juill. 2018
Poids variable	130 m	Nanja van den Broek (NLD)	Charm el-Cheikh (EGY)	18 oct. 2015
No limit	160 m	Tanya Streeter (USA)	Îles Turques-et-Caïques	17 août 2002
Immersion libre	98 m	Alessia Zecchini (ITA, ci-dessus)	Curaçao	16 oct. 2019

Parachutisme de vitesse (validé FAI)

Travis Mickle (USA) a volé à 325,4 km/h le 6 nov. 2017 à la coupe du monde FAI de Wingsuit à Overton. Voir ci-contre pour **le record féminin**, établi le même jour.

Pilotage sous voile (validé FAI)

Mario Fattoruso (ITA) a survolé le parcours de vitesse de 70 m en 1,943 s, le 23 nov. 2019 à la 10e coupe du monde FAI de pilotage sous voile à Prétoria (ZAF).

1 km sous la glace

Le 16 févr. 2019, Sven Elfferich (NLD), alors âgé de 19 ans, a parcouru 1 km dans une eau à 3,6 °C en 11 min et 55,4 s, aux championnats autrichiens de nage sous glace à Altenwörth. La course a eu lieu conformément au règlement de l'Association de nage sous glace.

Le record féminin est de 12 min et 48,7 s, par Alisa Fatum (DEU), le 6 janv. 2019, à l'Open d'Allemagne de nage sous glace à Veitsbronn. L'eau était à 1,4 °C.

Marathon du pôle Nord

Thomas Maguire (IRL) a remporté le marathon du pôle Nord en 3 h, 36 min et 10 s, le 15 avr. 2007, effectuant 10 tours de parcours dans une base russe de l'océan Arctique. Il a couru sous 3 couches de vêtements en raquettes, lunettes et passe-montagne, des conditions "extrêmement dures. C'était comme courir dans les dunes".

Herbert Nitsch a établi plus de 30 records du monde d'apnée dans 8 disciplines.

Le Marathon de Glace en Antarctique le plus rapide

Le 13 déc. 2019, William Hafferty (USA, à dr.) a résisté aux températures glaciales de -15 °C pour remporter le Marathon de Glace en 3 h, 34 min et 12 s, soit 35 s de mieux que le record précédent. La course a eu lieu à Union Glacier, à l'ombre des monts Ellsworth.

Le marathon le plus rapide en Antarctique est de 2 h, 54 min et 54 s, par Michael Wardian (USA, encart). C'était la 1re étape du World Marathon Challenge, où les coureurs participent à un marathon par semaine sur les 7 continents.

Ultra-marathons

SPORTS

Le meilleur temps au Pennine Way
Damian Hall (GBR) a parcouru le plus vieux trail de Grande-Bretagne en 61 h 35 min et 15 s, les 22-24 juill. 2020. Le Pennine Way est un sentier de 431 km entre la frontière écossaise et le Derbyshire, et présente un dénivelé positif de 11 836 m. Hall n'a pas dormi plus de 40 min lors de sa course. Écologiste engagé, il a ramassé tous les déchets qu'il a trouvés (photo) et n'a consommé que des produits végétaux comme du thé et des sandwichs avocat-houmous.

La plus longue course annuelle
La Sri Chinmoy Self-Transcendence 3,100 Mile Race se tient chaque été dans un quartier de New York. Les coureurs ont 52 jours pour effectuer la distance, soit env. 96 km par jour, malgré l'humidité étouffante et les averses. **Le meilleur temps** est de 40 jours, 9 h 6 min et 21 s, par Ashprihanal Aalto (FIN, ci-dessus), du 14 juin au 24 juill. 2015.

Le 50 km le plus rapide (femmes)
Le 1er sept. 2019, Alyson Dixon (GBR) a battu un record de 30 ans pour ses débuts en Ultramarathon, remportant le championnat du monde IAU de 50 km en 3 h 7 min et 20 s, à Brașov (ROU). Sept jours plus tard, déguisée en Wonder Woman, elle a couru **le semi-marathon en costume de super-héros le plus rapide (femmes)** : 1 h, 18 min et 26 s, au Great North Run de Tyne and Wear (GBR).

L'ultra-marathon le plus ancien
Le Comrades Marathon a été créé le 24 mai 1921 en hommage aux soldats sud-africains tués pendant la 1RE Guerre mondiale. La course vallonnée de 90 km relie Durban à Pietermaritzburg (ZAF) et alterne entre sens "montant" et "descendant" d'une année sur l'autre. **Le meilleur temps** est de 5 h 18 min et 19 s, par David Gatebe (ZAF) sur le parcours "descendant", le 29 mai 2016.

Le Spartathlon le plus rapide
Yiannis Kouros (GRC) a terminé le célèbre Ultramarathon grec en 20 h et 25 min, le 30 sept. 1984. Créé en 1983, le Spartathlon est une course de 246 km entre Athènes et Sparte. Les coureurs cherchent à reproduire l'exploit du messager athénien de la Grèce antique, Phidippidès, qui aurait rallié Sparte en 490 av. J.-C. pour demander de l'aide contre les Perses à la bataille de Marathon. **Le record féminin** est de 24 h 48 min et 18 s, par Patrycja Bereznowska (POL, ci-dessous), le 30 sept. 2017.

Le plus rapide à terminer les marathons de Barkley
Brett Maune (USA) a terminé le fameux Ultramarathon américain en 52 h 3 min et 8 s, le 2 avr. 2012. Imaginés par Gary "Lazarus Lake" Cantrell, les marathons de Barkley dessinent 3 tours de 32 km dans les collines du Tennessee. Seuls 40 coureurs y participent chaque année, dont un "sacrifice humain" pour celui qui a le moins de chances de gagner. L'heure de départ est tenue secrète, 60 min après le signal soufflé dans une conque.

ULTRA-DISTANCE RUNNING

HOMMES	Temps/Distance	Nom	Lieu	Date
50 km	2h43'38"	Thompson Magawana (ZAF)	Cap Town (ZAF)	12 avr. 1988
100 km	6h09'14"	Nao Kazami (JPN)	Lac Saroma (JPN)	24 juin 2018
100 miles	11h19'13"	Zach Bitter (USA)	Milwaukee (USA)	24 août 2019
1 000 km	5 jours 16h17'00"	Yiannis Kouros (GRC)	Colac (AUS)	26 nov.-1er déc. 1984
1 000 miles	10 jours 10h30'36"	Yiannis Kouros (GRC)	New York (USA)	20-30 mai 1988
6 h	97,2 km	Donald Ritchie (GBR)	Londres (GBR)	28 oct. 1978
12 h *	168,79 km	Zach Bitter (USA)	Milwaukee (USA)	24 août 2019
24 h	303,50 km	Yiannis Kouros (GRC)	Adélaïde (AUS.	4-5 oct. 1997
48 h	473,49 km	Yiannis Kouros (GRC)	Surgères (FRA)	3-5 mai 1996
6 jours	1 036,8 km	Yiannis Kouros (GRC)	Colac (AUS)	20-26 nov. 2005

FEMMES	Temps/Distance	Nom	Lieu	Date
50 km	3h07'20"	Alyson Dixon (GBR)	Brașov (ROU)	1er sept. 2019
100 km	6h33'11"	Tomoe Abe (JPN)	Lac Saroma (JPN)	25 juin 2000
100 miles	12h42'40"	Camille Herron (USA)	Vienna (USA)	11 nov. 2017
1 000 km	7 jours 16h08'37"	Paula Mairer (AUT)	New York (USA)	29 sept.-6 oct. 2002
1 000 miles	12 jours 14h38'40"	Sandra Barwick (NZL)	New York (USA)	16-28 oct. 1991
6 h	85,49 km	Nele Alder-Baerens (DEU)	Münster (DEU)	11 mars 2017
12 h	149,13 km	Camille Herron (USA)	Phoenix (USA)	9-10 déc. 2017
24 h*	270,11 km	Camille Herron (USA)	Albi (FRA)	26-27 oct. 2019
48 h	397,10 km	Sumie Inagaki (JPN)	Surgères (FRA)	21-23 mai 2010
6 jours	883,63 km	Sandra Barwick (NZL)	Campbelltown (AUS)	18-24 nov. 1990

**En attente de validation par l'International Association of Ultrarunners*

L'ultra-marathon Badwater 135 le plus rapide (femmes)
Les 15-16 juill. 2019, Patrycja Bereznowska (POL) a terminé l'éprouvante course californienne en 24 h 13 min et 24 s, obtenant le meilleur temps féminin et le 2e au général. La Badwater s'étend sur 217 km de la Vallée de la Mort au mont Whitney, le point le plus bas et le plus haut des États-Unis (hors Alaska). Les températures peuvent atteindre 53 °C.

Les plus dominateurs

La plus longue série de victoires en athlétisme sur piste
Edwin Moses (USA) a gagné 122 courses de 400 m haies à la suite de 1977 à 1987. Aidé par une foulée gigantesque de 2,9 m, il est resté invaincu pendant 9 ans, 9 mois et 9 jours. "Même lent, je suis plus rapide que la plupart des athlètes", a-t-il dit. Le 4 juin 1987, il s'incline finalement à Madrid (ESP) après avoir trébuché sur la dernière haie.

La plus longue série de victoires en athlétisme est de 150, en saut en hauteur, par Iolanda Balaş (ROU), de 1957 à 1967. Elle a établi 14 records du monde dans l'épreuve et a été la 1re femme à franchir 1,80 m, le 18 oct. 1958.

La plus longue invincibilité en squash
Heather McKay (AUS) n'a pas perdu pendant 19 ans, de 1962 jusqu'à sa retraite en 1981. Athlète prodigieuse, sélectionnée en équipe australienne de hockey, sa puissance et son talent lui ont permis de dominer les courts de squash. Elle n'a perdu que 2 matchs dans toute sa carrière et compte **le plus de titres en British Open** (16 de suite). Elle a gagné la finale 1968 contre Bev Johnson 9-0, 9-0, 9-0 en 15 min.

Le plus de victoires pour un jockey
Jorge Ricardo (BRA) a gagné 13 069 courses au 15 mars 2021. Il a dépassé le record précédent de Russell Baze le 7 févr. 2018 et a obtenu sa 13 000e victoire, à 58 ans, le 25 sept. 2020 chez lui, à Rio de Janeiro (BRA). Courant principalement en Amérique du Sud, Ricardo a gagné 26 fois de suite le titre de meilleur jockey brésilien.

Le plus de titres mondiaux en planche à voile
Björn Dunkerbeck (CHE, né DNK) a remporté 42 titres mondiaux en planche à voile, de 1988 à 2016. Il totalise 12 championnats de Professional Windsurfing Association et 10 titres en slalom, 9 en course, 7 en vague, 3 en vitesse et 1 en freestyle.

Le plus de médailles mondiales en biathlon
Ole Einar Bjørndalen (NOR) a raflé 45 médailles en championnat du monde, de 1997 à 2017. Le "Roi du biathlon" compte aussi **le plus de médailles aux JO d'hiver (hommes)** (13).

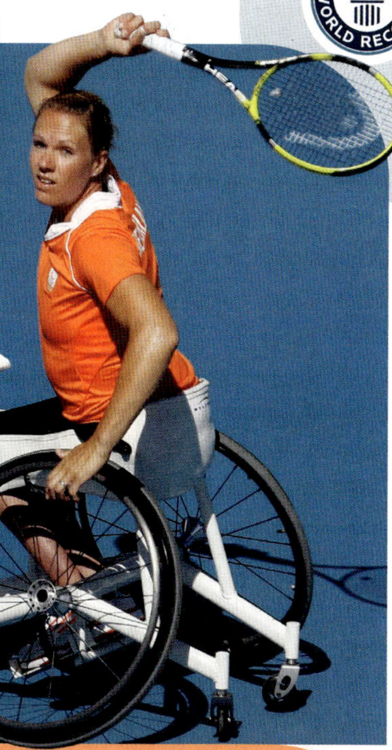

Le plus de matchs de tennis en fauteuil gagnés à la suite (simple)
Esther Vergeer (NLD) a enchaîné 470 victoires en simple entre 2003 et 2012. Elle a été championne du monde 12 ans de suite et a gagné 7 titres paralympiques (4 en simple et 3 en double féminin). Selon la Fédération internationale de tennis, la série de Vergeer n'est devancée que par la légende du squash Jahangir Khan (PAK, encart), auteur de 555 succès consécutifs de nov. 1981 à nov. 1986 – **la plus longue série d'invincibilité en squash masculin**.

Le plus de titres mondiaux et olympiques en lutte gréco-romaine
Aleksandr Karelin (URSS/RUS) a gagné 3 JO et 9 titres mondiaux en super-lourd, de 1988 à 1999. Réputé pour sa force incroyable et sa capacité à contrer les attaques adverses, Karelin est resté invaincu pendant 13 ans. Sa thèse de doctorat était intitulée *Méthodes d'exécution des contre-prises suplex.*

Le plus de titres mondiaux en ASP/World Surf League (hommes)
Kelly Slater (USA) totalise 11 sacres mondiaux de 1992 à 2011. Il est à la fois le champion du monde masculin **le plus jeune** (20 ans et 299 jours) et **le plus âgé** (39 ans et 302 jours). Il compte aussi **le plus de victoires d'épreuves en ASP/World Surf League (hommes)** (55). Celui qui a fait passer le surf dans une nouvelle ère avec son style fluide et acrobatique s'est aussi consacré au développement de systèmes de vagues artificielles.

Le plus de Mondiaux de trial
En 2020, le pilote de trial Antoni Bou (ESP) a obtenu son 28e titre mondial depuis 2007. Il en a gagné 14 en indoor – aux X-Trials de la Fédération internationale de motocyclisme (FIM, à dr.) – et 14 aux championnats du monde FIM. Le trial est une épreuve dans laquelle les pilotes doivent naviguer sur un parcours d'obstacles sans poser le pied au sol.

En revue

Le plus de titres classés en billard
Ronnie O'Sullivan (GBR) a gagné son 37e titre le 16 août 2020, décrochant le championnat mondial de snooker pour la 6e fois. “La Fusée” a gagné son 1er titre classé – le championnat britannique – le 28 nov. 1993, à 17 ans. Il compte également **le plus de championnats britanniques** (7) et **le plus de Masters** (7).

Les plus rapides...
Escalade de vitesse à 15 m (femmes)
Le 21 nov. 2020, Iuliia Kaplina (RUS) a grimpé un mur d'escalade de 15 m en 6,964 s, aux championnats d'Europe de la Fédération internationale d'escalade à Moscou (RUS).

1 500 m en salle (femmes)
Gudaf Tsegay (ETH) s'est imposée sur 1 500 m en 3 min et 53,09 s, au meeting de Liévin (FRA) du World Athletics Indoor Tour Gold, le 9 févr. 2021. Elle a écrasé le record précédent de plus de 2 s.

Essai en Super League de rugby à XIII
Le centre Ben Crooks (GBR) a aplati après 7 s pour Hull Kingston Rovers contre Huddersfield Giants le 16 avr. 2021. Hull a gagné 25-24.

Le plus de...
Médailles Norm Smith en AFL
Décernée depuis 1979, la médaille Norm Smith récompense le “meilleur joueur sur le terrain” en finale de la ligue de football australien. Dustin Martin (AUS) l'a obtenue pour la 3e fois le 24 oct. 2020 quand Richmond a battu Geelong de 31 points, décrochant ainsi son 3e titre en 4 ans. Martin a signé 4 buts et 21 passes.

Médailles d'or de freestyle aux mondiaux de ski FIS
Mikaël Kingsbury (CAN) a récupéré ses 5e et 6e médailles d'or en mars 2021. Malgré ses blessures, le skieur freestyle a terminé sa saison sur une bonne note en s'imposant en ski de bosses individuel et double à Almaty (KAZ) et a pris 2 longueurs d'avance sur les records de Kari Traa et Jennifer Heil.

Le plus de courses gagnées dans une discipline de coupe du monde de ski FIS (femmes)
Mikaela Shiffrin (USA) a gagné 45 slaloms en coupe du monde de ski alpin FIS. Elle a dépassé les 43 victoires de Lindsey Vonn en descente lorsqu'elle s'est imposée à Flachau (AUT), le 12 janv. 2021. Shiffrin n'est qu'à 1 longueur du **record masculin** (46), par Ingemar Stenmark (SWE) en slalom géant, du 23 févr. 1975 au 19 févr. 1989.

Le 10 000 m le plus rapide en patinage de vitesse
Le 14 févr. 2021, Nils van der Poel (SWE) a pris l'or au 10 000 m masculin des mondiaux ISU de patinage de vitesse simple distance en 12 min et 32,95 s. Une prouesse réalisée au niveau de la mer, à Heerenveen (NDL), alors que tous les autres records du monde de l'ISU ont été établis en altitude, où la glace est plus rapide et la résistance de l'air moindre.

Victoires d'affilée en finale de football gaélique All-Ireland
Le 19 déc. 2020, Dublin a signé une 6e victoire consécutive en coupe Sam Maguire en battant Mayo 2-14 à 0-15, à Croke Park, à Dublin (IRL).

Titres en simples messieurs en finales du World Tour ITTF
Le 22 nov. 2020, Ma Long (CHN) a gagné pour la 6e fois en simple en finales du World Tour de la Fédération internationale de tennis de table. Le même jour, Chen Meng est revenue à hauteur de Zhang Yining (toutes 2 CHN) avec un 4e titre consécutif en **simple dames.**

Championnats majeurs de l'Association professionnelle de bowling
Jason Belmonte (AUS) s'est adjugé a 13e victoire en grand championnat en battant Anthony Simonsen 213-190, le 15 mars 2020, aux mondiaux PBA. Belmonte n'est que le 2e joueur après Mike Aulby à signer un “Super Chelem” consistant à rafler les 5 tournois majeurs de la PBA.

La 1re femme à gagner le Grand National
Le 10 avr. 2021, Rachael Blackmore (IRL) a chevauché Minella Times vers la victoire à l'Aintree Racecourse (GBR). Blackmore a obtenu un diplôme de science équine avant de devenir jockey professionnelle en 2015. Elle est l'une des 19 femmes à avoir disputé le Grand National depuis la création de la course en 1839.

Le plus de victoires au Dakar
Stéphane Peterhansel (FRA) a soulevé son 14e trophée au Rallye Dakar 2021, organisé en Arabie saoudite, du 3 au 15 janv. Il a gagné 6 titres à moto entre 1991 et 1998 et 8 en voiture – dont 7 avec son copilote Jean-Paul Cottret. Peterhansel est le seul pilote à avoir gagné la compétition sur 3 continents : en Afrique, en Asie et en Amérique du Sud. Il compte aussi **le plus de victoires d'étape** (81), depuis 1988.

Le plus de sélections internationales en rugby
Alun Wyn Jones a disputé 157 rencontres internationales : 148 pour le pays de Galles et 9 pour les Lions britanniques et irlandais. Il a débuté contre l'Argentine le 11 juin 2006 et a dépassé le record de Richie McCaw (148) le 31 oct. 2020. Wyn Jones est le capitaine gallois depuis plus de 10 ans et a aussi été le capitaine des Lions qui l'ont emporté face à l'Australie en 2013.

Victoires en UFC (femmes)
Amanda Nunes (BRA) a gagné son 14e combat d'Ultimate Fighting Championship le 6 mars 2021, face à Megan Anderson après soumission au 1er round à l'UFC 259. Elle porte à 12 son record du **plus de victoires d'affilée (femmes)**. Elle a gagné au 1er round contre toutes les championnes poids coqs et plumes de l'histoire de l'UFC.

Combats UFC gagné par KO/TKO
Le 20 févr. 2021, Derrick Lewis (USA) a signé un 12e KO à l'UFC Vegas 19, égalant la performance de Vitor Belfort (BRA).

Participants à un marathon à distance en 24 h
Pour le tout 1er marathon virtuel de Londres Virgin Money qui s'est tenu le 4 oct. 2020, 37 966 coureurs ont franchi l'arrivée. La course physique était réservée aux professionnels pour raisons de COVID-19, mais les coureurs du monde entier ont pu participer sur le parcours de leur choix.

Coupes du monde féminines de luge
Natalie Geisenberger (DEU) a raflé son 8e globe de cristal à la coupe du monde FIL de luge. Elle a pris le titre féminin 2020-2021 seulement 4 mois après son retour à la compétition à la suite de la naissance de son enfant.

Le plus de médailles en première ligue de Karaté 1
Du 10 janv. 2014 au 12 mars 2021, Sandra Sánchez (ESP) a glané 36 médailles : 18 en or, 10 en argent et 8 en bronze. Elle concourt en kata, une discipline où les athlètes présentent une chorégraphie de mouvements et de techniques de karaté. Les compétiteurs sont évalués sur leur performance technique et athlétique.

Matchs internationaux de rugby arbitrés
Le 28 nov. 2020, Nigel Owens (GBR) a arbitré son 100e match international, le choc entre la France et l'Italie au Stade de France, lors de la coupe d'automne des nations. Après la partie, il a annoncé sa retraite internationale. Le Gallois avait dirigé son 1er match en 2003, une rencontre entre le Portugal et la Géorgie, et a supervisé la finale de la coupe du monde 2015.

Mondiaux de superbike
Jonathan Rea (GBR) de l'écurie Kawasaki Racing Team a gagné un 6e titre d'affilée en 2020. Il a dépassé les 5 titres consécutifs de son compatriote Joey Dunlop en Formule 1 TT (ancêtre du World SBK) en 1982-1986.

Rea a aussi porté son **record de courses de superbike gagnées** à 99. Sa 1re victoire remonte au 21 juin 2009.

Buts en 1 saison de Super Netball
Jhaniele Fowler (JAM) a inscrit 795 buts pour West Coast Fever en saison régulière 2020. Elle compte notamment 13 "Super Shots" valant 2 pts. Elle a amélioré son total en playoffs avec 965 buts. West Coast Fever a atteint la Grande Finale et s'est incliné 66-64 contre les Melbourne Vixens.

Fowler a aussi enregistré **le plus de buts en un match de Super Netball** (69), le 12 sept. 2020 contre les New South Wales Swifts.

La 1re personne atteinte de trisomie 21 à disputer un triathlon IRONMAN®
Le 7 nov. 2020, Chris Nikic (USA) est entré dans l'histoire en bouclant le triathlon IRONMAN de Floride en 16 h, 46 min et 9 s. Âgé de 21 ans, il a subi plusieurs opérations dans son enfance et n'a pu marcher qu'à 4 ans. Il s'est entraîné jusqu'à 8 h par jour pour l'épreuve : 3,8 km à la nage, 180 km à vélo et un marathon de 42,1 km.

Eliud Kipchoge

CARTE D'IDENTITÉ
Nom : Eliud Kipchoge
Date de naissance : 5 nov. 1984
Lieu de naissance : Kapsisiywa (KEN)
World Marathon Majors…
· courses gagnées : 9
· séries de titres : 4
Titre olympique de marathon : 1 (2016)
Trophées d'athlète de l'année : 2 (2018 et 2019)

Avec une distance de 42,1 km, le marathon est l'un des événements les plus emblématiques – et les plus éprouvants – du sport. Et un homme l'a couru plus vite qu'on le croyait possible.

Eliud Kipchoge a commencé très jeune à courir pour rejoindre tous les matins son école distante de 3,2 km. À l'âge de 18 ans, il devient champion du monde du 5 000 m et participe à son 1er marathon en 2013. Eliud domine la discipline et remporte 11 de ses 12 premières courses. Au marathon de Berlin 2018, il court le marathon le plus rapide en 2 h, 1 min et 39 s, mais il a l'intention d'aller encore plus vite.

Pendant de nombreuses années, on pense physiquement impossible de passer sous la barre des 2 h. Eliud va démontrer le contraire. Le Challenge INEOS 1:59, un marathon spécial, se tient le 12 oct. 2019 au Prater à Vienne (AUT), sélectionné pour son relief plat et sa proximité avec le niveau de la mer. Une voiture électrique donne le rythme et des athlètes tels que les frères Ingebrigtsen courent en formation autour d'Eliud, qui a chaussé une version sur mesure des Nike Vaporfly.

En raison de cette organisation, il ne s'agit pas d'une course officielle : Eliud court contre l'histoire. Dans la dernière ligne droite, un sprint final l'emmène à la consécration en 1 h, 59 min et 40 s **– 1er marathon couru en moins de 2 h.**

1

2

3

1. Aux championnats du monde 2003 à Paris (FRA), Eliud remporte sa 1re médaille d'or. Il gagne un 5 000 m très disputé contre des athlètes aguerris, parmi lesquels le multiple recordman du monde Hicham El Guerrouj (en haut, à droite).

2. Lors du dernier jour des jeux Olympiques de Rio en 2016, Eliud triomphe de la pluie et remporte l'or au marathon. Il finit avec 70 s d'avance, la plus grande marge dans un marathon olympique masculin depuis 1972.

3. Le 16 sept. 2018, Eliud assure sa place dans l'histoire du sport avec **le marathon le plus rapide**. Il remporte le marathon de Berlin (DEU), en 2 h, 1 min et 39 s et piétine le précédent record du monde de plus de 1 min.

4. Eliud termine **le marathon de Londres le plus rapide** le 28 avr. 2019 et franchit la ligne en 2 h, 2 min et 37 s. Le prince Harry lui remet sa médaille ainsi qu'à la gagnante féminine Brigid Kosgei (KEN). Six mois plus tard, elle courra **le marathon le plus rapide (femmes)** – 2 h, 14 min et 4 s –, à Chicago (Illinois, USA).

5. Eliud court **le 1er marathon en moins de 2 h** le 12 oct. 2019, à Vienne (AUT), aidé par une équipe tournante de 41 "lièvres d'élite". Devant eux, des lasers leur indiquent la formation à déployer et le rythme à soutenir.

4

5

Le marathon de moins de 2 h d'Eliud équivaut à une série de 422 sprints sur 100 m en 17,01 s.

Découvrez plus d'informations sur Eliud dans la section Hall of Fame sur **www.guinnessworldrecords.com/2022**

Les entrées **en gras** se réfèrent à des titres de doubles pages thématiques ; les entrées **EN CAPITALES ET EN GRAS** se réfèrent à des titres de chapitres.

Pour l'homologation des records, GWR collabore avec de nombreuses institutions, fédérations et groupes spécialisés, dont certains sont présentés ci-dessous. Pour la liste complète, rendez-vous sur www.guinnessworldrecords.com/about-us/partners.

8000ers.com
Eberhard Jurgalski a conçu le système "Elevation Equality", une méthode permettant de classifier les chaînes de montagnes et les sommets. Son site est devenu la principale source de statistiques relatives à l'Himalaya et au Karakoram.

American Crossword Puzzle Tournament
(Tournoi américain de mots croisés)
Fondé en 1978 par Will Shortz (devenu responsable de la rubrique des mots croisés du *New York Times*), l'ACPT est le plus ancien et le plus important événement consacré aux mots croisés. Il attire env. 1 000 enthousiastes lors de son épreuve annuelle à Stamford (Connecticut, USA).

Botanic Gardens Conservation International
(Association internationale de conservation des jardins botaniques)
Il existe env. 3 000 jardins botaniques et arboretums dans le monde qui attirent 750 millions de visiteurs tous les ans. Le BGCI est le centre névralgique de ce réseau. Sa mission consiste à mobiliser les jardins botaniques et à engager des partenariats afin de veiller à la biodiversité et au bien-être des humains sur la planète.

CANNA GBR National Giant Vegetables Championship (Championnat national britannique des légumes géants)
Chaque année, Martyn Davis accueille des cultivateurs experts à l'exposition d'automne de Malvern (Worcestershire, GBR), et s'assure que tous les légumes respectent les critères stricts spécifiés et qu'ils sont mesurés correctement.

Council on Tall Buildings and Urban Habitat
(Conseil des édifices en hauteur et de l'habitat urbain)
Situé à Chicago (USA), le CTBUH est le principal centre de documentation mondial destiné aux professionnels en matière de conception, construction et fonctionnement des bâtiments les plus hauts et des villes de demain.

ESPN X Games
Depuis 1995, les X Games d'ESPN sont devenus la compétition de sports extrêmes la plus importante. Elle met en lumière les meilleurs sportifs dans des disciplines telles que BMX, skateboard ou motocross l'été, ainsi que l'élite du ski, snowboard ou motoneige lors de l'événement hivernal.

Gerontology Research Group
(Groupe de recherche en gérontologie)
La mission du GRG, fondé en 1990, consiste à ralentir et à terme à inverser le vieillissement grâce à la science et à sa diffusion. Il conserve également la plus grande base de données de supercentenaires (personnes âgées de plus de 110 ans) administrée par Robert Young.

Great Pumpkin Commonwealth
(Association de la courge géante)
La GPC se consacre à la culture de potirons géants – parmi d'autres légumes prodigieux – en établissant des normes et des règlements universels pour s'assurer de la qualité des produits et de l'équité de la compétition.

International Ice Swimming Association
(Association internationale de nage hivernale)
Fondée par Ram Barkai en 2009, l'IISA a pour but de donner un cadre à la nage en eau glacée. Elle a mis en place un règlement qui garantit la sécurité des nageurs et normalise les distances, conditions de nage et temps.

International Ornithologists' Union
(Union internationale des ornithologues)
L'IOU, organisation mondiale consacrée à la recherche sur la biologie aviaire, de la molécule jusqu'à l'écosystème, associe recherche fondamentale et appliquée et favorise l'éducation et la sensibilisation. Son président actuel, Dominique Homberger, nommé en 2018, est en poste jusqu'en 2022.

Major League Eating
(Ligue de l'alimentation sportive)
Tandis que GWR ratifie certains records alimentaires, MLE est l'organisme qui chapeaute au niveau mondial les compétitions alimentaires professionnelles. Cette organisation a développé les compétitions d'alimentation sportive et coordonne la Fédération internationale d'alimentation sportive. Elle programme près de 70 événements annuels.

The Marine Biological Association
(Association biologique marine)
Basée à Plymouth (GBR), la MBA est l'une des plus anciennes sociétés d'études consacrées à la recherche sur les océans et la vie marine. Depuis 1884, elle porte la voix unie et indépendante de la communauté des biologistes marins.

Monster Jam
Fondé en 1992, Monster Jam est la 1re compétition mondiale des pilotes de monstertrucks. Lors de rassemblements internationaux véhicules et pilotes s'affontent dans des courses, des défis sur deux roues ou en freestyle.

The National Museum of Computing
(Musée national de l'Ordinateur)
Situé à Bletchley Park (Oxfordshire, GBR), le National Museum of Computing est une organisation privée rassemblant une vaste collection d'ordinateurs historiques en état de marche, tels que *Colossus*, **le 1er calculateur de cryptanalyse**, et le *WITCH*, **le plus ancien ordinateur numérique fonctionnel**.

Muséum d'histoire naturelle de Vienne
Ludovic Ferrière, géologue expert des météorites et des cratères d'impact, est le conservateur en chef des prestigieuses collections de météorites et d'impactites du Muséum d'histoire naturelle de Vienne (AUT).

Ocean Rowing Society International
(Société internationale des traversées océaniques à la rame)
L'ORSI a été fondée en 1983 par Kenneth F. Crutchlow et Peter Bird, rejoint plus tard par Tom Lynch et Tatiana Rezvaya-Crutchlow. L'organisation répertorie toutes les tentatives de traversées océaniques ou des grandes étendues d'eau, classifie, vérifie et homologue les performances.

Parrot Analytics
Parrot Analytics est la société leader en matière d'analyse de la demande de contenu mondial pour le marché de la télévision moderne multiplateforme. Elle suit plus de 1,5 milliard d'expressions de la demande dans plus de 100 langues.

Polar Expeditions Classification Scheme
(Système de classification des expéditions polaires)
Le PECS est un système permettant de noter et de classer les longs séjours polaires non motorisés, supervisé par un comité d'experts des expéditions polaires, sous la direction d'Eric Philips. Régions polaires, modes de transport et assistance éventuelle sont listés par ce système afin de permettre aux aventuriers de classer, promouvoir et immortaliser leur voyage.

Royal Botanic Gardens, Kew
Les Jardins royaux (p. 110-111) de Londres (GBR) accueillent une organisation scientifique de réputation mondiale, respectée à la fois pour ses collections extraordinaires et pour son expertise scientifique sur la diversité botanique, la conservation de l'environnement et le développement durable. Les jardins sont inscrits au patrimoine mondial de l'Unesco depuis 2003.

Scripps National Spelling Bee
(Concours d'orthographe national Scripps)
Administré par une association à but non lucratif, la E W Scripps Company, le SNSB est le plus ancien programme éducatif des États-Unis. Il a pour objet d'aider les élèves à améliorer leur orthographe et leur vocabulaire, à apprendre des concepts et l'usage correct de l'anglais, afin de les soutenir tout le long de leur vie.

Speedrun.com
Speedrun.com fournit des classements, ressources, forums et bien plus encore pour le speedrun – c'est-à-dire la pratique du jeu vidéo dans l'objectif de le terminer le plus vite possible. Le site a constitué une base de données de plus de 2 millions de "runs" sur près de 23 000 jeux.

The Numbers
TheNumbers.com est la plus grande base de données sur Internet regroupant des informations sur le box-office, avec des chiffres sur plus de 50 000 films et sur 200 000 personnes travaillant dans l'industrie cinématographique. Fondé en 1997 par Bruce Nash, il est consulté chaque année par plus de 8 millions de visiteurs.

UK and International Timing Adjudication
(Arbitrage et chronométrage anglais et international)
L'UK&ITA a été fondée en 2013 (sous le nom d'UKTA) par des membres de Straightliners Ltd et de SPEE3D ltd pour promouvoir la compétition autour des records de vitesse terrestre en Grande-Bretagne et en Europe. Elle s'assure que tous les concurrents s'affrontent en suivant le même règlement.

University College London: The Bartlett School of Architecture (Université de Londres : école d'architecture Bartlett)
Iain Borden, professeur d'architecture et de culture urbaine à l'école Bartlett de l'UCL, à Londres (GBR), a écrit plus de 100 livres et articles, dont de nombreux titres sur les architectes, les constructions et les villes.

VGChartz
Fondé en 2005 par Brett Walton, VGChartz est un cabinet d'intelligence et d'études économiques. Il publie plus de 7 000 estimations uniques hebdomadaires sur les ventes/expéditions de jeux vidéo et de matériel. Sa base de données s'accroît en permanence.

World Beard & Moustache Championships
(Championnats mondiaux de la barbe et de la moustache)
Apportant son soutien à la pilosité faciale depuis 2003, Beard Team USA® la promeut lors de compétitions aux États-Unis et à l'international. Elle sensibilise également à une vision positive de la pilosité faciale et au travail caritatif. BTUSA organise les championnats nationaux de la barbe et de la moustache, National Beard and Moustache Championships®.

World Cube Association
(Association mondiale des cubes)
LA WCA réglemente les compétitions organisées autour des casse-tête qu'on résout en déplaçant des groupes de pièces, tels que le Rubik's Cube. Elle s'est donné pour objectif d'organiser davantage de compétitions dans plus de pays avec plus de participants, jouant selon les mêmes règles et les mêmes conditions.

World Freestyle Football Association
(Association mondiale de football freestyle)
La WFFA gère le football freestyle – art et sport consistant à jongler avec un ballon de football en utilisant toutes les parties du corps afin de divertir un public et de surpasser ses concurrents lors des compétitions. Présente dans 114 pays, la WFFA organise les championnats mondiaux de football freestyle.

World Memory Sports Council
(Conseil mondial des jeux de mémoire)
Le WMSC a été fondé en 1991 par Tony Buzan et Raymond Keene. Les 10 disciplines qui formaient le socle de la 1re compétition ont depuis été adoptées dans le monde entier pour tous les concours de mémoire.

World Meteorological Organization
(Organisation météorologique mondiale)
Le Dr Randall Cerveny, professeur de sciences géographiques, spécialiste de la météorologie et du climat, est depuis 2007, rapporteur pour les extrêmes, météorologiques et climatiques pour la WMO.

World Sailing Speed Record Council
(Comité des records mondiaux à la voile)
Reconnu par l'International Yacht Racing Union (devenue World Sailing, fédération mondiale de voile) en 1972, ce comité d'experts compte des membres australiens, français, britanniques et américains.

World Ultracycling Association
(Association mondiale de l'ultra-cyclisme)
La WUCA est une organisation à but non lucratif consacrée au soutien de l'ultra-cyclisme dans le monde entier. Elle détient le plus grand fonds de records cyclistes pour tous les types de cycles et homologue les records de ses membres.

Nous travaillons également avec des centaines de spécialistes qui connaissent leur sujet sur le bout des doigts. Cette année, les nouveaux venus dans la liste d'experts du *GWR* apportent leur éclairage sur les sujets suivants : histoire de l'alimentation, pandémie, recyclage, anthropologie et plantes carnivores, parmi tant d'autres disciplines. Pour la liste complète, rendez-vous sur www.guinnessworldrecords.com/about-us/partners.

Evan Ackerman écrit au sujet des robots depuis plus de 10 ans. Après avoir cofondé un blog sur la robotique en 2007, il contribue au magazine *IEEE Spectrum* et a écrit des milliers d'articles relatifs aux robots et aux technologies émergentes. Evan vit à Washington, DC (USA), avec une collection d'aspirateurs robots en perpétuelle augmentation.

Mark Aston consultant Science & Technology pour le *GWR* depuis 2010. Il apporte une expérience de près de 30 ans sur les hautes technologies et l'ingénierie pour s'assurer que les records scientifiques et technologiques sont précis et informatifs. Son implication dans le domaine universitaire et dans les sociétés commerciales lui a permis de mener une carrière féconde dans la conception optique.

Tom Beckerlegge, auteur primé, a vu ses livres traduits dans le monde entier. Il est le consultant en chef de *GWR* pour le sport. Il recherche et met à jour des centaines de nouveaux records tous les ans, dans toutes les disciplines sportives. Cette année, il a découvert le bûcheronnage sportif, la course d'escaliers et les exploits du cycliste Albert Bourlon pendant la guerre.

Darra Goldstein est historienne de l'alimentation et rédactrice en chef et fondatrice de la revue *Gastronomica*. Autrice de 6 livres de recettes primés et éditrice de la collection *California Studies in Food and Culture*. Elle a été consultée par le Conseil de l'Europe au sein d'un groupe explorant la façon dont la nourriture pourrait contribuer à promouvoir tolérance et diversité.

David Grierson est directeur adjoint de l'école d'architecture à l'université de Strathclyde (GBR), où il a donné de nombreux cours de 3e cycle sur les écocités et l'architecture durable. Il a mené des recherches dans le monde entier et dirige actuellement la collection de livres *Architecture and Urbanism in the Global South*.

Thomas Haigh, diplômé à la fois en informatique et en histoire des sciences, est professeur d'histoire à l'université du Wisconsin, à Milwaukee, et professeur invité à l'université de Siegen. Vous trouverez plus de renseignements sur **www.tomandmaria.com/tom**, et notamment des détails sur son dernier livre, *A New History of Modern Computing* (2021).

Carolyn Harris, qui conseille *GWR* sur les questions royales, est historienne, autrice, commentatrice royale et professeure d'histoire à l'école de la formation continue de l'université de Toronto (CAN). Spécialisée dans l'histoire des monarchies européennes, elle a écrit dans de nombreuses publications. Le Dr Harris est également une conférencière prolifique.

Clive Jones est chercheur principal émérite au Cary Institute of Ecosystem Studies de New York (USA). Chercheur en écologie, il étudie comment les espèces affectent leur environnement physique – les "espèces-ingénieurs". Fondateur reconnu de cette discipline en pleine expansion, il est l'auteur de plus de 200 publications, dont 6 livres.

Jonas Livet a fondé le site Les Zoos dans le monde, qui offre un aperçu de ses visites dans plus de 1 500 parcs zoologiques ; ce projet lui a également permis de remporter le record *GWR* du **plus de zoos visités**. Il possède un master en biologie de la conservation délivré par le Durrell Institute of Conservation and Ecology (Kent, GBR).

Hannah Mawdsley est conservatrice au National Trust de Londres (GBR). Sa thèse de doctorat – encadrée par un conservateur des Musées impériaux de la guerre et par des universitaires du collège Queen Mary, de l'université de Londres – s'intéressait à la politique de commémoration de la pandémie de grippe de 1918-1919, ou "grippe espagnole".

Leanne Melbourne enseigne la paléontologie marine à l'université de Bristol (GBR), dont elle possède un doctorat. Elle étudie l'impact du changement climatique sur les organismes marins fabriquant du calcaire et notamment sur l'intégrité structurelle des écosystèmes tels que les récifs coralliens. Elle appartient aussi à la Société linnéenne.

Patrick O'Hare est membre de l'UKRI Future Leaders à l'université de St-Andrews (GBR). Il possède un master et un doctorat d'anthropologie sociale de l'université de Cambridge et s'est spécialisé dans l'anthropologie des déchets, du recyclage et du travail. Il conduit notamment des études sur les entreprises de recyclage en Amérique latine.

Clare Ostle coordonne l'étude Pacific Continuous Plankton Recorder (CPR) de la Marine Biological Association de Plymouth (GBR). Ses recherches se concentrent sur l'utilisation des données du CPR pour enquêter sur les planctons en tant qu'indicateurs de l'environnement marin, en lien avec l'acidification des océans, le cycle marin du carbone et les plastiques océaniques.

Barry Rice, astrobiologiste, est professeur d'astronomie à l'université. Botaniste, il a travaillé pendant 10 ans au Nature Conservancy et, sur le terrain, s'est consacré aux plantes carnivores pendant plus de 25 ans. Il a été rédacteur du *Journal of the International Carnivorous Plant Society* pendant plus de 20 ans.

Nancy Segal, professeure de psychologie, dirige le Twin Studies Center de l'université d'État de Californie. Elle a écrit plus de 200 publications et plusieurs livres sur les jumeaux. Elle a également reçu le James Shields Award pour sa contribution exceptionnelle à la recherche sur la gémellité de la Société internationale d'études sur la gémellité en 2005.

Karl P. N. Shuker, docteur en zoologie et en physiologie comparée de l'université de Birmingham (GBR), est membre de la société zoologique de Londres, de la Société royale d'entomologie et de la Société des auteurs. Il a écrit 25 livres et des centaines d'articles sur de nombreux aspects de l'histoire naturelle.

Chris Stringer est directeur de recherche, spécialisé dans l'étude de l'origine des êtres humains au Muséum d'histoire naturelle de Londres il détient une chaire honorifique à l'University College de Londres et au Royal Holloway. Auteur de nombreux articles et livres sur l'évolution humaine, il a notamment écrit *The Origin of Our Species* (2011) et *Our Human Story* (2018, avec Louise Humphrey).

Robert Van Pelt, professeur associé à l'université de Washington (USA), est une autorité sur les arbres géants. Il a étudié de façon extensive les forêts anciennes d'Amérique du Nord, notamment en Californie et dans le Nord-Ouest Pacifique. Il est le coordinateur à Washington du National Big Tree Program et a écrit *Forest Giants of the Pacific Coast* (2001).

Paul Walker-Emig a joué toute sa vie et écrit professionnellement sur les jeux vidéo depuis 8 ans, dans la presse et en ligne. Il a également rédigé des articles pour un certain nombre de publications et de sites renommés, parmi lesquels *The Guardian, PC Gamer, Retro Gamer, Wireframe* et *Kotaku*. Paul anime aussi le podcast *Utopian Horizons*.

Lindy Weilgart est spécialisée dans la pollution sonore sous-marine et ses effets sur la vie marine depuis 1994. Auparavant, elle a consacré ses études postdoctorales à la communication acoustique des baleines en liberté. Actuellement associée de recherches à l'université Dalhousie (CAN), elle travaille également en tant que conseillère scientifique de la Coalition internationale du bruit océanique et comme conseillère pour la politique océanique d'OceanCare.

NOUS REMERCIONS...

David Agle, Andrew Good (NASA JPL) ; Jane Allan (World Quizzing Championships) ; Daniel Antoine (British Museum) ; Anne Austin ; Tarryn Barrowman, Andre Schuiteman (Kew Gardens) ; Edward Bell (Tiniest Babies Registry) ; Marion Benaiteau (Louvre) ; Heather Bingham (UNEP-WCMC) ; Dane Cave ; Prosanta Chakrabarty ; Leon Claessens ; Catriona Clark (Wave Energy Scotland) ; Lauren Clement (WCA) ; Gerald Leonard Cohen ; Patrick Collins (National Motor Museum, Beaulieu) ; Philip J. Currie ; Nims Dai ; Love Dalén ; Chris Day (WMSC) ; Amy Dickin (PDSA) ; Terri Edillon (NSF Office of Polar Programs) ; Mischa Egolf (Cool Roof Rating Council) ; Peter Fankhauser (ANYbotics) ; David Fischer ; Mike Fromm ; GCHQ (David A., Fiona S., Matt L.) ; Christian Gelzer (NASA Armstrong Flight Research Center) ; Marshall Gerometta (CTBUH) ; Manuel Gnida ; Danny Groves (Whale and Dolphin Conservation) ; Becky Gunn ; Thaneswar Guragai ; Lauri Harris (USA Cheer) ; Robert Headland (Scott Polar Research Institute) ; Maximiliano Herrera ; Mark Honigsbaum ; Radley Horton ; Marco Hutter (ETH Zürich) ; Alan Jamieson ; Alexandra Jones ; Gareth Jones' Lab ; Steve Jones ; Łukasz Kaczmarek ; Matthew Kamlet ; Jian Kang ; Todd Kline ; Kraig Kraft ; Anna Kralova (The Kennel Club) ; Dante Lauretta ; Michael Levy, Francis Sanzaro (*Climbing* magazine) ; Jordan Lewis, Shannon Nash (V&A) ; Michael Lindqvist (Onsala Space Observatory) ; Matt Lodder ; Erik Loomis ; Jonathan McDowell (Harvard-Smithsonian Center for Astrophysics) ; Lisa MacKenzie (European Marine Energy Centre) ; João Pedro De Magalhães (AnAge) ; Pádraig Mallon (Irish Long Distance Swimming Association) ; Tom Matthews ; Fanny Mietlicki ; Jannicke Mikkelsen ; Scott Miller ; Alison Mitchell (Smithsonian) ; Andrew Mitchell ; Erin Morton ; Steven Munatones (World Open Water Swimming Association) ; Mark O'Shea ; Corina Oertli (Cybathlon) ; Larry Oslund (WUCA) ; Boaz Paldi, Christina Pascual (UN/The Lion's Share) ; Fiann Paul (ORSI) ; Khulu Phasiwe (Square Kilometer Array) ; Alistair Pike ; Beth Pike (Marine Conservation Institute) ; Barry Popik ; Bastien Queste ; Lindsay Renick Mayer (Re:Wild) ; Alan Robock ; Leafy Rous ; Xiulin Ruan ; Florian Schimikowski (Deutsches Espionage Museum) ; Brian Schroeder (Institute for Forensic Art) ; Paul Smith (BGCI) ; Brett Smitheram (The Association of British Scrabble Players) ; Christopher Smout ; Samuel Stadler (Parrot Analytics) ; Carrie Stengel ; Chris Stokes ; Brian Toon ; Linda Veress (Yellowstone National Park) ; Mark Weeden (School of Oriental and African Studies) ; Mikaela Weisse (World Resources Institute) ; Matthew White ; Carys Williams ; Mark Williams (Royal United Services Institute for Defence and Security Studies) ; Paul Williams ; Anatoly Zak (Russian Space Web) ; Ben Zimmer

Vice-PDG Édition mondiale
Nadine Causey

Éditeur en chef
Craig Glenday

Responsable éditorial
Adam Millward

Éditeur
Ben Hollingum

Graphisme
Tom Beckerlegge,
Rob Dimery

Relecture et révision
Matthew White

Responsable Édition et Production
Jane Boatfield

Responsable Iconographie et Conception graphique
Fran Morales

Recherche iconographique
Abby Taylor

Conception graphique
Paul Wylie-Deacon et
Rob Wilson de 55design.co.uk

Création de la couverture
Rod Hunt

Recherche de talents
Charlie Anderson,
Hannah Prestidge

Directeur de production
Patricia Magill

Coordinateur de production
Thomas McCurdy

Consultants de production
Roger Hawkins, Tina Marke

Responsable du contenu visuel
Michael Whitty

Photographies originales
Ricardo Cellere,
Jeroen de Beer, Erol Gurian,
Paul Michael Hughes,
J-F Rioux,
Cameron Spooner, Brian
Storey, Ceara Swogger

Indexation
Marie Lorimer

Directeur des licences Édition
Joel Smith

Responsable des licences internationales
Helene Navarre

Responsable comptes clés
Mavis Sarfo

Responsable de la chaîne logistique et de la distribution
Isabel Sinagola

Responsable marketing
Nicholas Brookes

Responsable RP
Amber-Georgina Gill

Agent de publicité senior
Jessica Dawes

Responsable marketing
Lauren Johns

Attaché de presse
Jessica Spillane

Reprographie
Resmiye Kahraman et Louise
Pinnock de Born Group

Impression et façonnage
MOHN Media Mohndruck
GmbH, Gütersloh, Allemagne

Réalité augmentée
Augmentifylt® (Peapodicity)

52-9880-1 / ISBN : 978-2-01-707510-3

Dépôt légal : septembre 2021

Pour l'édition française

Responsable éditoriale : Anne Le Meur

Réalisation : Dédicace/NordCompo (Villeneuve-d'Ascq)

Traduction : Stéphanie Alglave, Olivier Cechman, Karine Descamps, Charlotte Faraday, Alice Gallori, Cécile Giroldi, Laurent Laget, Agnès Letourneur, Guillaume Marlière, Christine Mignot, Ghislaine Tamisier

Relecture : Anne Fragonard, Mélanie Le Guen et Odile Raoul

Les records sont faits pour être battus : c'est l'un des critères clés pour composer une catégorie de record. Si vous pensez pouvoir battre un record, présentez votre candidature avant de vous lancer dans une tentative. Retrouvez sur le site www.guinnessworldrecords.com l'actualité des records et des vidéos. Rejoignez la communauté en ligne GWR.

Développement durable

Les arbres utilisés pour la production du papier d'impression du Guinness World Records 2022 sont sélectionnés à partir de forêts gérées dans le respect du paysage.

PEFC
PEFC/04-31-1033

Le papier de cette édition a été fabriqué par Stora Enso Veitsiluoto, en Finlande. Le site de production bénéficie d'une certification forestière PEFC et ses activités de la certification ISO 14001 pour s'assurer d'une production durable.

minus 52% CO_2

Grâce à l'utilisation innovante de technologies combinées de chaleur et d'électricité, l'impression de ce livre a émis 52 % de CO2 en moins par rapport aux processus traditionnels.

Guinness World Records Limited a recours à des méthodes de vérification très précises pour certifier les records. Malgré ses efforts, des erreurs peuvent subsister. Guinness World Records Limited ne peut être tenu pour responsable des erreurs ou omissions que comporterait cette édition. Toute correction ou précision de la part des lecteurs est bienvenue.

Guinness World Records Limited utilise le système métrique dans cette édition. Pour la conversion des monnaies, lorsqu'une date précise est indiquée, nous appliquons le taux de change en vigueur à l'époque. Si seule l'année est mentionnée, nous appliquons le taux de change au 31 décembre de l'année.

Il est important de prendre conseil auprès de personnes compétentes préalablement à toute tentative de record. Les candidats agissent à leurs risques et périls. Guinness World Records Limited conserve l'entière liberté d'inclure ou non un record dans ses ouvrages. Être détenteur d'un record ne garantit pas sa mention dans une publication de Guinness World Records.

THE JIM PATTISON GROUP

GUINNESS WORLD RECORDS
OFFICIALLY AMAZING

Président-directeur général monde
Alistair Richards

Administration
Alison Ozanne
Finance : Elizabeth Bishop, Jess Blake, Lisa Gibbs, Lucy Hyland, Kimberley Jones, Okan Keser, Maryana Lovell, Sutha Ramachandran, Jamie Sheppard, Scott Shore, Andrew Wood
Juridique : Matthew Knight, Raymond Marshall, Mehreen Moghul
Ressources humaines et culture d'entreprise : Jackie Angus, Isabelle Fanshawe, Stephanie Lunn, Monika Tilani

DSI et gestion des opérations
Rob Howe
DSI : Céline Bacon, John Cvitanovic, Diogo Gomes, Benjamin McLean
Technologie numérique : Veronica Irons, Alex Waldu
Services de centralisation des records : Lewis Blakeman, Adam Brown, Megan Bruce, Betsy Cunnett, Tara El Kashef, Mark McKinley, Will Munford, Emma Salt, Will Sinden, Mariana Sinotti Alves de Lima, Sheila Mella Suárez, Luke Wakeham, Dave Wilson

Contenu et produit
Katie Forde
Communication institutionnelle : Doug Male
Gestion de marque et de contenu : Lucy Acfield, Juliet Dawson, Emily Osborn, Louise Toms
Génération de demande : James Alexander-Dann
Graphisme : Momoko Cunneen, Fran Morales, Alisa Zaytseva
Contenu télévisuel et numérique : Karen Gilchrist, Jesse Hargrave, Matthew Musson, Joseph O'Neil, Alan Pixsley, Dominic Punt, Connie Suggitt, Dan Thorne, Michael Whitty
Licence de contenu : Kathryn Hubbard, Catherine Pearce

Création : Paul O'Neill

Agent-conseil monde
Marco Frigatti

Agence-conseil Pékin
Charles Wharton
Marketing marque et contenu : Chloe Liu, Angela Wu
Services comptes clients : Catherine Gao, Xiaona Liu, Congwei Ma, Tina Ran, Amelia Wang, Elaine Wang
Commercial : Theresa Gao, Lorraine Lin, Karen Pan
Événementiel : Fay Jiang
Juridique : Mathew Alderson, Jiayi Teng
Ressources humaines et culture d'entreprise : Crystal Xu, Nina Zhou
RP : Echo Zhan, Yvonne Zhang
Gestion des records : Ted Li, Vanessa Tao, Alicia Zhao, Xinying Zou

Agence-conseil Dubaï
Talal Omar
Marketing marque et contenu : Mohamad Kaddoura
Services comptes clients : Sara Abu-Saad, Naser Batat, Mohammad Kiswani, Kamel Yassin
Commercial : Shaddy Gaad
Événementiel : Daniel Hickson
Ressources humaines et culture d'entreprise : Monisha Bimal
RP : Hassan Alibrahim
Gestion des records : Reem Al Ghussain, Sarah Alkholb, Karen Hamzeh

Agence-conseil Londres
Neil Foster
Services comptes clients : Nick Adams, Fay Edwards, Sirali Gandhi, Irina Nohailic, Sam Prosser, Nikhil Shukla
Commercial : Iliyan Stoychev, Amanda Tang
Événementiel : Fiona Gruchy-Craven
Gestion des records : Andrew Fanning, Paul Hillman, Christopher Lynch, Francesca Raggi

Agence-conseil Amériques
Carlos Martinez
Marketing marque et contenu : Luisa Fernanda Sanchez, Kristen Stephenson
Services comptes clients : Mackenzie Berry, Brittany Carpenter, Carolina Guanabara, Ralph Hannah, Nicole Pando, Kim Partrick, Michelle Santucci
Commercial : Rachel Silver
Ressources humaines et culture d'entreprise : Rachel Gluck, Jennifer Olson
RP : Amanda Marcus, Elizabeth Montoya, Alice Pagan
Gestion des records : Raquel Assis, Spencer Cammarano, Christine Fernandez, Hannah Ortman, Callie Smith

Agence-conseil Tokyo
Kaoru Ishikawa
Marketing marque et contenu : Masakazu Senda
Services comptes clients : Minami Ito, Wei Liang, Takuro Maruyama, Yumiko Nakagawa, Masamichi Yazaki
Commercial : Hiroyuki Tanaka, Eri Yuhira
Événementiel : Yuki Uebo
Juridique : Mika Yamada
Ressources humaines et culture d'entreprise : Emiko Yamamoto
RP : Kazami Kamioka
Gestion des records : Aki Ichikawa, Momoko Omori, Naomi-Emily Sakai, Lala Teranishi

Crédits iconographiques

1 Jason deCaires Taylor ; **2–3** Shutterstock, Rod Hunt ; **4 (FRA)** Alamy, **5** Shutterstock ; **6** Shutterstock, YouTube ; **7** Earthwatch, Shutterstock ; **5** Joerg Mitter/Red Bull Content Pool ; **6** Australia Zoo ; **7** PECS, Earthwatch, Shutterstock ; **4 (MENA)** Sacha Jafri/Pyong Sumaria ; **5** Global Village ; **6** Mahmoud Gaballah/GWR ; **7** Anasala Family, Ashghal, Earthwatch, Shutterstock ; **4 (US)** Marsai Martin, Alamy, NBC *Today Show* ; **5 (US)** VICE Media, NASA, Nickelodeon, Getty ; **4 (UK)** ITV Studios, BBC, Capital FM ; **5 (UK)** BT Sport, BBC, Fun Kids Radio, Orchard TV ; **6 (UK/US)** Shutterstock ; **7 (UK/US)** WWT, Earthwatch, Shutterstock ; **8–9** Shutterstock ; **10** GWR ; **12** Shutterstock, Rod Hunt, Smithsonian Institution, NASA, Alamy ; **13** Smithsonian Institution, Alamy ; **14–15** Alamy, Getty, ESA ; **16** Getty, Alamy, NASA ; **17** NASA, Shutterstock, Alamy, Getty ; **18** Lina Östling, Alamy, Getty ; **19** Alamy ; **20** Newcastle University, Shutterstock ; **21** Getty ; **22** Alamy, Getty, Science Photo Library, Joseph Diamond/SKA ; **23** Shutterstock, Mairie de Villeneuve-le-Roi, Thames Water, PA, Getty ; **24** Science Photo Library, Alamy, Ichijo Co, Orstead ; **25** Alamy, Orbital Marine, GE Renewable Energy, Tim Fox/GE Renewable Energy, CIF, ESA ; **26** Alamy, Shutterstock ; **27** AeroFarms, Getty, Reef Arabia, Alamy ; **28** Dirk Collins/National Geographic, Mark Fisher/National Geographic, René Robert/International Polar Foundation, Benjamin Eberhardt ; **29** Von Wong, Alamy, Greta Thunberg, Shutterstock ; **30** Daniella Zalcman/Greenpeace, Philippa Walker/University of Bristol ; **31** Alamy, Getty ; **32** Rod Hunt, Australia Zoo, Alamy, Shutterstock ; **33** Australia Zoo, Ben Beaden/Australia Zoo, Shutterstock ; **34–35** Shutterstock ; **36** Alamy, Nature PL ; **37** Shutterstock, Alex Maisey, Alamy ; **38** Andrew Cannizzaro, Shutterstock, NOAA, Alamy ; **39** Shutterstock, Marcial Quiroga-Carmona ; **40** Shutterstock, *AugmentifyIt®* ; **41** Shutterstock ; **42** Shutterstock, Getty, Kip Evans Photography, Ben Jones, The Ocean Agency/Ocean Image Bank ; **43** thevortexswim, Alamy, Noe Sardet/Emmanuel Reynaud, Jason deCaires Taylor ; **44** Alamy, Tony Camacho/Science Photo Library, Shutterstock ; **45** CC Curtis/California State Library, Alamy, Dr Robert Van Pelt ; **46** Science Photo Library, Sadowski *et al*, Noah Elhardt, Alamy, Shutterstock ; **47** Alamy, Jeremiah Harris ; **48** Alamy, Shutterstock, Wildlife Reserves Singapore, Royal Burgers' Zoo ; **49** Royal Burgers' Zoo, Shutterstock, SEA LIFE Brighton, Thomas Eckhoff, Alamy ; **50** Adriana Dinu/UN/The Lion's Share, Shutterstock, Alamy ; **51** Re:Wild, Re:Wild/Carlos Vasquez Almazan, Re:Wild/Frank Glaw, Re:Wild/Southern Institute of Ecology/Leibniz Institute for Zoo and Wildlife Research/NCNP, Re:Wild/Clay Bolt, Alamy, Shutterstock ; **52** Frank Glaw, Michael Brown/Giraffe Conservation Foundation, Alamy, Getty ; **53** Alamy, Shutterstock ; **54** BBC, Nobu Tamura, Martin Whiting, Alamy ; **55** Alamy, Shutterstock, Nature PL ; **56** Shutterstock, Rod Hunt, Miniatur Wunderland Hamburg ; **57** Richard Bradbury/GWR, Miniatur Wunderland Hamburg ; **58–59** Paul Michael Hughes/GWR ; **60** Shutterstock, Science Photo Library ; **61** Science Photo Library, Alamy ; **62** NHM Vienna/OREA OAW, Shutterstock, Getty ; **63** Getty, Craig Glenday/GWR ; **64** Judi Dench, Time Inc., ZUMA Press, Alamy ; **65** Alamy, Shutterstock ; **66** Owee Salva/GWR, Sanjib Ghosh/GWR, Paul Michael Hughes/GWR, Riccardo Cellere/GWR, Erol Gurian/GWR ; **67** Alamy, J-F Rioux/GWR, Ranald Mackechnie/GWR ; **68** British Museum, Javier Pierini/GWR, Alamy ; **69** Olivier Ramonteu/GWR, Abraham Joffe ; **70** Ranald Mackechnie/GWR ; **71** Shutterstock, Alamy, USAF ; **72** Alamy, Smithsonian Institution, Ranald Mackechnie/GWR, John Wright/GWR, Richard Bradbury/GWR ; **73** Ceara D Swogger/GWR, NBMC, Shutterstock ; **74** Paul Sturgess, Mahmoud Gaballah/GWR, Jeroen de Beer/GWR ; **75** Cameron Spooner/GWR, Manoj Patel/Create Studio/GWR, Laetitia Ky ; **76** Paul Michael Hughes/GWR, Wessels Schuhe, Richard Bradbury/GWR ; **77** Tim Anderson/GWR, Richard Bradbury/GWR ; **78** Rod Hunt, Shutterstock, NPS/Jacob W Frank ; **79** Alamy, NPS, Shutterstock ; **80–81** Paul Michael Hughes/GWR ; **82** Paul Michael Hughes/GWR, WFFA ; **83** John Farnworth, WFFA, Olaf Pignataro/Red Bull Content Pool, Dean Treml/Red Bull Content Pool ; **84** Chris Allan/GWR, Jeff Binns, Dean Kyritsis ; **85** Harald Riise, SWNS ; **86** Alamy, Shutterstock ; **87** Alamy, Ryan Schude/GWR, Don Christensen/ACPT ; **88** Deanna Dent/ASU ; **89** Paul Michael Hughes/GWR ; **90** Getty, MGM, Shutterstock ; **91** Getty, Alamy ; **92** Paul Michael Hughes/GWR ; **93** Paul Michael Hughes/GWR ; **94** Shutterstock, Alamy ; **95** Shutterstock, Getty, Monique Wiendels ; **96** Jason Parnell Photography, Shutterstock, MLE ; **97** Paul Michael Hughes/GWR ; **98** Alamy ; **99** Marc Martí ; **100** Star Wars/LEGO ; **101** LEGO Systems, LEGO ; **102** Richard Bradbury/GWR, James Ellerker/GWR ; **103** Feld Entertainment ; **104** Alamy ; **105** Karen Maxfield/SWNS ; **106** Hadley Hadlen ; **107** Carnival Magic Park, Rui da Cruz ; **108** Paul Michael Hughes/GWR ; **109** Marawa, Marawa/Lincoln Children's Books, Shutterstock ; **110** Shutterstock, Rod Hunt, Alamy, Adam Millward/GWR, Board of Trustees, RBG Kew, Getty ; **111** RBG Kew, Alamy, Shutterstock ; **112–13** Maxim Ivanov ; **114** Team Joe Barr, Greg Macvean Photography ; **116** Getty, Shutterstock, Alamy, Ira Block/National Geographic, Etienne Claret ; **117** Alamy ; **118** Børge Ousland, Shutterstock, Alamy, Per Breiehagen, Getty ; **119** Per Breiehagen ; **120** Karlis Bardelis, Shutterstock, Shilpika Gautam ; **121** Alamy, Jacqueline McClelland (ILDSA), Getty ; **122** Shutterstock, Getty, Nimsdai/Red Bull Content Pool ; **123** Ternua, Paul Michael Hughes/GWR, Alamy, Mingma Gyalje ; **124** Getty ; **125** Bojan Haron Markičević, Shutterstock, Alamy ; **126** Ben Uttley/Stamp Productions Ltd, Donnie Campbell ; **127** Peter Wilson, Mike Hamill ; **128** Ray Demski, Karina Oliani, Marcelo Rabelo ; **129** Alastair Lee/Posing Productions, Enrique Alvarez ; **130** Josue Husai ; **132** Shutterstock, Rod Hunt, Alamy, Getty ; **133** Alamy, Getty, Shutterstock ; **136** NASA, Alamy, Instituto de Astrofísica de Canarias ; **137** Jacqueline Orrell/SLAC National Accelerator Laboratory, SLAC National Accelerator Laboratory, ESO, NASA, Shutterstock ; **138** Shutterstock, SpaceX, NASA/JPL-Caltech/MSSS, NASA/JPL-Caltech ; **139** NASA ; **140** Alamy, Petra Appelhof, Brooks Kraft/APPLE/EPA-EFE/Shutterstock ; **141** Apple, Shutterstock ; **142** ETH Zürich/Alessandro Della Bella, Shivraj Gohil/Spacesuit Media, Right Light Media, Marc Urbano/Porsche ; **143** BBC, eMining ; **144** USAF, NASA ; **145** USAF, Solar Impulse/Stefatou/Rezo.ch, Siemens AG, Mark Mauno, Alamy ; **146** NASA, University of Southern California, Genesis Motor Sales, ETH/Alessandro Della Bella, ETH Zürich/CYBATHLON ; **147** ETH Zürich/CYBATHLON, University of Pennsylvania, Gil Weinberg, JSK Lab/University of Tokyo ; **148** Alamy, Shutterstock, General Precision Inc/USAF, NASA/JPL-Caltech ; **149** NASA, Getty, Alamy, Terry Harris ; **150** DeepMind, NASA, Shutterstock, Alamy, University of Glasgow ; **151** Alamy, Jasper de Winkel, Open Bionics ; **152** NASA/Goddard/University of Arizona, Shutterstock, JAXA, Command Sight ; **153** YouTube, NASA, Animal Avengers, IMECHE ; **154** NASA ; **155** GWR/YouTube, NASA, Shutterstock ; **156** Shutterstock, Rod Hunt, Royal Tyrrell Museum of Palaeontology ; **157** Royal Tyrrell Museum of Palaeontology, Shutterstock ; **158–59** Shutterstock ; **160** Getty, Alamy, Shutterstock ; **161** Matthew Minard - USA TODAY NETWORK, Shutterstock, Getty, Alamy ; **162** Paige Olsen ; **163** Paul Michael Hughes/GWR, Sherry Lemcke Photography, Alamy ; **164** Shutterstock, Alamy ; **165** Shutterstock, Netflix/Sony Pictures/Alamy, Alamy ; **166** Shutterstock, Craig Glenday/GWR ; **167** Shutterstock ; **168** Alamy, Getty ; **169** Alamy, Shutterstock ; **170** Richard Bradbury/GWR, Ranald Mackechnie/GWR, Shutterstock ; **171** Shutterstock, Historic Royal Palaces, Paul Michael Hughes/GWR, Alamy, Château La Tulipe, Getty ; **172** Maxime Aubert/Griffith University, Alamy, Marta Osypińska, Anika Moritz ; **173** Shutterstock, Eat Just, Beeple/Christie's, Alamy ; **174** Hannah Orenstein, Shutterstock ; **175** Alamy, Shutterstock ; **176** *It GiRL* Magazine ; **177** RSPB ; **180** Porsche, Kennedy Grace Photography, Cody Schindel/CanadianKartingNews.com ; **181** Getty, Adam Millward/GWR, Shutterstock ; **182** Eyevine, Time Inc., Simon & Schuster, Getty ; **184** Shutterstock, Rod Hunt, Alamy, Guangdong Science Center ; **185** Guangdong Science Center, Shutterstock ; **186–87** Andreas Jones/Razorien ; **188** Paul Michael Hughes/GWR, Ranald Mackechnie/GWR ; **189** Getty, Time Inc., Nintendo, Shutterstock ; **190** Alamy, Getty, Paul Michael Hughes/GWR ; **191** Paul Michael Hughes/GWR, Alamy, Shutterstock, Paul Michael Hughes/GWR, James Ellerker/GWR, Mojang/Games Press ; **192** TMS Entertainment, Shutterstock, Shueisha, Games Press, Walt Disney/Alamy, Alamy, Square Enix/Games Press ; **193** Nintendo/Alamy, Nintendo/Games Press, Nintendo/MOBY, Nintendo, Shutterstock ; **194** Games Press, LEGO/DC, MOBI, DC/HBO/Alamy, Warner Bros./Alamy, Shutterstock ; **195** Walt Disney/Alamy, Alamy, Marvel Studios/Alamy, Marvel Studios/Walt Disney/Alamy, Shutterstock ; **196** Johan Persson, Alamy, Warner Bros./Alamy, Bloomsbury ; **197** Games Press, Rockstar Games, Alamy, Shutterstock ; **198** Getty, Epic/Games Press ; **199** Walt Disney/Shutterstock, Shutterstock, Games Press ; **200** Alamy, Shutterstock, Searchlight Pictures/Alamy, Merie Weismiller Wallace/Focus Features/Alamy, Amazon Prime/Alamy ; **201** Shutterstock ; **202** Getty, Geffen Records/YouTube, Shutterstock ; **203** Shutterstock, Alamy, Beth Garrabrant, Getty ; **204** Shutterstock, Pinkfong/YouTube, BLACKPINK/YouTube, Audrée-Rose Fallu Landry ; **205** Chadwick Boseman/Twitter, Getty, Alamy, Vishesh Films/YouTube ; **206** ZKM Center for Art and Media, Microsoft/Games Press, Altitude Arts/Games Press ; **207** Ben MacMahon/GWR, Ranald Mackechnie/GWR, Shutterstock, Sony/Games Press ; **208** AOC/Twitch, Alamy, Shutterstock ; **209** Brian Storey/GWR, Epic Games, PlayStation/Games Press ; **210** Thomas Alexander/BAFTA/Shutterstock, Shutterstock, The Grefg, Epic Games ; **211** RuPaul/World of Wonder Productions, Lucas Films/Walt Disney Studios/Alamy, Amazon/Alamy ; **212** Shutterstock, BTS/YouTube, PA Images ; **213** Big Hit Entertainment ; **214** Shutterstock, Rod Hunt, Alamy, Victoria and Albert Museum ; **215** Getty, Victoria and Albert Museum, Alamy, Shutterstock ; **216–17** Shutterstock ; **218** Shutterstock, Getty ; **219** Getty, Shutterstock ; **220** Alamy, Getty ; **221** Getty, Shutterstock ; **222** Shutterstock, Getty ; **223** Shutterstock ; **224** Shutterstock ; **225** Getty, Shutterstock, Alamy ; **226** Getty, Casey B Gibson ; **227** Alamy, Getty, Reuters, Shutterstock ; **228** Alamy, Shutterstock, Getty ; **229** Shutterstock, Getty ; **230** Shutterstock ; **231** Shutterstock, Alamy, Getty ; **232** Shutterstock, Getty ; **233** Adam McLaughlin, Paul Michael Hughes/GWR, PDGA, Alyssa Van Lanen/PDGA, Getty, Andreas Langreiter/Limex Images, Joerg Mitter/Limex Images ; **234** Shutterstock, Alamy ; **235** ESPN, Getty ; **236** Mike Lewis, Shutterstock ; **237** Getty, Alamy, Shutterstock ; **238** Norman Kent, Amber Forte, Dean Treml/Red Bull Content Pool, Rémi Morel, Getty ; **239** WSL, Laura Babahekian, Herbert Nitsch, Mark Conlon/World Marathon Challenge, Mark Conlon/Antarctic Ice Marathon ; **240** Dave McFarlane/inov-8.com, Sri Chinmoy Ultra Photos, Ana-Maria Oancia, Aneta Mikulska ; **241** Getty, Shutterstock, Reuters, Alamy ; **242** Benjamin Mole/WST/Shutterstock, Getty, Shutterstock, Alamy, Julien Delfosse/DPPI/Red Bull Content Pool ; **243** Shutterstock, Getty, IRONMAN® ; **244** Shutterstock, Alamy ; **245** Shutterstock ; **256** Rod Hunt

Tous les efforts ont été réalisés pour identifier les détenteurs des droits, créditer les images et obtenir les autorisations nécessaires à leur utilisation. En cas d'omission, nous remercions les détenteurs des droits de nous en informer.

Juges officiels

Camila Borenstain, Joanne Brent, Jack Brockbank, Ahmed Bucheeri, Sarah Casson, Dong Cheng, Swapnil Dangarikar, Casey DeSantis, Brittany Dunn, Kanzy El Defrawy, Michael Empric, Pete Fairbairn, Victor Fenes, Christina Flounders Conlon, Fumika Fujibuchi, John Garland, Andrew Glass, Sofia Greenacre, Iris Hou, Rei Iwashita, Louis Jelinek, Kazuyoshi Kirimura, Lena Kuhlmann, Maggie Luo, Mai McMillan, Solvej Malouf, Mike Marcotte, Ma Mengjia, Shaifali Mishra, Rishi Nath, Kellie Parise, Pravin Patel, Justin Patterson, Glenn Pollard, Natalia Ramirez, Stephanie Randall, Cassie Ren, Susana Reyes, Philip Robertson, Paulina Sapinska, Tomomi Sekioka, Hiroaki Shino, Lucia Sinigagliesi, Tyler Smith, Brian Sobel, Richard Stenning, Şeyda Subaşı Gemici, Carlos Tapia Rosas, Lorenzo Veltri, Xiong Wen, Peter Yang

Remerciements

55 Design Ltd (Hayley Wylie-Deacon, Tobias Wylie-Deacon, Rueben Wylie-Deacon, Linda Wylie, Vidette Burniston, Lewis Burniston, Paul Geldeart, Sue Geldeart), Adrian Jones, After Party Studios (Richard Mansell, Joshua Barrett), Alex Laszlo, Alex Rodrigues, Alun Jones, Andy Keplinger, Ann Thomas, ATN Event Staffing (US), Banijay (Joris Gijsbertse, Maria Kultina, Carlotta Rossi Spencer), Becky Robinson, Beverley Williams, Brenda Bisner, Buzzfeed's Pero Like, Casper Wrede, Chris Jones, Codex Solutions Ltd, Craig Hunter, Daniel Chalk, Dave Brighouse, David Rush, Denmaur Paper (Julian Townsend), Devonte Roper, DJ Willrich, Emily Taylor, EXPOZONE, Finlay Coulter, FJT Logistics Ltd (Ray Harper), Gianluca Schappei, Global Village (Jaki Ellenby, Aiham Zidan, Asma Al Saify), Gracie Lewis, Hackney Literacy Pirates, Ian Henderson, Integrated Colour Editions Europe Ltd (Roger Hawkins, Susie Hawkins), Ivy Barker, Jack Lewis, Jackie Ginger, Jacqui Saunders, James Clampin, Jane Street, Joanne McIver, John Zaller, Jon Coventry, Jon Weston, Jordan Hughes, Jordan Warkol, Kevin Batchelor, Kevin Fast, Kidoodle (Brenda Bisner), *Live with Kelly and Ryan*, Maria Kultina, Marsai Martin, Mohn Media (Tina Marke, Astrid Renders, Jeanette Sio), NBC *Today Show*, Nickelodeon Kids' Choice Awards, Penny LeVesconte, Polina Butenko, Quest Marine (Uday Moorthi, Karun Sharma), Rashad Al Ghadban, Rhidian Evans, Rhodri ap Dyfrig, Ripley Entertainment (William Anthony, John Corcoran, Christie Coyle, Brian Relic, Rick Richmond), Rob Partis, Robert Light, Ross Brandon, RuPaul/World of Wonder Productions, Safiyyah Abdulla, Samer Al Ammar, Science North (Kirsti Kivinen, Guy Labine, Emily Macdonald, Bryen McGuire, Julie Moskalyk, Katie Runions, Darla Stoddart, Michel Tremblay, Amy Wilson), Sian Jones, SLB Enterprises (Susan Bender, Sally Treibel), Stonewall, Stora Enso Veitsiluoto, Suman Manning, Taku Kaskela, VICE Media, Victoria Grimsell, YouGov

Codes pays

ABW Aruba
AFG Afghanistan
AGO Angola
AIA Anguilla
ALB Albanie
AND Andorre
ANT Antilles néerlandaises
ARG Argentine
ARM Arménie
ASM Samoa américaines
ATA Antarctique
ATF Terres australes et antarctiques françaises
ATG Antigua-et-Barbuda
AUS Australie
AUT Autriche
AZE Azerbaïdjan
BDI Burundi
BEL Belgique
BEN Bénin
BFA Burkina Faso
BGD Bangladesh
BGR Bulgarie
BHR Bahreïn
BHS Bahamas
BIH Bosnie-Herzégovine
BLR Bélarus
BLZ Bélize
BMU Bermudes
BOL Bolivie
BRA Brésil
BRB Barbades
BRN Brunéi Darussalam
BTN Bhoutan
BVT île Bouvet
BWA Botswana
CAF République centrafricaine
CAN Canada
CCK îles Cocos
CHE Confédération helvétique (Suisse)
CHL Chili
CHN Chine
CIV Côte-d'Ivoire
CMR Cameroun
COD Congo, république démocratique du
COG Congo
COK îles Cook
COL Colombie
COM Comores
CPV Cap-Vert
CRI Costa Rica
CUB Cuba
CXR île Christmas
CYM îles Caïmans
CYP Chypre
CZE République tchèque
DEU Allemagne
DJI Djibouti
DMA Dominique
DNK Danemark
DOM république dominicaine
DZA Algérie
ECU Équateur
EGY Égypte
ERI Érytrée
ESH Sahara occidental
ESP Espagne
EST Estonie
ETH Éthiopie
FIN Finlande
FJI Fidji
FLK îles Falkland (Malouines
FRA France
FRG Allemagne de l'Ouest
FRO îles Féroé
FSM Micronésie, États fédérés
GAB Gabon
GBR Royaume-Uni
GDR Allemagne de l'Est et URSS
GEO Géorgie
GHA Ghana
GIB Gibraltar
GIN Guinée
GLP Guadeloupe
GMB Gambie
GNB Guinée-Bissau
GNQ Guinée équatoriale
GRC Grèce
GRD Grenade
GRL Groenland
GTM Guatemala
GUF Guyane
GUM Guam
GUY Guyana
HKG Hong Kong
HMD îles Heard-et-MacDonald
HND Honduras
HRV Croatie (Hrvatska)
HTI Haïti
HUN Hongrie
IDN Indonésie
IND Inde
IOT Territoire britannique de l'océan Indien
IRL Irlande
IRN Iran
IRQ Iraq
ISL Islande
ISR Israël
ITA Italie
JAM Jamaïque
JOR Jordanie
JPN Japon
KAZ Kazakhstan
KEN Kenya
KGZ Kirghizistan
KHM Cambodge
KIR Kiribati
KNA Saint-Christophe-et-Niévès
KOR Corée, république de
KWT Koweït
LAO Laos
LBN Liban
LBR Liberia
LBY Libye
LCA Sainte-Lucie
LIE Liechtenstein
LKA Sri Lanka
LSO Lesotho
LTU Lituanie
LUX Luxembourg
LVA Lettonie
MAC Macao
MAR Maroc
MCO Monaco
MDA Moldavie
MDG Madagascar
MDV Maldives
MEX Mexique
MHL îles Marshall
MKD république de Macédoine
MLI Mali
MLT Malte
MMR Myanmar (Birmanie)
MNE Monténégro
MNG Mongolie
MNP îles Marianne du Nord
MOZ Mozambique
MRT Mauritanie
MSR Montserrat
MTQ Martinique
MUS Maurice
MWI Malawi
MYS Malaisie
MYT Mayotte
NAM Namibie
NCL Nouvelle-Calédonie
NER Niger
NFK île Norfolk
NGA Nigeria
NIC Nicaragua
NIU Niue
NLD Pays-Bas
NOR Norvège
NPL Népal
NRU Nauru
NZ Nouvelle-Zélande
OMN Oman
PAK Pakistan
PAN Panama
PCN îles Pitcairn
PER Pérou
PHL Philippines
PLW Palaos
PNG Papouasie-Nouvelle-Guinée
POL Pologne
PRI Porto Rico
PRK Corée du Nord
PRT Portugal
PRY Paraguay
PYF Polynésie française
QAT Qatar
RDA Allemagne de l'Est
REU Réunion
ROM Roumanie
RUS Fédération de Russie
RWA Rwanda
SAU Arabie saoudite
SDN Soudan
SEN Sénégal
SGP Singapour
SGS Géorgie du Sud-et-les-îles Sandwich du Sud
SHN Sainte-Hélène
SJM Svalbard et îles Jan Mayen
SLB îles Salomon
SLE Sierra Leone
SLV El Salvador
SMR Saint-Marin
SOM Somalie
SPM Saint-Pierre-et-Miquelon
SRB Serbie
SSD Soudan du Sud
STP São-Tomé-et-Príncipe
SUR Suriname
SVK Slovaquie
SVN Slovénie
SWE Suède
SWZ Swaziland
SYC Seychelles
SYR République arabe de Syrie
TCA îles Turques-et-Caïques
TCD Tchad
TGO Togo
THA Thaïlande
TJK Tadjikistan
TKL Tokelau
TKM Turkménistan
TMP Timor oriental
TON Tonga
TTO Trinidad-et-Tobago
TUN Tunisie
TUR Turquie
TUV Tuvalu
TZA Tanzanie
UAE Émirats arabes unis
UGA Uganda
UKR Ukraine
UMI îles mineures éloignées des États-Unis
URY Uruguay
USA États-Unis d'Amérique
UZB Ouzbékistan
VAT Cité du Vatican
VCT Saint-Vincent-et-les-Grenadines
VEN Venezuela
VGB îles Vierges (britanniques)
VIR îles Vierges (États-Unis)
VNM Vietnam
VUT Vanuatu
WLF îles de Wallis-et-Futuna
WSM Samoa
YEM Yémen
ZAF Afrique du Sud
ZMB Zambie
ZWE Zimbabwe

Dernière minute

Les records suivants ont été homologués et ajoutés à notre base de données après la clôture officielle des contributions de cette année.

La plus grande envergure de cornes chez une chèvre
Une chèvre du Simplon (*Capra sempione*) appelée Albino a une envergure de 1,44 m entre les 2 extrémités de ses cornes, mesurée le 23 juin 2020. Ce bouc vit à Naters (CHE), et son propriétaire est Roland Fercher (CHE).

Le plus de singles japonais N° 1 de façon consécutive
KinKi Kids (JPN) a célébré son 42e tube N° 1 à la suite le 29 juin 2020 avec *KANZAI BOYA*. Le duo a été classé pour la 1re fois N° 1 le 28 juill. 1997 et compte **le plus d'années consécutives avec un single japonais N° 1** (24).

Le plus grand tournoi de football professionnel en un seul lieu
24 clubs de Major League Soccer ont participé au "MLS is Back Tournament", qui a débuté le 8 juill. 2020, à l'ESPN Wide World of Sports Complex d'Orlando (Floride, USA). Cette compétition au format coupe du monde a été remportée par les Portland Timbers le 11 août.

Le piment le plus lourd
Paul Davies (GBR) a cultivé un piment rouge poblano (*Capsicum annuum*) de 460 g, à Halesowen (West Midlands, GBR). Il a été pesé le 7 sept. 2020.

Le plus de passes en handball par 1 équipe en 1 h
Le 12 sept. 2020, des clubs de handball de toute l'Allemagne ont disputé un nouveau record du monde lors d'une compétition organisée par la Schleswig-Holstein Handball Association. L'équipe TSV Sieverstedt a triomphé en réalisant 5 392 passes sur une distance de 5 m en 60 min.

Le plus de personnes en ligne sur You Tube lors d'une vidéoconférence sur la sensibilisation aux maladies cardiovasculaires
Le 29 sept. 2020 – Journée mondiale du cœur –, une conférence en temps réel organisée par le Transcatheter Aortic Valve Replacement World Tour a attiré jusqu'à 2 502 visiteurs. Vingt experts du monde entier ont procédé à des interventions en même temps. Cette initiative était dirigée par The Heart Valve Centre India.

La plus grande collection de chaussettes
Ashan Fernando (USA) possédait 660 paires de chaussettes neuves le 30 sept. 2020, à Berkley (Massachusetts, USA). Sa collection présente une panoplie de motifs originaux et tape-à-l'œil, notamment une paire de socquettes bleues représentant feue la juge à la Cour suprême des États-Unis, Ruth Bader Ginsburg.

Le 1er chronomètre à haute fréquence
Le Compteur de Tierces est un chronographe conçu par Louis Moinet (FRA) en 1816. Il bat à 216 000 alternances par heure. Ce chronomètre est la propriété des Ateliers Louis Moinet (CHE) et le record a été homologué le 1er oct. 2020 à Saint-Blaise (CHE).

Le plus de personnes connectées en 1 semaine lors d'une conférence de marketing virtuelle
Le 2 oct. 2020, le sommet "IMPACT 20" organisé par Internet Marketing Association (USA) a attiré 11 151 personnes en ligne.

Le plus haut abri en bois
Le fabricant de goûters Barni Mondelēz (RUS) a construit une structure en forme de tente de 10,21 m de haut à partir de branches de bois exploité de manière responsable. Elle a été terminée le 4 oct. 2020 au Nikola-Lenivets Art Park de Kaluga (RUS).

Le plus d'utilisateurs ayant suivi un cours en ligne sur l'IA en 24 h
Le 14 oct. 2020, pour sensibiliser les enfants à l'intelligence artificielle, Intel India et le ministère indien de l'Éducation ont organisé un cours virtuel pour 12 701 participants.

La plus grande collection de figurines Funko Pop!
Le 15 nov. 2020, David Mebane (USA) de Knoxville (Tennessee, USA), possédait 7 095 modèles de Funko Pop! Il achète entre 20 et 30 figurines par semaine et estime avoir dépensé env. 150 000 $ pour sa collection depuis 2014.

Le plus de diamants sertis sur une bague
Renani Jewels (IND) a mis 3 ans pour créer une bague sertie de 12 638 diamants sans lien avec un conflit. Le record a été homologué le 30 nov. 2020 à Meerut (Uttar Pradesh, IND).

Le plus rapide à résoudre 3 cubes magiques en même temps avec les mains et les pieds
Le 9 déc. 2020, Atharva R. Bhat (IND) a résolu 3 cubes magiques en 1 min et 29,97 s, à Bangalore (Karnataka, IND). Il en a réalisé un avec chaque main et le dernier avec les pieds.

Le plus de personnes connectées formant simultanément un cœur avec les mains
Le 10 déc. 2020, 137 personnes ont lancé un message d'amour sur Internet lors de la Digicon Conference organisée par BT Group (GB).

La plus longue partie de tennis de table
Le 12 déc. 2020, les frères Chris et Will Darnell (tous 2 AUS) ont disputé une partie de ping-pong interminable de 11 h, 50 min et 36 s, à Dubaï (UAE).

Le paresseux le plus âgé en captivité
Un paresseux à 2 doigts mâle (*Choloepus didactylus*) appelé Jan était âgé d'au moins 50 ans et 225 jours le 12 déc. 2020. Né dans la nature en Amérique du Sud, il a été découvert le 1er mai 1970 et son âge a été estimé à env. 6 mois. Jan est résident du Krefeld Zoo (DEU) depuis le 30 avr. 1986 – la date choisie pour célébrer son anniversaire.

Le plus de mouvements d'arts martiaux par un duo mixte en 1 min
Le 13 déc. 2020, Pushpa P. et Prabhakar Reddy P (tous 2 IND) ont joint leurs forces pour alterner 200 coups de pied en 60 s, à Nellore (Andhra Pradesh, IND).

Le plus rapide pour lancer et rattraper 5 colliers de fleurs (équipe de 2)
Le 23 déc. 2020, il a fallu 3,18 s à David Rush pour lancer 5 colliers de fleurs autour du cou de Jonathan Hannon (tous 2 USA) à 1,5 m de distance, à Boise (Idaho, USA).

La plus petite console modifiée Nintendo 64
Le "modeur" Gunnar Turnquist (USA) a élaboré une console portable N64 mesurant 11,8 cm de large – à peine plus grande que les cartouches de jeu d'origine. Gunnar a diffusé pour la 1re fois son "Saint graal des modeurs" sur sa chaîne YouTube le 24 déc. 2020.

Le plus de colonnes de flamme lancées en même temps lors d'un concert
Le 31 déc. 2020, le célèbre groupe de rock KISS (USA) a fait équipe avec Landmarks Live (USA) et ffp (DEU) pour illuminer le ciel avec 73 colonnes de feu lors de leur concert du Nouvel An virtuel en direct "KISS 2020 Goodbye" à Atlantis : The Palm à Dubaï (UAE). **La plus haute flamme lancée lors d'un concert** (38,53 m) a également été établi lors de cet événement.

La plus grande collection d'objets liés à *Power Rangers*
Le 2 janv. 2021, Michael Nilsen (USA) possédait 9 364 objets en lien avec la franchise des super-héros à Gilbert (Arizona, USA).

Le plus de lancers de marteau en 1 min
Tier Miles (USA) a jeté en l'air et rattrapé 89 fois un marteau en 60 s, le 4 janv. 2021, à Wichita (Kansas, USA).

La plus grande distance parcourue dans un ski-tunnel en 12 h (individuel)
Le 5 janv. 2021, la princesse Märtha Louise de Norvège s'est jointe au présentateur télé Harald Rønneberg (tous 2 NOR) pour parcourir à skis 52,428 km dans la station de ski couverte SNØ de Lørenskog (NOR).

Le plus grand sac en toile de jute
Le 7 janv. 2021, Chaitali Das et Rakshak Foundation (tous 2 IND) ont présenté un sac en toile de jute de 30,68 m de large et 24,87 m de haut, à Kolkata (Bengale occidental, IND). Le but était de sensibiliser le public à la préservation de l'environnement et à l'utilisation de matériaux écologiques, tel que le jute.

La plus petite publicité dans un magazine
Pour fêter la première de la dernière saison de la série *Original Busted!*, Netflix Korea a publié une publicité dans l'édition du 14 janv. 2021 de Variety ne mesurant que 1,71 x 2,52 cm.

Le chien le plus rapide pour empiler 7 gobelets
Rebel, Jack Russell terrier de 5 ans, a emboîté 7 gobelets gigognes les uns dans les autres en 12,08 s, à Polegate (East Sussex, GBR), le 16 janv. 2021. Rebel est entraîné par Kathleen Tepperies (DEU).

Le pomelo le plus lourd
Kazuki Maeda (JPN) a cultivé un spécimen de l'agrume asiatique *Citrus maxima* (ou *C. grandis*) de 5,386 kg, à Yatsushiro (Kumamoto, JPN). Cet énorme pomelo a été officiellement pesé le 20 janv. 2021.

Le plus de vidéos de déballage téléchargées sur une plateforme dédiée en 1 h
La firme de cosmétiques RINGANA (AUT) a organisé une séance d'unboxing (ou déballage filmé) sur la plateforme Stackla qui a attiré 2 798 participants le 23 janv. 2021.

Le plus grand drapeau national créé dans *Minecraft*
Le 24 janv. 2021, Daniel Ibáñez Padial (ESP) a présenté un drapeau italien se composant de 2 001,615 blocs dans le jeu vidéo de type "bac à sable" *Minecraft*. Il a choisi de mettre l'Italie à l'honneur au lendemain de la pandémie de COVID-19.

Le plus de personnes en ligne trempant en même temps des aliments dans du vinaigre
Le 24 janv. 2021,167 personnes ont participé à une VIP expérience culinaire virtuelle initiée par la marque de sauces NutriAsia (PHI, Datu Puti). Des célébrités, tels qu'Eric "Eruption" Tai et la chanteuse Maymay Entrata se sont prêtés au jeu.

Le plus de tours de magie réalisés en 1 min
Le 28 janv. 2021, le magicien Raman Sharma (CAN) a récupéré son ancien record en effectuant 35 tours en 60 s à Mississauga (Ontario, CAN).

L'orang-outan le plus âgé en captivité
Bella, l'orang-outan de Sumatra (*Pongo abelii*) – résidente du Tierpark Hagenbeck de Hambourg (DEU) –, a fêté ses 60 ans en 2021. Elle vit au zoo depuis le 15 avr. 1964 (devenue

sa date d'anniversaire désignée) et était en pleine forme le 29 janv. 2021. Les soigneurs du zoo disent de Bella qu'elle est honnête, réfléchie, curieuse, intelligente et affectueuse.

Le plus de mugs tenus dans une main
Le 30 janv. 2021, le recordman en série Rocco Mercurio (ITA) a tenu 25 mugs vides dans une main à Villa San Giovanni (ITA).

Le plus grand masque de protection en tissu
Pour rappeler au public la nécessité de porter un masque, le Longhushan National Park Administration Committee of Yingtan (CHN) en a créé une version géante de 121,181 m², le 30 janv. 2021. Le masque a été accroché sur le Xiangbishan ("Colline en trompe d'éléphant"), un célèbre site touristique situé dans la Province du Jiangxi (CHN).

La plus grande pile de M&Ms®
Le 31 janv. 2021, Will Cutbill (GBR) a tenu en équilibre 5 bonbons au chocolat en forme de bouton les uns sur les autres à Solihull (West Midlands, GBR).

Le plus vieil oiseau sauvage
Un albatros de Laysan femelle, ou mōlī (*Phoebastria immutabilis*), appelé Wisdom ("sagesse" en français) était âgé d'au moins 70 ans en 2021. Wisdom a été baguée en 1956 – son âge alors estimé à 5 ans – dans la réserve naturelle des îles Midway, située dans le Pacifique. Elle a été observée là-bas une nouvelle fois le 29 nov. 2020, couvant des œufs. Son dernier poussin a éclos le 1er févr. 2021 – ce qui en fait aussi **le plus vieil oiseau marin reproducteur**. Wisdom aurait élevé plus de 35 oisillons au cours de sa vie.

La plus grande marge de victoire lors d'un match de football EPL
Manchester United a pulvérisé Southampton 9-0 au stade Old Trafford de Manchester (GBR), le 2 févr. 2021. L'équipe a égalé son propre record en championnat d'Angleterre Premier League, établi le 4 mars1995 contre Ipswich Town, et égalé par Leicester City le 25 oct. 2019 – également contre Southampton.

Le plus de hula-hoops autour de la tête en 1 min
Le 4 févr. 2021, l'acteur de cinéma K. Gokulnath (IND) a réalisé 141 hula-hoops à Chennai (Tamil Nadu, IND).

Le plus de pulls portés en même temps
Theodore Kinsella (USA), 12 ans, était particulièrement bien couvert après avoir enfilé 30 pulls à Los Angeles (Californie, USA), le 15 févr. 2021.

La plus longue multiplication calculée mentalement
Le 17 févr. 2021, Sanaa Hiremath (USA) a calculé mentalement le résultat à 12 chiffres de 617,286 x 315,969, à Hernando (Floride, USA). La jeune fille de 11 ans, qui souffre du trouble du spectre de l'autisme et ne sait ni parler ni écrire, a tapé la réponse sur un clavier en moins de 2 min.

La plus longue distance parcourue à la nage avec des menottes
Benjamin Katzman (USA) a nagé 8,61 km avec des menottes, le 20 févr. 2021, en Virginie (USA), pendant 3 h et 58 min.

Le plus de 1res places dans les charts US Digital Song Sales
Love Story (Taylor's version) a offert à Taylor Swift (USA) son 22e single N° 1 dans le classement américain Digital Song Sales le 27 févr. 2021. Son 1er – *Today was a Fairytale* – était devenu N° 1 le 6 févr. 2010.

L'objet lancé le plus loin par un trébuchet (projectile de plus de 20 kg)
Le 2 mars 2021, Sierra Nevada Brewing Company (USA) a inauguré sa nouvelle marque de bière en lançant un fût à l'aide d'un trébuchet fait maison à 133,75 m, à Chico (Californie, USA).

Le plus de six dans un over dans un match de cricket international
Le 3 mars 2021, Kieron Pollard (TTO), capitaine de l'équipe des Antilles, a réussi 6 runs en 6 lancers face au lanceur Akila Dananjaya (LKA) lors d'un match Twenty20 à Antigua. Pollard est devenu le 3e joueur de l'histoire à réaliser ce score lors d'un match international, après Herschelle Gibbs (ZAF) et Yuvraj Singh (IND).

Le plus rapide à manger une banane (sans les mains)
Le 6 mars 2021, Mike Jack (CAN, voir p. 94-95) a englouti une banane en 37,782 s sans utiliser les mains, à Londres (Ontario, CAN).

Le même jour, Mike est aussi devenu **le plus rapide à manger une laitue**, en 1 min et 31,053 s.

Le plus de frappes d'un ballon de football avec les pieds en sautant à la corde en 30 s
Le champion du monde de football freestyle Liv Cooke (GBR) a réalisé 62 keepy-uppies en 30 s en sautant à la corde le 7 mars 2021. Le record a été tenté en direct sur TikTok depuis le Wembley Stadium de Londres (GBR).

La BD la plus chère
Un exemplaire en parfait état du 1er numéro d'*Action Comics* – dans lequel apparaît pour la 1re fois Superman, publié en 1938 – a été vendu aux enchères 3 250 000 $, lors d'une vente privée organisée par ComicConnect le 12 mars 2021.

La roche volcanique la plus ancienne découverte sur Terre
Une météorite découverte dans le sud-ouest de l'Algérie en mai 2020 date d'env. 4,565 milliards d'années – plus ancienne que la Terre elle-même. D'après les scientifiques, ce "Erg Chech 002" provient sans doute de la croûte d'une protoplanète – corps céleste né seulement quelques millions d'années après la formation du système solaire. Une étude détaillant le processus de datation a été publiée dans *Proceedings of the National Academy of Sciences* le 16 mars 2021.

Le plus de dips aux barres parallèles en 1 min avec une charge de 27 kg
Le 19 mars 2021, Alejandro Soler Tarí (ESP) a effectué 57 dips (ou répulsions) aux barres parallèles en 60 s en portant un sac de 27 kg sur le dos à La Marina, à Alicante (ESP).

Le plus haut étage de pont aérien habitable
L'Address Beach Residences du quartier Dubai Marina (UAE), se compose de 2 tours reliées par un pont aérien aux étages 63 à 77. Le plus haut étage résidentiel sur le pont est situé à 294,36 m et a été homologué le 24 mars 2021.

Le plus de sonnettes de réception actionnées avec le menton en 1 min
Cherry Yoshitake, alias Mr Cherry (JPN), s'est servi de son menton pour faire sonner 149 sonnettes de réception le 24 mars 2021 lors du show télé *Non Stop!*, à Tokyo (JPN).

La plus longue distance à la nage en eau froide
Krzysztof Kubiak (POL) a nagé 3,75 km dans le lac Bystrzyckie (POL), le 28 mars 2021. Il a passé 1 h, 4 min et 30 s dans l'eau dont la température moyenne était de 4,48 °C. Son exploit à glacer le sang a été validé par l'International Ice Swimming Association.

La plus grande collection de jouets mécaniques
Le 30 mars 2021, Marla Mogul (USA) avait cumulé 1 258 jouets mécaniques sur 30 ans à Los Angeles (Californie, USA). Marla exhibe sa collection sur sa chaîne YouTube *The Windup Project*.

Le plus de parfums de glace identifiés en 1 min (les yeux bandés)
Le 31 mars 2021, Nancy Moussa (EGY) a gardé son sang-froid pour identifier correctement 16 parfums de glace à la Dolato Gelateria, au Caire (EGY). Le record a été établi lors du "Dolato Dare Challenge" qui consiste à nommer le plus grand nombre de parfums parmi les 24 que propose la boutique dans un temps limité.

La plus grande collection d'objets de *Wizarding World*
Tracey Nicol-Lewis (GBR) possède la collection liée au *Wizarding World* (univers d'Harry Potter) la plus ensorcelante avec 5 434 objets comptés le 3 avr. 2021, à Bargoed (Mid Glamorgan, GBR).

Le plus de personnages de DC comics identifiés en 1 min
Le 4 avr. 2021, S. Mohammed Harsath (IND) a nommé 53 personnages DC Comics d'après leur image en 60 s, à Tamil Nadu (IND).

La plus grande distance parcourue en train en 24 h
Yang Yongdan (CHN), passionné de trains à grande vitesse, a voyagé de la gare du Nord du Guizhou à la gare du Sud de Guangzhou les 9 et 10 avr. 2021 – et parcouru 5 412,76 km.

Le plus jeune joueur de bowling à réussir un split 7-10 à la télé
Anthony Neuer (USA, né le 26 avr. 2002) a réussi un split 7-10 – faire tomber les 2 quilles restantes aux extrémités de la piste, #7 et #10 – à l'âge de 18 ans et 350 jours, le 11 avr. 2021, lors de la demi-finale de l'US open de la Professional Bowlers Association. Il est devenu le 4e joueur de l'histoire à réussir ce spare particulièrement difficile lors d'un tournoi télévisé.

L'acteur le plus connecté
Le 15 avr. 2021, l'acteur vivant au score le plus faible sur le site "The Oracle of Bacon" était Harvey Keitel (USA), avec 2,90805. Ce site, créé par l'informaticien Brett Tjaden en 1996, détermine l'interconnexion entre les stars de cinéma citées dans Wikipédia, un faible score équivalant à plus de connexions – ce qui fait de Keitel le "Center of the Hollywood Universe" ("Le centre de l'univers hollywoodien").

Le plus vieux cochon de tous les temps
Baby Jane (née le 1er févr. 1998) était âgée de 23 ans et 77 jours, le 19 avr. 2021. Elle a été élevée par Patrick Cunningham et Stanley Coffman (tous 2 USA), à Mundelein (Illinois, USA).

La série audio de science-fiction qui dure depuis le plus longtemps
Doctor Who – The Monthly Adventures avait cumulé 275 épisodes le 20 avr. 2021. La série, qui a débuté en juill. 1999 avec *The Sirens of Time*, est produite par Big Finish Productions (GBR).

Le poids total le plus lourd soulevé en haltérophilie + 87 kg (femme)
Le 25 avr. 2021, Li Wenwen (CHN) a remporté le titre féminin des super poids lourds lors des championnats asiatiques d'Haltérophilie avec un total de 335 kg. La jeune femme de 21 ans a réussi **l'arraché le plus lourd** (148 kg) et **l'épaulé-jeté le plus lourd** (187 kg), à Tachkent (UZB).

Le plus de capitales de ville nommées sur des montagnes russes en 1 min
Le 6 mai 2021, James "Diags" Bennewith (GBR) a identifié 38 capitales alors qu'il était sur le grand huit *Colossus* au Thorpe Park (Surrey, GBR). Le record a été filmé dans le cadre de l'émission de télé-réalité *The Only Way Is Essex*.

Le plus de triple-doubles en NBA
Le 10 mai 2021, Russell Westbrook (USA) des Washington Wizards a réussi son 182e triple-double en NBA, avec au moins 10 points, 10 passes décisives et 10 rebonds dans un match. Il surpasse ainsi le record d'Oscar Robertson qui le détenait depuis 47 ans.

Où est Wadlow ?

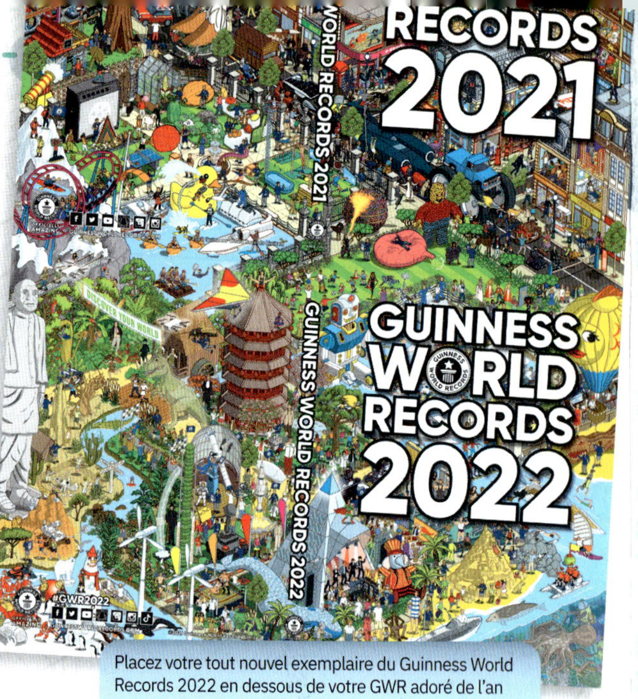

Placez votre tout nouvel exemplaire du Guinness World Records 2022 en dessous de votre GWR adoré de l'an passé, et vous verrez que les couvertures se complètent !

Après le succès de la couverture de l'édition 2021, nous avons décidé de décliner notre grande thématique "Découvrir le monde", en partenariat avec l'illustrateur Rod Hunt. Quant au sujet de cette année... après une année de confinement, nous avons eu envie de sortir de la ville et d'aller à la plage !

Depuis son poste d'observation privilégié au-dessus des côtes sableuses de l'île GWR, Rod a réussi à placer des centaines de personnages, d'animaux et d'objets liés aux records sur toute la couverture du livre. Presque tous les éléments de cette illustration ultra détaillée sont associés à un record.

Ci-dessous, Rod a choisi 20 records stars figurant en couverture (voir son illustration originale sans texte en pages de garde). Vous voulez tester votre sens de l'observation ? Alors, retrouvez-les le plus vite possible. Peut-être pourrez-vous aussi identifier les 14 membres du Club des 8 pieds...

Le plus de sauts avec ses cheveux
Laetitia Ky (CIV) : 60 sauts. *Voir p. 75*

Le plus de touches en tenant un ballon en équilibre sur la tête
Chinonso Eche (NGA) : 111 touches. *Voir p. 178*

La plus grande coiffure afro (femme)
Aevin Dugas (USA) : 24 cm de haut. *Voir p. 58*

La 1re personne atteinte du syndrome de Down à finir un triathlon IRONMAN®
Chris Nikic (USA) : 7 nov. 2020. *Voir p. 243*

Le véhicule électrique le plus rapide
Jason Liversidge (UK) : 107,546 km/h. *Voir p. 80*

Et si vous figuriez sur la couverture du Guinness World Records 2023 ?
Nous sommes heureux de vous annoncer que l'année prochaine, Rod Hunt partira dans l'espace pour terminer sa trilogie du *Guinness World Records*. Et pour fêter cela, nous VOUS donnons l'opportunité de figurer en couverture, aux côtés d'astronautes, de fusées, de navettes spatiales et de robots détenteurs de records. Pour savoir comment être finaliste, rendez-vous sur **guinnessworldrecords.com/2022**

1re compétitrice dans la catégorie "barbe" au Championnats du monde "Barbes et moustaches"
Rose Geil (USA). *Voir p. 73*

Le 50 m le plus rapide par un poisson robot
BREED (CHN) : 22,92 s. *Voir p. 147*

L'adolescent le plus grand
Olivier Rioux (CAN) : 226,9 cm. *Voir p. 67*

Les plus longues oreilles de chien
Lou (USA) : 34 cm. *Voir p. 162*

Le saut le plus distant (d'une barre à l'autre)
Najee Richardson (USA) : 5,56 m. *Voir p. 85*

La plus longue carrière de pétomane
"Mr Methane" (UK) : 30 ans. *Voir p. 170*

Le 5 m le plus rapide sur un scooter par un chien et un chat
Lollipop et Sashimi (CAN) : 4,73 s. *Voir p. 163*

Les jumelles les plus petites (femmes)
Elisabeth et Katharina Lindinger (DEU) : 128 cm. *Voir p. 66*

Le plus de rebonds en 1 min (4 ballons de basket)
Zaila (USA) : 255 rebonds. *Voir p. 183*

La personne la plus âgée à sauter en parachute en tandem (homme)
Alfred "Al" Blaschke (USA) : 103 ans 181 jours. *Voir p. 65*

Le plus grand bodybuilder professionnel
Olivier Richters (NLD) : 218,3 cm. *Voir p. 74*

La luge tractée la plus lourde
Kevin Fast (CAN) : 16,5 t. *Voir p. 84*

Le plus gros rover planétaire
Perseverance (USA) : 1,026 kg. *Voir p. 138*

L'observation la plus large de la faune sauvage avec une caméra
National Tiger Conservation Authority (IND) : 2 461 tigres. *Voir p. 51*

La brouette la plus rapide
Kevin Nicks (UK) : 74,335 km/h. *Voir p. 92*

À propos de l'illustrateur
Sans surprise, Rod Hunt s'est passionné pour la bande dessinée dès son plus jeune âge. C'est ce qui l'a poussé vers l'illustration. Adolescent, il décide d'en faire son métier. Au fil des ans, Rod a affiné sa technique artistique. Il commence par bien réfléchir à son projet et trace quelques esquisses, puis il passe à un dessin plus élaboré. Ensuite, il le scanne et le complète, couche par couche, avec un logiciel de dessin numérique.

Pour en savoir plus sur Rod et ses illustrations fantastiques, rendez-vous sur **www.rodhunt.com**

L'Irlandais Patrick Cotter O'Brien (né en 1760) est la 1re personne connue à mesurer plus de 8 pieds.

Par ordre de grandeur : retrouvez le "Club des 8 pieds"
Page 76, faites la connaissance du Club des 8 pieds, 13 hommes et 1 femme reconnus par GWR pour leur taille supérieure à 2,43 m (soit 8 pieds selon l'unité de mesure britannique). Ils se promènent sur la couverture fourmillante de records de Rod. Et ils ont beau avoir une taille de géant, ils ne sont pas si faciles à trouver ! Allez, on vous donne généreusement un indice : Robert Wadlow, le plus grand de tous, est en maillot de bain...

DISCOVER YOUR WORLD
START
FINISH
EVEREST
NORTH POLE
SOUTH POLE
THE BEACH
TALLEST TOPIARY IN THE WORLD
YOUTH STRIKE FOR CLIMATE